• 集史料笔记 •

• 呈名家要义 •

数五百年滇云往事

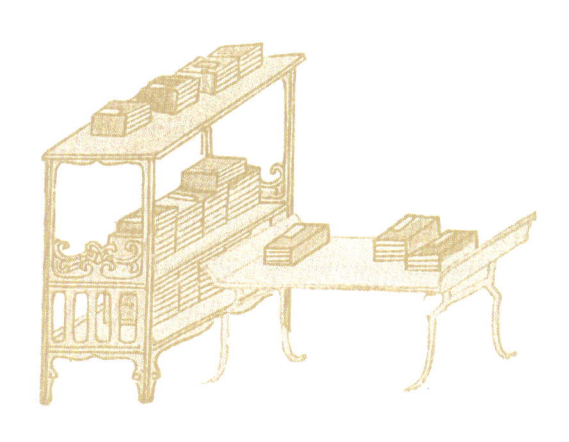

云南史料笔记随录

朱端强·著

云南人民出版社

图书在版编目（CIP）数据

云南史料笔记随录 / 朱端强著. -- 昆明：云南人民出版社, 2024.7. -- ISBN 978-7-222-20605-2
Ⅰ. K297.4
中国国家版本馆CIP数据核字第2024MG1130号

组稿统筹：冯　琰
责任编辑：冯　琰
责任校对：武　坤
封面设计：张益珲
版式设计：王曦云
责任印制：窦雪松

云南史料笔记随录
YUNNAN SHILIAO BIJI SUILU

朱端强　著

出　版	云南人民出版社
发　行	云南人民出版社
社　址	昆明市环城西路609号
邮　编	650034
网　址	www.ynpph.com.cn
E-mail	ynrms@sina.com
开　本	720mm×1010mm　1/16
印　张	44
字　数	700千
版　次	2024年7月第1版第1次印刷
印　刷	昆明瑆煜印务有限公司
书　号	ISBN 978-7-222-20605-2
定　价	159.00元

云南人民出版社微信公众号

如需购买图书、反馈意见，请与我社联系
总编室：0871-64109126　发行部：0871-64108507　审校部：0871-64164626　印制部：0871-64191534

版权所有　侵权必究　印装差错　负责调换

弁　言

笔记之体始于汉魏。此后，宋人宋祁率先以"笔记"名书，曰《宋景文公笔记》。就文体而论，古人所指的"笔记"系指与"辞赋"相对的散文而言；就内容而言，历代笔记涵盖的范围可以说无所不包。为研究起见，我们大体可以把这些笔记划为专题类和综合类两大类。

专题类笔记或以笔札的方式专门记说或考释某些学术问题，如明人艾自新著《艾云苍先生语录》、清人赵翼著《廿二史札记》、近人童振藻著《云南地震考》等。或以杂记的手法专记某一历史事件，如清人李世熊著《寇变记》、吴伟业著《绥寇纪略》等，主要记说明末农民起义；蔡锷等著《云南光复史料》、孙仲英等著《云南光复军政府成立记》等，则专记清末云南民主革命历史。又有某些专题类日记、杂记等。若再按其记述目的和内容的权重划分，又可因其不同侧重而习称为哲学笔记、文学笔记、辑佚笔记、读书笔记，等等。

综合类笔记的作者大多不刻意为文，遇有可写，即信笔而成，体例多变，不拘一格。如宋人张世南著《游宦纪闻》、清人林则徐著《滇轺纪程》、近人罗养儒著《纪我所知集》，以及各种综合类记事的游记、日记、杂感、杂抄等。这类笔记首先是记述广泛。一本笔记，举凡地理山川、政治经济、文化学术、民俗风情、人物史事、地方掌故等，都或有涉猎。其次，由于作者当时毫无顾忌地记下亲身见闻和感受，今天看来，又具有比较真实可信的特点。

因为以上笔记，都是可供从不同角度了解或研究历史的重要文献依据，所以，我们又可将它们统称为"史料笔记"。其运用功能甚广，不同专业的研究者都可从中找到自己所需要的资料。其体例和行文也比较自由，可以篇卷、章节立目成书，也可不必立目而条札为文，长短不拘，可读性较强。

然而，正因为其体裁自由且内容宽泛，所以，历代图书目录对其分类和著录也极不统一、规范；前人对某些笔记的界定也并不清楚，这就无疑给检索和引用者带来不少误区和困难。由此也充分说明，如何加强笔记文献的科学研究，依然是中国文献学领域的一个重要课题。

我们把涉关"云南"的笔记概称为"云南史料笔记"。它们是一个大而分散的文献群体，多属综合类笔记。若按作者划分，又可分为滇人笔记和宦滇、旅滇以及关注云南者所撰的笔记两大类，但其内容皆以记说云南社会历史为主，或者其中兼及较多研究云南的史料。

自二十世纪七十年代末，我国一些权威出版社曾经系统整理出版过不少包括上述范围的史料笔记，很受欢迎。日本学界则早已编有包括云南在内的史料笔记的专题索引书。众所周知，云南学术和出版界虽然也整理、出版过为数不多的云南史料笔记，但迄今为止，尚缺乏从文献学角度专门针对云南史料笔记的系统和专题研究，值得我们进一步努力。

如何发掘、整理和运用云南史料笔记？笔者认为，或许还有以下两个方面的工作值得重视。

继续访寻史料笔记

这里主要指访寻前人未曾著录和称引的云南史料笔记。例如，自《隋书·经籍志》形成四部分类法之后，属于今天意义上的云南史料笔记，古人往往较多著录于史部"杂史"类。又因为古人习于将"日记"著作附在"传记"类，故"传记"类也能检到一些按日程写就的云南史料笔记。史部"地理"类是史料笔记著录最多的部位，其中如"边防""山川""杂记""游记"等小类中就往往存有云南史料笔记。子部则往往著录于"杂家""杂考""艺术"和"小说"等类目之中。这里尤需注意，古人所谓"小说"是相对于"经史大著"而言，并非今天意义的 story，有的往往就是极有价值的史料笔记。经部著录云南史料笔记固然较少，但也需注意检索某些专题类学术思想笔记（特别是滇人所著）。集部之"别集"中也会"藏有"云南史料笔记。一部文集，可能包括作者不同时期的多种著作，其中有的会附录一两种诸如日记、杂记类涉滇笔记。这种情况一般不能直接从集部目录中检出，必须通检全书。

笔记的刊刻和馆藏也较为复杂，访寻的关键是掌握作者的行迹。古人不轻易著书，除学术研究性专题笔记可以"闭门造车"之外，一般综合类笔记的作者大多是亲自来过云南的。因此，掌握其籍贯、宦滇或旅滇时间及其最后的行踪，是访寻此类笔记的基本思路。

例如，明清时期官吏有严格的回避制度和任期，因此，宦滇学人涉关云南的著作并不一定都留在云南，大多最后刊刻、收藏在他们的故乡或长期寓居之地。笔者就曾据方树梅先生《历代滇游诗抄》提供的有关线索，先后在省外一些图书馆访到不少有关云南的史料笔记。同理，长期宦游省外的滇人，其笔记著作也可能刊刻、收藏于省外。如清代云南著名学人段永源的大型系列文学笔记《信征集》就撰著、刊刻于他在广东任职之地。

据笔者所知，目前藏于省外、国外公共图书馆和大专院校图书馆，前人未曾著录的云南史料笔记还不在少数。这些著作在当地学人看来也许并不非常重要，但对于云南学术研究无疑是应当注意的新史料。限于篇幅，略举一二。

例如，藏于辽宁省图书馆的《边州闻见录》，不著撰人，清抄本[①]。该书杂记明末清初川南、黔中及滇东北、滇西史事、传闻和地方风物。由内容推知作者曾久居滇东北，故其所记明末滇东北土司制度多为他书所未详。如，记明末内地大量"难民"涌入滇东北土司地，有的"变俗为农工"，有的充当土司的家庭教师，有的沦落为奴。其文有曰："明季之乱，避地者皆入土司地。川南则镇雄、乌蒙、罗平。其地饶富，雅好礼。朴者散田里；秀者留之家

---

① 此书和云南省图书馆所藏清·陈聂恒著《边州闻见录》同名，但并非一书。

塾。"再如，藏于国家图书馆的《云南纪行》，日文，三册，明治十六年（清光绪九年，1883）陆军文库丛书本。法人依米拉色原著，日人若藤宗则将其译成日文，无中译本。此书主要记述云南回民起义有关史事。检白寿彝先生所编《回民起义》史料集和诸家云南文献目录均未著录此书。该书对研究云南回民起义和晚清云南社会历史具有一定参考价值。

再如，藏于南开大学的《滇南事实》，清人黄梦菊著，道光二十九年（1849）扬州夏天喜裕德堂刻本。作者黄梦菊为金谿（今属江西抚州）人。道光二十年（1840），他与著名政治家冯桂芬为同榜进士，颇具维新和经世致用思想。他曾"宰云南之会泽数年"，又先后在云南嶍峨（今属文山）、恩安（今属昭通）等地做过地方官。此书是作者宦滇案牍、杂记汇编，广泛涉及其治下州县之政治、经济、文教、民风等。如《采买松子移文》条，记当时会泽地区由于过度开采铜、银等矿，滥伐山林，造成水土流失，需要重新植树，竟无籽种，不得不移文川黔等省代为购进的事实。书中还记述了当时会泽地区重金聘请四川一带的女织工到云南传授纺织技术以及重修会泽县城等史实。此书也未曾著录于云南地方文献之中。

又如，抗战时期，以西南联大为代表的不少著名高校和文化机构，避寇迁滇。专家学者云集云南，长达数年之久。他们有人一方面继续从事自己原来的研究；另一方面，也结合云南展开一些新的调研，不少人因此写下了许多很有价值的笔记。如，化学家曾昭抡著《缅边日记》，按日记述从昆明至遮放往返的详细里程、物价、见闻和感触等。顾颉刚著《浪口村随笔》，是在昆明浪口村寓所写成的读书笔记，其中《云南姚陵》《云南方言》条记涉云南移民问题。陈达著《浪迹十年·呈贡见闻》，以较大篇幅记说当时联大、云大社会学系的教学和科研情况，昆明地区人口研究以及社会民风等。著名学者梅贻琦、郑天挺、王力、潘光旦、罗常培、费孝通等人的日记或杂记，对于研究抗战时期西南联大师生生活、云南社会历史和文化学术等，无疑很有助益。由于这些笔记成书较晚，大多数也鲜被研究"滇学"者称引。

深入挖掘笔记史料

这里主要指从历代笔记中发掘出前人未曾关注到的云南史料。如前所述，由于历代笔记，特别是综合类笔记，写作的随意性很大，因此，我们首先必须注意，不少笔记的书名和内容往往并不统一。如果我们仅仅采用上述比较规范的文献检索方法，无疑会遗漏不少重要的云南史料。事实证明，在许多已经前人著录或未曾著录的笔记，特别是综合类笔记中，虽有不少涉关云南的重要史料，但因书名、作者的影响，并非一眼就能看出其中有无云南史料，乃至一直并未被相关研究者所关注。

不可否认，自清末以来，云南地方文献和史料经几代学人的辛勤努力，业已最大限度地网罗殆尽，但众所周知，科学认识论原理和中国历史文献高度分散的基本特点证明，任何人也无法穷尽历史研究的"证据"，就众多云南笔记史料而言，尤其如此。

挖掘整理这些史料主要靠广泛读书和访书，充分掌握历代滇人和寓滇学人的行迹，顺藤摸瓜，必有所得。此外，鼓励公开发表访寻、介绍滇云文献信息的文章也很有必要。应当指出，现在愿意如老一辈学者那样节衣缩食、万里访书、汲汲为学界提供书目文献信息的人越来越少了。因为，这类看似平淡的文章不但发表困难，也仿佛不被视为什么"科研成果"。然而，离开史料的前沿"侦察"，我们如何进一步获取更多、更新的史料呢？没有不断拓展的新史料和新理论，科学研究又如何取得真正的进步呢？

据笔者所知，散落于各种笔记中重要的云南史料也并不在少数。

例如，分藏于日本东洋文库和中国国家图书馆的《鸿泥杂志》四卷，仅从书名来看并不涉及云南，故从前未见列入云南地方文献。但检读其书序，即知作者马毓林（雪渔氏），清道光年间曾宦游云南，此书就撰于云南丽江县城。据其亲见亲闻，该书杂记滇黔社会风物。如继明朝杨升庵《希姓录》，他进一步记录了云南各地完、拜、僾、且、阿等罕见姓氏，多达二十六种。这也是古代诸多来滇人士所共同注意到的"云南现象"之一。稀异姓氏，可为研究云南民族成分与演变提供某些重要佐证。此外，该书记丽江木氏土司历史、纳西族语言（纳、汉对照）、云南农作物栽培方法和动植物种类等等，也多有可观之处。

再如，清代著名史学家赵翼，阳湖（今属江苏常州市）人。乾隆三十三年（1768），随大学士傅恒参加中缅战争，先后两次宦游云南。其所著《簷曝杂记》从前一直未列入云南地方文献，但其中涉及云南的史料却很多。如记滇、桂两地壮、傣语言相通曰："镇安（今属广西那坡）、太平（今属广西崇左）等府，'吃饭'曰'紧考'，'吃酒'曰'紧老'，'吃茶'曰'紧伽'，不特音异，其言语本异也。然自粤西至滇之西南徼外，大略相同。余在滇南各土司地，令随行之镇安人与㚐人（指云南德宏地区傣族）问答，相通者竟十之六七。"又如，此书和陆容的《菽园杂记》等不少明清笔记，都先后记有酷暑之时，云南大理、下关街头买卖"冰雪"或"雪团"的情况，反映只有在滇西立体型气候条件之下，才可能取苍山之冰解下关之渴。

又如，英国著名旅行家和中国问题研究专家乔治·沃尼斯特·莫理循（George Ernese Morrison）所著《中国风情》，书名也与云南无直接关系。其实该书除前四章涉及汉口和川东地区外，其余全为云南及中缅边境内容。一八九六年，作者经川东进入滇东北水富、昭通、东川一带，再由此行至滇中昆明，又从昆明出发，经楚雄、大理、保山、腾冲一线旅至仰光和加尔各答。作者以简练的笔墨勾勒出近代云南一幅幅社会历史风情画。如记当时还流行于云南的种种酷刑：削耳、站笼、枭首示众、凌迟处死等情况，读之令人发指！记当时云南两大人口贩卖中心昭通和宾川，记著名的文氏和蒙氏钱庄，记云南电信事业和物价，记西方传教士的活动，记中缅交通和贸易、马帮活动，等等，是一部内容非常宽泛的云南近代史料笔记。

笔者自一九七八年读大学时开始关注云南地方文献。此后，虽专习明清史学史，但业余亦未忘滇云文献之访读。特别希望致力于前人较少研究和介绍的涉滇文集和笔记两类文献的访读。曾先后就流散于省外、国外的云南地方文献、历代文集西南边疆文献检索等问题，略有论著[①]。同时，也曾先后在《云南省图书馆季刊》、《云南师范大学学报》、《史与志》（今《昆明史志》）、《昆明大学学报》、《云南文史丛刊》（今《云南文史》）等刊物上发表过专门介绍云南史料笔记的文章。本书即从中筛选、增补而成。这次所选笔记，仍然遵循以下原则：

第一，以亲阅原书为依据，不蹈袭前人相关题解，也不再赘录某些早已广为人知的著名笔记，如《马可·波罗游记》《徐霞客游记》等。

第二，希望从笔记文献的多维视角，主要反映一九四九年之前的云南大事和著名滇人的学术思想。

第三，尽量选取内容丰富、值得进一步深入研究的史料笔记。故某人虽有多种笔记，也未必一一录入。

第四，所引笔记史料，适当注意其独特性、代表性和可读性。一则可作相关学术研究之索引；再则可供更多希望了解云南的读者朋友赏析。

全书大体按笔记文本形成时间或所记内容的时间先后为序。同一作者的笔记和内容密切相关的其他文献，则适当集中介绍，或以

---

① 参见拙文《迤外访书散论》，载《云南师范大学学报》1990年第2期；《日本访读云南史料文献散记》，载《云南师范大学学报》2005年第4期；《日本东洋文库所见滇版伊斯兰教文献题录》，载《云南民族大学学报》2007年第4期；《日本所见云南游记三题》，载《旅游研究》2009年第1期；日藏《闵洪学与抚滇奏草》，载《云南师范大学学报》2006年第3期，以及主编《历代文集西南边疆篇目分类索引》，社会科学文献出版社2014年版。

附录简说于后，以利拓展读者的阅读视野。每目略遵文献目录提要的撰写体例，简述其作者、主要版本、体例、基本内容，也冒昧对其特点略呈管见。凡属稿本、抄本和稀见刊刻本，一律注明其藏馆，以利读者检阅。总之，意在就笔者读书所及，为广大读者提供一些云南史料笔记的文献信息，更望抛砖引玉，敬祈更多博雅方家和读者朋友不吝赐教。

目录

明

张志淳《南园漫录》 / 001

陆容《菽园杂记》 / 004

何孟春《余冬序录》 / 006

杨慎《丹铅录》四种 / 008

杨慎涉滇笔记四种 / 013

张合《宙载》 / 015

彭汝寔《六诏纪闻》 / 019

赵汝濂《平黔三记》 / 021

李贽《李卓吾先生读升庵集》 / 023

周復俊《泾林杂纪》 / 025

陈全之《蓬窗日录》 / 027

何镗《古今游名山记》 / 029

陈其力《芸心识余》 / 031

施显卿《古今奇闻类纪》 / 033

陈师《禅寄笔谈》《续谈》 / 035

游朴《诸夷考》 / 038

罗汝芳《近溪子明道录》《近溪先生一贯编》 / 041

朱孟震《河上楮谈》等四种 / 045

艾自新《艾云苍先生语录》 / 047

王士性《广志绎》 / 049

王兆云《王氏杂记》 /053

木增《云薖淡墨》 /055

张萱《西园闻见录》 /058

曹学佺《西峰字说》 /061

陶珽《说郛续》 /064

朱国祯《涌幢小品》 /066

谢肇淛《五杂组》 /069

沈德符《野获编》《补遗》 /071

赵民献《萃古名言》 /074

佚名《九朝谈纂》 /077

李绍文《皇明世说新语》 /079

徐树丕《识小录》 /081

清

谈迁《枣林杂俎》 /083

褚人获《坚瓠集》 /085

佚名《旅滇闻见随笔》 /087

黄向坚《黄孝子纪程》《滇还日记》 /090

程封《滇补》 /092

赵士麟《敬一录》 /095

赵吉士《寄园寄所寄》 /099

张锦蕴《镜谈》 /101

许缵曾《滇行纪程》 /103

徐炯《使滇日记》《使滇杂记》 /105

高奣映《迪孙》 /107

刘献廷《广阳杂记》 /109

和出版界虽然也整理、出版过为数不多的云南史料笔记,但迄今为止,尚缺乏从文献学角度专门针对云南史料笔记的系统和专题研究,值得我们进一步努力。

如何发掘、整理和运用云南史料笔记?笔者认为,或许还有以下两个方面的工作值得重视。

继续访寻史料笔记

这里主要指访寻前人未曾著录和称引的云南史料笔记。例如,自《隋书·经籍志》形成四部分类法之后,属于今天意义上的云南史料笔记,古人往往较多著录于史部"杂史"类。又因为古人习于将"日记"著作附在"传记"类,故"传记"类也能检到一些按日程写就的云南史料笔记。史部"地理"类是史料笔记著录最多的部位,其中如"边防""山川""杂记""游记"等小类中就往往存有云南史料笔记。子部则往往著录于"杂家""杂考""艺术"和"小说"等类目之中。这里尤需注意,古人所谓"小说"是相对于"经史大著"而言,并非今天意义的story,有的往往就是极有价值的史料笔记。经部著录云南史料笔记固然较少,但也需注意检索某些专题类学术思想笔记(特别是滇人所著)。集部之"别集"中也会"藏有"云南史料笔记。一部文集,可能包括作者不同时期的多种著作,其中有的会附录一两种诸如日记、杂记类涉滇笔记。这种情况一般不能直接从集部目录中检出,必须通检全书。

笔记的刊刻和馆藏也较为复杂,访寻的关键是掌握作者的行迹。古人不轻易著书，除学术研究性专题笔记可以"闭门造车"之外，一般综合类笔记的作者大多是亲自来过云南的。因此，掌握其籍贯、宦滇或旅滇时间及其最后的行踪，是访寻此类笔记的基本思路。

例如，明清时期官吏有严格的回避制度和任期，因此，宦滇学人涉关云南的著作并不一定都留在云南，大多最后刊刻、收藏在他们的故乡或长期寓居之地。笔者就曾据方树梅先生《历代滇游诗抄》提供的有关线索，先后在省外一些图书馆访到不少有关云南的史料笔记。同理，长期宦游省外的滇人，其笔记著作也可能刊刻、收藏于省外。如清代云南著名学人段永源的大型系列文学笔记《信征集》就撰著、刊刻于他在广东任职之地。

据笔者所知，目前藏于省外、国外公共图书馆和大专院校图书馆，前人未曾著录的云南史料笔记还不在少数。这些著作在当地学人看来也许并不非常重要，但对于云南学术研究无疑是应当注意的新史料。限于篇幅，略举一二。

例如，藏于辽宁省图书馆的《边州闻见录》，不著撰人，清抄本[①]。该书杂记明末清初川南、黔中及滇东北、滇西史事、传闻和地方风物。由内容推知作者曾久居滇东北，故其所记明末滇东北土司制度多为他书所未详。如，记明末内地大量"难民"涌入滇东北土司地，有的"变俗为农工"，有的充当土司的家庭教师，有的沦落为奴。其文有曰："明季之乱，避地者皆入土司地。川南则镇雄、乌蒙、罗平。其地饶富，雅好礼。朴者散田里；秀者留之家

---

① 此书和云南省图书馆所藏清·陈聂恒著《边州闻见录》同名，但并非一书。

塾。"再如，藏于国家图书馆的《云南纪行》，日文，三册，明治十六年（清光绪九年，1883）陆军文库丛书本。法人依米拉色原著，日人若藤宗则将其译成日文，无中译本。此书主要记述云南回民起义有关史事。检白寿彝先生所编《回民起义》史料集和诸家云南文献目录均未著录此书。该书对研究云南回民起义和晚清云南社会历史具有一定参考价值。

再如，藏于南开大学的《滇南事实》，清人黄梦菊著，道光二十九年（1849）扬州夏天喜裕德堂刻本。作者黄梦菊为金谿（今属江西抚州）人。道光二十年（1840），他与著名政治家冯桂芬为同榜进士，颇具维新和经世致用思想。他曾"宰云南之会泽数年"，又先后在云南嶍峨（今属文山）、恩安（今属昭通）等地做过地方官。此书是作者宦滇案牍、杂记汇编，广泛涉及其治下州县之政治、经济、文教、民风等。如《采买松子移文》条，记当时会泽地区由于过度开采铜、银等矿，滥伐山林，造成水土流失，需要重新植树，竟无籽种，不得不移文川黔等省代为购进的事实。书中还记述了当时会泽地区重金聘请四川一带的女织工到云南传授纺织技术以及重修会泽县城等史实。此书也未曾著录于云南地方文献之中。

又如，抗战时期，以西南联大为代表的不少著名高校和文化机构，避寇迁滇。专家学者云集云南，长达数年之久。他们有人一方面继续从事自己原来的研究；另一方面，也结合云南展开一些新的调研，不少人因此写下了许多很有价值的笔记。如，化学家曾昭抡著《缅边日记》，按日记述从昆明至遮放往返的详细里程、物价、见闻和感触等。顾颉刚著《浪口村随笔》,是在昆明浪口村寓所写成的读书笔记,其中《云南姚陵》《云南方言》条记涉云南移民问题。陈达著《浪迹十年·呈贡见闻》,以较大篇幅记说当时联大、云大社会学系的教学和科研情况,昆明地区人口研究以及社会民风等。著名学者梅贻琦、郑天挺、王力、潘光旦、罗常培、费孝通等人的日记或杂记,对于研究抗战时期西南联大师生生活、云南社会历史和文化学术等,无疑很有助益。由于这些笔记成书较晚,大多数也鲜被研究"滇学"者称引。

深入挖掘笔记史料

这里主要指从历代笔记中发掘出前人未曾关注到的云南史料。如前所述,由于历代笔记,特别是综合类笔记,写作的随意性很大,因此,我们首先必须注意,不少笔记的书名和内容往往并不统一。如果我们仅仅采用上述比较规范的文献检索方法,无疑会遗漏不少重要的云南史料。事实证明,在许多已经前人著录或未曾著录的笔记,特别是综合类笔记中,虽有不少涉关云南的重要史料,但因书名、作者的影响,并非一眼就能看出其中有无云南史料,乃至一直并未被相关研究者所关注。

不可否认,自清末以来,云南地方文献和史料经几代学人的辛勤努力,业已最大限度地网罗殆尽,但众所周知,科学认识论原理和中国历史文献高度分散的基本特点证明,任何人也无法穷尽历史研究的"证据",就众多云南笔记史料而言,尤其如此。

杨增新《补过斋读西铭日记》 / 389

李坤《筱风阁随笔》 / 391

李坤《李厚安先生杂稿》 / 395

袁嘉谷《移山簃随笔》 / 398

袁嘉谷《滇绎》 / 402

袁嘉谟《冷官余谈》 / 405

陈古逸《过来人语》 / 408

陈古逸《昆明近世社会变迁志略》 / 411

童振藻《参观越南河内第六次市会记》 / 414

童振藻《云南方志考》 / 416

童振藻《云南地震考》 / 419

刘曼卿《康藏轺征》 / 421

古纯仁《川滇之藏边》 / 424

尹明德《天南片羽》 / 427

尹明德《云南北界勘察记》 / 431

甘汝棠《云南河口边情一瞥》 / 434

李耀商《感想录》 / 436

秦光玉《罗山楼杂俎》 / 439

秦光玉《滇谚》 / 443

周钟岳《惺庵日记》 / 445

周钟岳《惺庵随笔》 / 448

侯鸿鉴《西南漫游记》 / 450

陈一得《云南气象谚语集》 / 453

由云龙《桂堂余录》 / 455

由云龙《东游日记》 / 458

由云龙《游美笔谈》 / 460

由云龙《滇录》 / 464

由云龙《人生六大问题》 / 466

由云龙《定庵题跋》 / 468

由云龙《清故脞录》 / 470

由云龙《滇故琐录》 / 472

由云龙《搜幽阐奇录》 / 475

何秉智《滇事拾遗》 / 478

李根源　吕志伊《滇粹》 / 482

李根源《镇扬游记》 / 485

李根源《吴郡西山访古记》 / 487

李根源《景邃堂题跋》 / 489

李根源《云南金石目略初稿》 / 491

李根源《云南金石目略补编》 / 493

李根源《凤翅园石刻录》 / 495

李根源《叠园集刻录》 / 497

李根源《叠翁行踪录》 / 499

张希鲁《考古小记》 / 504

张希鲁《滇东金石记》 / 507

张希鲁《西南古物目略》 / 509

伯希和《郑和下西洋考》 / 511

李士厚《郑和家谱考释》 / 514

范文涛《郑和航海图考》 / 516

谢彬《云南游记》 / 520

钟天石《西南六省印象杂写》 / 524

彭桂萼《双江一瞥》 / 528

彭桂萼《边地之边地》 / 530

郑子健《滇游一月记》 / 532

陈碧笙《滇边散忆》 / 535

封维德《种茶浅说》 / 539

胡嘉《滇越游记》 / 541

彭舜吾 王凤章等《六十军在抗战里》 / 543

吴致皋《滇西作战实录》 / 546

王璧岑《烽火滇西话征程》 / 548

美国新闻处编印《怒江战役述要》 / 550

杨大纯《旅行日志》 / 552

聂肇灵《完成西南铁路系统之刍议》 / 556

李芷谷《滇缅铁路西段应采北线说》 / 558

黄声远《壮志千秋》 / 561

郑崇贤《滇声》 / 566

张寄谦《联大长征》 / 568

西南联大除夕副刊《联大八年》 / 571

梅贻琦《梅贻琦日记一九四一——一九四六》 / 575

郑天挺《郑天挺西南联大日记》 / 578

曾昭抡《缅边日记》 / 582

沈从文《云南看云集》 / 588

罗常培《苍洱之间》 / 590

费孝通《鸡足朝山记》 / 593

潘光旦《苍洱鸡足行程日记》 / 595

浦江清《清华园日记》《西行日记》 / 598

吴宓《吴宓日记（1910~1948）》 / 600

顾颉刚《浪口村随笔》 / 603

王力《龙虫并雕斋琐语》 / 606

陈达《浪迹十年》 /610

夏济安《夏济安日记》 /615

邢公畹《红河日记》 /617

汪曾祺《自得其乐》 /619

许渊冲《绮年琐忆》 /622

石钟《大理喜洲访碑记》 /626

鞠孝铭《大理访古记》 /630

邓之诚《邓之诚日记·滇语》 /633

陈葆仁《明清两代滇籍谏官录》 /636

方树梅《北游搜访滇南文献日记》 /639

方树梅《师斋杂抄》《师斋随笔》 /642

方树梅《滇贤生卒考》 /645

方树梅《云南地方文献杂抄》 /647

方树梅《滇联丛录》 /649

方树梅《州县采访杂稿》 /652

罗养儒《南窗笔记》 /659

罗养儒《纪我所知集》 /663

罗养儒《咸同间滇乱记》 /668

罗养儒《红学》 /671

刘尧民《丙寅随笔》 /674

宋文熙《大理石录》 /678

后　记 /681

明

张志淳《南园漫录》十卷

《文渊阁四库全书》本；《云南丛书》本

张志淳浅塑面像

明·张志淳著。张志淳，字敬之，号南园，云南保山人。明成化朝进士，历官吏部主事、工部主事、户部侍郎等。《四库全书总目提要》称其"坐（宦官）刘瑾党，勒（令）致仕"。另据此书卷一《和诗》条所记，志淳回籍后三年，其友乔宇寄诗问候，志淳答以绝句二十首，诗句有云："身名瓦裂更无余，独有青山是故居"，罢官愤懑之情，溢于言表。明代党争问题极其复杂，志淳究竟缘何被劾罢官，则有待深入研究。还著有《永昌二芳记》，《四库全书·子部·谱录类》存目。

立目式综合类笔记。无论从体例、内容到文笔，皆堪称明代优秀笔记。故此书除著录于《四库全书》之外，还多为后代学人翻刻。它既是古代云南学人的读书笔记，也是记录明代历史问题和云南社会的重要文献之一，对于研究明史和云南地方史皆具参考价值。其主要内容可大体归纳如下：

其一，作者的读书心得。内容广泛涉及经史文学、名物训诂。虽条札而出，亦不乏深思熟虑、考证精当之论。如卷五《左右》条，依《汉书·百官公卿表》官爵排序规律，证古人"尚左"而非"尚右"。《笼竹》条，据两《唐书》之《南诏传》和《土蕃传》等，补正杜诗"笼竹"之"笼"为吐蕃地名，而元人虞集注杜诗不解其意。卷四《注书误》条，据《论语》语法逻辑，证朱熹注"君子无所争，必也射乎；何事于人，必也圣乎"之误。等等，足证作者知识渊博而又敏于思考。

其二，记明代史事人物。由于这部分大多据作者亲身经历和见闻写成，史料价值较高。作者对明朝人事之褒贬，亦多能激浊扬清，持论公允。如卷八《所见》条，记建文皇帝的两个后人，养在深宫，"内官呼为'大哥'"。卷二《巡抚》条，记名宦王恕的简朴和正直，"巡抚云南，不挚童仆。唯行灶一，竹食箅一，服无纱罗，日给猪肉一斤，豆腐两块，菜一把，酱醋水皆取主家给状，再无所供"。卷五《称父母》条，穿凿群籍，批判现实，考释古代绝不以"父母"或"父母官"称本地长官，唯明朝突有此称。作者解释说：

盖缘乡宦始于求利于有司，故为此不情之称而不耻！有司喜于见尊于乡宦，故安受过情之谄而不辞乎！不耻则又获名誉之美；不辞则又取交通之利。故上下相尚，既乖于礼，尤病于民，而通不可变矣！

再如卷四《宦官名》条，考历代宦官名称之变，指出从洪武时起，始以"监正""监副"等称宦官；自永乐初，始以"太监"称宦官。作者认为，古时只有天子之"三公"和"元子"才能以"太"相称，因永乐朝以来，宦官权力渐大，名称渐隆，"洪武之制，岂不冠今古哉？！"不无揶揄谴责之意。卷五《并坐》条，以弘治时宦官李荣不屑与太子太傅兵部尚书马文升并坐为例，指责说："内臣之自尊犹若此，无怪乎汉唐之末造也！"卷一《笑语》和卷三《功业》等条，揭露嘲讽宦官钱能的种种劣迹，歌颂王恕等人敢于弹劾权阉的行为等，亦可证见作者并非属于宦官刘瑾党徒。

其三，记云南历史掌故和地方风物。如卷二《麓夷》、卷六《征麓川》、卷七《夷种贵》、卷十《俭德》等条，记明朝麓川史事甚详。卷二《工鱼》《郡城》、卷六《永昌》《诸葛堰》《金齿》、卷七《猛密》、卷九《乡俗》等条，记今大理、保山、德宏地区历史掌故、人物故事，就中不乏纪实鉴戒之作，可补《明史》之不足。由于作者学识渊博而又身为滇人，故关于云南史地，尤其是滇西史地的考释，颇多独到精审之处。如卷四《漆齿》条，以自己亲见今云南芒市一带傣族如何以植物为染料"染齿使黑"的方法，驳斥《新唐书·南诏传》"以漆漆齿"的谬误。再如卷七《夷称法》条，据麓川之"大伯夷"（今傣族）称王者为"法"，故其酋长如思仁法、思机法等皆以"法"为后缀词，而与中央政府之文书交往则不敢称"法"。其结论皆属稳妥，有益于云南地方史研究。

陆容《菽园杂记》十五卷

《文渊阁四库全书》本；中华书局标点本，1982年

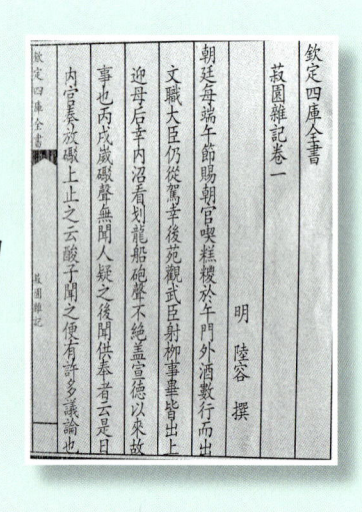

陆荣画像

明·陆容著。陆容，字文量，号式斋，太仓（今属江苏苏州）人。成化二年（1466）进士，授南京主事，晋兵部职方郎，掌地图和四方朝贡，迁浙江参政，因故罢官。该书以记载、考辨明代朝野故实为主。《四库全书总目提要》称其"叙述颇详，多可与正史相考证，旁及谈谐杂事。核其大致可采者较多"，审是。

不立目综合类笔记。记云南史事不多，但却颇为翔实。如卷十五，记明代滇桂女土司云："今云南、广西等处土官无嗣者，妻女代职，谓之'母土官'。隋有'谯国夫人冼氏'，高凉太守'冯宝妻'也。其家累叶为南越首领。踞山洞，部落十万余家。夫人在母家，抚巡部众，能行军用师，压服诸越，后以功致封爵，此母土官事始。但夫人家有兄，夫家有子，与今不同耳"。

考《滇云历年传》亦多记有西南女土司头人之事，可资佐证。又如卷四，记大理卖冰雪事云："大理点苍山，即出屏风石处。其山阴崖中，每岁次五六月，土人入夜上山取雪，五更下山，卖市中，人人争买以为佳致，盖盛暑吃雪，诚不俗也"。再如卷七，记明代滇西地震云：

  成化十六年（1480）四月初二日，云南丽江军民府巨津州（今属丽江巨甸镇）雪山移动。十七年（1481）六月十九戌时，大理府地震有声，民屋动摇，二次而上；鹤庆军民府本日亥时，满川地震，至天明，约有一百余次，次日午时止。廨舍墙垣俱倒，压死军民、囚犯二十余人，伤者多数。乡村民屋倒塌一半，压死男妇不知其数；丽江军民府通安州（今属丽江古城区），本日戌时地震，人皆偃仆，墙垣多倾。以后昼夜徐动，约有八九十次。至二十四日卯时方止。各处奏报地震，无岁无之，而云南之山移地震，盖所罕闻者，故记之。

考《明史·宪宗本纪》及《明史·五行志·地震》，皆不记这两次地震。作者大约根据当时奏报的资料记录，其所记时间详切，与明诸葛元声《滇史》、清倪蜕《滇云历年传》所记吻合，可补正史不足。

何孟春《余冬序录》十五卷

《文渊阁四库全书》本；
中华书局标点本，1982年

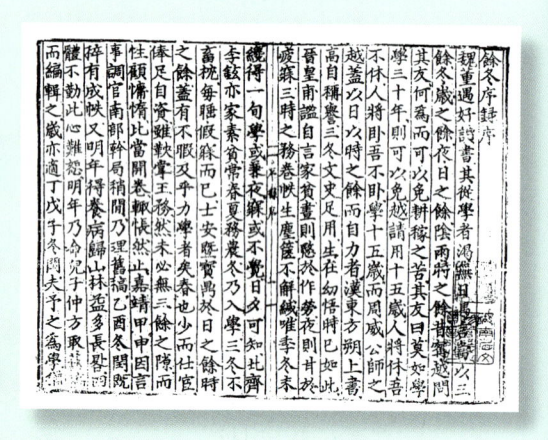

何孟春塑像

明·何孟春著。何孟春，字子元，号燕泉，湖南郴州人。其祖父何俊，曾为云南按察司佥事。孟春举弘治六年（1493）进士。正德初年，以右都副御史任云南巡抚。任内"讨平十八寨叛乱"，奏设永昌府，增设五长官司、五守御所。为官正直敢言，后因"大礼议"触怒嘉靖皇帝，削职回籍。隆庆朝平反，谥"文简"。

不立目综合类笔记。书名取义古人读书学习当珍惜"三余"时间——"冬岁之余；夜日之余；阴雨之余"。内容大体按时序，记涉历代典制、经史百家、名人轶事、奇闻异事乃至动植物等等。又因作者曾亲历云南而记涉云贵地区以及东南亚相关国家之事，堪称明人笔记博雅之著。所记云南条目多为当时所见所思，也较为深刻。

如卷四十七，记云南当时尚"以贝为币"，通认为此乃落后的"僰俗"，但作者据汉桓宽《盐铁论》等考称"夏后以贝，殷以紫石，后世或金钱刀布。故用贝盖起自夏后氏也"，只不过云南保存"以贝为币"的时间太长。又如卷五十五，作者正确指出，当时云南、广西等处，"土官割据蛮洞，彼此仇杀，贻患地方"。尽管朝廷不断派官"抚谕"，但仍然"数岁不得停帖"，其根本原因主要由于"官多贪利之人"。他援引当时木邦、孟养、广西、思恩等土酋的话说："司府官不过一狗，乞与一大骨头便去矣！今日缙绅遇骨于地，不猾然而争者几人？"有鉴于此，作者在卷五十九，积极主张除"至远纯夷"之地外，在靠内的少数民族地区，应尽可能直接改设与内地一样的府、县制度。他认为，只要所任官吏廉正，也许比土官更好，"非他土官部落可比"；只要平等对待少数民族，"以为得贤守至，不我鄙夷"；只要和内地一样，"家喻户晓，兴行礼义"，则和改土归流较早的四川、贵州等地一样，"士民复异于部落，国家声教四达，煌煌天下，今固无不可化之民，君子无不可居之地也！"

云南古代贮贝器

此外，作者还有《何文简疏议》一书，著录于《四库全书》。其中，卷四至卷八是作者在云南任内所上的奏议，反腐倡廉的分量也很重，如《贪官害民疏》专劾云南楚雄府贪官；《贪官科害疏》揭批洱海卫军官为害地方；《贪官违法疏》纠弹金沧道（今属临沧一带）的不法官吏等。《地震疏》则记正德十五年（1520）二月初八日安宁发生强烈地震，以及救灾措施等等。皆值得云南地方史志研究者参考。

杨慎《丹铅录》四种六十九卷

《文渊阁四库全书》本

杨慎塑像

明·杨慎著。杨慎，字用修，号升庵、博南戍史、金马碧鸡老兵等，新安（今属四川成都市）人，明代著名文史学家。杨慎为诸生时，曾受教于滇籍训导王颖斌。正德六年（1511）杨慎考中状元，官翰林院修撰、经筵讲官等。嘉靖三年（1524），因"大礼议"得罪皇帝，被处"廷杖"并罪谪云南永昌卫（今属保山），直至去世。在滇广交朋友，读书著述。还著有《滇程记》《全蜀艺文志》等等。

全书包括《丹铅余录》十七卷、《丹铅续录》十二卷、《丹铅摘录》十三卷和《丹铅总录》二十七卷。皆著录于《四库全书·子部·杂家类》。因属明代著名笔记，故又有别本流传或内容被抄入他书者。

四录分属立目和不立目读书、考订类笔记，不作于一时一地。据《四全书总目提要》称，杨慎先撰成《丹铅余录》《续录》《闰录》《摘录》四种，合刻于嘉靖二十六年（1547）。此后，其门人梁佐又汇合诸录为一编，题为《总录》，刻于上杭（今属福建龙岩）。万历中，四川巡抚张士佩重刻杨集，又并诸录及《谈苑醍醐》合刊之。唯佚《闰录》一种，但因先有梁刻《总录》，尚可概见其大略。故非但内容无损，且四录还因多次分合而互有重复之处。

据《总录》卷首杨慎原序称，四录之作由来久矣，且用力颇深："自束发以来，手所抄集，帙成逾百，卷计越千！其有意见，偶所发明，聊成其菁华百分，为丹铅四《录》"。又据《余录》卷首张素原序所记，四录起撰于杨慎"居馆阁时"，"罪谪云南"后继续完成。《四库全书总目提要》的作者因此而妄解其书名，称"丹铅"为古之罪人"用赤纸为籍；其卷以铅为轴"，故杨慎以此暗喻自己有罪。实则"丹铅"本为古人"点勘"之具，杨慎取为"研习"或"著作"之义，且《丹铅余录》起撰于杨慎来滇之前，与所谓"罪谪云南"又有何关系？！

杨慎是古代以渊博著称的状元才子。"丹铅四录"充分反映出他读书极其宽泛，才思敏捷。四录中《丹铅余录》和《摘录》体例相同，属不立目读书笔记，内容广泛涉及古代历史典籍、名物制度、人物佚事考证等。《续录》则按所读之书名立目，先经后史，先经史群书，后杂记、杂项等，则因事立目。而《总录》则进一步整理规范为《天文类》《地理类》《时序类》等二十八个大类，每类之下，再分立若干小目，层次清楚，纲举目张。

四录虽不专为云南而撰，但因其主体部分的写作完成于云南，如《丹铅余录》董理于连然（今属昆明安宁）；《续录》也自序于昆明"高峣别业"，即今昆明西山，故其记说、称引云南之事者亦不在少数。观其内容，大体可分为以下两类。

一是直接记录云南或西南史事。如《总录》卷二《夜郎》条，记作者自己踏勘、诠释"夜郎"遗迹云："汉夜郎县属牂柯郡，唐属珍州。牂柯郡本且兰国，在今播州界，珍州在今施州歌罗寨。夜郎在桐梓驿西二十里。有夜（郎）城，尚有古碑，字已漫灭"。卷十五《张禹山戏语》条，记保山张含崇尚自然的书法观曰："张禹山晚年好纵笔作草书，不师法帖而殊自珍诧。

009

尝自书一纸寄余，且戏其后曰：'野花艳目，不必牡丹；村酒酣人，何须蚁绿。太白诗云：越女濯素足，行人解金装。渐近自然，何必金莲玉弓乎？'亦可谓善谑矣"。考张含与杨慎相识早且交往深，所记自当不误。

再如卷二十《滇中诗人》条，记永乐朝云南诗人郭文，号舟屋。杨慎赞其某些诗篇可与唐代大家比美，并录其《竹枝词》云："金马何曾半步移。碧鸡那解五更鸣。侬家夫婿久离别，恰似两山空得名！"卷三十一《间丘均》条，记《王仁求碑》作者等曰："成都间丘均，在唐初与杜审言齐名。杜子美赠其孙间丘师诗云：'凤藏丹霄暮，龙去白水浑。'盖称均之文也。均亦曾至云南。有《刺史王仁求碑》文、《爨王墓碑》文，皆均笔也。爨墓碑，洛阳贾余绚书。予修《云南志》，以（间丘）均与余绚入《流寓志》中"。又如《摘录》卷八，记作者访寻昆明杨林诗人兰廷瑞遗诗说：

滇中诗人兰廷瑞，杨林人也。予过其家，访其稿，仅得数十首。如《夏日》云："终日凭阑对水鸥，园林长夏似深秋。槐龙细洒鹅黄雪，凉意萧萧风满楼"；《冬夜》云："枕上诗成喜不睡，起寻笔砚旋呼灯。银瓶取浸梅花水，已被霜风冻成冰"；《题嫦娥奔月图》云："窃药私奔计已穷，藁砧应恨洞房空。当时射日弓犹在，何事无能近月中"。三诗皆可喜。

考兰廷瑞与《滇南本草》编著者兰茂为同胞兄弟，可见其诗作当时就很有影响。或因杨状元的大力推荐，其诗作后来被选入清初名家朱彝尊所编《明诗纪事》等合集。可惜其诗集今已不传，杨慎所抄此三诗就弥足珍贵了。同书卷九，记云南土语"说天话"（即说空话）佚事曰："……滇中某提学，训诸生读书为文之法甚悉。语毕，问诸生曰：'吾言是否中？'有一人应曰：'公，天人，所言皆天话也！'相传以为笑，盖俗以'托空'为'天话'耳"。可见明代云南已有"说天话"之幽默语了。他如《续录》卷八《木棉》条，记云南阿迷州（今属开远）之木棉花；《总录》卷二《温泉》条，记云南安宁、宁州、白崖、浪穹等七大温泉等，皆值得有关研究者关注。

二是利用云南或西南之事考证相关学术问题。这是四录中有关云南或西南的主要内容。我们注意到，杨慎和诸多寓滇学人一样，一方面将中原文化极力传播于云南，同时，云南过去鲜为人知的独特文化也给他们的学术思想或文学创作注入了全新的灵感与活力。四录中不少精彩的考证正源于杨慎二十多年的云南经历。如《总录》卷二《黑水之源》条，据群书和踏勘证"黑水"即金沙江云：

《禹贡》曰："华阳黑水惟梁州。"又曰："导黑水之于三危，入于南海。"郑玄云："三危在鸟鼠之西，而南当岷山；又在积石之西，南当黑水祠。黑水出其南胁。又按《汉书·地理志·益州郡》："滇池有黑水祠。"郦道元《水经注》锐意寻讨，亦不能知黑水所经之处。马端临《舆地考》云："孔、郑通儒，亦莫知其处。是年代久远，遂至湮涸，无以详焉。"今按杜氏《通典》曰："吐蕃有可跋海，去赤岭百里，方圆七十里。东南流入西洱河，合流而东，号曰漾濞水。又东南出会川，为泸水焉。泸水即黑水也。长宁周文安公云：'三危山在云南丽江。其源委既详，足以补《禹贡》之注矣。'"濞水今在大理之西百里，土俗讹作"样备"。《唐书》姚巂道讨击使唐九征率兵击吐蕃，虏以铁絙梁漾、濞二水，通西洱。筑城城之。九征毁絙夷城，破之。建铁柱于滇池以勒功。即此水也。黑水祠在云南昆明县之官渡，今名"黑杀天神土主俗祠"，祷之极众。马端临生于宋季，土宇分裂，纸上之言，难以考据。今三危、黑水祠、漾濞皆在中国，余寓云南二十余年，目击耳闻，是以得其真，并书以谂四方之好古者。

同卷《渡泸辨》据此又证诸葛亮"五月渡泸"之"泸水"亦即"黑水"金沙江，"以其水色黑，故以卢名之"，后书作"泸"字，并进一步推测其"渡泸"之河段，或在"姚安之左却"。今天，有关学者对于上述结论或已耳熟能详，但如果杨慎之前无人如此确证这一问题，则首倡此说者无疑当归功于杨慎。又如《摘录》卷五，杨慎根据自己在大理等少数民族地区之见闻，考释北宋初云南所贡乐舞中"瓢笙"即芦笙舞曲，并因此进一步作诗解释曰：

宋乾德（按：宋太祖初年年号）牂柯入贡。上令作本国歌舞，乃吹"瓢笙"，名曰"水曲"。即今之芦笙也。予在大理见之。尝作《芦笙吟五解》，其辞云："芦笙吟，芦笙吟。可怜一寸匏，能括四海音"，一解；"芦笙吟，芦笙吟。可怜一节芦，能通四海心"，二解；"昔我闻芦笙，乃在盘江河，江边跳月歌，令人玄髻皤"，三解；"今我闻芦笙，乃在间南桥。短歌和长谣，从夕至清朝"，四解；"悲亦不在声，欢亦不在声。昔声与今声，不是两芦笙"，五解。

他如《总录》卷二《度索寻橦》条，作者据"今蜀松茂之地"所见溜索桥，释《西域传》所谓"度索"即溜桥之缆绳；所谓"橦"即木筒。"欲度者则以绳缚人于橦上，人自以手缘绳而行进，达彼岸。复有人解，所谓'寻橦'也。非目见其制，不知其解。"卷五《吐金鸟》，据昆明等地之调查研究，驳斥《酉阳杂俎》所记云南有鸟能"吐金屑如粟"之误。卷二十四《元马》条，据《华阳国志》所记"（元谋）县有元马，日行千里，元马河以此得名"。元马死于该县，有"元马冢""元马祠""元马镇"等，而后"元马"讹音为"元谋"。其说多为后人认同。

此外，杨著《谈苑醍醐》一书亦与上述四录同为读书杂记。如卷六《戕戕》条，考称古"牂柯"亦作"戕戕"。二字皆从"弋"部，即古之"杙"也，乃系船之木。称"牂柯"在贵州境内，其地之江河水急，每于渡口两岸对立两"杙，中连一绳。过河时，舟人循索而渡"，更为安全。作者曾亲见之于盘江和崇安江，并因此而感慨说："读万卷书而不行万里路者，亦不能识字也！"

杨慎涉滇笔记四种

《四库全书存目丛书》本

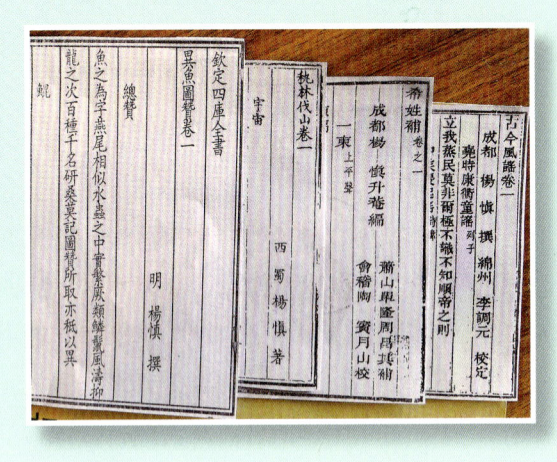

《希姓补》五卷 子部·谱录类，杨慎原编，单隆周增补。《四库全书存目丛书》本姓氏类专题笔记，按音韵编辑，起"东"韵，终"洽"韵。从正史、诸子等文献中钩稽少见姓氏。每目先用大字列示姓名或姓，以下用小字注释其出处和分布地区。众多姓氏显然来自杨慎在云南的"采访"所得。如卷一《弓高》条注："汉（朝）人，滇中亦有此姓。"卷三《卯疏》条注："周时仙人。今云南有'卯'姓"。《风》姓条注："伏羲之后，南中夷有'风琶'。"《资》姓条注："姓出陈留。今滇中土酋有此姓。"《闪》姓条注："回回姓，滇永昌多有之。"卷四《怕》姓条注："南中夷姓。王骥征麓川，聘降夷三姓：怕、刀、剁，为酋长。避'剁'字，写为'多'字，故云南亦有'多'姓。"卷五《铁伐氏》条注："赫连勃勃，改其支庶为'铁伐氏'，言其钢锐，堪伐人也。今云南夷人有铁姓，亦有登科者。"此外，者、拜、那、郁、广、阿、永、也、紫等姓下，皆注称"滇有此姓""滇夷有此姓"或"滇中亦有此姓"。古代姓氏与民族历史颇多关系，云南稀姓众多，是其族群众多、成分复杂的表现之一。

《秋林伐山》二十卷　子部·杂家类，杨慎著，《续修四库全书》本。秋，艺也。立目式读书笔记。卷三《花马国》条曰："雪山，一曰折罗漫。今之花马国，即丽江也。"卷七《濂寔鱼》条曰："方言'康'之为言空也。濂寔，空貌。亦丘墟之空无也。《庄子》：'曷胡视其寔'，亦指墟墓言，可证。今（云南）澂江有鱼，人呼为濂寔鱼，其鱼亦干而中空。"或可聊备一说。

《异鱼图赞》一卷　子部·谱录类，杨慎著，《文渊阁四库全书》本。立目式专题类笔记，辑录稀异鱼类。卷一《鲫鱼》条曰："滇池鲫鱼，冬月可荐，中含腴白，号'水母线'，北客乍餐以麦缆。"注："《甫夷志》：蒙舍（诏）地有鲫鱼，大者重五斤，西洱河及滇池冬月多鲫鱼。"同卷《弓鱼》条曰："西洱河弓鱼三寸，其谁书以'公鱼'，音是字谬。又哂多子亦恐之羞。"注："弓鱼，见《鱼谱》，滇中俗言既误作'公鱼'，而怪其有子，遂缀为谑语云：'大理公鱼皆有子，云南和尚岂无儿？'"此说亦多为后人因之。

《古今风谣》一卷　子部·小说类，杨慎著，《四库全书存目丛书》本。立目式专题类笔记，辑录明代以前正史、诸子、地方文献中谚语、俗语，多偏重气象、风俗方面。按地区立目，其中立有《吴谚楚谚蜀谚滇谚》专条，包括云南谚语，但未加特别注明。就语音习惯推之，属川滇之谚俗语者有曰："早霞红丢丢，响午雨溜溜；晚了红丢丢，早上大日头"。此言云色与天气之关系。又："日出早，雨淋脑；日出晏，晒死雁。"此言太阳与气候之关系。又："螃蟹怕见漆；豆花怕见日。"此言物候也。又："九九八十一，穷汉受罪毕，才要伸脚睡，蚊虫獡蚤出。"嘲讽懒汉也。

张合《宙载》上下二卷

抄本，云南省图书馆藏书；
《云南丛书》本

明·张合著。卷首李根源先生《重刊宙载序》记作者说："永昌张合，字懋观，号贲所，金齿卫（今属保山）人，（张）志淳少子，（张）含弟。嘉靖壬辰（嘉靖十一年，1532）进士，刑部主事，历湖广副使，以疾告归。性嗜学，手不释卷，善书画，权贵造请辄却之。居乡不谈公府事，时欲清查夷田，人心汹汹，乃为书五千言达之当事，事遂寝。卒，祀乡贤。著有《贲所诗文集》《宙载》等书。"另据许辰《重刻宙载序》称，张合尚有《稻荞漫笔》《八话编》《宦游杂抄》《贲所日记》等，皆亡于清初。张合父子三人皆为明代云南著名人物，都有著作传世，史称"金齿三张"。

据《宙载》原抄本中赵藩浮签及李根源序得知，书稿先藏于张合友人许谷之手，至康熙中，许谷之孙许辰打算刊刻而未果。民国十二年（1923），赵藩致书在北京的李根源，告知江苏图书馆藏有《宙载》，李根源旋即致书江宁、苏州两图书馆，借抄未得。后经何小泉、方树梅访寻，确定其稿藏于南京图书馆。李根源又请江苏省议员潘承耀（斗南）协助。因潘的祖父少时"曾游滇中"，在贵州做官时又与云南陈荣昌交往不错。潘深知此书对云南学界的意义，慨然"亲往检阅，乃得之于丛残中，为出资付抄胥。费半月功，乃蒇其事"。可见《宙载》一书的访寻和刊刻，云南老一辈学者曾付出过多少心血！

不立目综合类笔记。明人石城许谷《张贲所先生宙载序》释其书名曰："载取名'宙'，谓所陈之道，既通往古，复合将来之义也。"虽然所记云南史实不多，但对于研究明代社会历史却具有重要的参考价值。由于张合父子两代皆为明中央官员，博闻强记，后又因作者返回故乡，远离官场，避地著述，故忌讳亦少，因此，该书敢于如实披露明朝政治腐败、宫廷荒淫和文人堕落等事实。这也是该书的主要特色和刊刻时争论的焦点所在。

例如，该书记明代帝王生活、宫闱秘事甚多，或可揭补正史之隐讳。如卷下记朱元璋杀驸马牛诚曰："洪武间，驸马牛诚有罪谪金齿，公主同往，道卒。上闻命，械诚至金齿杀之，指挥胡琛即欲奉旨。诚曰'姑俟一日。'琛以上命不可缓，遂杀之。后果有末减，命使者驰呼'留人！'然已无及。"检《明史·公主传》仅记："崇宁公主，洪武十七年，下嫁牛城（诚），未几薨。"讳言公主死因及牛诚下落。考云南多种地方文献皆记朱元璋有一女死于云南。张合为金齿籍刑部官员，其所记或据刑部档案与故乡见闻，当不误。

朱元璋画像

又如卷下，记朱元璋的偏狭横蛮曰："洪武间用法甚峻。李公善长上言：'胥靡内亦有良民，不宜概杀。'上曰：'往，吾家贫。汝为吏时尚枉取三斗麦，今日恐无良吏！'善长默然。"又一条云："洪武间，上所宠宫嫔见上治狱从重典，自言：'上蔓戮公卿，乌能戮我？'上怒，斩之。"以丞相微时贪麦之事，遽断今日恐无良吏；因口误而立斩宠妃，足证其心胸之狭隘！又如记明宣宗之荒淫曰："宣庙于禁中作'镜宝'，上下四方，以青铜镜料为质，又刻喜佛，画春图于内，每在此御妃嫔美艳者，以形影照映，为人间极乐云。"

《宙载》还大量记叙了明代宫廷制度，亦颇具参考价值。如卷上记皇帝禁宫之保密设施曰：

暖阁在乾清宫后。凡九间。中一间置床三张于房下，以天桥上；右一间置床三张于上，又以天桥下；左二间置床三张于下，又以天桥上；右三间置床三张于上，又以天桥下；左四间置床三张于下；右四间亦如之。天桥即人家楼梯也。上、下置床二十七张，天子随时居寝。如是，防不测耳。

如此形同迷宫的皇帝起居室，又采用虚实相间的办法置床若干，意在防止刺客行刺。皇帝在暖阁又怎样工作呢？同卷记载说：

今上（指嘉靖帝）励精，每日在暖阁，四鼓即起，令内臣整容。首谒庙，次谒宫，回进早膳，方视外朝。寻视内朝，则内臣尽来侍上。先看官本，次为民本。官本自裁定，民本看一二余（本），付同司礼监与内阁拟旨。既进午膳，又看三宫所进本与二十四监所奏本。圣裁毕，或为书，或闲坐。抵暮，方随意作乐到夜。四鼓又复起矣。呜呼！此固主上之敬业，然亦祖宗之成宪也。

此外，记明朝花样翻新的酷刑、文人士大夫的趣闻佚事、俚词俗曲亦多。有的内容抄自他书，有的则来自作者的见闻。如卷下记状元康海咏小和尚结婚词《山坡羊》等。记王越作俚词一条曰：

王威宁越诗作，粗豪震荡如其人。虽刻有《集》而遗者颇多。王尤善词曲，尝于行师时见村妇旋便道旁，遂作《塞鸿秋》一曲："绿杨深锁谁家院？见一个女娇娥急走寻方便。转过粉墙来，就地金莲现。金莲内一股似银线，冲起绿杨尘，满地珍珠溅！那大姐不妨墙儿

王越画像

017

外，马儿上，人瞧见！"

考王越为明中叶著名高级监察官和边帅，《明史·本传》称其"性故豪纵"，常以妓女"赏激将士"。明朝士大夫寡廉鲜耻，一则缘于太平盛世和专制主义所造成的恣情放纵；二则缘于世俗文化对理学正统禁锢的冲击。两者都是时代的产物。难得张合如实地摄下了这一幕幕足以警世的历史镜头，可谓滇人对明史研究的一大贡献！

还值得一提的是，《宙载》刻入《云南丛书》时，或因为上述"有伤风化"的文字过多，故关于其内容取舍曾引起云南专家们激烈的争议。现存传抄本上朱墨烂然，浮签互驳，后来大约依陈荣昌先生较为折中的意见，经刊改后刻入，足证《云南丛书》本和《宙载》传抄本的内容并不完全一致，亦可反映当时云南学术界不同的学术思想。所以，我们今天如何重新评估和整理这本重要的滇人笔记，依然是值得重视的课题。

彭汝寔《六诏纪闻》二卷

《四库全书存目丛书》本

彭汝寔塑像

明·彭汝寔著。彭汝寔，字子充，嘉定州（今属四川乐山市）人，正德十六年（1521）进士，授南京给事中。敢于直言，不久即辞官，居乡里教书著述。还著有《南中奏议》等。

立目式专题类笔记。记嘉靖十四年（1535）四川建昌道兵备副使俞夔、云南澜沧兵备佥事辛崧台、南京给事中彭汝寔等川、滇两省及中央官员，共同处置四川盐井卫土千户与云南丽、永二府土舍地界之争。两地今属云南丽江和四川盐源接壤地区，涉及纳西族和彝族。明初以来，两族长期因村寨所邻土地发生争斗，乃至战乱不断，祸及边疆。通过这次政府出面协调，双方互相让步，退回所占村寨、土地，订立合同。为庆贺处置成功，有关人员还赋诗以资纪念。方国瑜先生《云南史料目录概说》著录此书，考称《明实录》《蜀中广记》《丽江木氏宦谱》皆记有此事，足证其影响很大。

该书前半部分称《会勘夷情录》，完整地记载了两地双方纷争的历史渊源、官方处理条例、新订合同内容等。其处理细则非常具体，如最后裁定云南"永宁府管下村寨一百三十一处"，计有"六得寨""八瓦寨""卜罗村"等；四川"盐井卫左所土官剌马仁管下村寨五十三处"，计有"着落地""白盐井""鲁普瓦村"等。"盐井卫前所土官阿查管下村寨四十七处"，计有"阿牛寨""窝尾村"等。

有趣的是，由于两地自古就有婚姻亲戚关系，现地界划开后，两地之间不同民族的婚配问题如何处理。我们看到，其中一条涉及盐井卫土官阿查之妻木氏。木氏本属丽江纳西族，按新订合同规定，"应将木氏另行改嫁，令盐井卫另选婚配"，但是，"今审阿查愿与木氏完娶"。于是，"断令丽、永二府将木氏并女贾阿眉送与阿查，照旧完婚"。这一处理充分尊重了当事人自己的意愿，无疑是非常人性化的正确做法！

该书的后半部分称《南荒振玉》，辑录参加这次"会勘"的两省地方官、中央官互相唱和的诗作。俞夔诗曰："川云自古相连地，万叠云山万种村。疆里虽云殊尺籍，供输总是属公门。争纷可恨腥膻类，笑处乍倾滇海尊。指日质成秦晋约，好将岁月勒高昆！"辛崧台诗曰："昔年奉别长沙水，今岁相逢舍可村。丽永湖山分土苴，宪台风节振辕门。苍苍树抱天边柱，冉冉云回江上尊。会有双封朝北斗，便看两省靖西昆。"……吟唱出古代川滇两地民族团结的赞歌！

赵汝濂《平黔三记》不分卷

《四库全书存目丛书》本

明·赵汝濂著。赵汝濂，字敦夫，号云屏，云南大理人。嘉靖元年（1522）举云南乡试第一；嘉靖十一年（1532）成进士，选庶吉士。先后官考功司主事、太常寺少卿、都察院右副都御史等。为人为官，正直敢言，因屡触权奸严嵩党徒而遭忌害，嘉靖三十三年（1554）遂称疾致仕。隆庆三年（1569）卒于家。

赵汝濂故居

此书据天一阁原藏本影印。《四库全书总目提要》所据之本"不著撰人名氏"，故提要撰稿馆臣虽引其序中言作者为"点苍山人"，但未能遽断为赵汝濂也。方国瑜先生著《云南史料目录概说》，知其有天一阁藏本，但当时尚未见到此书，因有"不知今犹存否？"之问，但已基本确证其作者为赵汝濂（参见《云南史料目录概说·平黔三记》条）。今本书名之下明署"大理赵汝濂著；秀水项鼎铉订"。考项鼎铉，明万历年间文人，出身浙江嘉兴望族，以进士任京官，著有《呼桓日记》《名臣宁攘编》等书。至于他为何校订此书，有待深入考证。

此本无序跋，不立目专题类笔记。依次记明洪武朝傅友德、沐英等平云南；正统朝王骥征麓川；嘉靖朝吕光洵平武定三事。由于某些古人认为"云南为黔中地"，故其书名题为《平黔》，其实所记三事皆属明代云南历史大事。惟作者仅概而言之，内容有限，其中首尾二事略详。如关于明初朱元璋派王祎来滇劝降梁王把匝剌瓦尔密被杀之事，较为详明，且多为诸葛元声《滇史》所沿袭。又如关于云南最后一任大理总管究竟是段明、段名，还是段世？诸史及近人言之互歧，莫衷一是。该书记曰：

（洪武十五年）二月，（沐英）等引兵攻大理，大理倚点苍山、洱海为固。土酋段世以五万众扼下关。（沐）英令蓝玉、王弼率兵由洱水东，趋上关；胡大海由石门间道绕出点苍山后，攻下关，踊跃欢呼，蛮众惊乱，遂克大理，擒段世。（傅）友德分兵取鹤庆，略丽江，破石门，下金齿。于是，车里、摩些、和泥平，缅悉降。二月，友德遣使以故元梁王家属及威顺王之子伯伯等送京师。

赵汝濂为大理人，且在世之时去明初未远，故其关于"段世"及明初平大理之记应该不误，可资佐证。

李贽《李卓吾先生读升庵集》二十卷

《四库全书存目丛书》本

李贽画像

明·李贽著。李贽，明代杰出思想家，字宏甫，号卓吾、温陵居士等，福建泉州人。嘉靖三十一年（1552）举人，按制挑考，任县教谕、国子监博士等。万历五年（1577）至万历八年（1580），出任云南姚安知府，勤政务实，政绩显著。曾为姚安涟水河造桥，后人称"李贽桥"。旋弃官离滇，游寓黄安（今属湖北红安）、麻城、南北两京等地讲学。李贽思想独立，敢于批评包括孔孟、理学名流在内的正统思想。晚年以"敢倡乱道，惑世诬民"的"思想犯"罪名被诬下狱，自刎而死。他一生著作等身，还著有《初潭集》《焚书》《藏书》等。

立目式专题类笔记。作者从杨慎《升庵集》中摘出诗文、警句，加以考说。其涉滇重要篇章，如卷二《蜻蛉谣》和《博南谣》，两诗皆杨慎为歌颂姜龙而作。考姜龙，字梦宾，江苏太仓（今属苏州市）人，正德三年（1508）进士，官建宁（今属福建建瓯）同知，迁云南副使，"备兵澜沧、姚安"等地。宦滇期间，族群反叛，社会动乱。他采用"威恩并重之策"，安定地方，深得民心，却有违上司"剿杀"之令，被迫解职。嘉靖五年（1526），姚安官民要立碑纪念姜龙，正值杨慎途经姚安，应邀为之撰《兵备道姜公去思碑》文。后来，又作此二谣。

李贽桥纪念碑

《蜻蛉谣》赞扬姜龙治滇"苍山平，洱水清。守犬无夜惊，行商达天明"。《博南谣》则批评姜龙去滇后云南又重蹈混乱，"澜沧自失姜兵备，白日公然劫行李。博南行商丛怨歌，黄金失手泪滂沱"，为其爱民安邦反遭削职而鸣不平！李贽在二谣文后，感叹姜龙、杨慎和自己的命运有某些相同之处。他进一步论说，"古今人情一也，古今天下事势亦一也"，我们三人都曾来过云南姚安，且对地方治理的思想"姜公之心正与予同"，如果杨慎为官，也必然如此，所以，我们三人都因忤逆上司、不苟流俗而为世所不容，命运多舛，也就非常自然了！

此外，还录有杨慎撰《滇侯记序》《大理府志序》《云南乡试录序》《楚雄府定远县新建儒学记》《临安府乡贤祠记》《芦笙吟》《恩遣戍滇纪行》《元谋县歌》《怒江》《寄张愈光二首》等诗文。虽未一一点评，但其版本或不同于后出之《升庵集》，其内容文字或可供研究者校勘比对。

周復俊《泾林杂纪》二卷

《续修四库全书》本

周復俊石刻像

明·周復俊著。周復俊，号冏卿、木泾子，江苏昆山人，嘉靖十一年（1532）进士，历官工部主事、四川布政使、云南澜沧兵备道、布政使等。据该书零星材料所记，作者于嘉靖十四年（1535）之后曾三次宦滇，居滇时间不短。还著有《全蜀艺文志》《泾林文集》等。后者所涉云南史事亦多，其中如《澜沧兵备道移镇洱海记》《南中忠烈遗迹题辞》等文，颇多参考价值。

不立目综合类笔记。内容随作者宦迹所至而记其见闻轶事，不全为云南之事，但由于作者所记率多缘于亲见亲闻，故其中有关云南的记叙对于了解明中叶云南社会民风不无参考价值。记载范围则以今天昆明市和滇西地区为主。如这一时期昆明男女穿着打扮究竟如何？民风究竟是开放还是保守？作者有记评曰：

滇中妇女良贱皆以玄帕封头；丈夫戴毡笠；哨兵戴笠，则以发敷其上；土舍未袭冠带，戴㸠牛毛笠，其发下垂，若流苏然。滇城士女好游。芳辰美景，辄携壶觞箫鼓，群聚于水边林下，邀嬉竟日，至以缕杂贯香，盘结于道。陆贾云："南中士女以彩缕贯花，绕髻为饰。"是也。至今云津桥下，四时有卖花声！

上文称"丈夫"即男子。"哨兵"与"土舍"相区别，前者当指明朝"正规军"；后者无疑指当地"民兵"之类。考汉人自古束发椎髻，故无论兵民，必戴冠或裹绩巾；而少数民族则略分为"披发"和"辫发"两种，未必着冠。由上得知，当时云南"土舍"或属"披发"类少数民族打扮。文称"士女"即所谓上流社会的妇女；"云津桥"即今昆明市得胜桥一带。由作者的引证和目验看来，莫非昆明的上层妇女自汉代以来就如此自由开放？那么，我们的教科书上动辄说古代妇女如何备受"礼教妇德"之戕害，就未必完全属实了。

作者对昆明和滇西地区今天业已消失的风物景观也多有记涉。如记安宁温泉："喷薄香洁，绝无硫气。中有碧石，如玉可爱，予踞其上浴焉。"记昆明西山太华寺和华亭寺皆多山茶花，而以华亭寺茶花"尤为卓绝，其树三人环抱，高与殿齐。乙卯春（指嘉靖三十四年，1555），予与蒋环山同探赏之，时值丹英盛开，约二万余朵，徘徊其下，至不忍去！遂作诗以纪其胜"。记太华寺原有"江山一览轩"，居高临下，凡昆明城郭、滇池风光无不尽收眼底。故作者之友杨升庵题联云："烟雨楼台，南朝四百八十寺；醉乡风月，东坡三万六千场。"又如记云南"孔雀翠毛金粉，栖息花间，文雅可爱。永昌（今保山）山箐间此禽最多"，且当时就已经采用人工饲养了。记宾川州"西门外二里许有土城遗迹。崇可一二尺，相传武侯擒孟获驻兵之地。土人采城中土用符水服之，可以愈虐"。此外，记昆明沐氏府第之奇花异木，记大理、丽江之山川形胜，论列滇西气候之变化，批驳《大理府志》之谬误等等，皆可资考据。

陈全之《蓬窗日录》八卷

《续修四库全书》本

明·陈全之著。陈全之，字粹仲，福建三明市人。嘉靖二十三（1544）进士，先后官山西参政、山西晋王府幕僚、礼部主事，提督四夷馆，管理各国进贡事务等，其余生平事迹不详。

立目式综合类笔记。卷一至卷二题为《寰宇》，分省记叙全国各地的风土人情、地理状况、物产习俗、军事防务等。卷一即有《云南》专目。卷二有《西南夷》《安南附贡路》两目涉及云南史地。卷三、卷四题为《世务》，亦涉及西南各省屯田、藩镇、边防等。卷五、卷六为《世纪》，卷七、卷八为《诗谈》。

陈氏在山西曾参政晋王府，很可能管理军务，故对全国卫所布防方面的情况较为熟悉，故该书对当时各省军卫布防的记载占较大篇幅。其中，记说分析云南卫所设置情况有曰：

云南领十四府、八军民府、五州。惟云南（相当于旧昆明范围）、临安、鹤庆、大理、楚雄五府嵌居腹地，颇饶沃，余俱瘴警区。大抵云南一省，夷居十之六七，百蛮杂处，土酋割据。但黔宁遗法，沐氏世守，比之广西、贵州省土官不同，差有定志。而西有澜沧卫，联属永宁、丽江，以控土蕃；南有金齿、腾冲，以持诸甸；东有元江、临安，以扼交趾；北有曲靖，以临乌蛮。各先得其所处。惟寻甸、武定防戍稍疏；木邦、孟密性习叵测；元江、景东土酋称桀；老挝、车里姻好安南；阿迷、罗台瘴疠所梗；广南、富州界临左江，不可不加之意也。

此外，该书还记载分析了明嘉靖朝云南赋税问题，称云南当时赋税标准混乱，各地征收情况不一。如对元江、丽江、蒙化、元谋等地竟未做规定，"惟大理、太和十年一役；其邓州、宾州、腾越、北胜、浪穹、永平五年一役；云南县（今祥云）三年一役。其余州县一年一役"。该书还记载了当时云南的一些社会习俗。如记云南用贮币，"以一为庄，四庄为手，四手为苗，五苗为索，索盖八十贝也"。其所以称"索"，或指以绳索穿贝成串，方便携带。又如记云贵、广西、交趾民间有用"铜鼓集事"之俗。记今开远或有开采"石油"之事，"阿迷州有火井，烟来水出，授以竹木则焚"。对于研究明史和云南地方史皆具有一定参考价值。

何镗《古今游名山记》十六卷

《续修四库全书》本

明·何镗编著。何镗，字振卿，号宾岩，浙江丽水人，嘉靖二十六年（1547）进士，先后官进贤知县、江西提学佥事、云南参政等。宦滇期间，"以亲老乞归，获准"。后起官广东按察使、河南布政使，未赴任。在家闲居数十年而终老。还著有《中州人物志》等。

立目式专题类笔记。采集元末至明代史书、文集、方志中游览山水之杂文、语录编成。卷首有黄佐、王世贞等名人撰序。次为《胜纪》，辑录先秦至明代游历简况；次为《名言》，辑录《列子》《史记》迄明朝不同著作中关于旅游的重要言论；次为《类考》，列示历代关于旅游目的地的分类等。以下再按北京、南京、江浙、西北、山东、山西、西南等范围之名山大川，著录其有关游记、杂文和考证之文。卷十六、十七即为滇黔两省之部。

云南之部辑录元末郭松年《大理行记》；明李元阳《点苍山记》《游花甸记》《游青碧溪三潭记》《游石宝山记》《黑水辨》《点苍山志》《西洱河志》《白崖毕钵罗窟志》《游九顶山记》；杨升庵《游点苍山记》《安宁温泉诗序》；张佳胤《游临安三洞记》《游太华山记》《游安宁温泉记》；

029

安如山《点苍山记》；周復俊《游鸡足山记》；蔡绍科《大理山川记》；杨士云《苍洱图说》；王景章《游云龙山记》；明汝南王《游点苍山无为寺记》；吴懋《点苍山游记》；谢东山《游鸡足山记》；解一经《游阿庐仙洞记》等。

鸡足山

以上篇章如郭松年《大理行记》等已为我们所知，但有的内容则鲜见前人称引。如安如山《点苍山记》，记作者嘉靖二十四年（1545）官大理，为苍洱风景所震撼，即命人绘制《苍洱图》一帧。文称大理"诸山水俱佳，而妙尤在十八溪，各源于危峰络石，经丘而卒汇于巨浸（指洱海），婉如玉虹群饮，自天而下，亦奇观哉！"又如王景章《游云龙山记》，称此山有大型溶洞，距蒙自三十里，其景"四山蟠束如辏，若苍虬行天，百灵景从，蜿蜒飞舞，可愕可爱，前行数里，林木如画。路人指曰是名'石室'，中可坐千人！"再如李元阳《九顶寺记》，记其游览祥云县九顶山之九顶寺，并考说其建造缘起、规制等，皆可供今天修志和旅游研究者参考。

陈其力《芸心识余》七卷

《四库全书存目丛书》本

明·陈其力著。陈其力，字芸心，云南通海人，嘉靖二十八年（1549）举人，挑考为南京户部司务。他素负才名，被人嫉害归田，遂培植风水，建寺于秀山，以诗歌终老。康熙《通海县志》著录其诗作《题临海关关夫子庙》，文有《颢穹宫碑记》等。还著有《芸心集》《芸心闻见录》，未曾寓目，有待访读。

立目式专题类笔记。《四库全书·子部·杂家类》存目。卷首有同官黄彦钧撰序，赞扬作者"博极群书"，读书著述深入经史百家、鸟兽虫鱼。称该书虽记说各种禽兽，然某些禽兽之行为实可为人类学习。作者据《博物志》《齐东野语》等子书笔记（包括其自著《芸心闻见录》）中辑出有关禽兽鱼虫之奇闻异事，分类立目，略

陈其力书匾

加评论；析为《禽鸟部》《兽畜部》《龙蛇部》《虫鼠部》《鱼鳖部》，每部之下再各立子目；正文前列《引用书目》，正文条下一一注明出处，撰著态度严谨。诸多条目内容，除据文献记载外，也间以云南乡土见闻为佐证，故对于研究明代云南物候、习俗等或有参考之处。如卷一《雁衔芦》条，记云南通海之候鸟"鹬鸡"曰：

> 我通海湖中有鸟名曰鹬鸡，金顶红嘴，其色类鸦，其形类鹭。每来于三月初三日以前，而去于九月初九日以前。香脆柔美，其味甲于水陆之鸟，虽骨亦可啮而啖之。亦南中之信鸟食品之珍奇者也。先阶宦吾土者寄于家君辈有云："康郎不入湖，大头不入海。十年万里滇云梦，惟有鹬鸡没处买。"康郎、大头亦二鱼名。此鸟来则夜至，群飞之声如雷。去则不食诸物，但于洲渚间淘沙而食，欲其体轻瘦，可高举以避矰缴，其知（智）尤胜雁之衔芦也。鸟尚若斯，人可不知保身之道哉？

作者观察记叙候鸟鹬鸡之仔细，固然值得称道，但是，他和当时之人捕杀鹬鸡等候鸟，贪吃其骨肉，又岂可原谅？今天谈环保者，总以为今不如昔，总以为古人最爱护原生态动植物云云，又岂非有意无意美化古人？此外，卷二《信天翁》条，记此鸟"滇中有之。食鱼而不能捕鱼，候鱼鹰所得偶堕者食之。云南兰廷瑞诗云：'波上鱼鹰食未饱，何曾饿死信天翁'，亦可以为证也"。《斗鹑》条，记滇人亦早有斗鸡之俗。卷四《戒食牛》条，记作者三代及不少滇人有不食牛肉之习惯，乃因"牛能耕能载，其功于人厚矣"，故作者考说古代中原即有严禁屠牛而食的法令和习俗。或是。

施显卿《古今奇闻类纪》十卷

《四库全书存目丛书》本

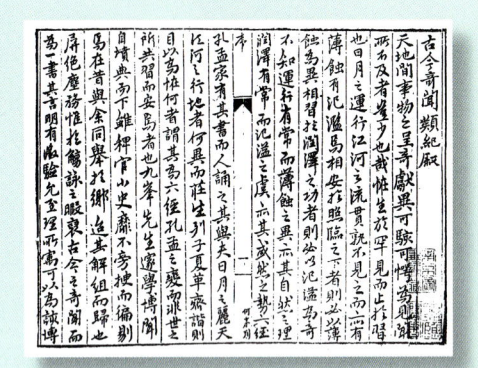

明·施显卿著。施显卿，字纯甫，号九峰山人，江苏无锡人。嘉靖三十一年（1552）举人，曾官新昌（今属浙江绍兴）知县，其余事迹不详。

立目式综合类笔记，约成于万历四年（1576）。杂取小说、史传、方志等，按天文、地理、五行、神祐等，分类立目叙事，条目之下，一律注明出处。虽书称"奇闻"，内容却并非皆属荒诞不经之事，其中涉滇史料亦可资取证。

如人皆知汉武帝为征服云南，曾在长安开凿"昆明池"练习水战，但"昆明池"究竟如何，却鲜见具体记载。该书卷三《石鲸鸣动》条，据《西京杂记》等书，记所谓"汉习楼船"曰："昆明池在汉'上林苑'，元狩二年，武帝欲伐昆明，穿此池以习水战。周围四十里，中有'豫章台'，刻石为鲸鱼。每至雷雨，鱼常鸣吼，鬣尾皆动。汉世祀之，以祈雨有验。杜工部诗：'石鲸鳞甲动秋风'，盖刻石之鲸鱼相传有灵也"。同卷《云南山移分裂》条，据《謇斋琐语》等记丽江地质突变曰："国朝成化庚子（成化十六年，1480）五月间，云南丽江军民府巨津州（今玉龙县巨甸镇）白石山，

033

长四百余丈。距金沙江计二里许。一日，忽然山裂中分。其一半走移于金沙江中，与两岸云山相倚，山上木石依然不动。江水壅塞逆流，淹没田苗，荡坏民居"云云，不禁使人想起丽江"虎跳峡"之类的自然景观是否如此形成？

虎跳峡

再如，卷七《李僧龙听讲经》条，据《一统志》等记南诏时"无言和尚"的传说，称和尚姓李，继承祖父"精密（宗）教"，常常持一钵可求晴雨，被南诏王蒙氏封为"灌顶法师"。尝于大理崇圣寺讲经，"有老翁立听，听毕，乘风云而去"。众惊问之，曰："'洱水龙'也"云云。

陈师《禅寄笔谈》
十卷《续谈》五卷
《四库全书存目丛书》本

明·陈师著。陈师，字思贞，钱塘（今属浙江杭州）人。嘉靖间会试副榜，万历朝官至永昌府（今属云南保山）知府。与同官云南的著名思想家李贽为好友，且其持论也多近于李贽。多种云南地方志将其列在《名宦传》，称其善治"材官（武将）悍戾者，以靖军民，操守皭然不淄"。还著有《览古评语》等。此书是陈师自永昌罢归后，寓居僧舍时所作，因以"禅寄"为名。

不立目综合类笔记。卷五自记其官永昌府的时间是万历二年（1574）冬，"以刑部郎中出守滇西永昌郡"，自故乡启程，"陆行三月而经万里亭（今地不明），日日山巅，下临深箐万丈，舆人（轿夫）仅容足，少差二三寸则齑粉矣！由万里亭旬余入滇省，又十八站，始之永昌"。他以《渡盘江河》《入滇省城》等诗，记咏来滇一路的经历和心情。如后者云："万里驱驰漫驻旌，壮游今入五华城。人骑瘦马来何暮？天作高山此渐平。仲氏遗芳留去后，鄙予筮仕定初盟。昆明池水看如许，肝胆予堪誓比清。"以此观之，作者这次宦滇的年纪已经不小，他表示要不辞劳苦做一个清如滇池之水的好官！全书记当时云南奇异物产的内容较多。如卷七记"鸡㙡"曰："云南土产鸡㙡，本地菌也。以其味之甘美不下于鸡故耳。及询之土人，云生处群蚁聚集，以其味香也。"同卷记"滇中之聚竹，丛生一堆，非若南方之竹山与园林散蔓。其奇异处仅数十株一丛，根如虬龙盘结，出土上，色如石，其大如斗，若截之，可以汲水"。其最有价值的是对当时云南和贵州还在使用肥币的记载和考辨：

滇中则用肥，大如指顶（指甲壳），其色文（有花文）。肥字从贝，及贝之属也，故古人谓之"宝贝"。但民间用之，其数浮于钱数倍，土人习已安之。近有议欲行钱法于滇中者。夫以彼中之所生，济彼中之交易，则海南之贝将安置乎？民告不便矣。夫通变不倦，神化宜民。不宜于民，弗谈可也。若贵竹（筑），则间用之耳。论钱谷者所当知。

据载，云南以铜钱代肥币晚在天启年间。作者所记万历时不但云南而且贵州也还在使用肥币。关于肥的来源，一般认为来自海外"溜山"（Maldivesyd，今马尔代夫）一带海域，是一种名叫"溜鱼"的贝类干死后的外壳，经东南亚贩入云南。作者仿佛意识到，货币不过是约定俗成和市场认可用来度量物价的工具。如果能用云南自己出产的某种贝壳为币，又何必

云南出土的肥币

从遥远的南海购来呢？他还历引古籍，确证贝币的使用并非云南"夷俗"，实为中国古代中原的遗风曰：

　　贝之为说，予前已略备。今士夫以云南用贝为夷俗可笑！殊不知是前古之制。至周始用钱，故"货币"每见于古书，《谷梁传》："贝玉曰含"。《（史记）·货殖（列）传》载之不一，东方朔曰："齿如编贝"，文中子曰："苏威好钟鼎、珪玺、钱、贝"，皆谓此也。又制字者，如财货、宝赂、贾贡、赀贶、赏贵、赋赠之类，不可尽述，冈不用此，则"贝"为宝货可知。上古礼含用贝玉，其所重由来矣。而世以用贝不用钱为诮，殆亦识见未广欤？！

游朴《诸夷考》三卷

《续修四库全书》本

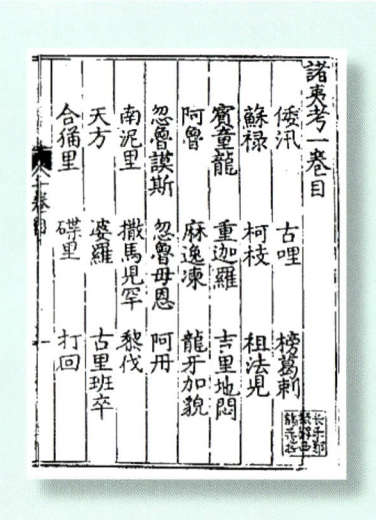

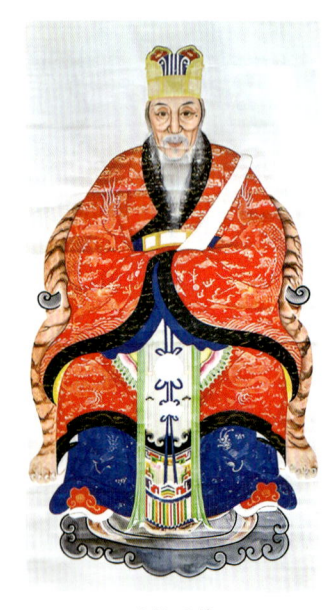

游朴画像

明·游朴著。游朴，字太初，号少涧，柘洋（今属福建柘荣）人。万历二年（1574）进士，首任成都府推官，曾到四川各地考察民情，处理案件，兴利除弊，有口皆碑。此后，历任大理寺评事、刑部山西司郎中、湖广布政司右参政等。因不法世豪的造谣污蔑而愤然辞官。归里后，绝意仕途，研习经史，不废吟咏。万历二十七年（1599）去世。

不立目专题类笔记。自序作于万历二十年（1592），称此书受蔡龙阳《东夷图》启发，特据《海图说》、《炎徼纪闻》、两广地方志，以及前贤朱孟震相关著作，编著此书，以利国人关注西南"诸夷"情况。全书主要考说明朝所谓"三宣六慰"之地，即今云南德宏、西双版纳及其邻边缅甸、老挝、泰国北部一带之山川地理、风土人情、经济文化等情况，是当时人介绍云南并东南亚国家较早的著作之一。对于研究明代"三征麓川"、中缅关系、"百越"民族生活习俗等皆有一定参考价值。

傣族竹楼

据载，这一广袤地区主要生活着被后人称为"百越"的不同族群，其生存环境、生产方式、宗教信仰、建筑风格，乃至语言等大体相同。如卷三记其普遍嚼食"槟榔"；"饭则糯穄，不用匙箸，以手抟而啖之"；记其天气"四时皆热，五六月间水如沸汤，石若烁金，三宣、蛮莫、迤西、木邦、茶山、黑麻皆有瘴疠毒恶；缅甸、八百、车里、老挝、摆古虽无瘴，而热尤甚。华人初至亦多病，久而与之相习"；记其植被"草木畅茂，盖居民稀少，斧斤不加，牛羊鲜牧故耳。山多巨材，皆长至数百尺，大至四五十围，所可识者杉、楠、栎、榆、枫数本而已，余皆入眼平生未曾见也"；记其建筑居处"所居皆竹楼，人处楼上，畜产居下，苫盖皆茅茨"；记其宗教"俗尚佛教，寺塔遍村落，且极壮丽"；记其集市商业"交易或五日一市、十日一市，惟孟密一日一小市、五日一大市，盖其地多宝藏，商贾辐辏，故物价常平。贸易多妇女，无升斗秤，尺度用手，量用箩"；记其婚姻"不用财举以与之。先嫁由父母，后嫁听其自便。惟'三宣'稍有别，其余诸夷同姓自相嫁娶"；等等。

以上数百年前的记载，直到上世纪六七十年代，笔者这一代"知识青年"下乡来到这些地区，情况也基本没多大改变。可见法国年鉴学派史学理论认为，人类最难改变的是所谓"长时段"深层结构的"文化习俗"。反之，最易改变的则是"短时段"的政治结构（包括政治的组织形式：战争）。如该书所记当时最可怕却早已消失的"象战"就是一例：

战斗惟集后阵，知合而不知分。以鸟铳当前牌，次之枪，又次之象。继

039

象战图

枪后短兵既接,象乃突出,华人马未经习练者,见象即惊怖避,易彼得乘其乱也。破之之术,必设疑以分其势;设险以毙其象;出奇以捣其坚;横冲以乱其阵。夷中本脆弱,恃象以为强,能晓破象之诀,则夷兵不足败也。火笼、火砖、火球、火箭、喷筒、雾炮、九龙六龙桶,皆破象之长技。然施放必得其法;搅地龙、飞天网、地雷炮尤杀象之巧术,而布置自有其方。诚能讲究,得其妙用,可以挽南滇而涤其炎荒之焰。

罗汝芳《近溪子明道录》
《近溪先生一贯编》
总十九卷

《续修四库全书》本

　　明·罗汝芳著。罗汝芳，字惟德，号近溪子，私谥"明道"，江西新城人，明代著名哲学家，王阳明学派重要传人。嘉靖三十二年（1553）进士，先后官太湖令、刑部主事等。所到之处，竭力宣传"王学"，影响巨大。万历二年（1574）十一月，汝芳任云南屯田副使，时年刚好六十岁。此后，升任云南布政使司左参政，万历五年（1577）奉命离任。宦滇期间，除在昆明五华书院以及各州县讲学之外，他还先后主持过昆明盘龙江水利工程，参与腾越地区反击莽瑞体叛乱等活动，因此被万历以后的《云南通志》列入《名宦传》。唯文字甚简，故关于罗氏在滇讲学和传播"王学"的情况，云南古今地方文献及研究者多付阙如。

　　考罗氏在滇时间虽然不长，但涉关云南的著述却不少。据近人方祖猷及罗氏后裔等人整理的《罗汝芳集》所载，罗氏现存有关云南的重要文章就有《云南乡试录后序》、《云南武举录前序》、《丙子云南乡试程策》（考官所拟参考答案）、《丙子云南武举程策》、《勖五华书院诸生》、《腾越州乡约训语》等。此外，尚有《五华会语》《六诏会语》《腾越会语》《滇南

罗汝芳墨迹

《水利册》四种刻于云南的著作，皆有待访寻。

罗氏论著和行迹表明，他并非一般性质的宦滇官员，其主要历史功绩也并不在于"治水"和"平乱"。他是以一个成熟而颇具影响力的"官师"和哲学家身份来到云南，以其非凡的学问和口才，在滇传播儒学。他对明朝嘉、万以后云南儒学的发展乃至社会风气的影响不可低估，值得专门研究。

两书皆属不立目专题类笔记，记罗氏讲学方法和哲学思想，著录于《续修四库全书·子部·杂家类》。前者据万历十三年（1585）刻本影印。据卷首耿定向、胡僖、郭斗（昆明人，罗氏同年）等序跋观之，此书曾先于万历四年（1576）汇集于云南，其内容包括罗氏来滇之前在"富美堂"的讲话稿、在昆明五华书院以及云南各地讲学论辩的笔记。后者据万历二十六年（1598）罗氏门人熊偀整理、长松馆藏版影印。据卷首杨起元、熊偀二序得知，该书据"罗子平日各讲会语"类编而成，原稿一部分来自罗氏家藏，一部分由熊偀从罗氏门生弟子处收集而来，故其内容多与前者重复。两书所记罗氏云南讲学活动和内容甚多、甚详，对于研究明朝中后期云南儒学发展史具有重要参考价值。今大体据两书之原文，去其重复雷同，首先钩沉、汇集其讲学之地区及影响云：

大理（府）诸生讲《颜渊问仁》一章、《司马牛问仁》一章、《樊迟问仁》一章、《子路问政》一章、《子贡问师与商也孰贤》一章。既毕，郡守莫君请为诸生启迪。时一堂上下，将千百余众，咸肃然静听，更无一息躁动！

洱海（卫）诸生讲《王者之民》一章、《人之所不虑而知者》一章、《君子有三乐》一章。既毕，进讲者而问之。

昆阳州守夏子适从归化尹迁莅州治，因请视学，及举行乡约于海春书院。

楚雄分巡，邀会龙泉书院，老幼群集，声歌鼓钟，上下雍如。

永昌两庠生儒，请书院会讲。永昌长至（节），谒（文）庙，诸生讲《天命之性》一章、《舜其大知》一章、《知之者不如好之者》一章。太守陈君进诸生求教。

通海诸生讲《人之所虑而知者》一章、《君子有三乐》一章。时邑中居民无老幼咸聚观听。

临安诸生讲《颜渊问仁》一章、《子路问政》一章、《仲弓问仁》一章、《子适卫》一章、《人告之以有过则喜》一章、《君子有三乐》一章。时兵宪定庵许公在。

石屏诸生讲《天命之性》一章、《颜渊问仁》一章、《君子之道譬如行远必自迩》一章。

弥勒诸生讲《为政以德》一章、《导之以政》一章。

初至腾越，警报方急，中外戒严，虽诸士人心亦惶惶，故谒（文）庙升堂，未及详讲。继乡缙绅邀会于来凤山房，乃阳明先生手书也。众坐定，忽报酋贼前锋失利，而党众犹尚负固，遂匆忙遣师，仍未终会。越数日，诸乡达复修会如初，坐方定而捷音叠至矣，乃共《庚歌》相庆。

由上可知，除滇东北鲜见记载外，罗氏在云南讲学的足迹几遍全滇。就记载丰富的讲学内容看来，罗氏主要在云南大力宣传和提倡宋明心性之学，主张发明"良知良心"，践行孝悌忠顺，为善修德，则"人皆可以为尧舜"。讲学得到了地方政府和缙绅阶层的大力支持和帮助。听众除读书人外，也包括官吏、士卒、商贾、农民等不同人群。特别值得一提的是，其讲学的语言非常通俗易懂，而且不少场合采用讨论或抗辩式讲学方法，生动活泼，精彩纷呈！例如，在石屏县为学生讲"存心"问题时，有一个学生开始并没有完全理解其意。罗氏因记曰：

其生良久对曰："今只能存此心，即可兼通诸书矣。"予诘之曰："如何是汝之心？又如何存汝之心？"生曰："只常时求尽孝悌，便是存心。"罗子复诘之曰："'孝悌'二字，极说得是。但今时汝之父母兄弟俱未在此，如何去尽孝尽悌？"生良久进曰："此时敬对太公祖，可是存心否？"予曰："心是活泼泼地（的）东西，在家便孝悌，在此便对答。顺而循之，便谓之存矣。"其生忽然踊跃不胜曰："吾心顿觉开朗。"罗子复诘曰："恐还未然？"生曰："岂敢空言，果觉开明！"

接下来，罗氏进一步向该生和大家深入阐明所谓"存心"（指心存孝悌）并非刻意做出的"孝悌"的样子，而是与天地自然共存相通的"心性"。因而，在家孝悌父母兄弟，在此就认真学习，皆属"存心"范畴，不必如今人所言故意"作秀"。像这样精彩的演讲和辩难在上述两书中还非常之多。总之，罗氏在云南的讲学活动和内容，是笔者所见有关古代云南儒学教育分量最重、最为具体生动的史料，也无疑是明清云南儒学文教发展史上最值得关注的大事之一。

朱孟震《河上楮谈》
等四种共五卷
《四库全书存目丛书》本

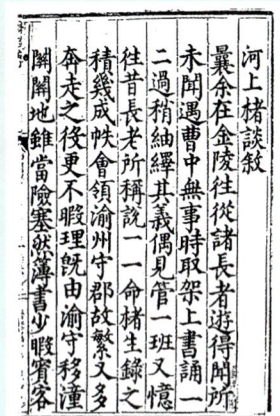

明·朱孟震著。朱孟震，字秉器，号郁木山人，新淦（今属江西清江县）人。隆庆二年（1568）进士，先后官副都御史、四川渝州守、陕西潼关守、山西巡抚、四川按察使等，自谓"生平宦辙所至，殆遍九州，未游目者仅闽粤、滇云、辽海而已"。

全书分为《河上楮谈》二卷、《汾上续谈》一卷、《浣水续谈》一卷以及《游宦余谈》一卷，同属作者前后赓续之立目式综合类笔记。先后成书于万历七年（1579）、万历十年（1582）、万历十二年（1584）、万历二十年（1592）。其中《游宦余谈》附《西南夷风土纪》二十六条，已为治"滇学"者悉知。其余诸谈也多涉及云南，值得进一步关注。

如《河上楮谈》卷二《孟密宝石》条，记明云南木邦土司属地缅北孟密宝石收藏情况；《四十双》条，据元李京《云南志略》《辍耕录》等释诗句"招客先开四十双"之"双"字是当时云南少数民族计量语，非"五亩为一双"，乃"白夷种田以牛为准，谓四角为'双'。则所谓'双'者，虽指田而实因牛也"。"四十双"是二十头牛所开垦的土地数，或可聊备一说。

《升庵在滇南》条，记杨慎之所以号"升庵"，乃因"先生在滇南，每出游，乘一木肩舆（轿子），仅仅容膝，状如升（斗），即所谓'升庵'也。前题曰：'士到东都须结义，地当西晋且风流，为张愈光笔'"。张愈光即云南保山名士张含。《简西畛》条，记说杨升庵与江西新余诗人简绍芳、张含等人在云南的诗书交情。

关于"双"的记载

再如《汾上续谈》之《木化石》条，记滇西地热和柴煤曰："云南城（今祥云县）东北隅四十里瓦窑村，山岗中有地方三丈许，四季热如蒸火，亦生芜蔓，土人云席卧其上，能治湿病。而环岗诸山俱产木煤，夷民挖洞取之。根本干枝，文理皮节与水中枯木无异。焚之，焰如木，而烟触鼻若石煤然。俗谓天地混沌，山木倒置，时久所化"，可见当地民众对柴煤形成的理解也是基本正确的。又如《浣水续谈》之《象战》条，记嘉靖、万历时期发生在云南的几场象战及攻象之法。《妙湛寺诗》条，记简绍芳《题昆明妙湛寺诗》等。

作者自言其未曾来过云南，却又留下如此众多有关云南的记载，必有所本。窃以为可能和他多次提到的乡前贤简绍芳（西畛）很有关系。简氏与杨升庵、张含等"十年羁旅共滇云"，撰有《杨升庵年谱》，又整理过其诗文集等。简、杨二人都是作者同时稍前并且熟悉滇事的学人，故上述笔记的涉滇内容，特别是《西南夷风土纪》，很可能来自简、杨二人之著述，其内容也大多是可信的。

艾自新《艾云苍先生语录》一册不分卷

嘉庆十九年（1814）刻本

明·艾自新著。艾自新，字师汤，号云苍，云南邓川人，与其兄艾自修同为明代云南著名学者，史称"二艾"。他自幼聪明沉静，十岁能文，"每以圣贤自期"。年十六左右，成诸生（秀才），读书大理普宁寺，始将读书心得笔之于册，集数十万言。万历二十一年（1593）五月，以选贡入北京国子监学习，不幸十一月因病死于号舍，年仅二十九岁。遗著还有《希圣录》《教家录》《省身录》和《萃长录》，有待访寻。

不立目哲学思想笔记。卷首有国子监祭酒（相当于校长）曾朝节撰序，称其发现于自新去世之时。后来，由其六世孙艾濂重刻于清嘉庆十九年（1814），则主要据《希圣录》编成。初刻时署"国子监

存留至今的明朝国子监大门

祭酒曾朝节、云南抚部院陈用宾同校命梓",足证其宣教意义甚得官方重视。其观点多本孔儒及宋明理学,但今天看来,其所论读书治学、为人处世等,仍多有可观之处;且文字简洁典雅,颇具理学大家语录风范。例如论为人处世有曰:

做人心地要坦夷;识见要超卓;性气要和平;容貌要端恪;语言要谦谨;行事要斟酌;情谊要殷隆;持身要俭约;操守要坚贞;襟怀要洒落。

人之善不可没;人之恶不可扬;人之恩不可忘;人之怨不可结;人之祸不可幸;人之急不可不救。

处家处人,要在生前用情。莫徒于没后加礼,只为虚文。

论家庭教育有曰:

教子弟太宽,恐废德业;太严,恐窒聪明。当想孔子之善诱;孟子之养中养才。

父祖创业,岂能为子孙千百年之计?惟积德以培之耳。子孙逸,须念父祖当日如何劳;子孙劳,须念父祖当日如何苦。

论自我修养有曰:

横逆之来,只宜自反。曲在我,自责不暇,何敢责人?直在我,自信而已,何必责人?

闻誉不必喜,只宜自谦;闻毁不必怒,只宜自反。

谨言语有三妙:不议人短,可以养德;不伤元气,可以养生;不招是非,可以远祸。

王士性《广志绎》五卷
中华书局标点本，1981年

王士性塑像

明·王士性著，王士性，字恒叔，号太初。据《广志绎》附录引康熙《台州府志》记，王士性"万历癸酉（万历元年，1573）登贤书（中举人），丁丑（万历五年，1577）成进士。初授朗陵（今属河南确山县）令，有异绩，考选礼科给事中，伉直有声。素以诗文名天下，且性好游，足迹遂遍五岳，旁及峨眉、太和、点苍、鸡足诸名山"。该书尝言"余备兵澜沧"，"余官澜沧两年"，"余入景东"，或因公干游历云南，时间约在万历十九年（1591）左右。

不立目综合类笔记。卷一方舆崖略，概说天下山水地形，以为总纲。此后，依次为两都、江北四省、江南和西南诸省。其所记云南部分尤详于滇西，内容广泛涉及云南历史、政治、经济、地形、天气、道路、矿产、土司、风俗、外交等。由于作者在滇生活有年，故其所记并非浮光掠影之见，实可供研究明代云南史地者参考。

如卷四据作者宦游滇西所见，记当时"江右人"尤其是江西抚州人为何流寓云南以及他们在边远少数民族地区的一些活动云：

> 江、浙、闽三处，人稠地狭，总之不足以当中原之一省。故身不有技则口不糊，足不外出则技不售，惟江右尤甚，而江右又莫如抚州。余备兵澜沧，视云南全省，抚州人居什之六七。初犹以为商贩止城市也，既而察之，土府土州，凡僰倮不能自致于有司者，乡村间征输里役，无非抚人为之矣。然犹以为内地也，及遣人抚缅，取其途经酋长姓名回，自永昌以至缅莽，地经万里，行阅两月，虽异域怪族，但有一聚落，其酋长头目，无非抚人为之矣。

由于人口压力和战乱等原因，元明以来，江、浙、闽、广人不断移入云南。他们或随军屯垦，或殖货经商，或无业流浪，就中的确以江西人最为活跃。作者对当时寓滇的抚州人口之估计虽然偏高，但至少可以说，当时在云南经商的江西人最多。检明清云南地方志，"万寿宫"（江西移民所建）或"江西会馆"（晚称）遍布云南，老昆明长期多有"江西老表"之称，

云南会泽万寿宫（江西会馆）

可证。移入云南的江西人大多数是从事正常经营的好人，和其他外来移民一样，对古代云南经济的发展起过重要作用，但也不排除一些"来者不善"的流民，窜入边疆地区，勾结土酋或地方官，欺诈淳朴胆小的少数民族。如卷五，就记载了澜沧地区一桩江西奸商诈骗"土人"钱财的案件：

滇云地旷人稀，非江右商贾侨居之则不成其地，然为土人之累亦匪鲜矣。余谳囚阅一牍。甲老而流落，乙同乡壮年，怜而收之。与同行贾，甲喜所得。一日，乙侦土人丙富，欲赚之。与甲以杂货入其家，妇女争售之。乙故争端，与丙竟相推殴，归则致甲死而送其家，吓以二百金则焚之以灭迹。不，则讼之官。土夔人性畏官，倾家得百五十金遗之。是夜报得焚矣。一亲知稍慧，为击鼓而讼之，得大辟。视其籍，抚（州）人也。及侦之，其事同，其骗同，其籍贯同，但发与未发，结与未结。或无辜而死，或幸而脱，亡虑数十家。盖客人讼土人如百足虫，不胜不休。故借贷求息者常子大于母，不则亦本息等，无锱铢敢逋也。独余官澜沧两年，稔知其弊，于抚州客状，一词不理。

又如同卷，记云南采矿和冶炼情况云：

采矿事唯滇为善。滇中矿硐，自国初开采至今，以代赋税之缺，未尝辍也。滇中凡土皆生矿苗，其未成硐者，细民自挖掘之，一日仅足衣食一日之用。于法无禁。其成硐者，某处出矿苗，其硐头领之，陈之官而准焉。则视硐大小，召义夫若干人，义夫者，即采矿之人，惟硐头约束者也。择某日入采，其先未成硐，则一切工作公私用度之费皆矿头任之，硐大或用至千百金者。即硐以成，矿可煎验矣，有司验之。每日义夫若干人入硐，至暮尽出硐中矿为堆。画其中为四聚，瓜分之：一聚为官课，则监官领煎之，以解藩司者也；一聚为公费，则一切公私经费，硐头领之以入簿支销者也；一聚为硐头自得之也；一聚为义夫平分之也。其煎也，皆任其积聚而自为焉。硐口列炉若干具，炉户则每炉输五六金于官以给札而领煅之。商贾则酤者、屠者、渔者、采者，任其环居硐外。不知矿之可盗，不知硐之当防，亦不知何者名为矿徒。是他省之矿，所谓"走兔在野，人竞逐之"，滇中之矿，所谓"积兔在市，过者不顾"也。

此外，该书记滇盐生产、景东风物、沐王府设计规模、大理苍山景色、丽江木氏土司、永昌移民、滇西特产、云南道里以及麓川和缅甸史地等亦颇多参考价值。

附录：《五岳游草》旧题《王太初先生五岳游草》，王士性撰，十二卷，清初刻本

卷首有冯甦、潘耒两序，皆作于康熙辛未，即康熙三十年（1691）。其书为作者旅游诗文之作，按足迹所之，每卷各分上、下篇，上篇为文章，下篇为诗作，而以诗作为主。其中，卷七《滇粤游》上和卷十《滇粤游》下，乃作者游滇诗文，收其游历云南昆明太华山、九鼎山、点苍山、鸡足山四篇游记及诗章。尤为珍贵的是，附录作者所绘滇池、鸡足山和点苍山形胜图三帧，极为精美清晰，可供有关研究者参考。

王兆云《王氏杂记》十四卷

《四库全书存目丛书》本

皇明词林人物考

明·王兆云著。王兆云，字元桢，湖北麻城人，明代著名志怪小说作家、藏书家。生平事迹不详，大约生活在嘉靖、万历时期。还著有《皇明词林人物考》，《四库全书》著录。此书内容也多为后人称引，可见影响不小。

立目式综合类笔记。《四库全书总目提要》称，该书由《湖海搜奇》《挥尘新谈》《说圃识余》《白醉琐言》等六种笔记汇成，总题为《王氏杂记》，内容有摘自前人各种杂著，也有据友朋提供的资料写成，"皆杂记新异之事"。考作者未曾来过云南，故涉滇史料"文史参半"，可聊备研究者进一步证实。如《说圃识余》卷二《沐琮》条，记明朝云南沐氏封王沐琮之特殊身世曰：

沐府有内使出行，见有弃小女于道者，命左右收之，雇民妻乳焉。及年十八，姿容妍妙。黔国公出游偶入内使家，见问为谁？内使以告，且曰未择配也。公笑曰："何不婿余？"内使敬奉命。公曰："汝为我善养之"，以其夫人妒甚，不敢携入宅也。是夕一幸而有娠，历七八月，夫人闻之，召入，命二婢以木夹其腹，下其一子，命垂绝，拽出复生。既月许，腹动，觉胎未尽殒。以报公，公大喜，令蓐母收之，又得一男。盖双生子，而止去其一也。男名琮。至七八岁，夫人自度无子，乃告之，并取以入，竟袭公爵。

此所称"黔国公"，即沐琮之父沐斌。考沐琮为黔宁王沐英曾孙、黔国公沐晟之孙、沐斌之子。沐斌死时，沐琮尚年幼。先由其从兄沐璘代镇云南，沐璘死，沐琮仍年幼，又由沐璘之弟沐瓒代镇。直至成化元年（1465），沐琮始正式袭爵。从其因年幼袭爵太晚推之，则此段记载或者有之。沐琮后来镇滇三十余年，政宽民安，且多才艺，善草书，通晓诗文。

云南黔国公府

再如《白醉琐言》卷二《大理地震》条，记明正德七年（1512）至十五年（1520），大理地区连续八年发生多次强烈地震，导致原来号称"金云南，银大理"出现一片凋残的景象——"城宇倾颓，民生萧索。屋宇什物无一完者，民家皆苫席舍以居"。作者据当时官吏介绍说："比日未午，方巡（大理）城，而行见西北上黑气一道，自空而来，有声如雷，渐抵城角，地即大震！已而城摇不止，左右隶卒颠踬逃散。"考明诸葛元声《滇史》、清倪蜕《滇云历年传》等所载，这次地震从正德元年（1506）即已开始，逐渐波及全滇。如《滇云历年传》记正德十二年（1517）大理地震曰："云南地震凡四十余处，大理尤甚，压死者数百人。"可见此条记载不误。但是，据王兆云所记，这次地震后又带来一些意想不到的奇观，同卷《花鱼》条记"云南（大理）自地震后产鱼甚巨而美，昔所无也。其清涧中流出鱼，或重数斤，文而洁，名曰'花鱼'"。

木增《云薖淡墨》六卷

《续修四库全书》本

木增画像

明·木增著。木增，字长卿，一字生白，号华岳，万历朝云南丽江纳西族世袭土司、土知府，又先后受封为云南、四川及广西左、右布政使，太仆寺正卿。云南著名藏书家、文学家。自幼好读书，勤于著述，"多与中原文士、名公巨卿往来"。他也重视佛教事业，曾捐银在鸡足山建造悉檀寺，为其刻印经书，延请徐霞客修列《鸡足山志》等。还著有《空翠居录》《光碧楼选集》等，遗诗千余首。

立目式综合类笔记。书名中"云薖"二字出自《诗经·卫风·考槃》："考槃在阿，硕人之薖"，意为隐者所居云深之处。《四库全书总目提要》称该书"大抵直录诸书原文，无所阐发。又多参以释典、道藏之语，未免糅杂失伦"，则有失公允。实则该书不但征引广博，且多有精当考证。

如卷四《长城非自始皇》条，历引《汉书》原文及后注，证说秦始皇统一中国前，秦昭王及北方赵、燕诸国皆"筑长城备胡，几遍西北一隅，何云始自始皇

丽江木府

也？"又如同卷《女可称丁》条，驳议一般认为古代"男称丁；女称口"。作者历引汉晋迄于唐宋典籍所载，男女皆可互称丁、口。时至明朝官方文告才将其严格分开，"本朝文移，字男必称丁；女必称口"。又如卷五《嚏》条，考证民间说"打喷嚏"是有人念叨自己。称此言来自古语——《诗·终风》"寤言不寐，愿言则嚏"，引郑玄的解释是：有人告诉我令人"忧悼"的消息，我就睡不着；有人在"思我心"，就会打喷嚏。又引汉代《异文志·杂占》等书所记，嚏与耳鸣有关，皆可为占卜"吉凶"之兆。惟此术早已失传。又如，同卷《不佞》条，考辨古人自称"不佞"，通认为乃"不敢谄佞"之意。作者历引《左传》杜注、《汉书》颜注、《论语》等有关"不佞"之说，确证"不佞"乃"不才"或"不能"之义，"古人'佞'、'能'通用，故'佞'可训'才'也"。足证其读书多，善考辨。

除以上考辨条目外，该书也录有不少名言警句，还兼有少数涉及云南的纪实性内容。如卷四《赤瞻思丁以好生为军律五子殊贵》条，记元初赛典赤·瞻思丁平定萝槃甸，则较他书更详：

赤瞻，回回人，仕元平章政事，行省云南。时萝槃甸叛，往征之，有忧色，从者问故，瞻曰："吾非忧出征，忧汝曹冒锋刃；又忧劫虏平，民不聊生耳！"次萝槃城，三日不

赛典赤塑像

降。诸将请攻之，瞻不可。使以理谕，又不降。诸将奋勇请进兵，瞻不可。俄而有乘城攻者，瞻大怒，遽鸣金止之。召万户叱责曰："天子命我安抚，未命杀戮，无主将命而擅攻者，法当诛。"命缚之，诸将叩首请俟城下之日从事。萝槃主闻之曰："平章宽仁如此，吾拒命，不祥。"乃举国出降，将卒亦释不诛。繇是西南诸夷翕然款附。卒年六十九，云南百姓巷哭！交趾、高丽遣使致祭，哭声震野！赠王，谥"忠惠"。五子，长平章，封王；次都元帅；三及五，俱平章；四总管。其贵显殆人世所未有云。[1]

---

[1] 按，原文即称"赤瞻思丁"，正文中也称"赤瞻"，或为当时对赛典赤·瞻思丁的一种简称。萝槃甸，今属元江境。

张萱《西园闻见录》一〇七卷

《续修四库全书》本

张萱塑像

明·张萱著。张萱，字孟奇，别号"西园"等，博罗（今属广东惠州）人。万历十年（1582）举人，肄业于国子监，授殿阁中书，参修国史，并为皇帝讲授经史制度，因此有机会阅读宫廷图书。后任户部郎中、平越（今属贵州福泉）知府等。万历三十九年（1611）罢归。喜读书，擅书画，知识宽泛；好与名流交往，结社赋诗，相互唱和；家富藏书，一生著述宏富，还著有《西园汇史》《三朝政要》等。

立目式综合类笔记。经二十多年辑成，一直鲜见传本。一九四〇年，哈佛燕京学社据多种明抄本，经著名学者邓之诚等校勘整理，铅印出版。记事上起洪武朝，下迄万历朝。全书分为三编：《内编》表德行，述行谊；《外编》记政事，按职官系列为次；其他方技、鬼神、灾祥等则列为《杂编》。每编之下先立《前言》，是为总论其事理，多引明朝著名思想家或名宦言论；次为《往行》，条札其相关史事、故实，以证其理。体例较其他文人笔记更为严谨。书中采录明代奏疏、邸报、史志、文集、杂记等多种文献，史料价值较高。由于云南已属明朝重要边疆行省，故其诸多涉滇内容，皆按上述体例编入。

如卷四《教训》之《往行》，记黔国公沐崑家教，一方面"择其俊秀者习字学，使之录《家乘》及古今异书"；一方面教"强壮有力者读兵书，操演武。盖恐其闲逸无所用心或博弈饮酒，渐至骄情也"。卷二《孝顺》之《往行》，记大理籍工科给事中杨士云（从龙），平时回籍省亲，"辄弛道从（不要随从），不欲以节使凌乡人"。他在贵州公干时，突遇"丁外艰"（父亲或承重祖父去世），他一方面坚持工作，一方面在饮食起居上一如"哀毁守制"。工作一结束，才立即回家继续"守制"。如卷六十二《云南》之《前言》，历引桂萼、沈昌世、杨博、郑晓等名宦总论云南全省之史地、民族、交通、边防；卷六十六《属夷》之《前言》，历引任福、何祺、马文升等大臣总论云南与邻省川、黔、藏，邻国缅甸、越南之关系，皆多有见地。再如卷七十六《招抚》之《往行》，记嶍峨（今属峨山）县丞贺朝深入"蛮区"为当地"治土营屋，外开街道"等，得到民众拥护，"群酋稽首奉命"。记黄昭道任云南左参政时，"木邦、孟密、缅甸仇杀已数十年矣"，黄昭道一改过去"以杀止杀"的政策，认为"诸夷皆国家臣子，性虽犷戾，岂无人性？"采用沟通说服之法，自己深入夷区，"谕以利害，待以诚信"，使其心悦诚服，修贡如旧。

又如卷八十四《执法》之《往行》，记载了成化朝滇籍佞人钱宁发迹过程。钱宁本为云南临安（今属建水）人，被镇滇宦官钱能"收为家人"，又被云南卫指挥使卢和看中，谓其"将来必大贵"，收为"义子"，升为"金齿参将"，遂开始以权作恶，杀人灭尸，夺人妻女，又仗势上下勾结权贵，干扰司法、行政等等。值得注意的是，文称其为"嬖人"，并非如他书所记为"宦官"或"阉人"。卷一百六《鬼神》之《往行》，记黔宁王沐春镇守云南时，有人"得胡神肖像于旧井者，讹言'沸腾有神异'，倾城骇至万人。公立命焚之！"坚决制止迷信活动，稳定社会。卷一百七《报应》之《往行》记昆明某屠儿将屠一母牛，"淬刃于水滨石，因置焉。母牛之犊睨其侧,窃衔刃纳石罅中,若不忍母牛之屠"。屠儿找不到刀,"旁见者告之故",他不相信,又重新放一把刀在水滨石上,自己躲起来观看,果然看到小牛犊刚才的行为!从此,他"遂弃其屠",读书学习,二十年后官至御史。这或许就是今天昆明西山"孝牛泉"故事的原型吧?

曹学佺《西峰字说》三十三卷

《四库全书存目丛书》本

曹学佺画像

明·曹学佺著。曹学佺，字能始，以故居福州市西峰里又自号"西峰居士"。明代著名学者、藏书家。万历十九年（1591）中举，万历二十三年（1595）成进士。先后官南京户部郎中、四川右参政、按察使、广西右参议等，多有政声。清朝立国北京，改任南明福州隆武政权太常寺卿、礼部尚书加太子太保等。清军攻陷福州，在家中自缢殉国。毕生好学，藏书万卷，学识渊博，著书逾千卷。还著有《蜀郡县古今通释》《蜀中广记》等。

立目式专题类笔记。卷首佟国器撰序，称其早在晚明就开始关注曹学佺，"恨未得从之游"。清初，佟国器到福建做官，才从其裔孙曹牟来处得到此本，遂捐赀校刻。全书卷一至卷三为《天部》，立《天文》《星象》等条。卷四至卷三十为《地部》，首列一般地理词条，如《丘陵》《江海》

《井田》等。自卷七开始，按明朝行政区划分列各省地理词条。始于《顺天府》终于《贵州》。卷三十一至卷三十三为《人部》，立《天皇》《五帝》《五经》等，例多不纯。故该书之名看似文字学著作，然"解字十之一二；不解字十之七八。若天官、占验、地理、郡国，排次成卷，皆与字说无与"。实属以地理为主的杂抄类笔记汇编，故《四库全书总目提要》将其归入子部·杂家类。审是。

或由于此书长期被视为文字学著作，故其内容并未得到"滇学"前贤的关注。而此书卷二十九为《云南》，完整系统地概说云南地理沿革、行政区划、重要山川、历史名胜等。依次为《云南总论》、《云南府》（今属昆明市）、《曲靖军民府》、《临安府》（今属红河州）、《澂江府》、《广西府》（今属玉溪、泸西）、《广南府》（今属文山州）、《镇沅府》、《元江军民府》、《新化府》、《姚安军民府》、《武定府》、《顺宁府》（今属临沧市）、《景东府》、《大理府》、《永昌军民府》、《鹤庆军民府》、《蒙化府》、《丽江军民府》、《永宁府》、《北胜州》（今属永胜县）。每目先释其地名，再概述其行政沿革，释名或依旧说，或略有新证，对今天研究云南地名沿革可聊备一说。

《云南府》条，释"益州"为"九州（增）益此土也"；释"宁州"谓"武侯经略南中而抚宁之也"。

《昆明县》条，释"昆明"为"昆弥"之讹音所致。"'昆'者，夷族盛大之称；'弥'者，'满'义，言族大而且盛也，音转为'明'。"

《嵩明州》条，释曰："汉时筑有嵩台，与蛮夷盟誓于此。'嵩'，言高也，故曰'嵩盟（明）'"。

《蒙自县》条，释曰："境内有山名'目则'，汉语呼为'蒙自'"。

《路南州》条，释曰："元宪宗时置'落蒙万户府'，至元中改今州（名）"。

《姚安军民府》条，释"大姚县"名，称因"其地人多姚姓"。

《顺宁府》条，释曰："旧名'庆甸'，蒲人居之，即蒲人之讹也"。

《云南县》条，释曰："汉时彩云现于白崖，而名'云南'（今祥云县）。明朝改'小云南'，以别于省城'云南府'"。

《赵州》条，释曰"唐姚州境蒙氏使东川赵康居之，康有功德于民，民不忘其德，号为'赵睑'。元初之千户所至元之州，皆以'赵睑'为名"。

《保山县》条，释曰："嘉靖元年置今县，以（太保）山名"。

《永平县》条，释曰："东汉'永平'中改自'博南县'，即从年号而名"。

《施甸长官司》条，释曰："因'石甸'地，讹为'施甸'"。

《易门县》条，释曰："元立'洢门千户所'，至元置县，因改今名"。

《阳宗县》条，释曰："唐时，流蛮居此，号为'强宗'，因以名部，后讹曰'阳宗'也。元初置'阳宗千户所'，至元中改为县"。

该书以上资料来源或据地方志，或因作者为官川、桂，地近云南，且与宦滇名流谢肇淛、李贽等多有交往，也不排除他本人或许到过云南，故其所闻、所记自当略有所本，可供研究参考。

陶珽《说郛续》四十五卷

《续修四库全书》本

明·陶珽辑著。据光绪《姚州志》等载，陶珽，字葛阊（一说紫阊），号不退，云南姚安人。少年时师从著名思想家李贽。其先屡试不第，隐居鸡足山白井庵大觉寺读书、习字。万历三十八年（1610）考中进士，累官刑部四川司主事、武昌兵备道等。好游历名山胜地，与袁宏道、董其昌、陈继儒等名流互有诗文唱和。还著有《阊园集》等。

考陶珽，祖籍浙江黄岩，故自署：黄岩人。有学者考称其乃元末著名学者陶宗仪之远孙，故他先对陶宗仪所辑《说郛》一书加以增补，编成一百二十卷，后又自辑此书四十五卷。《四库全书子部·杂家》存目。《四库全书总目提要》称此书"增辑陶宗仪《说郛》，迄于元代，复杂抄明人说部五百二十七种以续之，其删节一如宗仪之例"，

陶珽题书

064

故书名《说郛续》，又记称《续说郛》。

立目式综合类笔记。虽不专按"云南"内容辑成，但由于广泛征辑元明野史杂著，故就中也引有涉滇著述和条札。如卷二十五引杨慎《云南山川志》，记玉案山、金马山、碧鸡山、九隆山、高黎贡山、澜沧江、易罗池等二十七条，涉及全滇重要山川河流。陶珽去杨慎不远，其所见《云南山川志》版本当与后代不同，内容自然重要。又如卷十六引江盈科《雪涛谈丛·滇中火把节》条，记"滇省风俗，每年于六月二十八日"，各家燃火把，吃生肉，"总称火把节"。但当时的解释与后来所谓"火烧松明楼"等不同，说是为了纪念明初大臣王祎。朱元璋曾派他来滇说服元末梁王归顺，被杀。考江盈科曾到过云南，或可聊备一说。再如卷十五引张谊《宦游纪闻·抱佛免罪》条，讲出了一则云南某邻国关于"平时不烧香，临时抱佛脚"的原典：

火把节

云南之南一番国，其俗尚释（佛）教。人有犯罪应诛者，其国王捕之，其人恐急，奔往某寺中，抱佛脚，知悔过，愿髡发为僧，不敢蹈前非。王许之，竟免其罪。遂髡发环耳，衣禅衣，守禅教。故其国人为僧者多。常有人入中国，皆自称番僧，而莫知其故。俗谚云："闲时不烧香，急来抱佛脚"，盖本诸此。

《说郛》和《说郛续》辑录群书，内容十分丰富，且多偏重野史杂家，故最初被划为子部杂家类或小说类。后来这类书渐由条文摘编变为将内容相同或相近的单本书完整收入，是为丛书。丛书不但有利于集中阅读、研究，而且更重要的是，有利于重新保存单本书。以上二陶之书后来也被列为早期丛书的重要著作，所以，云南陶珽其人其书，是值得称道和深入研究的。

朱国祯《涌幢小品》三十二卷

《四库全书存目丛书》本

朱国祯画像

明·朱国祯（一作朱国桢）著。朱国祯，明朝后期名臣、学者。字文宁，自号虬庵居士，吴兴（今属浙江湖州）人，万历十七年（1589）进士，累官国子监祭酒等。天启三年（1623），拜礼部尚书、文渊阁大学士。天启四年（1624），晋户部尚书、武英殿大学士。史称其为官体恤民情，正直廉洁，"处逆境时独能不阿，洁身引退。性直坦率，虽位至辅伯而家业肃然"。崇祯五年（1632）病卒。还著有《大政记》《皇明纪传》等。

明代著名立目式综合类笔记。作者或未来滇，然长期身居要职，自当掌握全国有关史地资料等事，故全书所记云南条目不少。如卷十五《西南寒暑》条，记滇、黔、桂气候曰"黔中则多阴多雨；滇中则乍雨乍日；粤中则乍暖乍寒；滇中则不寒不暖"，言简而意赅。卷一《沐公生本》条，驳议明代著名史家王世贞称"黔宁王沐英非明太祖外妇之子",因为朱元璋大沐英十五岁,且沐英出生时朱元璋还是一个穷人,"安得从取外遇?"但作者考辨朱元璋大沐英十七岁,"壮而外遇,理或有之",说王士贞自己出生富贵,"却笑贫人决无外遇,未必尽然";称沐英等人"绝世雄才,非高祖龙种与亲姊之子能然乎?"或不失一说。

再如卷二十《万里寻亲》条,讲述了一个感人至深的真实故事——

云南大理府太和县人赵廷瑞"少读书,能文章,补弟子员(秀才),数省试不第(考不中举人)",遂改习医术、风水。嘉靖四十一年(1562)左右,他离滇只身云游天下,凭吊名胜古迹,访问名流学者。经川黔、湘湖、山东、江浙等地,至"万历三年(1575)年已六十,其在江湖间亦十有三祀矣!"他离家时儿子重华才七岁,重华长大后得知此事,决心外出寻亲,"请路邮(相当于通行证)于郡太守而出"。他记不清父亲的样子,只好在背上大书"万里寻亲"四字,"又恐父东西南北之踪无所定也,别为缮写里系及父年貌数。所历州郡都会之次,辄遍榜之宫观街市间"。用今天话说,每到一处,就在人多的地方张贴"寻人启事"。

时至万历六年(1578)十二月二十二日,重华在武当山太子崖背后看到一行字:"嘉靖四十四年十二月二十二日云南大理府人赵廷瑞朝山至此"。山中道士告诉他说,今天正是你父亲来到这里的月日,所以你们父子还有相见的机会!于是重华又在父亲写下的字后补书:"万历六年十二月二十二日云南大理府人赵廷瑞之子重华踪父至此。"但等了好几天,仍然不见父亲。他又"由南阳颖寿东涉淮泗,溯金陵",非但毫无所得,反而被人盗去所有的钱财,只剩下从云南带来的一张"路邮"。

但他仍然坚持一边乞讨,一边继续寻父。最后在无锡南禅寺遇到一位老人,他疑心是父亲,又不敢贸然相认,"乃伏地曰:吾云南人!吾云南人!"老人最初也不敢确认自己离别多年的儿子。后来,重华拿出"路邮",并告知家里的情况,父子二人才"悲泣相认,闻者无不动容!"

此外,卷四《铜鼓》条,考说云南铜鼓的起源和功能;卷六《天桥》条,记大理天生桥之形成;卷三十《西南夷》条,记云南杆栏式民居的功能,云南"六诏"的具体分布;卷三十一记杨一清、马云龙的传说,记云南

土产黄鹦鹉、长鸣鸡、银木、西瓜等。皆可供参考阅读。

大理天生桥

谢肇淛《五杂组》十六卷

《四库禁毁书丛刊》本

明·谢肇淛著。谢肇淛，字在杭，长乐（今属福建福州市）人，自号"小草斋主人"。万历二十年（1592）进士，历任湖州推官、南京刑部主事、云南右参政、工部屯田司员外郎等。天启元年（1621）任广西按察使、右布政使。入仕后，曾游历川陕、滇黔、湖广、江浙各地名山大川，所至皆有记咏。还著有《滇略》《文海披波》等，而以《滇略》最为著名，云南已有整理本出版。

此书又题作《五杂俎》，明代著名不立目综合类笔记。作者汇集所见前人各种记说以及自己的见闻，按《天部》《地部》《人部》《物部》《事部》归类条札，不立子目，内容极其宽泛，论者称为"博物学著作"。或作者已先著有《滇略》一书，故此书涉及云南的内容不太多，但皆出于其宦滇期间的见闻与体验，或可补《滇略》之未逮。

如《地部》卷四记曰："国家自采榷之使四出，虽平昔富庶繁丽之乡皆成凋弊。其中稍充裕者，岭南与滇中耳。然五岭瘴乡，不习者有性命之虞。滇南（此统称云南）远隔绝徼，山川脩阻，黔巫之界（代指贵州、四川、云南交界处）苗僚为梗，过客辎重，时遭抄掠。不但商旅稀少，即仕宦者亦时时戒心也。"所谓"采榷之使"指明中后期朝廷直接派往各地为皇宫采办物资的官员，多为宦官。其实，西南虽因山川交通隔越，又何曾阻挡贪官污吏们不怕困难的欲望？只不过比交通便利的中原和江浙地区会稍好一点罢了。又如同卷，记说山川交通的隔越，也使云南得以保持明初移民的文化影响曰："滇中沃野千里，地富物饶，高皇帝（朱元璋）既定昆明，尽徙江左诸民以实之。故其地衣冠文物、风俗语言，皆与金陵（南京）无别。若非黔筑隔绝，苗蛮梗道，诚可以卜居避乱。然滇若不隔万山，亦不能有其富矣"。但今天看来，他所谓云南因"闭塞致富"的观点又显然是错误的。

此外，《地部》卷二记大理洱海曾出现"水面火高十余丈"，作者认为和四川所见"火井"一样，或为今天从池底突然冒出的天然气。卷三记"滇中大理石白黑分明，大者七八尺，作屏风，价有值百余金者"。《物部》卷九记云南当时就会驯养大象，"骑以出入，装载粮物，又有作架于（象）背上，两人对坐饮宴者"。象还会帮助主人战胜来犯的窃贼。《物部》卷十一记及滇东北"朱提银"。《人部》卷四记称"国朝蜀韩氏女遭明玉珍之乱，易男子服饰，从征云南七年，人无知者。后遇其叔始携归"。事同古之花木兰从军。此外，其所著《文海披波》中《树衣》条，记鸡足山古木；《夏雪夜日》条，记大理苍山雪景等，亦皆可供参观。

训象图

沈德符《野获编》三十卷《补遗》四卷

《续修四库全书》本

沈德符画像

明·沈德符著。沈德符，明代著名文学家、史学家，字景倩，又字虎臣等，秀水（今属浙江嘉兴）人。因祖、父皆在北京为官，故德符自幼在北京成长学习，曾就读于国子监。万历四十六年（1618）中举，聪敏勤学，著述等身。还著有《清权堂集》《敝帚轩剩语》等。

据作者自序称此书名《万历野获编》。明代著名立目式综合类笔记。记事起于明初，迄于万历末年，内容包括明代典章制度、人物事件、宫廷纷争、民族和对外关系、山川风物、文献图书、工艺技术、宗教怪异等。所记内容大多考求本末，内容翔实，是研究明代历史的重要史料著作之一。

其涉滇篇章多偏重明代官宦事迹、边疆民族历史和云南物产技艺等。

作者记评官宦事迹，旨在激浊扬清，反腐倡廉。如卷十一《严恭肃之清操》条、卷十九《王聚洲给事》条，赞扬滇籍名宦严清、王元翰之清正廉明。卷二十四《入滇三路》条，记评万历朝云南举人杨提、名宦王元翰等先后提出修复云南经田州（今属广西百色）一线进入内地之路的正确建议等。反之，卷一《镇滇二内臣》条，记成化朝宦官钱能（女真人）和钱宁（云南人）的恶迹。《阉幼童》条，记正统朝靖远伯王骥、云南黔国公沐斌等地方大僚阉割云南幼童进贡宫廷或"留为自用"的残忍无耻。卷二《桂文襄受赂》条，揭发云南巡抚（相当于副省长）桂萼等人收受金宝的贪鄙和奸狡等等。

所记云南边疆民族内容，尤详于武定改土归流之经过。卷二十九共立《武定府初叛》《武定府改流》《武定三叛》《武定四叛》四目，依次记洪武十六年（1383）武定土酋地法叔（亦名弄积）归附明廷，正德朝赐姓"凤"。后来不断坐大，嘉靖六年（1527），土舍安铨、凤朝文等开始叛乱。平定后，因内部争权夺利，嘉靖四十四年（1565），土舍凤继祖、凤索林又掀起更大反叛，围攻省城，祸连川黔。平叛后，明廷果断对其实行"改土归流"。隆庆三年（1569），凤历因不得土职，勾结四川、贵州等土酋发动第三次叛乱，又被平定。万历三十五年（1607）土酋凤克依仗四川土知府禄氏等，势力渐大，公然再次发动第四次叛乱。他们攻占武定，围攻昆明，提出"归还武定府印信"等，实际上是对"改土归流"的不满和反动行为。但都御史陈用宾"先是依之"。不料他们得到印信后，又进一步攻城略地，强占了嵩明、罗次、富民、禄丰等州县。这时，陈用宾才"大发兵进征，生擒凤克"。有趣的是，作者最后记说，凤克叛乱时为摆脱与明朝的关系，不愿再姓"凤"，改名"鸟腾霄"。当时有人讽刺说："鸟何物而能腾霄耶？是且立败，已而果然！"可见反对"改土归流"的倒行逆施当时就不得人心！

最值得注意的是，卷二十六《云南雕漆》条，作者考辨云南今天或已失传的高超的雕漆工艺说：

今雕漆什物最重宋剔，其次则本朝永乐、宣德间所谓"果园厂"者，其价几与宋埒。间有漆光黳而刻文拙者，众口贱之，谓为"旧云南，其不值

云南漆器

十之一二耳"。一日,偶与诸古董家谈及剔红香盒,俱津津执是说,辩难蜂起。予曰:唐之中世,大理国破成都,尽掳百工以去,于是云南漆、织诸技甲于天下!唐末复通中国,至南汉刘氏与通婚姻,始渐得滇物。元时下大理,选其工匠(技艺)最高者入禁中。至我国(指明朝)初,收为郡县,滇工布列内府!今御用监、供用库诸役,皆其子孙也。其后渐以消减。嘉靖间,又敕云南拣选(工匠)送京应用。若得"旧云南",又加"果园厂"则数倍矣!诸古董家默不能对。

作者生活在明朝嘉、万时期,故以上所记不该有误,很值得今天弘扬云南"非遗"文化者研究和开发。此外,卷二十七《感通寺》条,记大理该寺之初建及规制;卷三十《岳凤投缅》《叛酋岳凤》条,记中缅历史关系;《大候州》条,记"云州"(今属云县)的历史沿革;《滇南宝井》《玛瑙》《滇南异产》等条,记云南稀有矿物和动植物。皆可资考证。

赵民献《萃古名言》四卷

《四库全书存目丛书》本

　　明·赵民献编著。赵民献，字大莨，赵州（今属云南大理）人，天启元年（1621）举人，挑考任磁州（今属河北邯郸）学正。他"教士先德行"，以政绩迁阌乡（今属河南灵宝）知县、临洮（今属甘肃定西）同知，多有政声。"归里后，镇静庄严，九十五岁寿终。"清初云南地方志多将其列入《宦绩传》。

　　据《四库全书总目提要》，此书刻于崇祯初年，康熙中，交河（今属河北沧州）人王琯任职云南迤西道，从民献子孙手里得到此书，但已残缺失次。王琯增损其文，在任湖广学政期间将其初刊。"王琯任满后，携版北归，楚士子复为重刻。"所以，此书有南、北二本，可见其影响不小。惟《云南丛书》等未将其列为云南地方文献，实属遗憾！

　　立目式哲学思想笔记。举先儒嘉言懿行，分类编辑，按读书学习、当官为人、处世哲理等分立《励学》《当官》《择交》《容忍》等四十六门，每门之下，再以典型故事或名人名言证说其理，最后总结点评。作者称全书"或援古，或证今，或引圣训，或参己见"，论述范围宽广，文字精练。要在向世人说明，当官的应该怎样当官为民，普通人应该怎样为人处世。作者既遵从儒家基本伦理道德，又颇多自己的亲身感受和独到见解。今天读来，仍具有不少积极的教育意义。不失为云南古代优秀官吏留下的一份值得珍视的思想遗产。

如卷一《当官》门，他认为"大约吾人处世，在家孝，立朝忠，持己敬，莅官廉。修此四者，庶几无愧于人矣"。他反对"学而优则仕"，先以元代名宦、大学者许衡为例，称许衡七岁读书，问其师"读书何用？"其师说"为取得科名呀！"许衡反驳说："难道只是为此吗？"然后评曰："许衡以七岁之童，且知读书非直为科第。今人好学，而仅仅以科第为名者，其亦昧于根本之所在矣！"他主张以"善政为民"，以"简政治民"，尤其反对无事生非的扰民和"乱作为"。他引滇籍名宦杨文襄（一清）曰："为政之务，在省事，不在多事；在守法，不在变法；在安静，不在纷扰；在宽简，不在烦苛。"他强调为官一生勤政为民、廉洁自律，就是为子孙"积德"，就自然会有"好报"。反之，拼命为子孙积攒钱财，则往往富贵不过二代！因引司马光之语曰："积金以遗子孙，子孙未必能守；积书以遗子孙，子孙未必能读。不如积德于冥冥之中，以为子孙长久之计。斯言历历验之不爽。无奈世人积金者十之八九；积书者十之五六。积德者曾有一二乎？无惑乎子孙之不能久远也！"再如，卷四《小窗格言》，搜集诸多为人处世的名言警句，今天也可供世人参考：

居官有二语，曰：惟公则生明；惟廉则生威；居家有二语，曰：惟恕则平情，惟俭则足用。

我如为善，虽一介寒士，有人服其德；我如为恶，虽位极人臣，有人议其过。

莫做心上过不去的事；莫萌事上行不去的心。

性躁心粗者，一事无成；心平气和者，百福自集。

清闲无事，坐卧随心，虽粗衣淡食，自有一段真趣；纷扰不宁，忧患临身，虽锦衣美味，只觉万状愁苦。

安详是处事第一法；谦退是保身第一法；涵容是处人第一法；洒落是养心第一法。

贫不足羞，可羞是贫而无志；贱不可恶，可恶是贱而无能。

饱肥甘，衣轻暖，不知节者损福；广积聚，骄富贵，不知止者杀身。

倚势而凌人者，势败而人凌；恃财而侮人者，财散而人侮。

处富贵之地，要知贫贱之痛痒；当少壮之时，须念衰老的心酸。

休怨我不如人，不如我者尚众；休夸我能胜人，胜如我者更多。

佚名《九朝谈纂》不分卷

《四库全书存目丛书》本

不立目综合类笔记。《四库全书总目提要》称此书"不著撰人。辑明太祖至武宗九朝说部杂事，共为一书。前列所采书目，凡五十余种"。作者记说历史多无忌讳，或初为不愿示人之私人杂记，故敢于直笔而书。其中，有关云南历史的内容不少，且多为他书失载。如记朱元璋命吴云生其人出使云南曰：

洪武初，元之遗孽梁王据云南未下时，尚书宜兴吴云生坐事逮至京，上命往招抚。既至，（梁）王命胡服编发以见。公曰："朝廷念一方生灵，不忍遽兴兵革，特命抚尔。敢辱天使乎？吾有死，不为汝屈！"遂被害。（梁）王壮之，藏其骸骨于"独孤寺"。后云南入版图，始知公死事。命给驿归葬，荫其子。以公尝仕湖广参政，因葬江下。

检诸史多记明初命王祎使滇被害，如此事不假，则说明朱元璋曾两次派人说服云南梁王归顺。又如记朱元璋"革命"成功后残杀功臣、义子沐英和傅友德之经过。称朱元璋两次杀害沐英。第一次是镇守云南数年后沐英惧祸，"乃漆身为癞"，至京，求罢镇云南。朱本欲杀之，但考虑当时"云南风气之恶"，尚需沐英镇守，故假意宽慰厚赐，令其回滇。第二次"乃遣使赐（英）朱匣，（英）发视之，帛一段也。意令自尽。英不忍。复遣内侍赍鸩酒一罂、牛脯一胥赐之。至滇，英出迎，内侍即'武安王庙'饮之而卒。舆归敛殡，还葬京师"。

杀害傅友德就更为惨烈！称功臣蓝玉以"罪"被诛后，王弼致书诸将当"合纵连横"保命避杀，傅友德"亦列名书中，太祖所得，怒未有发"。一日，宴会群臣后，朱元璋对傅说："听说你有两个好儿子，应该带来见见"。傅出，朱元璋派人追出来说："可携其首来！"傅回家斩二子首，"左提之，右执剑以见"。朱元璋假惺惺地说"朕特戏耳，何据如此残忍？"傅友德愤怒地答道："你不过是要我父子的头罢了！"遂当众拔剑自刎。傅死后，朱元璋又将其家属分别迁往辽东和云南两地（云南有傅氏族谱，可证）。以上记载，少见于他书，有待深入考证。此外，该书记沐英生前事；记武宗朝云南名宦杨一清佚事及其如何智除宦官刘瑾事；记宣德朝云南府（相当于旧昆明市范围）知府应履平抵制宦官勒索地方贡物、为民请命之事等，皆可供研究。

李绍文《皇明世说新语》八卷

《四库全书存目丛书》本

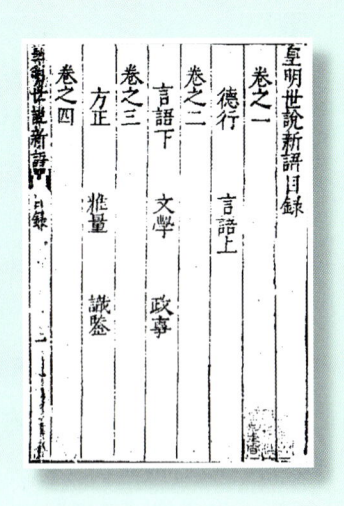

李绍文画像

明·李绍文著。李绍文,字节之,松江府华亭(今属上海金山)人,生平事迹不详。还著有《艺林累百》等。《四库全书总目提要》称此书仿《世说新语》体例,不立子目,分大类记说"有明一代佚事、琐语,迄于嘉(靖)、隆(庆),盖万历中作也"。所涉云南史料不多,材料来源大多闻自当时宦滇游滇亲朋好友,或有一定参考价值。

如卷四,记云南大理石当时非常珍贵,俗称"石屏",宦滇官员往往以此作为礼品行贿送人。时有李邦伯其人[①]独寓意于《送行诗》中有云'相思莫遗石屏赠,留刻南中德政碑!'时人评曰:可谓德业相劝!"此事、此

[①] 此未言其名。一般称"邦伯",指地方最高官,相当于省长等。

诗曾被广泛传颂。同卷，记滇籍名宦杨一清"有故人馈宝珠一斗，受之，客去，分劳左右立尽。有贫归者，发囊助给，率数十金。罗念庵①曰："为天下用财不以私蓄，即此于一介不取可也。""但古今有几人有此人品、官德呢？

相反，据作者记载，当时在滇为官者"非愚即诬"者也不在少数。如卷七，记开化府（今属文山）"汪令贪甚。讼者无问曲直，皆罚金。民皆咨叹，以讼为戒。令讶，问其故？一吏进曰：'政谓明府贤明，民化之，不好讼耳'"。面对"吃了原告吃被告"的贪官，谁还敢去打官司？此属下吏是会拍马屁，还是出于讽刺？公然说：您老贤明，把人民教化得非常和谐，大家就不爱打什么官司了！再如同卷，记滇中某"督学"（相当于省教育厅厅长）"讲道学不已，讲毕，问诸生曰：'今日所言若何？'一生对曰：'宗师是天人，今日所言皆天话！'"明清"道学"多属宋明理学糟粕，讲来讲去，老生常谈，令人生厌。滇人自古以来称不着边际的"大话"为"天话"，此生以"天话"对"道学"，滇人岂无幽默感？

此外，记寓滇状元杨升庵在云南的文化活动，记其与云南保山名流张含之诗书情谊等，亦颇多存史之处。但也必须指出，该书虽效仿《世说新语》，但无论思想内容还是文学水平都不可与《世说新语》相比。并非明人佚事本身不精彩，而是作者之才气十分有限，可见传世名作不是可以随便模仿的哟！

---

① 指罗洪先，明代著名思想家，曾到过云南。

徐树丕《识小录》四卷

抄本，台湾广文书局《笔记丛编》影印本，日本东海大学图书馆藏书

明·徐树丕著。徐树丕，字武子，号石农，又号活埋庵道人等，长洲（今属江苏苏州）人。明清主要碑传无传记可考。据朝鲜佚名《皇明遗民传》、乾隆《长洲县志》等记，树丕为明末诸生，博览群籍，又善书法，"国亡，布衣藿食，屏西郊以终"。

立目式综合类笔记。二〇〇四年，笔者曾访读此书于日本东海大学图书馆，其卷首钤有"国立中央图书馆藏善本"印一方。版称"佛兰草堂抄本"，是知原抄本藏在台湾。内容宽泛，考证精当，文字简要，引述多注明出处，取舍不可谓不严，非一般道听途说之书可比。其所涉云南史事虽然不多，但却间有他书所未及者。如卷一《见闻录》条，据陈继儒（眉公）《见闻录》一书所载杨慎在多病的晚年写给保山张含（禹山）的一封信，即不见诸今本陈、杨诗文集。其文如下：

使来，得手书数纸，连幅屡牍，亹亹千言，故人之厚，何以加此！
慎自长至前后，衰病忽作，近日右目皮上生疮，半面作肿，坐起食视，

皆碍且妨，奈何！此岂可以常病视之耶？伏自思念，年来万虑灰冷，惟文字结习未忘，颇以此自累而招罪。不当与而与，当与而不与，皆罪也；不工则不可出，工则疲精敝神，皆累也。用是勇念书壁云："老境病磨，难亲笔砚。神前发愿，不作诗文。"自今以始，朝粥一碗，夕灯一盏，作在家山僧行径。惟持庞公"室诸所有"四字，庶乎余羊釐齿，得活一日是我一日。不然，则扰扰应酬，又何益于尘劳仕路哉？纵使《艺文志》书目，天下家传人诵，尽为众知，何益于灵台？何补于真我哉？立愿如此，纵或临之熏天之势、解以连环之辨，不能回矣。想能心谅也。

窃谓左右已有海内名，诗文传诵人口遍矣。亦当俯从鄙见，以高颐期松乔之福。程子老年不观书；山谷发愿去笔砚；朱文公行年如此，当先学上天，后学识字，可也。皆是老境受用，安身立命处，高明以为何如？不然，则晋人所谓："卿自用卿法，吾自用吾法"，可也。

目疮不能自书。口占，俾代书之。冀欲忘言，又以多言。是穷响以声与影竞走也。惟心照之，行当面叩，不即。

考杨慎与张含的关系颇深。张含曾以云南乡试第一名入京候选，得交杨廷和、杨慎父子等一时名流。后弃官归里，又与充军云南的杨状元再次聚首保山，从此交往更多，至老弥笃。杨慎曾为张含选评诗文，十分推重其文才、人品。杨慎受政治迫害而罪

杨慎塑像

谪边疆，至死也没有得到明政府的宽假，但他在云南的生活态度却非常积极、乐观，留给后人等身的著述就是最好的佐证。徐树丕进而解读此信说，杨慎所谓"神前发愿，不作诗文"，并非真的停止一切著述，而主要指的是不随便为别人作应酬文字。他还特别指出，尤其是功成名就的老年人，要充分意识到自己才气终究不如当年，切莫"才已尽而强为文"。故"升庵之戒"，实可作古今"老年安乐之法"也。

清

谈迁《枣林杂俎》不分卷

《续修四库全书》本

清·谈迁著。谈迁,明末清初著名史学家,字孺木,号观若,浙江海宁人。前明秀才,明亡后终生不仕,自称"江左遗民",以教书、幕僚为生。他博览群书,精研历史,尤长于明朝典制的研究。除此书外,其代表作还有编年体史著《国榷》,是研究明史的重要著作之一。考作者并未来过云南,但由于长期致力于搜集明代史地资料,尤重南明历史研究,故该书所记,涉滇内容不少。

立目式综合类笔记。如《温泉》之下的《云南》条,简记云南各地温泉的方位、里程及功能等,或可供今天利用开发者参考:

云南府安宁州北十里汤池。云南温泉非一,此为甲,色碧如玉可鉴。

临安府治温泉,每春暮,郡人浴三日,谓"祛时瘟"。又,西北四十五里及建水、石屏、阿迷三州;通海、河西、嶍峨、蒙自四县俱有之。

鹤庆府城东南温泉,每岁三月浴之,愈疮。

丽江军民府通安州阿失村有温泉。

广西府弥勒州西阿欲部山下（有）温泉。

蒙化府城南甸尾山下（有）温泉，相传蒙纳奴逻母病，浴之，愈。

寻甸军民府南五十里（有）温泉浴，呼"热水塘"。

沅江军民府城西北十五里（有）温玉泉，石间迸出，如汤。

北胜州（有）温泉二：曰州城枯木村；曰州南沙田村。

马龙多郎甸长官司北五十里彻崇山（有）温泉，其热如汤。

金齿军民指挥使司城东二十里哀牢山下，有石状如鼻，二泉出焉。一温一凉，曰"玉泉"。又，城西二十里虎障山下（有）温泉。

陇川宣抚司（有）汤泉，从石罅出为河，热甚。

安宁温泉"天下第一汤"

腾冲大滚锅温泉

此外，《建文遗迹》条，记云南"武定军民府狮山之半有庵曰龙隐中祠。建文帝栖山四十余年，始自田州归大内。今其像禅衣锡杖，凄然老衲状也"。《沐英》条记"沐英祖籍饶州乐平县，李姓，先墓在大汾潭。洪武二十八年，沐春乞遣将代镇（云南），亲诣乐平致祭。八月，进封（沐）春黔国公，不许擅离（云南）"。《贡金》条，记明代云南"岁贡金五千；有银矿六十三处，置场委官，岁（贡银）约二万缗"。《滇茶》条，据宦滇御史邓鍊论云南山茶花有"艳而不妖"；"经二三百年犹如新植"；"大者高可四五丈"；"丰叶、森沉、丛茂"；"性耐霜雪，四季常青"；"次第开放"；"每朵自开自落，可历旬余"；"入瓶养之十余日，颜色不变"等十大特点。《火节》条记云南火把节的不同来历和仪式等等，皆可资考证。

褚人获《坚瓠集》四十卷

《续修四库全书》本

褚人获画像

清·褚人获著。褚人获，明末清初著名笔记小说家，字稼轩，号石农等，江苏苏州人。他终身不仕，文名甚高，能诗善文，交游皆吴中名士。还著有《隋唐演义》等。

大型立目式综合类笔记。卷首作者《小引》称此书"凡有裨王化、关名教之可劝可惩者，在所必录；以及邮亭歌咏之章，闾阎谐谑之语，亦记载而不弃"。署时"康熙庚午"，即康熙二十九年（1690）。全书按编著、刊刻先后，分为正编、续集、广集、余集、秘集。每集又各分卷目，且各有清初名流如毛宗岗、洪昇、毛际可、张潮等人为之作序。内容广泛涉及清初以前尤其是唐宋元明的典章制度、市井琐记、诙谐戏谑等，尤侧重于诗话联语和人物佚事。材料来源多袭自历代著名笔记，如《老学庵笔记》《辍耕录》《草木子》《能改斋漫录》以及其他史志群书。明末清初之事，多闻自亲朋好友者，其所记云南事迹，大多属于此类，或有所本，未必空穴来风。

如旧时常言"滇人擅（对）联"，似有一定根据。该书正编乙集卷一《对句》条、卷四《杨一清》条，就记载了滇籍名宦杨一清和另一位滇籍郡守"善对"的故事：

杨遂庵（一清）十二岁中举，至京，国公、尚书①同设席邀饮。尚书、国公齐递酒两盅，因曰："手执两盅文武酒，饮文乎？饮武乎？"杨应声对曰："胸藏万卷圣贤书。希圣也！希贤也！"

滇南赵某仕楚中，为郡守，好出对句。一日，见坊役用命纸②糊灯，遂出句云："命纸糊灯笼，火星照命"。思之未得（下联）。至岁暮，见老人高捧历日③叩头献上，拍案大叫！遂对前句曰："头巾顶历日，太岁当头"。老人以其怒己，叩首乞哀。（太）守语其故，厚赏而出。

此外，该书庚集卷一《三保太监》条，引据《碣石剩谈》《七修类稿》等，考说郑和下西洋所得"夜明珠""九鹭香"等三种稀世珍宝，故人称其"郑三宝"；卷三《九字诗》条，记云南中峰（读彻）和尚所作九字梅花诗，赞其字韵险难；《杨遂庵词》条，记杨一清致仕之后所填《雁儿落》词，总结自己坎坷曲折、毁誉并见的一生；广集卷一《官司谚语》和《都下谚》二条，引述明代云南保山籍名宦张合著《宙载》中讽刺官僚机构和宦官贪腐的谚语等，皆可供赏析。但也必须指出，正如作者《小引》所说，此书"不序岁时之今古，不列朝代之先后"，包括所记云南之事，亦有时空不明、内容荒诞之处。

---

① 明朝武官为世袭，"国公"是一等世袭武爵，而"尚书"则为文官。
② 命纸，这里指用于算命、联姻用的纸页，上书当事人生辰属相等，又称"八字命纸"。
③ 历日，即历纸，记一年节气时日。除提醒农事外，也代表皇朝权威，故多由政府掌握颁布。

佚名《旅滇闻见随笔》
一册不分卷

抄本，云南省图书馆藏书

清·不著撰人。用朱丝栏《国粹学报·论丛》稿纸抄成，楷书。首页书名下书"衡古堂主人珍藏"。此本为李根源先生从原藏处借抄。第七页有其跋语一段曰："是篇乃雍正八年八月某日之旧写本。为黔省衡古堂主人所得，珍藏于家者。（民国）五年（1916）秋间，假寄余抄录。纸墨黝晦，古香郁馥。虽其记载无多，实足以补滇史之缺，洵瑰宝也。不可不亟刊之以公诸世。惟无撰者姓名，其以当时文网酷密，多所忌讳而不自记之耶？被著者已传而著者不传，惜哉！雪生识。"并在该稿《胡国柱》《钱邦苎》条后，撰有考订之语。

不立目专题类笔记。记说明末清初云南史事，以人物特写为主。有的如胡国柱、钱邦苎（大错）、薛大观、唐大来（担当）等人事迹，可见诸秦光玉后来所辑《明季滇南遗民录》一书。有的则秦著未录；有的所记事迹与秦著不同，且史笔简括得体。如记王开其人曰：

王开，字升如，宁州贡生，给谏王元翰先生子也。官国子监博士。寓居昆明。甲申，闻京师陷，出家资充饷，谒巡抚吴文瀛，陈方略，文瀛善其言而不能用。开买身趋海上，会大（清）兵南下，其母与妻赴水死，开被执，不屈，亦死之。王宗遂绝，悲哉！

记云南龚彝其人与永历帝诀别事曰：

龚彝，顺宁人，天启乙丑进士。历官户部尚书。帝奔滇，彝侍从左右。奉命往蒙化、永昌等处征募兵粮。帝走缅，彝追至腾越，不及，逃匿乡里。逾年，得李定国密书，持往各土司说起兵事，尚未济而永历已被执。彝追至会城，具酒肴进谒帝，守者不许。彝厉声曰："此吾君也。我为其臣，君臣之义，南北皆然。我只一见足矣。"守者白当事，许之。彝得入，朝礼毕，进酒，帝称谢，痛哭不能饮。彝亦伏地痛哭不能起。再劝帝饮，帝勉饮三樽。再拜，遂触地而死。帝抚之恸，几扑。逾日，帝崩。彝著有《葵日堂诗文集》若干卷，已丧失于乱离，不可得见矣。

除个人传记资料外，该书还辑有明末以来云南其他群体事件，亦大多与"气节"行为有关。例如，记载了明末沙定洲动乱以来，云南各地"为国殉节"情况。特别是大理、楚雄地区，作者为我们提供了一幅幅惨烈的历史画面：

中原方鼎沸，而云南遭土夷沙定洲之乱。据会城，逐黔国（公），流毒两迤，先后死难者三十万人！兹仅记其所闻知者。高其勋，字懋功，武举，为黔国（公）中军。吾必奎反，擢参将，守武定。及沙酋叛，分兵来攻，守月余，城陷，衣冠北拜，服毒死。陈世正，为大理卫指挥，沙酋陷城，巷战而死。王承宪，楚雄卫指挥，为副使杨畏知前锋，定洲来攻城，凡守御齐备，畏知深奇之。贼去复至，承宪召土司那仑等出城冲击，贼皆披靡。俄中流石死，一军尽没。贼进围大理，城陷，县丞王士杰死之。同死者大理府教授段见锦、经历杨明盛及子（杨）一甲、司狱魏崇治。有萧时显者，故永昌府同知也，解任，以道阻寓居大理，城陷，亦自尽。士人同死者，举人则高拱极投池死，杨士俊同母、妻、妹自焚死。诸生则有尹梦旗、梦符、冯大成倡议助守，骂贼死。杨宪偕妻、子、子妇、侄女、孙女、弟妇一门自焚死。张景仲及其妻、女三人投学宫井死。杨瑚作《绝命词》，骂贼死。李褒不食七日死。张相业、宋庆奎、马斯龙着冠服死于学宫。王凝、陈捷、苏升、尹亮工、杨大鸿、胡康、尹宏载、杨先贯、李元凤、张书绅被执不屈，骂贼死。李玉甫与贼巷战死。人称太和义节为独盛！

与此相反，也画出了不少见风使舵、苟且偷生的无耻文人的嘴脸：

流寇孙可望虽阳奉永历帝而诛杀任意，一时廷臣皆收为腹心。有礼部主事方於宣者，擢编修，谄事尤甚。为可望撰《国史》，称张献忠为"太祖高皇帝"，作《太祖本纪》。比崇祯帝为"桀纣"。又为定天子卤簿，定朝仪，言帝星期于井度，上书劝进。后可望为定国所败，投降于洪承畴军前。於宣自知祸及，时有钱中丞邦芑者守死抗节，为人心所归。方於宣驰书于钱云："欲纠集义旅，截擒可望，以报国家。"邦芑得书大笑，答以一绝云："修史当年笔削余，帝星井度竟成虚。秦宫火后改图籍，犹见君家劝进书"。未几，缚至滇，以凌迟处死，人心称快！

鲁迅先生曾曰，自古以来，中国的读书人就有抗节不屈者；有为民请命者；也有助官捕贼者；有卑躬屈膝者（大意）。尤其在沧海横流、世事突变的社会转型时期，最能看出中国文人的不同嘴脸。但是，关于明末清初的"殉节"问题，也颇有值得研讨的空间。试问，个人和亲人的生命是否应当与政权和帝王的更替紧密相连？后者又是否值得大家去为之"殉节"或"殉国"？著名思想家顾炎武说"国家"并不等于"天下"。史称崇祯、南明永历之死为"殉国"，不无可否，因为朱明王朝本来就是他们的"国家"，但惨烈如以上普通百姓（包括昆明的薛尔望）率全家老小"殉国"，又是否值得效法和歌颂呢？

黄向坚《黄孝子纪程》《滇还日记》一册不分卷

《知不足斋丛书》本

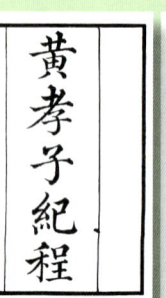

黄孝子纪程

滇还日记
壬辰小春谒帝庙辞祠友朋仇酒赠言以不欲连别报曩者久仲冬四日自白井早发扶老父老母率一籃舆苦無僮僕子與仙弟迎隨左右祗行李一肩視險若夷承諸門賢耆老從霜露中燃松明攜樽送泣拜道左春戀依依家君慰之曰襄朽數年浪逃所藉以不寂寞者賴有諸君子在耳今見此别能不悵然雌前逾險阻自分囊空如洗生歸可期萬勿爲我顧慮兩民兄惰門人王蔚玉董辭去獨壬性一父子行行不忍分手袖中

黄向坚石刻像

　　清·黄向坚著。黄向坚，明末清初画家，字端木，号存庵，吴县（今属苏州）人。其父黄孔昭（含美）明末官云南姚州（今姚安）县令。明清鼎革巨变，社会动乱，他与家庭失联。向坚"思亲既久，泪下莫收"，遂于顺治八年（1651）十二月，从故乡出发，徒步走云南，万里寻亲，"风餐雨卧，断尽草鞋"，终于顺治九年（1652）五月，在云南白盐井（今属大姚县石羊镇）找到父母。为筹集路费，留滇五月，再奉双亲徒步返乡，顺治十年（1653）六月抵家。前后历时两年左右。因著此书，并手绘《寻亲图》《岵屺图册》等。黄孝子万里寻亲是清初影响很大的事，著名学者归庄、黄宗羲等皆有诗文"点赞"其事！

　　不立目专题类笔记。卷首有友人胡舟矗、李楷题序。《黄孝子纪程》

按日程记其"拜墓辞家",经江苏、安徽、湖北、湖南、贵州进入云南。当时,官道盘查甚严,必须"给票"(通行证)方可放行;小路又多兵匪、猛兽。作者一路投亲靠友,特别是以寻亲真情感动关卡守军,故多得"汉夷"军民相助。初入云南,他得知双亲尚安然无恙,"全滇干戈鼎沸,不受职(投降)者悉被惨祸,得解绶(去职)善全者惟老父母耳!"行至平夷卫(今属富源县)他进而得知"父母无恙,确寓姚(州)之白盐井。不做官,无他念,可归(家)。惟路费之难,关津之险"。他很快经禄丰、姚安来到白盐井,当地乡亲直接把他带到了父母的住所。作者记其悲喜交加的场面曰:

到父寓,入门,悄寂。惟见旧时婢子坐于檐下,定睛更熟视,高声惊喊:"家乡相公来了!"母亲不信,云:"那(哪)有此事!"坚已至堂上,放行囊,号呼父母!老父午睡未觉,惊起忙问为谁?老母应声曰:"儿子来了!"父亦不信,坚遂入寝室,父呓语摸眼不知所为。猛然相视,坚拜倒榻前,相抱号泣,几绝不得起!起复相持,痛哭不止!旋与二亲罗拜天地,坐顷,问起居,二亲亦相告苦。叩所从来?见坚苗髪蓬鬈,面黑目肿,须间白,短衣草履,狀貌非昔,相顾痛惜,咨嗟不已!

他们决定返回苏州老家。父亲叫儿子到云南大理、剑川等地,向自己从前的门生故友筹得一些经费,也得到了包括姚安高氏土司的馈赠。他们又告别云南,踏上了回家之路。《滇还日记》就此记载了又一次艰苦的行程。作者雇二"篮舆"(简易竹轿)抬着父母前进,自己和弟弟仍然徒步跟在后边,从原路返回了苏州。作者不但记载了两次行程经过,也涉及清初云南的某些社会民风等。如记曲靖曰:"到曲靖,府城外败垣颓立,仅存诸葛遗踪一坊";记昆明曰"惟省城为之改观,内设重城,辟一大操场,多毁民屋,更造营房,惟金马、碧鸡二坊在焉";等等。

程封《滇补》一册不分卷

抄本，云南省图书馆藏书

　　清·程封著。程封，字伯建，号石门，江夏（今湖北武昌）人。清顺治十六年（1659）奉诏出都，以贡生官云南南宁（今属曲靖）知县，历时八年。道光《云南通志稿·艺文志》著录此书曰："《滇补》一卷。程封撰。天台冯甦、山西高暭、洪洞许楚、三原来度、无锡顾岱、贵州越闿为之序。是编乃合刊其宦滇八年中所作诗文有切于滇者，康熙丁未（康熙六年，1667）成书。"是知此书原有刻本。今抄本则已无冯、高诸序，且字句讹误颇多。

　　立目式综合类笔记，内容多涉明清云南文教、金石等事。如《修平彝卫学序》《新建顺宁府育贤馆碑文》《重建云南贡院碑文》等条，后者记康熙初重修云南贡院之事最详。因作者为官曲靖，故又多记说曲靖地区之事。如《清溪洞记》，记作者等人于庚子即顺治十七年（1660）十二月游平彝（今属富源县）之清溪溶洞。当时该洞"下有溪，溪水流入此独清，故名。洞口轩厂，初入若堂，可坐百人。再上若台，可容数十人，有大石垒，垒下垂若柱。以内幽闭不可入。游者浅视之，谓观止矣"。作者等探险而入，又见洞中还有石床、石塔、石笋等，蔚为大观。再如《濯足泉记》，记南宁县（今属曲靖）东南十余里右堡山的温泉，可以治疗皮肤病。又如《李元礼碑辨》，结合曲靖地区"望夫石"等传说，考识东汉李膺戍滇之事云：

考《皇舆考》："曲靖府城南李元礼碑"。相传李膺以"党锢"流妻子于此，似以本《传》"妻子涉边"之说相合。今曲靖县官每逢春必致祭"石婆婆"者，即"元礼碑"也。去城南一里许，在山阜上，一石峭立如壁，高可五六尺，向西刻篆字，旧有人辨云："汉元和五年闰四月十五日李元礼"等字，今止能辨"李元礼"三字。

李元礼画像

作者据有关文献订正此碑文中"元和"当为"光和"之误，力主李膺本人因罪流石城"不符于史。独疑李膺妻子或死于此，后人必有为之立碑而载其详者"。又如《修曲靖府志序》条，记说作者访寻明万历朝曲靖府地方志曰：

诸生朱胤官告予曰："郡志向有抄本，秘之藏经阁中，曷往发现之？"余急向僧纲拣阅，果有抄本。其醇疵互见，疑谬不齐，原未成书。予仍采之旧志。《志》草存其十之七。中如《地理》《旅途》《建设》《赋役》《兵食》《学校》《官师》《人物》《祠祀》《方外》《羁縻》之数皆能按。《天文》《缇次》《山川》《方域》，而出之于《禹贡》《尔雅》《山海经》《水经（注）》等书。至于《艺文》一志，其在十七郡者已居全书大部之半，而曲靖亦独略焉。

《云南科目纪事》条，记明代云南科举制度和旧闻佚事，多为后出《滇云历年传》等史书所采录。如：

正德十一年乡试揭晓，谤议汹汹。谓参政朱应登去取徇情，不由考官。榜首邹志学本昆明学生，而榜填"云南府"，《（乡）试录》亦然。又《书经》批语误批《春秋》批语。一士作诗嘲之云："唐龙御史甚昏沉，去取全凭朱应登。县学解元称府学，壁经批语作麟经。三场文字重锓梓，一榜人才半白丁。说与四方人共笑，从今不必睨文衡"！

尤为重要的是，作者根据明代成化丁酉科云南举人傅澄和、正德甲戌科云南进士傅良二人先后所集《云贵历科举人名录》，整理编成《云南科目考》条，详载永乐九年（1411，云南此年始行乡试）迄嘉靖二十五年（1546）云南历科乡试人数、每科之解元姓名，以及后来举进士的人数等等。关于云南历科乡试人数等问题，明代云南总志仅存景泰、正德、万历、天启四朝资料，府、州、县志也大多记载不全，故该文所记内容对于系统研究明代云南地方科举问题无疑颇有参考价值。据该书所记，有明一代两百多年，在云南所举行乡试（省考）共计七十七科（届），云贵两省中试举人共计三千二百三十四人，就中进一步通过会试（国考）取得进士资格者不过二百六十五人，约占举人总数的百分之八点一左右。在云贵两省合试的各科中，又以滇籍举人和进士居多。审是。

赵士麟《敬一录》
一册二卷，现存卷下
刊刻时空不详，云南省图书馆藏书

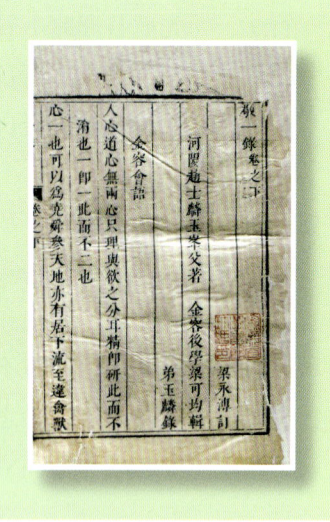

赵士麟画像

清·赵士麟著。赵士麟，字玉峰，河阳（今属云南澄江县）人，顺治十七年（1660）举人，康熙三年（1664）进士，也是清朝云南第一位进士和这科唯一考中的滇籍进士。他先官平远县（今属贵州毕节）推官。康熙七年（1668），迁河北容城县（今属河北保定）令。容城为河北文献名邦，元明大儒刘因、孙奇逢等皆出自该县。作者莅任后，新立"正学书院"，"以静修、夏峰之教教多士"，即以刘因、孙奇逢之理学思想教育学生。他认为，"养民必先造士，造士必先明理。因于朔望，大集诸生于书院中，自登讲座，阐五经、四子诸义蕴。环桥观听，莫不悚息，月以为常"（《新纂云南通志·赵士麟传》）。此后，又奉调光禄寺少卿、浙江和江苏巡抚、吏部左侍郎等。年七十一卒于任内。

不立目哲学思想笔记。记作者官容城时讲学、论辩之语。卷下首页题书《金容会语》（一行）；金容后学梁可均辑、梁永溥订（一行）；弟玉麟录（一行），乃先后整理此书的河北学人梁氏及作者之弟赵玉麟。作者自释其书名曰"修己以'敬一'一句，赅尽圣学王道之全，安百姓不在修己之外，可知也。如见如承，不欲不施，不必分'敬'分'恕'。居处恭；执事敬；与人忠。恭、敬、忠，随在异名，总是随地唤醒此心不昧耳，非三套理"。也就是说，为人、处世和交往都发端和表现在恭敬、专心地修身之中。虽名称和内容或有不同，但都同属一理，都可以概括为"敬一"二字。之所以如此，作者认为，乃因万事万理皆备于"人心"。他说："人心、道心无两"，"心，一也"。

但是，为什么会出现善恶是非、好人坏人呢？作者认为，是因为"人心"在处理"理"与"欲"时出现了不同的差别，所以有人变成了"尧舜"，有人却变成了"禽兽"。这个差别虽在"毫毛之间"，却"遂成霄壤之隔"。那么，"理"与"欲"又如何区别呢？作者说："问天理、人欲之分？曰：亦无分。饥食渴饮，好色好货，在圣贤无非天理；在小人无非私欲。"就是说，所有人的基本"欲望"虽然一样，但"好人"和"坏人"的处理办法却各不相同，其结果也就自然不同了。所以从读书修身开始，到做官牧民，都要强调恭、敬、忠，强调"惟精惟一"，因为它们既是"开万世之学"的根源，也是读书人从入仕到致仕一以贯之的态度。作者又进而论读书学习和为官治事之心说：

赵士麟墨迹

问仕、学？曰：学是心学，非学做官也。做亲民之官，心无（私）欲则公，公则生明，明则威可畏，而德可施，自能行其所学。如古循良做台谏之官，心无（私）欲则诸所建白，尽国本重虑、宗社运猷之图，无一切恩私苟且之计。做宰执之官，心无（私）欲，则自能启心沃心，格君心致君尧舜，泽被苍生。功成身退，歊然一如素士，即有偌大掀天揭地事业，如浮云一点，还之太虚，无一可为我有。方是学；方是仕。

不难看出，作者的主导思想是"陆王心学"，但其言论所至，又不主一家之说。如论知与行，强调"知行合一"：

问知、行孰先孰后？曰知、行常须。不行由于不知，不知由于不行。以知论则行为重；以行论则知为先。人于亲不孝，于兄不弟（悌），以事父事兄之理未明也。若将这个道理讲得明白透彻，遇亲不容不孝；遇兄不容不弟（悌）矣。此不行由于不知也。人要到长安，止坐在家臆度揣摩个虚境界，或听凭人说，终是狐疑。如实实行将去，则过都行邑，遍览天下名山大川及京城宫阙壮丽，凡了然在目者，即爽然在心矣。此不知由于不行也。

论读书与做事，反对空谈"忧道"：

学莫先于治生之说，人每非之。夫治生岂营营逐逐之谓哉？男耕女织，常勤常俭，草木衣食，自可不缺，苟度岁月以黾勉于道，方是善学。若一概置之，儿啼饥，妻号寒，曰："吾忧道不忧贫也"。道岂如是哉？

论读书与经典，反对"本本主义"：

读书若舍却册子，则汩其心于清虚旷荡之地；若徒泥册子，则骋其心于泛滥繁碎之场，皆非善读书者。

论"主静"不等于静坐，希望儒者与佛禅闭目打坐划清界限：

人认主静功夫为"静坐"，故往往言"静坐"。此与禅家闭目合眼，九年面壁何异？若理会得戒慎恐惧，则不求静而自静矣。

宋明理学丰富发展了孔孟儒学的思辨能力和理论体系，但又深受佛道思想的影响，特别是"陆王心学"更偏重人的主观意志对外部世界的影响，尤其是明末清初"宋学"余绪多退化为"束书不观，游谈无根"（顾炎武语）的空虚之学，为"汉学"或"实学"者所诟病。滇人赵士麟在理学之乡讲学论道，并未完全囿于理学藩篱，上述言论表明，他颇受河北"颜李学派"经世致用思想的影响，值得进一步研究。

赵吉士《寄园寄所寄》十二卷

《四库全书存目丛书》本

　　清·赵吉士著。赵吉士，字天羽，号恒夫、寄园等，祖籍安徽休宁，后入籍钱塘（今属浙江杭州）。清顺治八年（1651）举人，简选推官。康熙七年（1668）改官交城（今属山西吕梁）知县，多有惠政。擢户科给事中、国子监学正等。康熙四十五年（1706）卒于北京。还著有《万青阁全集》等。

　　不立目综合类笔记。卷首有署"仙湖愚兄士麟"作序，反映作者与云南澂江籍名宦赵士麟有关。《凡例》自述其书宗旨曰："予自少至壮，凡见闻新异，辄笔之于册，积之既久，分类成帙，用作座侧之玩。因京园以寄其所寄，故以'寄'名。"全书按经济、智术、警敏、技巧等大类条札，不立子目，文字长短不一。内容有的摘自前人笔记；有的则是作者的真实见闻，也有道听途说的神话奇异。有的注明出处，有的则不明所自。故《四库全书总目提要》称其"颇富雅俗，并存真伪"。审是。

　　其中，如卷七据《南中杂说》记云南永昌（今属保山）李德章世代制作围棋"云子"（或"永子"）一条，颇有史料价值：

滇南皆作棋子，而以永昌为第一，盖水土之别云。烧棋之法，以黑铅七十斤，紫英石三十斤，硝百二十斤，为一"料"，可得棋子三十副。然费工已三十六七两（银）矣。其色以白如蛋青，黑如鸦青者为上。若鹅黄鸭绿，中外洞明者，虽执途人而赠之，不受也。烧棋之人，以郡庠生李德章为第一，世传火色不以授人也。余在永昌日，曾以重价得之。出以郡大夫较，皆不能出余上也。庚申冬日，为叛兵所掠，惜哉！今滇中游客出银五钱便市棋三百六十（子），宁复有佳物乎？

再如，卷一据《留青日记》记"黔宁王沐英征八百息妇"，记滇籍外交官张洪出使缅甸；卷五记"滇俗重财而好生女"，乃因贪图"彩礼"；记云南永平县"老妪张歪嘴"能用迷药改变人形的传说；记"滇南蒙岫山所产碎蛇"；卷九据《明季遗闻》记南明普明声、吾必奎、沙定洲等先后拥兵乱滇之经过甚详。内容不免鱼龙混杂，有待甄别。

张锦蕴《镜谈》一卷

《云南丛书》本

清·张锦蕴著。张锦蕴，字允怀，号墨云居士，云南巍山县人。康熙朝贡生，曾官云南景东府儒学教授。生平事迹不详。还著有《四书讲义》等。

立目式哲学思想笔记。全书分立《敬天》《法圣》等二十七大类，每类之下又分条出之，语言整比通俗，甚得宋明理学家"语录体"章法。诸多闪光思想，颇类今天"微信"中广为流行的所谓"心灵鸡汤"。如《乐天》条有云：

胸次内有半点牵缠，不能乐；鸢飞鱼跃，心底间无一毫挂碍，真觉海阔天空。

君子坦荡荡，未必尽富贵也，即贫贱亦坦荡自如；小人长戚戚，未必尽贫贱也，虽富贵亦戚戚自苦。君子便易快活过了一生；小人何苦焦劳气了一世。

君子之乐从忧中来，乐不本于忧，此小人之无忌惮也；君子之忧从乐中去，徒忧而不乐，此小人之长戚戚也。

胸襟不可不疏爽，品行不可不谨严；处嫌疑当持以小心，任纲常当应以大胆。

乐清贫，容横逆，老来讨个安闲；忘机械，省安排，静处寻些快活。

寒蝉乐饥，不羡螳螂之饱；鸿鹄有志，何须燕雀之知。

再如《感恩》条有云：

逢旱魃始知时雨之功，遇阴霾乃觉阳和之美；值虐政方念廉吏之恩，处乱世才识太平之福。

祈谷者祭田于春耕，秋成则不复诣田而拜谢；求雨者步祈于祠庙，雨足则不复望庙而叩酬。天下忘恩之事不一，观此可以类推矣。

怨可忘也，而德则断不可忘。盖忘怨不失为君子，忘德则近于小人。德可积也，而怨必不可积。盖积德尚难必其报恩，而积怨断难免其仇恨。

梁启超用"儒学和佛学结了婚"来比喻宋明理学不同于汉唐儒学之处，加上早已渗入儒学的老庄思想，实已形成所谓"三教归一"的新思想。自明代以来，这一思想对云南学界很有影响。《镜鉴》的作者在书中《中国有佛》《儒亦慈悲》《三教均重》等条，虽然表达了这一思想，但也注意到儒教与佛、道二教的根本区别：即儒教着眼于今生今世的"此岸世界"，而佛、道二教则着眼于灵魂归属的"彼岸世界"。其《儒先救世》条曰：

"三教"圣贤均为救世之人，但儒教则救于未事及有生之日；释、道（教）多救于既事及已死之时。然人能依儒教而仁义忠信乐善不倦也，则福积而灾自消；当不事求拜佛，救苦难于既事及已死之后矣。

许缵曾《滇行纪程》一册不分卷

抄本，云南省图书馆藏书；
说铃本，同治七年（1868）

清·许缵曾著。许缵曾，字孝修，号悟西、鹤沙等，华亭（今属上海松江）人。其母为徐光启孙女，故缵曾和徐光启一样，也是清初皈依天主教的著名学者、诗人。顺治六年（1649）进士。康熙九年（1670）官至云南按察使，因著此书并《东还日记》《东还纪程》《东还续抄》各一卷，皆记作者此次宦滇之往返行程和见闻。还著有《宝纶堂集》等。

不立目综合类笔记。卷首先后有邵嘉胤、王广心、施维翰等友人作序，皆署"康熙癸丑"，即康熙十二年（1673）。三序称道其书记说云南"广谷大川，危峰复岭，以及村墟蛮落，丰碑石栈，标新领异。始读如异书，再读如见故人，竟读如观吴道子画。读之怦怦有动乎其中而不能已"云云。不免多有谀辞夸大之嫌。其实该书入滇境之前并不记涉滇事。自黔滇交界之"关索岭"开始，虽按其行程记云南之事，但也仅限于里程、驿站等，记事并不十分丰富。

其《续抄》记事起自"康熙九年十月初七日"受皇帝"引见"，"点用云南按察使。十二月朔，由会馆起行"，水陆兼程，逶迤南下。其行程大体是：陆行从北京至河南开封府，南下至苏北扬州。溯长江而上，舟行经安庆、武昌、岳州，入洞庭湖，溯沅江而达常德，再至贵州镇远，改陆行，最后经滇东北富源一线抵达昆明。这是明清时期云南至北京往来的水陆交通要道之一，因其主要舟行在辰州、沅江一带，故称"辰沅水道"。其中比较危险的是从湖南至贵州镇远这一段逆行水路。作者记曰："由常德水路至镇远者，于西门觅舟。大者曰'辰船'，容二十余人，舟至辰沅而止。小者曰'鳅船'，容三四人。可溯五溪，直达潕水。逆流牵挽，层累而上，计程虽一千二百里，然滩多石险，一月方达。且辰沅一带不设递运，故乘传之使，从陆者居多。"

作者所经"辰沅水道"，是滇黔两省值得认真研究和开发的一条主要交通线。笔者也曾专访镇远古城，明清时期确为一繁华水陆码头，南来北往的历史古迹仍斑斑可考。据当地船工告知，这条直通洞庭湖的黄金水道，一直到上世纪五六十年代，因截流多建水库，才使水量锐减，不可全程通航。于是笔者想，如果能以镇远为枢纽，恢复重建"辰沅水道"，今天也许不失为一条重要的历史文化旅游线路。

附录：《东还纪程》，许缵曾著，一册不分卷，龙威秘书本

立目式专题类笔记。记以上宦滇另外一路山水景物及见闻等。如《优昙花》条，记自己插活云南特有花木曰："（昆明）安宁州温泉之侧有优昙树一株，高数丈，六花碧叶，相传西域移来，不知几千百年矣。居人折其枝，百计插之，终无萌蘖。余采柔条数枝置小盎中，未几一株忽茁，数月枝叶宛然，土人以为异。自滇携归，登陟数千里，历冰雪、餐风雨者五阅月，竟无恙，喜而记之！"又如《六月廿四年节》条，记康熙初云南马龙州奇异之"过年"曰："云南马龙州六月廿四为年节。是晚，妇女俱艳妆，燃巨烛照屋，谓之'照岁'，焜耀如同白日。大家小户俱陈酒馔，阖家欢乐，名为'过年'"。

徐炯《使滇日记》《使滇杂记》一册不分卷

上海古籍出版社据谢国桢先生藏稿本影印，1983年

《使滇杂记》

清·徐炯著。徐炯字章仲，江苏昆山人，清初名臣徐乾学第二子。徐乾学和两个弟弟元文、秉义先后考中状元、榜眼和探花，皆官至部院大臣，号称"昆山三徐"。徐乾学的五个儿子也先后射策入仕，人称"五子登科"。这在科举时代非常少见。其中徐炯中康熙二十一年（1682）进士，先后官刑部郎中、行人司行人等。还著有《李义山文集笺注》等。

不立目日记和杂记。康熙二十六年（1687）云南大旱，为稳定社会、了解民情，清廷特派行人司行人徐炯前往云南"奉旨颁诏"，以示慰问。日记基本按时序记这次差使云南的道里、站亭、沿途风物见闻、官场应酬等。其亲见亲闻所记，略可反映清初云南社会的某些事实。

例如，据作者所见，康熙二十六年（1687）九月，云南乡试录取文举陈

瓉等二十七人、武举潘璵等二十七人，与云南地方文献所载相同。关于云南文风，作者记曰："两迤人才，临安（今红河地区）为最。余在滇中见谢敏公（时任云南学政）所试诸生文，多不群之作，临安约居其半，余亦斐然可观。何地无才？诚非虚语！"又如，记"禄丰"地名缘于少数民族语音曰："蛮语谓甑（子）为'碌奉'，'禄丰'之名因其讹也"。又如，据作者所记，云南府南十里，有被称为"旧汉人"的聚落，据说他们是当年诸葛亮留下的屯兵后代。

徐氏家族富有藏书且重视读书治学。日记反映，徐炯来滇一路随身带有杨升庵《滇程记》、谢肇淛《滇略》等云南文献，故其杂记多据相关记载略加考证、归纳而成，有的考证也具有一定的学术价值。例如，考说滇东北少数民族占卜之法有曰：

沾益之乌蛮，精卜筮。法用四十九茎，或代以鸡骨。占算辄应。案《离骚》"索琼茅以筳篿"。王逸注云"琼茅，灵草也。筳，小破竹也。楚人名结草折竹卜曰：筳篿。"又，《汉（书）·郊祀志》"粤巫以鸡卜。"李奇注云"持鸡骨卜，如鼠卜。"柳子厚诗云"鸡骨占年拜水神"，即此法也。盖自荆楚以达于岭表，风俗大抵相似。

这段考证反映云南古代文化与楚文化的密切关系，后来考古和文献研究证明，其结论基本正确。此外，作者以自己是江苏人的直观感觉，结合相关文献，证说云南的岁时节令大体"与江南无异，言语、饮食大都与金陵（南京）等"，但是，云南有"除夕饮岁酒，先少后老"的习俗。作者历引杜甫等唐宋诗文，证明这种"先少后老"的礼俗是一种更为古老的习俗。作者奇而考证此俗，足证清初江南地区已经把这种"饮岁酒"的长幼次序颠倒过来了。按《史记·匈奴列传》等书记载，"贵壮贱老"原本是游牧民族的习俗，而云南"先少后老"的礼俗是否与其源自氐羌游牧民族的遗风有关，则有待进一步研究。

高奣映《迪孙》
四册二卷，每卷各分上下
云南省图书馆藏书

清·高奣映著。高奣映，字雪君，号问米居士。云南姚安世袭土司，著名思想家、文学家。康熙十二年（1673），高奣映承袭土职，因参与平定四川米易、会理"暴乱"，擢升提刑使，分巡川东。吴三桂叛乱平定后，回到姚安。执政期间，多有善政，擢云南布政司参政。惟其志不在官，三十七岁即将土司职位交予儿子，自己归隐结嶙山，自号"结嶙山叟"。还著有《金刚慧解》《鸡足山志》《滇鉴》等数十种。

高奣映塑像

立目式家训类笔记。首页题"高雪君先生家训第捌种",次页分题"懿文馆日课""迪孙",可见是为教育其子孙而作。全书分为第一种《日课指归》;第二种《六十戒》;第三种《牙签省目》;第四种《理学集要》;第五种《时事感言》;第六种《感应篇合旨》;第七种《就正录》;第八种《迪孙》。每种之下又分立若干子目,如《戒逆》《戒傲》《敬圣》《慎独》《看书》《临摹》等等。从伦理规范到日常生活,用以教育、培养子孙应当如何做人做事。具体内容则多以容易记诵的格言参以史事时务,通俗易懂,便于儿童操作,兼具幼学知识和行为手册功能。如第一种《日课指归》之下,立《混茫》《山水》,言及天地、山川之形成;立《讳义》《字广》,言及古人名字避讳之原则和方法;立《让国》《逃名》《公交》等目,则以古人名节故事教育孩子,其体例又颇似读史札记。

高峣映墨迹

总之,此书是一部由云南名人编著的特色鲜明的家训类读物。在提倡、弘扬"国学"的今天,尽管值得有关研究者参考,但笔者并不主张用古代的"家训"和"国粹"来教育我们的孩子,因为绝大多数内容早已脱离了变化多端和日益进步的现实生活,更不利于孩子未来的发展。它们只是一种鱼龙混杂的历史文献,只想靠历史文献教育好孩子,不过是刻舟求剑的一厢情愿罢了。

刘献廷《广阳杂记》五卷

《续修四库全书》本

刘献廷画像

清·刘献廷著。刘献廷，清初著名地理学家、思想家，字继庄，别号广阳子。祖籍吴县（今属江苏苏州市），后迁居顺天府大兴（今属北京市）。好读书，常至通宵达旦，终至一目失明。学识渊博，不事科举，浪迹天涯。康熙二十六年（1687），应聘入京，参订《明史·历志》和《大清一统志》等，故他对全国地方资料多所知悉。

不立目综合类笔记。杂记明末至清代朝野遗事、地理风俗等，尤详于晚明滇、黔、桂地区。所记云南内容可补史阙。如卷一，记云南井盐开采情况曰：

云南琅井在崐（昆）阳州；白盐井在姚州；黑盐井在楚雄，皆有提举司。井皆在万山中最下处溪河之中。咸水冲突而起，如济南之趵突泉。然即其处甃石为井，绕之以栏，覆之以亭，构桥以通来往。环溪数千家皆灶户也！每担咸水税若干，有司出入者烙桶以印而稽之。又有硝井，水煎之皆硝。猓猓饮此水以下饭。

再如卷四，记明朝云南由于汉、夷语言不通，官方对少数民族地区也采取了不同的收税办法曰：

滇南猓猓俗无文书，官征其赋，先与官刻木为符，一画当一数，百、十、两钱分以长短为差。画讫，（从）中分之，官执其半。届时持而征之符合，不少差欠也。此以足想结绳之制矣。

其他零星记载，也有值得关注者。如卷四记云南土司"三家最强，一曰龙鹏；一曰黎世屏；一曰黎思进。皆有众十万，火器、兵仗，坚利绝伦，而黎世屏尤为强悍，此南土之隐忧也！"卷五记滇黔两省衙门、贡院楹联，其中设在昆明的云南布政司衙门（俗称"藩台衙门"，在今宝善街某处）联曰："刀耕火耨之地赋税不得免焉；草衣木食之民供亿独未已也。"是责任，更是公开的威胁！还怪好意思写在政府大门口！又如同卷，记永历朝女总兵

云南古代原始计数图

丁国祥"骁勇善战，能于马上打弩。其夫姓杨，亦总兵，秦王（李定国）出后，亦投诚，往贵州。常男装与士夫交接"，等等。

陈聂恒《边州闻见录》
四册十一卷

抄本，云南省图书馆藏书

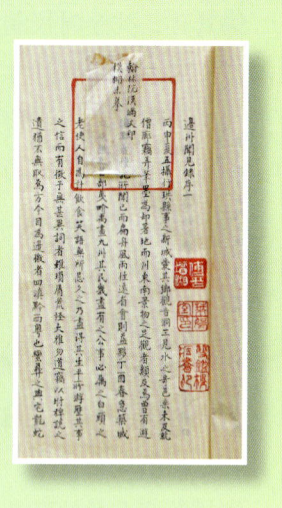

清·陈聂恒著。陈聂恒，字曾起，自号"秋田主人"，曾改姓聂，后又复姓，阳湖（今属江苏常州市）人。康熙三十九年（1700）进士，先后任荔浦（今属广西桂林）知县、刑部主事、翰林院检讨等。还著有《岭海归程记》等。卷首自序之一作于康熙五十七年（1718），称其任职川、粤期间，曾游历云南，故"能知而言之滇事"，又将亲历川、黔、滇、粤"边州"之事，综为八卷。自序之二作于康熙五十九年（1720），称友人得知此书，"皆求观以资谈助"，于是又"益广所闻"，扩为十一卷。

立目式综合类笔记。卷一记四川珙县事；卷二至卷六多记川、黔、粤事；卷七至卷十多记晚明张献忠、李定国等在川史事，南明永历朝史事，清初吴三桂佚事，云南彝良及滇东北社会风物，工矿物产，土司制度，东南亚国家佚闻等；卷十一又复记川、黔、滇之事。据作者自记其"摄行珙县事"，在康熙"丙申夏"，即康熙五十五年（1716），又曾寓居云南彝良，故该书所记内容大体反映的是清初顺、康时期西南史事。所记滇事虽多，但其亲见亲历之事则主要侧重于滇东北地区，次为昆明滇中地区。

111

如卷七，记说彝良、镇雄等地之物产多达数条。《彝良厂》条，记康熙二十七年（1688）该县开采银矿，地在"核桃坪东南三里许"。《星宿石》条，记该县"李子沟"所产星宿石，"明莹有光，五棱七棱，大小相似，锐其首，类今时仪制中水晶顶式"。《塔石》条，记该县核桃坪所产塔石，"长二寸有奇，计寸而级，每级分界处凸起如带，纯铁色，余皆黄白色"。《黑界石》条，记该县簸箕寨所产黑界石，"黑界道右有穴如釜，产石如黄白豆，苗夷取置火药中击鸟兽。余蓄以水，置砚几，色如金，有刺如梅"。又如《细鳞鱼》条，记"出彝良之葛魁河，颇有名"。《野棉花》条，记"枝叶如芍药而小，白花。川南人呼'旱莲花'，彝良道左皆是。入冬，絮从蓓中垂垂而下，诸彝云此'野棉花'也，可充缊袍之用。方书所载'旱莲'亦白花，塌地而生，以诸彝之言为政（证）"。《豹》条，记"彝良少虎而多豹，每夜逾垣食鸡犬羊豕"。《白杜鹃》条，记"镇雄诸山多杜鹃花，白者花朵差小"。清朝距今不算太远，上述物产，对于今天发掘彝良、镇雄等滇东北地区的特色产品或有一定参考价值。

滇东北矿产、矿业也是作者记叙之重点内容。如《厂忌》《堂矿》《臭铜矿》《炉烟》《杨买办》《干麂子》等条皆是。其中卷七《矿厂》条记说当时西南矿山的基本组织和矿洞设施曰：

滇蜀多矿厂。其人有铜头、锅头、襄头、凿头、小兄弟之别。直下者为"天心硐"，从旁入者为"城门硐"。上置风穴，下通水线。费不赀，否则无所措手。硐有深数十里者，全赖襄头以木四面拒土石，使不倾压，名"窝路"。凿头率小兄弟鱼贯入，破峡则用力倍之。小兄弟灯在冠以下，知进而已。夏裘冬葛，地气固然，煤烟气亦足死人，倾压无论。物价必涌贵斗米，或至一二金，兵民病之。

此外，此书关于滇东北土司制度及其地之风俗习惯的条目也不少。诸如卷八之《乌蒙》《土府》《鬼洞》《葬礼》《龙爪印》等条皆是。如卷八《土府》条，记其土司府的母权遗风曰：

土知府，其民呼"管家"。"目魁"主文，其左右辅弼也，"掌案"次之。分其地为若干"白勒"。每一"白勒"以里长主之。铃印必请于其妻，呼"夫人"。或与夫人分治其国。辄云："我非官，百姓也，击断自夫人出"。则土府无能为矣。夫死子幼，益专权，或入省会见大僚，冠带如丈夫。主仆礼甚严。将质于夫人，夫人盛服披毡，升堂毕，众伏阶下，案吏尽其辞，复之夫人，面壁而立，不得平视。予杖则于门外。或夫人有庆贺，客使至，亦升堂见使者。受书，命左右谢，而后谒土知府云。

再如，同卷《葬礼》条记土司葬俗及悬棺有云：

土司死，不用棺椁。裹以绫锦数十重，折其项使面后，曰"看后人"。葬用火化而不坟，祭品以九十九为度，牛马亦然。部落及邻封咸畹俱至，毡帐云连。拜奠毕，棒杀牛马羊豕，给诸酋酺饮。土司既葬，以红绿毛布杂米豆，置竹桶中，迎之屋后，庋竹名草房，朝夕祭奠。除服，乃入绝壁，名"鬼洞"，以木皮为桶，累世具在，若祖庙然，其生时器用财贿尽纳之。每承袭，必使人窃取。

关于南明永历朝在滇黔的活动，则有《永历状元》《杨展》《曹武》《李定国》《刘文秀》诸条。因作者为清初宦游西南之人，去明末不远，故其说或有所本。少数条目如《吴井》《缅甸》《象》《安南国》等，涉及明清时期东南亚社会风物，对于了解当时中国与东南亚邻国之关系也有一定参考价值。应当注意的是，该书抄写粗放，字句夺误欠通之处甚多，迷信糟粕抑或有之，有待进一步整理批判。

倪蜕《滇小记》一册不分卷

《云南丛书》本

倪蜕画像

清·倪蜕著。倪蜕，本名羽，字振九，松江（今属上海市）人。因慕唐朝刘蜕人格而改名"蜕"，自号"蜕翁"。康熙五十四年（1715）左右，随巡抚甘国璧来滇，为其幕僚。甘涉案革职，蜕"自备口粮，进西藏效力"，故熟悉滇藏路程，此亦成为该书记叙重点之一。晚年居昆明西郊石鼻村，称"蜕翁草堂"。卒于乾隆十三年（1748）左右，享年约八十岁。还著有《滇云历年传》《蜕翁草堂诗文集》等，以前者最著名，且已有标点本刊布。

卷首赵藩序于"戊午七月"，即民国七年（1918），称该书原本两卷，佚一卷而刻入《云南丛书》，又据卷末倪蜕自撰《藏程》条后跋语（不署年），称其记藏缅路程特详，"可为筹边者备指南"云云，故将其编入史部。实则此书属于典型的立目式综合类笔记，非专为滇藏交通地理而为，其内容广泛涉及云南史地、物产、风俗、民族、人物、经籍等。

如《滇云夷种》条，分类条陈云南及周边地区的白人、爨蛮、白倮倮、黑倮倮、怒人、力些、缅人等五十九种少数民族，几乎包括了今天云南所有的世居民族。各记其名称、支系、分布、衣饰、风俗等，对于研究明清时期云南少数民族多有参考价值。又如《滇云记载》条，辑录汉唐以来有关云南的书目，如东汉李膺《益州记》、唐韦齐修《云南行程》、元张立道《云南风土记》、明严时泰《专城记》、清袁懋功《滇纪》等二十八种。《滇云人士诗文集》条，则主要辑自明清云南地方文献，计有明赵璧《茶花谱》、滕宾《永昌百咏》，清赵继普《云庄诗文集》、孙淡《钝斋文集》等一百一十四种。《客滇诗文集》条，著录明金华人楼琏《居夷集》、杭州平显《松雨轩集》等二十五人的著作。《方外诗文集》条著录明释古庭《山云水石集》、妙观和尚《金刚方语》等十三种著作。为我们提供了大量研究云南的文献信息。

再如《六言诗》条，辑释明人邓渼用云南方言写成的诗，或有益于研究明代云南文学语言：

新城人邓渼，万历间巡抚云南。以滇俗口语作六言诗甚佳，是亦竹枝之变体也。诗曰："地控双关金碧，云开两迤东西。盈尺海波弥弥，四时草色萋萋。峰头半起云彩，海子初生月芽。荻岸芦洲相向，碧鸡山下人家。""细雨斜拖白练，春风自剪红罗。感此惊心溅泪，故园归去如何？""沙木和边月白，花桥关下鸡鸣。风递一声画晓，星残几点松明。""日出高原烟水，雷鸣初澍田畴。大觋波祠龙树，石婆婆报宜秋。"滇俗呼潴水处皆曰"海子"，呼云为"云彩"，初生月曰"月芽"，画角曰"画晓"，松炬为"松明"，高田候雨始种者曰"雷鸣田"。"大觋波"，男巫也，长老之称。"龙树"，谓树有灵异者。"石婆婆"，乃积久石堆也，滇人皆祀之。呼练雀曰"拖白练"。"剪红罗"，花名。"沙木"和"花桥关"，皆地名。

此书对明清云南著名官吏之佚事亦多有记涉，且由于作者久居云南官幕，其内容当有所闻见。如明朝云南巡抚王恕为官清廉正直，《单身巡抚》和《提草鞋》二条记其佚事曰：

明成化丁酉，王端毅公恕巡抚云南。不挈僮仆，唯行灶一，竹食箩一，服无纱罗。日给唯猪肉一斤，豆腐二块，菜一把。酱醋水皆取主家结状，再无所供。其告示云："欲携家僮随行，恐致子民生怨。是以不恤衰老，单身自来，意在洁己奉公，岂肯纵人坏事"。人皆录其辞，而焚香礼之。

三原王恕为云南巡抚，既罢去，钱塘吴诚代之。太监钱能遣指挥胡亮迎宴于平夷。回，问亮曰："此王某何如？"亮曰："甚好！敬重公，公不同"。能微笑曰："王某只不合与我作对。不然，这样巡抚，只好与他提草鞋耳"。夫以能之怨王，而本心难泯。如此为士者可不务乎？

王恕画像

此外，该书亦多记云南奇特之物产、生产和生活方式。如《捕猴》条，不但生动有趣，且颇富寓言哲理：

元江夷俗以猴为盛馔，岁时待亲宾，无此则不为敬。其捕猴有法，不用机弋罗网。每春夏时治地，栽番瓜如常，采撷食用。留一极大者衬垫熨贴，尽去其余之花实枝蔓。至秋，则瓜大而坚，藤老如索。每夜伺之，必有猴来盗取。其大猴辄自取其藤缠束于肩背腰臀间，挽之而前；群小在后推行。余藤牵率缭绕，不得遮断。人乃起而声喊，群猴骇散。其藤牵蔓罣者俱不得去，遂殪之与瓜同归。腊之以为旨蓄之用，村村如是。而猴利令智昏，不能惩也。

116

赵翼《簷曝杂记》六卷

湛贻堂《瓯北全集》本；
中华书局标点本

赵翼画像

清·赵翼著。赵翼，字云崧，一字耘松，号瓯北，阳湖（今江苏常州市）人，清代著名史学家和文学家，考据名作《廿二史札记》和《陔余丛考》的作者。赵翼出身贫寒，十六岁便承继父业，以教书养家糊口。乾隆十五年（1750）举乡试，先后寄幕于名宦刘统勋、汪由敦门下，曾荐任内阁中书、军机章京等文职。乾隆二十六年（1761）始中进士，殿试后原拟一甲第一（状元），陕西人王杰第三（探花），但乾隆皇帝认为"陕西自国朝以来未有以一甲一名及第者，遂拔（王）杰而移（赵）翼第三"（《清史稿·赵翼传》）。乾隆三十三年（1768），赵翼随大学士傅恒参加中缅战争，"赞画军务"，先后两次宦游云南，足迹遍及全滇，因此写下了不少关于云南的笔札和诗篇。

立目式综合类笔记。其中卷三、卷四涉关云南社会历史，内容主要涉及清中叶滇西、滇东南和滇中地区的社会习俗与自然风物。如《西南土音相通》条，记滇、桂两地壮、傣民族语音相通，所举例子古今竟然非常一致：

> 广东言语虽不可了了，但音异耳。至粤西边地，与安南相接之镇安、太平等府，如'吃饭'曰'紧考'，'吃酒'曰'紧老'，'吃茶'曰'紧伽'，不特音异，其言语本异也。然自粤西至滇之西南徼外，大略相同。余在滇南各土司地，令随行之镇安人与僰人（此指傣族）问答，相通者竟十之六七。

《安宁州温泉》条，记安宁温泉为达官贵人所独享，乃至形成地方一害说："官斯土者已为此泉所累。每大吏出省，安宁其首驿也，必往浴焉，供张毕具。又相传有某督者，日须此泉浴，姬妾亦效之，日费三十斛。知州者另制木桶，使气不泄，常雇六十人，更番作（挑）水，递到督署（今昆明胜利堂），尚暖可浴也。在大吏不过一盆水，而有司惫矣！"《云南天气之暖》条，也记有六月酷暑之时，大理下关街头卖"雪团"供路人解渴。他在另一首诗中补充说，这种"雪团"一文钱一块，小贩们用竹篮装着，摆满了街肆。说明从明代以来，云南特别是滇西就一直有出售古典"冰糕"的情况！此外，还记载了云南文山一带人工栽培三七的情况，滇产鸡血藤、蛤蚧、宝石的价值，云南少数民族风情，等等。

王昶《春融堂杂记》

载《春融堂集》，塾南书舍刻本，嘉庆十三年（1808）

王昶画像

清·王昶著。王昶，字德甫，号述庵、兰泉，上海青浦人，清代著名学者、名宦。乾隆十九年（1754）进士，先后官内阁中书、都察院右副都御史等，深得乾隆信任，每委以重任。乾隆三十二年（1767）随云贵总督阿桂率师"讨伐"缅甸，因此来滇。嘉庆十一年（1806）卒。还著有《金石萃编》《明词综》《国朝词综》等，堪称著述等身。

立目式综合类笔记。附在作者所著《春融堂集》之中，计有《滇行日录》《征缅纪闻》《征缅纪略》《蜀徼纪闻》《商洛行纪》《雪鸿再录》《使楚丛谈》《台怀随笔》八种。其中，《滇行日录》《征缅纪闻》《征缅纪略》和《雪鸿再录》四种涉及云南。

《滇行日录》，记乾隆三十三年（1768），作者奉命随大学士阿桂"掌书记"征讨缅甸，十月初十从北京出发，经辰沅水道来滇之经过和见闻。《征缅纪闻》和《征缅纪略》，记乾隆三十四年（1769）七月至次年正月，作者随军从滇西保山、腾冲、盈江一线至中缅边境作战之经过和见闻，以及有关这次战役的计划、军队、装备、军费等。《雪鸿再录》则记乾隆五十三年（1788）作者因"验收腾越城工赴迤西"再次来滇之经过、见闻和体会等。众所周知，乾隆二十七年（1762）因缅甸入侵云南普洱地区引发的"清缅战争"，前后历时七年，三易主帅，得不偿失。作者重点记说这次战争状况，同时也兼及云南，尤其是滇西南之见闻和感受。

如《征缅纪闻》，记征缅调集了二万九千多人，包括"满洲兵一千五百人；吉林兵五百人；索伦兵二千人；鄂伦春兵三百人；厄鲁特兵三百人；绿营兵四千人；吉林水师五百人"。此外，还有炮兵、辎重部队等，但由于北方军士并不适应南方丛林作战，伤亡也很惨重。

再如《滇行日录》，记普洱茶和昌宁茶之差别曰"顺宁（今昌宁一带）茶味薄而清，甘香溢齿，云南茶以此为最。普洱茶味沉刻，土人蒸以为团，可疗疾。非清供所宜"。记昆明南城花市曰："省城南门最盛，值岁暮，梅花、山茶，卖者盈市，而山茶尤殷红可爱。"记怒江之得名曰："潞江亦名怒江，'怒夷'居此，土司因以得名"，说明当时已经知道怒江世居民族为怒族。记盈江太平街之江西商人曰："过太平街，有居民十数家，间市米肉，询之，为江西抚州府人侨此。"记中缅边境银矿曰："波竜山产银，是以江西、湖广及云南大理、永昌人出边商贩甚众，且屯聚波竜，以开银矿为生，常不下千万人。"

又如《雪鸿再录》，记说云南寻甸地区土地关系的变化，称该地当时十分贫穷，"山寨中居民绝无贸易，日取苦荞和谷屑食之"。为逃避官税，不少人干脆把土地暗中卖给富人。这样，富户虽然土地增多但田赋并未增多，而失地穷人又因为没有公开注销其地产，反而不断遭官方追逼逐年累加的赋税，造成流民增多、官逼民反等社会问题。

许仲元《三异笔谈》
一册四卷

大达图书局刊行本，1936年

许仲元画像

清·许仲元著。许仲元，字小欧，松江（今属上海市）人。生于乾隆二十年（1755），卒年不详。由幕僚得官，一生宦海沉浮。七十三岁罢官，羁栖杭州，因著此书。立目式综合类笔记。唯文字率多冗沓，有失凝练，但据其所记得知，作者曾游历云南，故所记多为亲见亲闻，不乏史料价值。

如卷二《塑匠》条，记自元代迄于清中叶云南精湛的雕塑工艺，称"塑匠之工，以滇南（云南）为最，蒙元刘銮之遗规也"。昆明城隍庙东有"名臣像堂"，塑有诸葛亮、包拯、赛典赤·瞻思丁、沐英、鄂尔泰、陈宏谋、杨名时、阿里衮、裴宗锡、尹继善，"像俱得其真，写之肖甚。中尹（继善）公尤妙，一手按膝，一手捻数珠，呼之欲应，若向人微笑者"。又东为圆通寺，"塑历代高僧，梵相与紫衣相间，外域自一祖诃摩迦叶，中土始祖达摩"。由于云南塑匠技艺高超，浙江地方官"曾不远万里，召滇工塑西湖上花神祠，故像皆意态如生！"又如，驳斥人称南诏、大理时期云南不知孔子，只会崇拜、祭祀王羲之。称"六诏未入版图时，以（王）逸少为圣人，荐蘋释菜皆主之。予识滇中博士颇多，询之不知此故事。后历游（云南）外郡，儒、释均无祀（王）右军者！"审是。

同卷《滇医》条，记云南高超的土著医术，称"六诏远在天末，不但风土人情与中原异，至医药一途尤非平素所喻"。乾隆五十七年（1792），作者游滇中，督学山东日照人萧韶亭之弟，身患肿病，请过诸多名医，换了不少医药，非但不好，反而越医越重，"由股而腹而腰，循至胸脯间，日益肿痛"！这时，经一老吏推荐当地某"专医瘴胀者"前来试之。其人貌不惊人，"面目黧黑，短褐不完，竹冠草履，长揖而不敢坐"。萧公礼之，令诊脉，曰："无庸，某治此三世矣，疗之易耳！"令开方，又曰："无庸，予自有药"。萧韶亭也略懂医术，认为治病开药必须有药方为据，强令其开方，"其人乃嗫嚅曰：'愚不解书，口授而公录之可'。公笑而从之。一曰'上天龙'，二曰'千头参'，三曰'著地鞭'。公茫然搁笔，以问土著，亦无有能辨者"。在死马当活马医的危急关头，只好服用其自制土药。结果是"一炊许（一顿饭工夫），乃呼围桶（便盆），洞然一泄，而肿以顿退矣"！

此外，《朱秋芳》条，记嶍峨（今峨山）县幕（师爷）朱秋芳不畏地方豪强和官官相护，协助新任县令，勘翻多年冤案，为民除害之事。称当初"嶍峨土豪李监生，富而横，悦佃人妇吴氏，妇性贞烈，利诱之不动，势劫之不动，贿其夫若父交逼之，终不动"，李监生恼羞成怒，竟然公开将吴氏夫妇和父亲残杀，"瘗（埋）之山，三年无敢发其事者"。新选县令"廉干有识"，在朱秋芳的鼓励和协助下，最终惩罚了从前包庇此案的各级原任官员，"李监生已畏罪自缢，仍戮尸，从（犯）二人发新疆为奴。籍其家，以半给夫家，以半给妇家；吴氏旌表。于是朱秋芳之名，瑶僮至奉之为神！"

再如《翠纹石》条，记中缅边地所产宝石，"石产井中，在缅酋之祖墓旁，红者尤贵，蓝次之。翡翠出野人国，蕴黄石中，剖之乃得，大者綦难"。如翡翠中自然生成各种图案者价格更贵。"予运铜在楚，购一盘七枚，余多碎锦纹，不足异，惟一枚作一远树，桠枝四罩，薄霭蒙之，题之曰'月中桂'，价格不菲。"《鸦片》条，记清中叶鸦片烟毒已遍布于云南，"予在滇时，滇中此时吸者尤多，几于比户有（烟）铺矣"。与此同时，云南和全国一样，吸食"起于淡巴菰（草烟）"的"潮烟""水烟""生烟"也渐渐增多。作者认为"蠹国病农，莫此为厉"，坚决反对吸毒和种植烟草。至于《滇省命案》条，记元江、新平、宜良所谓"尸头蛮作祟"造成各种奇奇怪怪的命案，则大多属耳食流言，并不可信。

赵慎畛《榆巢杂识》上下两卷

中华书局标点本，2001年

赵慎畛画像

清·赵慎畛著。赵慎畛，字遵路，号笛楼，湖南武陵人，嘉庆元年（1796）进士，选庶吉士，先后任监察御史、广西按察使、广东布政使。道光五年（1825）初，由闽浙总督调任云贵总督，"抵滇，壹意以抚靖边夷，整饬铜、盐为务。日与滇抚考地图、访形势。经营屯政，及安抚土司，建设碉堡，练丁防守诸制。以积劳成疾，五月一日薨于位，年六十五"，是一位勤政爱民的好官。[①]

赵慎畛之所以关注云南，首先是因为曾为湖南学政的钱南园对他有"知遇之恩"。乾隆五十四年（1789），慎畛参加湖南拔贡考试，考试例由地方三位大员组成，其中学政必须参加。慎畛以优异成绩中式，钱南园视之为"人英"。此后，慎畛一直将钱南园尊为自己

---

① 见此书卷末附《武陵赵文恪公事略》。

的"受知师",且其当官为人也深受钱南园的影响。

立目式综合类笔记,所记内容宽泛,语言简洁典雅。涉及云南最重要的记载就是有关钱南园的两则,其一是卷上《钱南园》条,记其补官前后之事和灵车与贪官浦霖刑车相遇之事,已为朱师桂昌先生采入《钱南园传》;其二为卷下《钱南园与邵二云书》条,笔者曾有专文介绍,兹不赘述①。此外,尚有一些涉及云南的内容值得关注。例如,终清一代,科举考试除按期举行的"常举"外,还一共举行过三次旨在选拔特殊人才的"制举"(俗称:特科)。第一次是康熙十八年(1679)的"博学鸿儒科",全国取中五十人,没有滇人;第二次是乾隆元年(1736)的"博学鸿词科",全国取中二十二人,云南只取中张汉一人;第三次就是广为人知的光绪二十九年(1903)的"经济特科",全国取中二十七人,云南不但取中袁嘉谷和萧应椿两人,而且还破天荒地出了个袁状元。三次特科,滇人从无到有的历史,也一定程度反映了云南文化教育的进步。其中,用今天的话说,是张汉首先实现了零的突破!

考张汉,字月槎,石屏人。和众多杰出的"特科"人才一样,张汉先中康熙五十二年(1713)进士,再考中"鸿博",已是六十岁了。后世对于张汉的记载和了解并不多,他究竟是否属于特殊人才,此书卷上《张月槎文采风流》条,为我们提供了一条信息:

张月槎汉任中州太守,文采风流,照耀一时。题厅柱联云:"钱本无神,任吏役案头置帖;草不能圣,笑老人判尾求书。"张精于草法,故云。又题嵩山老子庙额一龙字,用意巧绝。题黑龙潭联云:"天油然作云下雨,水不在深龙则灵。"又有梅、李二姓为离婚事构讼。张判其合好,当堂合卺,题一联于牌送归:"何彼秾矣化如李;迨其吉兮摽有梅"。亦风雅之佳话也。张以检讨出任太守,后考"鸿博",复官检讨。亦可入玉堂之记载。

他如卷下《富纲之奢侈》条,揭露云贵总督富纲住宅装修之奢靡有云:

---

① 参见拙文《钱南园交游史事拾补》,载《钱南园研究文集》,云南民族出版社2007年版。

方正學先生詩冊為吾師李壺苦太史舊藏物今日重獲拜觀不勝人琴之感

嘉慶丙子夏六月題於粵東

潘署 武林趙慎畛

大庾虛谷李如筠識

赵慎畛墨迹

"富纲任云贵总督,肆意奢侈,署内房舍地面皆用蓝细布纻棉制如砖式,量地广狭而平砌之。又虑逾久践实,每月更铺一次。备制成者积数间屋。享用逾分,宜乎其肆市也"。卷上《滇川运河》条,记"滇省开凿通川河道,自东川府小江口入金沙江,流至新开滩,直通四川泸州。千数百里,皆藉人力化险为平,工费约数十万金。自乾隆八年十一月兴工,至十年四月告成。由滇督公庆复上请始"。又如,记平定三藩之乱、记鄂尔泰宦滇奏议、记云南名士李因培之"官运"等,皆可供研究者参考。

昭梿《啸亭杂录》十卷
《续录》五卷

九思堂藏版；《续修四库全书》本

清·昭梿著。昭梿，满族，姓爱新觉罗，字汲修，号檀樽主人。清朝宗室大臣，礼亲王代善第六世孙。嘉庆十年（1805），袭封礼亲王。嘉庆二十年（1815），因罪革除王爵，圈禁三年。半年后释放，但未复其爵。道光十三年（1833）病故。昭梿爱好文史，精通满族习俗和清朝典章制度，与魏源、龚自珍、袁枚等名士多有往来。还著有《礼府志》《蕙荪堂烬存草》等。

清代著名立目式综合类笔记，反映道光初年以前清代政治、军事、经济、典章制度、社会习俗和人物遗闻等，并略涉前朝兴亡得失之事。所涉云南篇章多为人物佚事，因作者久居朝廷高层，故其所记当得自亲闻亲见，不失考证。

如《杂录》卷七《尹阁学》条，记乾隆帝宠臣、大贪官和珅党徒，内外勾结，"天下督抚习为奢侈，因之库藏空虚，民业凋蔽"。言官多畏惧和珅，也不敢在所谓"乾隆盛世"的假相下揭其丑恶真相。唯独云南蒙自籍内阁学士尹壮图，毅然上疏弹劾此事。他让堂弟英图帮他抄写奏疏时，英图劝他不要冒险。他坚定地说："区区头早悬之都市矣！"乾隆帝得奏后，命侍郎庆成和壮图一同去各地核查库银。庆成也是和珅党徒、大贪官。他们每到一省，先尽量拖延时间，暗中将邻省库银尽快借运过来，然后清点，自然是分毫不差，并无亏空。乾隆帝遂以壮图"劾奏不实"将其降职归里。乾隆帝去世，嘉庆帝抄斩和珅，始知壮图所奏之事属实。遂重新起用壮图，"加给事中衔"，壮图则以"亲老"要求回籍。

又如卷九《赵勇略》条，记清代名将赵良栋生平，及其攻破昆明、消灭吴三桂"洪化"政权的经过。赵良栋，宁夏人，二十四岁受知于陕甘总督孟乔芳，从英王征陕，授"潼关游击将军"，再随大学士洪承畴征云南，"迁副将"。康熙初，平西王吴三桂觉得他不同凡响，奏推为"广罗镇总兵"。他当时就看出吴三桂今后必反，"以疾辞。三桂大怒，欲劾诛之"。幸得总兵沈应时帮助解脱，并随之入关，补"天津总兵官"。康熙十三年（1674），吴三桂反。良栋主动请求平叛，率军首先收复四川，与贝子彰泰、将军赖塔三路进军云南，兵威昆明。他向贝子等提出三点建议：一是缩小包围圈，"直掘里壕相攻逼"；二是"先破外护，使贼匹马不可出，方可招降"；三是区别处理"洪化"政权投降将士，"不宜尽发满洲为奴"。贝子对此建议非常不满，双方竟各用满、汉语乱嚷起来！但良栋的建议却得到康熙皇帝批准。他率军趁夜经得胜桥、三市街一路攻入"洪化府"（今省图书馆附近），平定了云南。

良栋生性耿直，后来又得罪权臣明珠，明珠唆使言官上书，劾其"大不敬，坐斩"。康熙帝"优容之"，仅将其"解甲回籍"。后来康熙帝亲征噶尔丹，曾"幸其邸，问方略以行。叙功，封一等子（爵）"。康熙对近臣说："赵良栋果良将，惟性褊狭，与人每多龃龉。朕不用，实保全功臣也！"放归，数年卒，谥"襄忠"。

姚元之《竹叶亭杂记》
一册八卷

光绪十九年（1893）刊本；中华书局标点本，1983年

姚元之画像

清·姚元之著。姚元之，字伯昂，号"竹叶亭生"，安徽桐城人，著名文学大师姚鼐后人。举嘉庆十年（1805）进士，先后做过地方官和内阁学士。从其传记看来，作者并未亲到云南。

不立目综合类笔记。书中关于云南的内容大多依文献档案或传闻写成。由于作者供职内阁，且学识、交游堪称广博，故所记内容亦可资考证。如卷二，记滇南名宦尹壮图后期政治言论一条云：

郑方伯源瑃之伏法也，或谓侍郎罗国俊劾之。余于史馆曾见弹章，衔名由内阁裁去（中略，罗弹章内容）其时，云南尹阁学壮图召至京，即以整饬吏治入奏。略曰："现今所急者川省军务，尤莫急于各省吏治。吏治日见澄

清，贼消灭。贼匪不过癣疥之疾，而吏治实为腹心之患也。以今日外省陋习相沿，几有积重难返之势。惟在极力刷剔，破格调剂，庶乎有益，似非徒仗雷霆诫谕所能耸其听也。臣以为除弊者不攫其作弊之由，则弊终不可除；治病者不治其受病之根，则病终无由治。伏查乾隆三十年（1765）以前，各省属员未尝不奉承上司，上司未尝不取资属员。第觉彼时州县有为官之乐，病间阎咸享乐利之福，良由风气淳朴，州县于廉俸之外，各有'陋规'，尽足敷公私应酬之用。近年以来，风气日趋浮华，似习成狡诈。属员以结缘为能，上司以逢迎为嘉，踵事增华，夸多斗靡，百弊丛生，'科敛'竟溢'陋规'之外。上下通同一气，势不容不交结权贵以作护身之符。此督抚所以竭力趋奉和珅，而官民受困之原委也"云云。语极明快。后半则请清查"陋规"，以乾隆三十年（1765）前旧有者存之，乾隆三十年以后续加者去之。谓与其任凭隐瞒以酿无穷之弊，何如明为指破，以施调剂之思耳。

考清朝为"杜绝"官吏贪污，自雍正朝始，于"正俸"之外增发几乎与之相等的"官贴"，史称"养廉俸"。乾隆中期，"廉俸"之外又暗增各类官贴，谓之"陋规"。虽然如此，也未能刹住贪污之风。和珅主阁，全国上下左右，行贿纳贡极

尹壮图塑像

为严重，乃至国库空虚，入不敷出。由于乾隆偏袒和珅，无人敢言。乾隆五十五年（1790），来自云南蒙自的内阁学士兼礼部侍郎尹壮图冒死上书，就全国官场贪污问题提出弹劾，第一个为大清王朝唱出了盛世危言！此事触怒乾隆，加之和珅党羽弄技，壮图被贬回籍。

嘉庆四年（1799），乾隆去世，"和珅跌倒"，国家开始惩治贪污，整肃吏治。文中所言郑源璹，直隶丰润人，乾隆末年任户部主事和湖南布政使，和珅伏法之后，他也被劾以贪污论斩。据《尹楚珍自撰年谱》，嘉庆亲政之后，即从云南召回尹壮图，但未详其上奏疏之事；《清史稿》尹壮图本

传曾记其"上《疏》请清核各省'陋规',明定科条,上以为不可行",但并未载其奏疏内容,故上述史料可补正史和尹壮图《年谱》之缺。

读此疏知壮图依然保持当年刚直不阿的勇气,他不但点名指斥和珅,更希望从严整饬和珅之后全国一直存在的贪污之风。殊不知嘉庆只不过想剔刷和珅死党,并不想、也不可能刹住因制度造成的腐败风气。且文中有"似非徒仗雷霆诫谕所能耸其听也"之语,显然有质疑嘉庆皇帝能否扭转腐败沉疴之嫌。难怪"上以为不可行"。此后,当壮图又提出重新挑选内外大臣二十人入直军机,替换原来"不过浮沉进退"的冗员时,嘉庆便责其"迂阔纰谬,断不可行!"不久,壮图便"以老乞归故里"。上述史料深切道出了壮图不愿官复原职的苦衷。

此外,本书还记载了云南少数民族土司的情况、云南社会民风和自然状况等。如卷三考释"爨弄",历引典献,记说宋代"五花爨弄"是来自云南爨人的戏曲。同卷记云南"瘟气"(鼠疫)流行情况,记南掌、老挝、安南等地土司制度和风俗习惯等,皆有可观之处。

吴大勋《滇南闻见录》
二册二卷

抄本，云南师范大学藏书

清·吴大勋著。吴大勋，字建猷，青浦（今属上海市）人，乾隆二十年（1755）举人，议叙任信丰（今属江西赣州市）知县。由于政绩突出，乾隆三十七年（1772），擢云南寻甸知州，再迁丽江府知府，其间又曾为昆明五华书院山长。乾隆四十七年（1782）左右离滇。居滇十年，熟悉云南，是一位勤政爱民、有所作为的好官。

立目式综合类笔记。自序作于乾隆四十七年（1782）秋七月，称其不重文采，"所见务核其真，所闻必求其实"。全书杂记云南山水、物产、民族、人物、学术等，略加分类编排，立为天部、地部、人部、物部等，每部之下，再分子目条陈。所记内容侧重于地理物产，地区以丽江和昆明为主。方国瑜先生《云南史料目录概说》著录该书，称其记入滇之路程、云南之沿革等"凡引史为证说多不确切"，但作者"居滇久，且留心社会生活，据其见闻，记有翔实，非掇拾成文者可比也"。审是。

如《丽江街市》条，就记载了他自己如何设计、改造丽江四方街的事实：

郡城西关外有集市一所，宽五六亩，四面皆店铺，每日巳刻，男、妇贸易者云集，薄暮始散。因逼近象山，山水流渐入市，然后东注于溪湖。市廛之民向以泥泞受困。余思另辟一沟，使水从市外行，非不便民，惧于街市风水不利。因谕街旁众铺，各就门面铺砌石街，于进水之口，筑一小闸。晨则下闸，阻水不得入街；暮则启闸，放水荡涤使净。俾入市者既免于泥泞，又免于尘埃。而水仍由市流行，当无所碍。各铺家所费无几而便宜无穷，城乡之民无不感惠焉。

这是不是丽江四方街今天还大体存在的"彩石铺路，清水冲街"的开始呢？回答是肯定的。考乾隆八年（1743）修成的《丽江府志略·市肆》记曰："府城，市在府城西关外大研里，湫碍嚣尘，环市列肆。"说明乾隆初年的四方街还是一条饱受泥泞

丽江四方街

尘埃所困的土街，与吴氏改造前的状况完全相同。吴氏改造后，不但一举消除了四方街原有的水患，让山水派上冲洗街道的用场；更为重要的是"水仍由市流行"，使丽江保留了小桥流水的好风水。我们应当永远铭记这位聪明的地方官和"城市规划大师"！

此外，该书关于清中叶云南社会生活的记载也可资史证。如卷下《槟榔》三条，记当时云南包括昆明有嚼食槟榔并以之待客的习惯，吃法是"以槟榔与石灰相拌"，嚼食之后"唇齿皆赤，吐沫亦赤"。今天此俗只见于傣族地区，称有避瘴、驱虫、固齿之效。卷上《三教寺》记寻甸有"三教寺"，供奉孔子、老子和释迦牟尼，反映儒、释、道三种学理对云南的影响由来已久。卷下《米线》条，记云南米线的制作方法，"磨稻米作粉，如制香法，用水调润，以管注成线。煮之以代面食，颇可口"。卷下《蔫》条，记"蔫"即草烟，已普遍种于云南，称"种蔫之地半占农田，卖蔫之家倍多

133

米铺",而以宁州（今华宁县）、十八寨（今弥勒市）最多最佳。卷下《七醋》条,记禄丰"出佳醋,色深红,味极酽而甜美,不亚于镇江。醋名之曰'七',不知何所取义？询之土人亦不能解也"。

由于作者曾执教于当时云南最高学府五华书院,卷上《文风》条,论云南各地文化教育之差异和得失也很有史料价值：

滇虽边徼之地,而山则碧鸡、金马之雄秀；水则洱海、金江之清淑。其钟于人者真不薄也。历代以来,学士大夫之所陶熔而造就之者又不乏人也,况入圣朝文治之光华映照四国,滇之人士与中原文献之邦均受涵濡之泽者,百数十年于兹矣。夫以天地之钟灵,若彼君师之教育如此,其谁复以边疆自域,不乐振兴于同文之盛哉？

余承乏五华书院者两年,纵观各府之文,非不皆有可观。要之,师友渊源,下帷攻苦而能理法明备、词章稳当者,临安、云南、大理三府,鼎足而立也。其平善怗熟,利于乡闱者,澂江、楚雄,兄弟也。其余各郡等之。自（省）垣以下至于丽江,僻处边陲,风气淳朴,颇有佳子弟堪与诸郡角胜者,惜乎地远而僻,闻见孤陋,又贫不能备书籍,文风不免拘苦耳。

夫六经与史,文章之根底也。根底不立,制胜之术无其要矣。滇省书籍远莫能致,而士子于所习经书,亦少运用之妙,熔铸之才,故文气每嫌其薄,此又滇之人士所当勉力从事于斯,而勿恃钟灵者厚与夫教育之深且久也。

释元位《笑云随笔》七卷，佚卷二

稿本，云南省图书馆藏书

清·释元位著。元位，字以端，号笑云，俗姓刘，云南寻甸县隆丰里下南屯人。父名华，母吕氏。元位七岁时随父至寻甸钟灵山音吼庵瞻礼佛像，"貌恭心敬，如有所习"，被该寺住持惺愚老和尚看中，以为"颇有慧根"，于是当年便出家为僧，乾隆三十九年（1774）正式受戒。此后曾任音吼庵住持、寻甸县僧正，任内敢于仗义执言，维护寺庙和僧众权益。嘉庆十九年（1814）圆寂，享年六十岁。元位一生早入佛门，精通儒佛，兼擅诗文，也曾云游天下古刹名寺，交游甚广，著述颇丰。所著被后人合编为《元位禅师丛稿》，计

寻甸钟灵禅寺（音吼庵）

十三种四十九卷。此书为其中之一，唯佚卷二。

立目式综合类笔记，为作者之杂感、杂记。内容绝大多数是关于云南佛禅之事，如高僧大德的塔铭，参禅修持之感悟，佛寺禅林的修葺，名山古迹之游记，等等。此外，因记佛禅寺观而兼涉"俗事"者也很有参考价值。

如《狮山纪略》条，记明建文皇帝与武定"正续禅寺"之关系曰："我狮山正续禅林，乃元时朝宗、指空二知识，剔垢剪荒，协力创建者。彼时法化未兴，其名不彰。自明惠帝逊位后，梯山航海而来，身披方服，日坐枯禅，感诸檀信，修葺庄严，置产集僧，始成法席。惠帝回宫，号称'老佛'。天下方知正续禅林，胜甲滇南，为修行之所，养道之窝"。其说沿自该寺前辈传言，或可聊备一说。

又如，《钟灵以茂秀禅友种树记》条，记僧俗官商勾结、破坏寻甸钟灵山植被和以茂和尚义务植树造林之事，令人感动！

据元位所记，寻甸钟灵山原本树木丰茂，"堪为栋梁者多不可数，至于为椽柎、为柴薪者满目皆是"。不料乾隆三十八年（1773）左右，该山音吼庵有"坏法僧"勾结寻甸地方贪官、豪民和奸商，"不念前人种植蓄养苦心，以私肥故，大张卖树之名，附近豪民闻风而来，稍补价值而任意采取。山中无处不见采取之人，无时不闻斧锯之声！如是者十有余年。尝闻买树者转卖他人即有十倍之利，滥卖者所得树价概不入公。一山大木由此剪伐一空，良可慨矣！"时至嘉庆七年（1802）左右，音吼庵一名普通僧人以茂（又名元秀）"每伤一山大木被诸恶人搜取一空，他日修葺殿堂有到处征取之难"，于是他"发久远心，立坚固志"，决心重新种树，恢复钟灵山植被。

以茂首先四处访寻杉、柏、松等树木良种，"得其消息，虽二三百里之遥，必亲往其处，索其种子"。为此，他经常"饥则化缘，渴饮山泉"，历尽千辛万苦，找回树种，采用"育秧移植"的方法开始种树。他"亲率徒领孙，于庵前后左右，斩荆培土，而概行移植。植后则不时运水浇灌之。从此，索子布植、移树灌水之事，岁岁行之"。树苗生长太慢，于是有人以种树是"不急之务，枉费心机"，劝他放弃此举。他坚定地回答说："各行其志，何多言哉？"他告诉元位，从嘉庆七年（1802）到嘉庆十九年

（1814），连续十三年，他种下了二十多万株树木。元位问他："你种的树今后果然成材了，但如果又遇到从前那种官商勾结的坏人把树木再次砍光，你岂不白费心力？"以茂同样坦然地回答说：我的心愿是为造寺备材，奉佛安僧。如果遇到这帮人互相践踏，"是彼自取披毛戴角，偿还钟灵之报，于我之心愿则一毫不损也！"

如果没有遇到以茂所说"披毛戴角"的禽兽一样的坏人破坏，以茂他们辛苦培植的树木应当早已蔚然成林了吧？其实不然，据新编《寻甸回族彝族自治县志》等文献记载，音吼庵初建于明朝万历二十八年（1600），后来发展为钟灵大寺，为云南八大名寺之一。民国二十九年（1940）失火，寺景从此凋零。后来虽经修葺，但已风光不再。笔者曾慕名前往钟灵山塔林专访以茂和尚遗迹，所幸以茂之骨塔仍在！骨塔建于嘉庆二十年（1815），也正是以茂与元位谈话的第二年，由其门徒祖定、祖昌、源汉等六人共立，但塔林周围稀疏的松树则显然不过是近几十年才长大的。

以茂墓碑

法式善涉滇笔记三种

《续修四库全书》本

法式善画像

清·法式善著。法式善,清代著名少数民族学者兼诗人,字开文,一字梧门,蒙古族乌尔济氏,其名之汉语意为"竭力有为"。乾隆四十五年(1780)进士,先后官左庶子、国子监祭酒等。在翰林院(俗称槐厅)曾与云南名士钱南园同事,其诗文也曾得到南园的指点。南园出任湖南学政之后,两人仍有往来。他对南园的人品、诗画非常关注和仰慕。南园遗诗也全仗他和师范二人搜集行世,并为之作序。法式善对清朝科举制度、科名人物、佚事多有著述。又因其与钱南园、师范等云南名流交往较深,故其以下笔记,亦多存涉滇史料。

《清秘述闻》十六卷 立目式专题笔记,记顺治二年(1645)迄嘉庆四年(1799)乡试(省考)和会试(国考)每科的正、副主考、同考官以及与科考密切相关的地方"学政"的姓名、籍贯；每科考试的试题；考中的状元、解元姓名等。如尽管清朝顺治二年（1645）即开科考试，但云南"解放"较晚，所以直到顺治十七年（1660）才独立举行乡试。据该书所记，这科的主考官为兵部员外郎刘纮，陕西洛川人；副主考为内阁中书张灏，江苏丹阳人；考题为"子所雅言"一节，"万物育焉"一句，"仁者爱人"一句。考中的解元（第一名）为倪垣，南安（今属楚雄双柏县）人。又如，记第一位会试主考的滇人是王弘祚，云南永昌（今属保山）人。他是明朝崇祯三年（1630）的举人。顺治元年（1644）归附清廷，以兵备道渐升至户部尚书，康熙六年（1667）任会试主考官。记嘉庆四年（1799）以前任会试和顺天（北京）乡试同考官中的滇人共有36人次，其中，昆明王思训和钱士云各四次，峨山周於礼三次，石屏张汉、大理谷际岐、昆明周彬各两次，且呈逐渐增多之势。

后来按此体例，王家相、徐沅再加续作，将以上内容续至光绪三十年（1904）废除科举制度为止，成为研究清代全国及云南科举考试最为系统、可信的系列著作。

《槐厅载笔》二十卷 立目式专题类笔记。按《规制》《掌故》《歌咏》等大类记清朝科举史事、人物、佚事、诗文等。如卷七据《云南通志》等，记顺治十七年以来云南文武乡试名额之变化。"顺治十七年照（明朝）旧额，取中五十四名（举人），是科各省乡试俱照旧额减半。康熙二年（1663）定云南乡试照旧额减半，中二十七名，外加额五名。（康熙）五年（1666）始开云南武乡试额，中二十七名（武举人）。八年（1669），加额三名。二十三年（1684），加额三名。"此后，逐渐增加至五六十名，反映政府对边疆文教的重视和云南自身科考水平的不断提高。

又如卷十八，记康熙五十六年（1717）李

法式善墨迹

绂诗作《命典云南试》，句有："元明再开辟，风气一变通。中谿擅诗文，文襄重勋位。圣朝久化成，光不遗遐裔。"咏及云南自明代以来就出现了李元阳（中谿）、杨一清（文襄）这样射策入仕、名重全国的人物。所以，他这次来主考云南不免诚惶诚恐，"安敢薄远人，山川惮迢递。犹恐负任使，陨越滋罪戾！"反映明清以来云南文教的发展、人文之蔚起，已令中原名士不敢小视！

《陶庐杂录》六卷 不立目综合类笔记，侧重于历代典章制度和人物掌谈。如卷二记滇人师范官安徽望江县令，爱惜人才，搜刻遗书曰："师荔扉喜刻书，宰望江，令搜寻邑人龙宫允诗，半就沦没，仅得《和苏集》，梓而行之。卷首《序》多已未诸征士（指康熙十八年，特科进士）撰作，推许甚挚。惜未见其全也"。再如卷三，记《滇南文略》曰："《滇南文略》四十七卷，计文八百五十九篇。明代及国（清）朝文居多。唐宋一二而已。保山袁文揆编次，刻版于嘉庆七年（1802）"。同卷记《滇南诗略》云："《滇南诗略》十八卷，《补遗》二卷，《流寓》二卷，保山袁文揆编，嘉庆四年（1799）刻版。自《序》云（略）。其搜辑之功可谓勤矣！金碧苍洱间，奇气何幸荟于此笔！"反映出这两部滇人诗文总集在当时就很有影响了。

师范《课余随录》
一册，上中下三卷

抄本，云南省图书馆藏书；《云南丛书》本

师范塑像

清·师范著。师范，云南名士，字端人，号荔扉，云南弥渡县人，乾隆三十九年（1774）举人，此后，"屡上春官不第"。以举人挑为剑川州训导，因功擢安徽望江县知县。政余多著述，有《滇系》《二余堂丛书》等多种著作行世。"滇学"前贤方树梅先生十分景仰师范，因以"师斋""南荔"名其室。

此书尚有《二余堂丛书》刻本。民国时期，拟收入《云南丛书》第二辑刊出。此本为方树梅用《云南丛书》用纸抄成，故稿内多有粘条刊改之处。抄本首序称"同砚世弟苏楙"撰于乾隆甲午（乾隆三十九年，1774）四月，言其壬辰年（1772）与师范订交，称赞师范为"吾乡佳公子也，有夙慧，八岁便解诗。稍长，从太翁宦，得放舟昆明池，纵览碧鸡金马、玉笋石屏之胜，才亦宏肆"。次序称"竹林羁客彭骞"撰，不署时日，称庚

141

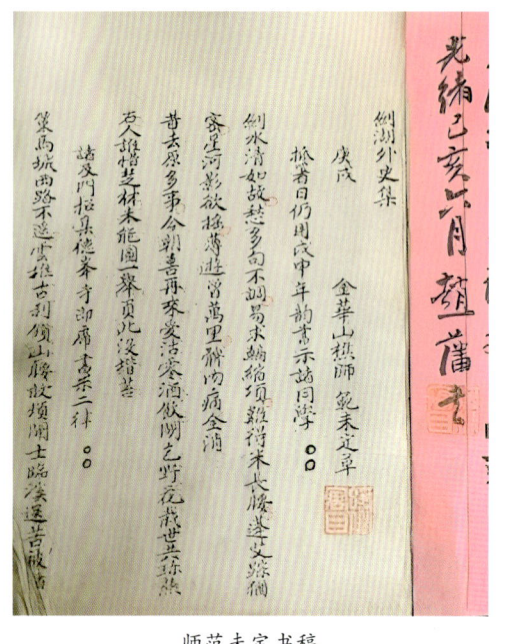

师范未定书稿

寅（1770）与作者相识。师范自序作于"庚申九月二十一日"，当为嘉庆五年（1800），而称其最初写作在"甲午时方课举业时"，即乾隆三十九年（1774）师范中举之后准备再考进士之时，是年师范二十三岁左右。此后一直未加董理，"今年秋，将重赴都门作选人"，即嘉庆五年（1800），师范行将五十岁时，才重新修订而成。序称此稿"偶涉载籍，俾活文机、会心者辄录之"。

不立目读书笔记，分条出之。记述内容广泛涉及历代诗文品评、名士掌谈、书画鉴赏、名物训诂、人生感悟、时事评论等，而以诗话为主，反映作者当时虽然年轻，却已具备宽泛的文史知识、敏锐的识断能力和高超的写作技巧。不少条目至今仍启人心智。

如卷下论"交友"，强调有"趣""味"之别曰："人之交友不出趣、味两字。有以趣胜者，有以味胜者；有趣、味俱乏者，有趣、味俱全者。然宁饶于味而不饶于趣。名妓翻经，老僧酿酒；将军翔文章之府，书生践戎马之场。虽乏本色，故自有致（味）"。说的是宁可与有个性特点的人交友。同卷论社会矛盾，认为"民之多讼，亦由上侵下之权也"。使"不足任"的地方官把持执法大权，而上级又只会按地方官汇报的"贤与不肖"来决定是非曲直，再加上"凶残受赂枉之大"，岂能保证政治的得失和人事的真假！同卷记自己和好友讨论如何对待别人的评价曰："予不耐谀人，亦不受人谀。独朋好中有谓予诗之善者，辄私心自喜；谓不善者，亦戚戚弥日。以问竹林子，竹林子曰：'喜，则奋者机也；戚，则愧者机也。不犹愈于面从心违者乎'？"意思是把别人的赞扬作为奋进的契机，从别人的批评中知道愧疚和不足，这总比违心应景的虚伪要好！

再如，卷中辑录古人论如何修身养性的一段文字，尽管古今生活环境不同，但就中也有值得参考之处：

一日之间人各有习，习各有时，时各有宜。养德宜操琴；练智宜弈棋；遣情宜赋诗；辅气宜酌酒；解事宜读史；得意宜临书；静坐宜焚香；醒睡宜品茗；体物宜展画；适境宜唱歌；阅候宜灌花；保形宜课药；隐心宜调鹤；孤况宜闻蛩；涉趣宜观鱼；忘机宜饲雀；幽寻宜藉草；淡味宜掬泉；独立宜望山；闲吟宜倚树；清谈宜剪烛；狂啸宜登台；逸兴宜投壶；结想宜欹枕；息缘宜闭户；探景宜携囊；爽致宜临风；愁怀宜伫月；倦游宜听雨；元悟宜对雪；避寒宜映日；空累宜看云；寄欢宜拾钗；挥愤宜击剑；遭乱宜学道；卧病宜参禅；疗俗宜避人；破梦宜说鬼。识此意者，一游一赏，悠然自得，何忧不合时宜耶？

又如，卷中关于笔、墨、砚的一则小品，文笔隽永，耐人寻味：

笔之用以月计；墨之用以岁计；砚之用以世计。笔最锐；墨次之；砚，钝者也。岂非钝者寿而锐者夭乎？笔最动；墨次之；砚，静者也。岂非静者寿而动者夭乎？于是得养生焉，以钝为体，以静为用。惟其然，是以能永年。笔神曰"佩阿"，砚神曰"淬妃"，墨神曰"回氐"，纸神曰"尚卿"。见《娜環记》。

又如，卷中论诗、画必出于自然云：

亟意作诗不必得诗，穷形作画不必入画。深于诗画者，正于不著笔处遇之。间尝登楼远眺，见树顶藏鸦，山岚滴翠，便如身在画图中。又尝扃户静坐，见竹影摇窗，茶烟袅日，辄觉诗情落纸上。乃悟坐即有诗，行即有画。梁简文所云："会心处不在远"。东坡所云："时于此间得少佳趣也"。

143

除上述人世感悟、哲理小品之外，也不乏读书考证的精彩之论。例如，通认为中国古代妇女缠足起于五代时期，作者却不以为然。他穿凿群书，博引广征，对这一问题提出了新的看法：

《墨庄漫语》考妇女弓足起于李后主。按，《乐府·双行缠》云："新罗绣行缠，足跌如春妍。他人不言好，独我知可怜"。以此知起于六朝。然《史记》云："临淄女子弹弦缠足"，又云："揄修袖，蹑利屣"，意古已有之。再考《襄阳耆旧传》云，"盗发楚王冢，得宫人玉屣"。晋世屣有"凤头""重台""分梢"之制。陶南村谓唐人题咏略不及之，亦未博考。杜牧诗："钿尺裁量减四分，碧琉璃滑裹春云。五陵年少欺他醉，笑把花前出画裙"。段成式诗云："醉袂几侵鱼子缬，飘缨长曳凤凰钗。知君欲作闲情赋，应愿将身托绣鞋"。《花间集》云："慢移弓底绣罗鞋"。亦屡见于诗咏矣。

该书直接涉及云南的内容虽然不多，但实属古代滇人学术笔记的上乘之作，也无疑是研究滇贤师范必须重视的第一手材料。

桂馥《滇游续笔》载《札朴》第十卷
心矩斋校刻本，光绪九年（1883）

札朴卷十目錄
滇游續筆
建極　　　　鐵柱
山水脈絡　　　羅平山
杉木和　　　　崇聖寺
咸通寺
啃　　　　　　賧
火把節　　　　農人耕田
雲龍甸夷　　　濮人
蠻鞾　　　　　蹋歌

桂馥画像

清·桂馥著。桂馥，字冬卉（《清史列传》作东卉），号末谷，原籍江西贵溪，明初，其先人始以"从征功"世袭山东曲阜尼山卫百户长，负责洒扫孔林，故馥又尝自署"渎井馥民"。桂馥是清代著名文字学家和文学家，与段玉裁、朱峻声、王筠并称"《说文》四大家"。其主要代表作有《说文解字义证》和杂剧《后四声猿》等。桂馥虽于青年时就以才学蜚声学林，但却长期科名不显，穷途潦倒。乾隆五十五年（1790），年近六十始中进士，颇有"夕阳空自怨黄昏"[①]之叹！

立目式综合类笔记，又多涉学术考证，载桂著《札朴》第十卷。《札朴》有两种版本：其一为"小李山房校刊本"，是为嘉庆十八年（1813）山阴李宏信、鲍渌饮初刻本。书前有著名学者王宗炎、段玉裁、翁广平三序。

---

① 桂馥：《未谷诗集·五十五岁登第》。

145

其二为"心矩斋校本",是为光绪九年(1883)长洲蒋祥墀重刻本。蒋本除删去王序之外,与李本稍异,两本校刻皆称精良。

嘉庆元年(1796)桂馥宦游云南,先后在永平、邓川、顺宁(今属凤庆)为令,历时九年。桂馥为官清廉,"政简刑轻,境宇帖然"。治事之余,"且好搜采地方奇异物产,记载成书",颇具学者风度。此书即撰于这一时期。

桂馥自来滇一路,称舟车之中始撰《札朴》一书。随笔考释经史名物,引文大多凭记忆而出,以其内容琐碎,谦称"木札"(木屑)。到任之后,又续为滇事一卷,故称《滇游续笔》(《札朴·自序》)。全书杀青于嘉庆九年(1804)。由于作者当时"贫不能付梓",乃将书稿嘱托朋友李宏信(柯溪)带回内地刊刻。是年,桂馥便死于顺宁官舍,年六十九岁。可以说,《滇游续笔》是这位杰出学者在云南的绝笔之作!

《滇游续笔》以作者旅滇见闻所及,征诸古籍,杂考云南地方建置沿革、地理山川、物产习俗、金石碑刻、历史掌故等。由于作者精于小学,故其考据往往能阐幽发微,不乏独到之见。如《宕宕》条,考滇语称几案、床榻之横木为"宕宕"(音 dàng)是为古之"桄"(音 guàng)字之音转。其说信然不误,因迄今滇语仍有"桄宕"或"宕宕"之称。又如《哨》条,考云南地名之"哨",沿于古之"鞁",而"鞁"乃屯戍报警之器。《坏》条,考称滇语言人死曰"坏",也是古语之存。历引《释名》《曲礼》郑注、何休《公羊解诂》等证明古之"崩""薨"皆可音读为"坏",即"死"也,故古注有"崩,大毁坏;薨,小毁坏",分等级言天子和诸侯之死。《公鱼》条,据古代"江"从"工"音,故"江鱼"可读为"工鱼"之音,则"西洱河所出六七寸之小鱼今犹呼公鱼",其音不误,字当书为"江鱼",而非"公鱼"。审是,岂鱼类只有"公"而无"母"?

此外,桂馥根据目验和清中叶之前文献,抄录、整理并考释《南诏德化碑》和《爨龙颜碑》全文,当为较早考释这些名碑的文字学家的意见,对研究这些碑文的历史沿革、字音字义皆有重要参考意义。除考据之文外,《滇游续笔》尚有部分纪实内容。如《山川脉络》条,概说云南山川大势;《鼠》条,记嘉庆九年(1804)云南鼠疫之状;《兰》《菌》条,记云南兰花、菌类品种甚详。

《邮亭题壁诗》一条，作者抄录、考说亲见于永昌（今保山市）某邮亭题壁长诗，其内容对于研究明朝罪戍制度具有不可多得的史料价值。据桂馥考证，此诗作者为"明洪武中，四川阆中守某妻宋氏"，其夫本属清寒小官，因得罪上司同僚，被罗织成罪，"彼时栽赃动盈万，妾夫自料无从辩。竟晨拷打不成招，暗嘱家人莫送饭。嗟呼饿死囹圄中"。丈夫死后，"旗军"到原籍来抄家拿人，又将宋氏和年幼的儿子以及高龄的婆婆，"伶仃三口到京师，奉旨边方戍金齿"。后来儿子病死，宋氏服侍婆婆，在军卫旗兵一路押解之下，去往云南。走的是辰沅水道："八月官船渡常德，促装登程戒行色。空临日暮鹧鸪啼，声声叫道行不得！上山险如登天梯，百户发放来取齐。雨晴泥滑把姑手，一步一扑身沾泥。晚来走向营中宿，情思昏昏倦无力。五更睡重起身迟，饭还未熟旗头逼。"和他们同行的一个天台县女人，因不耐苦难，"丧夫未经二十日，画眉重嫁盐商君"。而宋氏则表示，"妾心汪汪如淡水，宁受饥寒不受耻。几回欲葬江鱼腹，姑存未敢先求死……"这首声情并茂的题壁诗打动了千百万路人，也打动了某些官员，"嘉靖十六年（1537），御史阴汝登祠而祀之；御史黄中刻诗于石"。桂馥认为，"其诗意率直，音节悲凉，有古乐府之风"，又远在云南边疆，是"流传绝少"的女性诗作，因此将其录在自己的笔记之中。今天看来，也是兼具文史价值的优秀诗篇。

桂馥墨迹

李辑玉《滇南纪略》
一册不分卷

抄本，云南省图书馆藏书

清·李辑玉著。李辑玉，高阳（今属河北保定市）人。乾隆五十九年（1794）宦滇，迄嘉庆十一年（1806），先后任云南楚雄和广通县令、南安（今属双柏县）知州、平彝（今属富源县）知县等，居滇十多年。据该书作者《小序》称，当是时，云南社会矛盾尖锐，"民变"不断。作者"身遇民变之难，随手纪述成卷。事无不实，语无不真。清稿一本藏筴，未尝示人，留为异时考据云"。

立目式专题类笔记。作为地方官，他根据自己的亲身经历，记录云南当时发生的"民变"，依次为《滇南民变总录纪略》《定远民变纪略》《安抚楚雄县纪事》《安抚南安州纪事》《安抚镇南州纪事》《广通民变纪事》《滇南民变后盐复旧规纪实》《定远县民变后谣言》《辑拿大姚叛民刘伟望始末》九条。

据《滇南民变总录纪略》条综述，当时云南"民变"规模不小，广泛涉及滇中和滇西不少州县。起自嘉庆丙辰、丁巳间，即嘉庆元年至二年（1796~1797）。先是清廷"用兵黔、楚"，嘉庆元年秋，首先引发云南威

148

远（今属景谷县）"倮黑叛乱"。同年腊月二十一日，"大姚民以短发盐斛，加重收课，聚众数百人，塞署门求见官府讲理"。官民双方发生流血冲突。次年二月，"民变"又从蒙化（今属巍山县）开始，进一步向滇西和滇中扩大：

蒙化聚众数万人，以"除蛀书弊吏"为名，一时哄起，遇书役辄挖双目而焚毙之。于是赵州（今属凤仪）、云南（今属祥云）、邓川、宾川尽大理（府）属，相率效尤，先后骚乱，或数千人或数万人。书差望风藏匿。被获者挖目焚身，每县辄数人或数十人。绅衿贾客间亦被害。挟仇报私，乘势抢掠。惟相约官署、仓库、监狱不敢动。而官失其势，爪牙剪除净尽，只身坐守，或惊慌悚息，流涕于邑而已。文武大吏，束手无措。大姚奸人刘伟望妄称"东山大王"，复于五月初一日烧差役民人数十名，全邑大哄。永昌、丽江、顺宁（今属凤庆）皆乱。七月，武定、元谋、罗次、禄丰相率蠢动，情形尤为惨变。围城毁垣，烟火逼天。

此后，经过包括作者在内的一批较为清廉、明智的地方官出面，以抚剿两手才渐渐平息了"民变"。但是，由于"事久乱大，不敢上闻"，云南当局为了掩盖事实真相，"分案照抢劫谋故"罪，"解省（城）诛首逆约数十人"，草草了结。但据作者记载，这次动乱，波及"迤西大理、楚雄、蒙化、景东、永北（今属永胜县）、丽江、永昌（今属保山市）、顺宁（今属凤庆）五府三厅州县计数十处；焚毁房屋数千，挖眼烧人不计其数。一时劫运半年中，官民无安堵"。作者进一步分析造成这次大规模"民变"和社会动乱的主要原因如下。

第一是吏治败坏，特别是"幕僚书吏"，狗仗人势，他们上衔官府之权，下结劣绅恶棍，祸害百姓，不断激起民怨公愤。如《安抚镇南州纪事》条载，该州（今属南华县）"武生郭定者，向交结衙门，夤缘狡诈，恣意吞噬，为镇南蠹衿"。《广通民变纪事》条载，该县"（被）革生（员）金佩玉、劣生汤灿、张识辈，把持武断建讼，鱼肉乡民。每小隙则曰：'给尔一场官司！'人畏之如虎。官吏不自检，常为所持"。嘉庆二年（1797），他们趁乱"结党走千里,观其事,多挟仇报私,抢劫肥己"。所以,这次"民变",人们重点打击的对象就是平时作恶多端的"书役""书差"和勾结官吏的地方黑恶势力。

第二是盐课混乱。"民变"首先起于云南产盐之地。据《安抚南安州纪事》等条载,当时盐课、盐政日益混乱。地方官、盐官、胥吏、劣绅等趁机上下其手,贪赃枉法。他们采取"浮收短发""短盐浮课"等手段欺压灶户、盐商。仅南安一州就"被控短盐浮课计赃六千余两"!

第三是钱法太烂。据作者记载分析,钱法首先烂自中央政策。当时云贵总督富康安"奉高宗纯皇帝(乾隆帝)严旨,收买例价,小钱一斛给银四分,或给大钱四十八文,银钱兼收",致使"银贵钱贱"。地方官负债累累,仅南安州就"负京债数千两,索欠者京师从至"。于是,地方官就乘机将债务转嫁摊派到老百姓头上,使"百姓四五百里走大山险箐,负数千小钱,往来十余日,得价不敷盘(缠)费"。老百姓终日劳苦,收入本来就十分微薄,当局还以"改革钱法"为由,造成通货膨胀。如此抢夺百姓,天下岂有不乱之理?

王端履《重论文斋笔录》十二卷

《续修四库全书》本

王端履画像

清·王端履著。王端履,清代著名藏书家,字福将,号小谷,萧山(今属浙江杭州市)人,嘉庆十九年(1814)进士,选翰林院庶吉士。其父王宗炎以其"十万卷楼"藏书名重一时,端履继承王氏家藏,将书楼命名为"重论文斋""南野草堂"。

不立目综合类笔记,卷首作者自题其撰著过程曰"偶有闻见,类聚有方。录之于笔,以当知囊。虚縻翰墨,习以为常。积久成帙,语焉必详。驳而不醇,杂而无章"。端履与云南之关系不详,可能与云南籍翰林龚绶同朝为官。故卷七有祝贺龚绶新婚一条曰:

昆明龚检讨绶馆选①时尚未受室，散馆后始乞假旋里完婚。因绘《玉堂归娶图》，遍索都门题咏。予为赋四绝云："学士头衔署玉堂，八砖花影许回翔。吹箫本是神仙侣，定向云中引凤凰。"（下略）

又如卷一，记清代滇籍名宦程含章之廉洁曰：

程含章塑像

景东程月川含章巡抚吾浙，俭德清风，士民至今爱戴。吾邑有西兴改筑条石盘头之役。公轻骑查阅，先期移书司事曰："吾到西陵，日已中（午）矣，势不能不一餐。今与诸君约，鲜果四碟，鸡鸭鱼肉豆腐做羹，青菜做汤，六盂而止。其余执事人役，各给饭钱，命其在舟中煮食，不令登岸。众嫌其太简，时汤协揆以侍郎丁忧家居，主局事，曰："中丞人极诚朴，竟遵其命可也。"翌日渡江，相见甚欢。命办工绅士共案同食，笑语移时。挂帆回省，有一黠吏语予曰："今日亦与抚军同食。"予惊问故，曰："撤下残肴，某等群聚而啖之，非与抚军同食而何？"满座粲然！

考龚绶，字莲舫，昆明人，嘉庆十六年（1811）进士，选庶吉士，散馆后官山西按察使、湖南布政使等。按科举习俗，他自然是王端履的前辈。程含章，字月川，云南景东人，嘉庆初以举人大挑为县令，逐渐以政绩突出，先后升任河南布政使、江西巡抚、浙江和山东巡抚等，相当于今天省部级官员。

---

① 馆选，指从每科新进士中考选"庶吉士"入翰林院，学习三年，散馆后再授官职，俗称"点翰林"。

李文耕《善善录》
一册不分卷

刻本，刊刻时空不详，云南省图书馆藏书

李文耕画像

清·李文耕著。李文耕，字心田，号复斋，昆明市昆阳人。乾隆朝进士，嘉庆初按制当参加县令选补，他为供养母亲而不赴选。母卒，始起为邹平县（今属山东滨州）令，后迁沂州（今属山东临沂）知府。自为官以来政声卓著，道光末年卒，"诏祀乡贤、名宦二祠"。文耕为人厚重，主"诚敬"之学，且善于课士教民。还著有《喜闻过斋集》等。

立目式综合类笔记。杂录作者在山东任内之案牍、告示、信函、题跋、书序、课艺等。书名"善善"，盖其主旨是提倡伦理道德、劝人为善之意。其记事虽多不涉关云南，但对于研究这位著名滇籍"循吏"之政治言行、吏治思想却至关重要。

如《家训六字说》条，记嘉庆十四年（1809），作者将其"和顺、勤苦、俭约"六字家训略加疏证，"次为韵语"，广为刊布，用以教育启发治下士绅民众。其语有"处家之道，第一和顺；勤苦相先（自注：争相勤苦）；俭约自询（自注：时时检查是否俭省节约）。保此克昌，失此百衅，各尽其道，反身勿吝"。又曰："乡先贡仰泉公常训耕治家之道以'和顺'为命脉；以'勤苦'为精神；以'检约'固元气，而要之以'反身'为苾。耕谨识之不敢忘。"并以此教育孩子和民众，希望人人"亲亲长长，勤生理而裕盖藏"，社会和谐，减少犯罪。又如《书冠县李氏六世同居额后》条，记山东冠县贡生李贵时"高、曾、祖、父、儿、孙六世"和睦同居，六十余人不分家，全靠"公平"二字维系上下各房团结。作者欣然为之题额表彰。今天，我们不大可能出现如此巨大的家庭，但"公平"二字仍是维护家庭和社会和谐的要素之一。

又如《与州属各寅好》条，是作者致同僚的一封讨论吏治的书信，作者提出居官之大戒在"蒙蔽"二字。"盖上下内外非蒙蔽无以行其奸欺。而一受蒙蔽则百病丛生。蒙蔽之在内者，有官亲家人；蒙蔽之在外者，有滑书蠹吏。内外勾连，鬻情卖法，则为官者孤立无与，而坐听声名败裂。"要免除"蒙蔽"，当官的要常守一个"勤"字——"勤省阅而案牍之压搁者少；勤勾稽而出入之侵欺者远；鞫讯勤而情伪悉，孰能乱我聪明？决判勤而拘系释，谁能肆其鱼肉？一勤而百事治，何蒙蔽之足患乎？"在众多信札中有《谕子帖》二条，是作者写给自己两个当"公务员"的儿子的两通书信，值得一读。第一通阐明自己有关"忠孝"和家庭教育的观点曰：

谕慎儿、蕙儿：人生各有当为之事。就现在而为所当，即是修身立命，善之大者也。尔等现在衙门中，第能安分守矩，不惹外事，不坏我声名，孝之一也。保守身子，不致疾病，免使我忧愁，孝之二也。小心敬慎，照料家务，省我烦劳，得养精神，孝之三也。守此三件，使我无内顾之忧，将全副精力都用在公事上，报国安民，荣及先人，泽流后嗣，尔等亦与有忠荩之助焉。人生大节无过"忠孝"二字，尔等虽因我做官耽误，不得成名，然现在可以尽孝，可以尽忠。立品立德，立身立家，大有事业在此，不可轻看了自己，贻误至于管教子弟。节省衣食，为自己惜福，为子孙惜富，以及谨慎待人，而各使之安；宽厚驭下而悉使之奋。蕴酿一家和气，消弭内外嫌隙，皆统于"忠孝"之中，而推广无穷者也。其日思勉之勿怠！

另一通如实记写了自己清廉为官、宦囊萧然的情况曰：

谕德慎、德蕙：我服官东省，做过苦累之缺，亦做过美好之缺。而至今尚右绌左支，避债无术！昨友人有责我"不善理财"者，我竟逡巡踟躇，无一词以对。然静思我无声色货利之好，糜耗财物。除办公不惜及寅友急迫，量力捐助外，并未尝多用一钱夤缘当路！是谨慎财利者莫过于此。我所不善理者，唯不能巧取于民耳。夫巧取于人者，举气节声名一朝弃之，惜矣！甚者不有人祸必有天殃，岌岌乎危哉！若我之不巧取者，乃不敢强夺乎人之所必争，妄干乎天之所不与。财虽不裕，心则安焉。历想数年来债主临门，一时逼索难受！此外或难办之件化险为夷；或难处之事，变急为缓，毋亦有得力于"不善理财"者乎？尔辈学思胜人，利思让人，甚无惑近小之便利，忘正大之规模，务巧取而令人笑汝拙，且危其后也。

考清朝之官俸为中国历代最低，故一个清廉不贪的中下级官员要维持应有的绅士生活，往往真的要靠借债度日。除文耕之外，云南著名清官钱南园也要借债，就是明证。且文耕之借债为官，除了清正廉洁之外，还有"量力捐助"生活困难的同僚义举，其官德人品尤为高尚！

李文耕《孝弟录》一册一卷

道光庚子重刻本，道光二十年（1840）

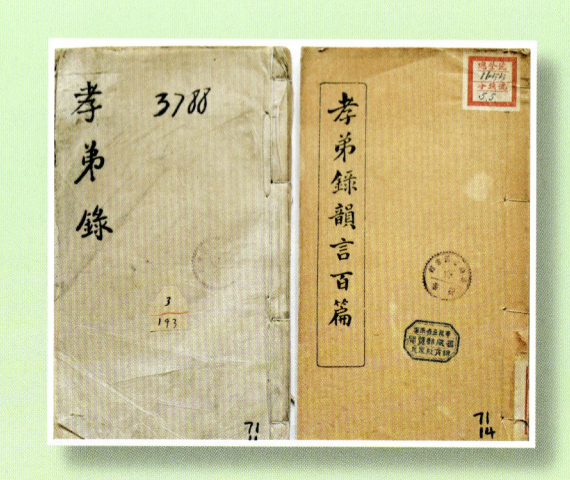

清·李文耕著。立目式专题类笔记。卷首刘鹏撰序，言其写作过程和意义曰：

李复斋明府为经师时，辑有《孝弟录》，以教其家及乡人。今出尹梁邹，而余适司铎是邑，出是编示余。余读之实觉先得我心焉。其所载自舜文曾闵之神圣大贤，下逮名臣硕士以及闾巷匹夫之一节一行，凡至性至情，可歌可泣者，皆连类并采。盖神圣之敦伦与庸常之祗恭，同此秉彝，即同此庸行。世人心性之动到至处无愧乎？为人为子即无愧乎？神圣大贤所谓"人皆可为尧舜"也。各按遇阐扬曲到，激发人心，盖于性善之旨三致意焉。而特严义利之辨以正人心者，尤为深切吃紧。嘉庆甲戌月既望梁邹学博刘鹏丙庵氏撰。

考"嘉庆甲戌"即嘉庆十九年（1814），时文耕为梁邹（今属山东邹平）县令，而刘鹏（丙庵）为该县学正。为教育该县乡绅学子，文耕将其从前编辑的《孝弟录》交刘鹏刊布。此后，道光庚子（道光二十年，1840），云南白盐井士绅王培润、大姚县毛圭山等又集体捐银四十三两七钱，与《蚕桑简编》一书分别刊刻，且增加了一些与此相关的内容。刻书单位署"白井甘氏省心堂"，是为云南并不多见的盐井"特区"刻本。全书正文部分为《孝亲》（即如何孝顺父母，六十五条）和《孝悌》（即如何友爱兄弟姊妹，三十五条）。每条各自立目，材料据群书中孝友事迹缩略改写，不注出处。事迹之后有"耕谨按""耕按"和"丙庵按"点评之语，结构完整，文字简洁。所选内容起自先秦迄于清代。包括《王祥卧冰》《孟宗哭竹》等所谓"二十四孝"的民间传说，也有《李密陈情》《（范）文正义田》等信而有据的历史故实。其中，《刘谨寻父》一条涉及云南曰：

刘谨，山阴人，洪武中，父戍云南。兄又以督运死京师。谨六岁，问家人曰："云南在何方？"家人以西南指之，遂朝夕向西南遥拜。年十四，矍然曰："云南虽万里，天下岂有无父之子哉？"治装寻父，历六月抵云南，艰辛万里。遇父于逆旅，相持号恸。俄而父患疯痹，欲以身代戍，而国法戍边者惟十六以上嫡长男始得更替。于是复归，携伯兄子往，而伯兄子亦尚孱，不得代，又复归，悉鬻家赀以往。盖三往云南，始得归其父也。

耕按："天下岂有无父之子"？从至性中出，此便是建诸天地不悖之道理。所以不惮万里之遥，三往云南，艰辛备历而不恤者也。人总是见得切，自做得到耳。

明初强制性"充军"云南、明末清初云南社会动乱，皆先后使得内地不少家庭离散，因而出现过内地人到云南寻找亲人之事。最为著名的要数所谓"黄孝子（名向坚）"来滇寻亲之事，对江浙社会影响很大（见本书《黄孝子寻亲记》条）。此外，《王绅奠亲》条，则记明初名臣王祎之子赴滇祭父曰：

王绅，学士祎之子也。宋濂一见奇之曰"华川有子矣"。蜀王聘之教授蜀郡。绅痛父死难遗骸未返邱陇。白王走云南，恸哭，行求奠酒死所。

翰林待制王忠文公

王绅画像

仰天一号几绝。滇人感怆，称"王孝子"。建文即位，诏为国子博士。上言父死节事，赐谥"文节"。开国文臣有谥自祎始。绅痛念父没，食不兼味，子孙相承数十年不变。子稌，少有至行，克世其家。

耕按：华川劲节，照耀两间，其义骨馨香，委沟壑不恨矣。而其子匍匐往求，奠酒死所，必欲返骨骼于邱陇而后已。忠臣孝子，各尽其心之所安者，皆所谓求仁而得仁也。

王祎，字子充，号华川，浙江义乌人。洪武二年（1369）任翰林待制兼国史院编修。洪武五年（1372），奉诏书前往云南劝降，被元朝云南当局杀害。建文中，谥"文节"，正统六年（1441），改谥"忠文"。洪武二十九年（1396），王祎之子王绅到云南寻找父亲遗骸，未得，因作《滇南恸哭记》。

此外，该书卷末附录《八反歌》虽不知何人所作，但通俗易懂，也很有教育意义。作者以"上有老下有小"的中年人应当如何正确对待父母和儿女为题，于反讽之中劝人警醒。例如，其一云："幼儿或骂我，我心觉喜欢。父母嗔怒我，我心反不甘。一喜欢；一不甘，待儿待父何心悬？劝君今日逢亲怨，也将亲作幼儿看"。之四云："看君晨入世，买饼又买糕，少闻供父母，多说为儿曹，亲未尝，儿先饱，子心不比亲心好。劝君多出糕饼钱，供养白头光阴少。"之六云："养亲只二人，常与兄弟争。养儿虽十余，君皆独自任。儿饱暖，亲常问。父母饥寒不在心，劝君养亲须竭力。"

附录：《孝弟录韵言百篇》，郭燮熙著，上下二卷，一册，石印本

据该书记载，《孝弟录》刊行后，先有"江南徐氏（不记其名）系之以图，名《孝弟图说》；致倭艮峰相国（指大学士倭仁）另绘图梓之"，足证其影响不小。民国十三年（1924），云南国学专修馆《国文》和诗学教师郭燮熙又据该书内容以诗相配，撰为此书。卷首先后有赵藩、陈荣昌、杨觐东、张砺、方树梅等云南名家题词，皆称赞此书与李著相得益彰。

该书按李著亦分为《孝亲》《孝悌》二卷，先照录其原文和按语，然后附诗于后，每条一诗，五七言不拘。如上引《刘谨寻父》条，诗云："纵隔云天万余里，天下无无父之子。孝子寻父云南来，备历艰辛逢旅邸。国法森严不能替，家赀耗尽岂得已。揭来三次滇浙间，幸获免戍以死。滇之山兮浙之水，水之神兮山之鬼。鬼神呵护还山阴，一肩彩云压行李"。再如《王绅奠亲》条，诗云："华川有子奠亲来，一日滇云黯不开。酹地悲深因父殁，仰天痛绝动人哀。行经锦里笃于孝，召赴金门奇此才。世德相承文节后，朱明宠锡亦宜哉"。

曹树翘《滇南杂志》
一册二十四卷

五华山馆刊本，嘉庆十五年（1810）；铅印直排本，上海申报馆，印行时间不详；云南省图书馆藏书

清·曹树翘著。曹树翘，松江（今属上海市）人，生平事迹详见本书《瀛壖杂志》条。立目式综合类笔记。封面有李根源先生手书曰："民国十七年除夕寄赠膴仙道兄"，是知原为根源先生惠赠方树梅先生之书。笔者另据台湾王仪《明代平倭史实》一书引该书有关《沙人》条文字得知，此铅印直排本为晚出版本，且多有改易，夺误不少。惜王仪所见较早版本已难寻觅。卷首作者自序署"嘉庆十五年（1810）五华山馆"，言其著书宗旨曰：

余游滇南，思有所纪撰。索之方策，无可征述，乃旁搜稗乘，就所及见，益以通志所载。上自唐虞，迄于昭代，凡天时、地理、人事之纲；殊方、外域、僰㹫之细故，件系其事，讹者正之，阙者补之。分为八门，合廿四卷。名曰《杂志》，杂之云者，言琐细丛残，无当大雅。异日旋乡里，有问及滇南古今事迹者，出此书示之，以代话言，且聊附于《纪古滇说》《炎徼琐言》之末。若纂修增辑，固守土之职，非予私家稿笔所得窃其柄也。

可见此书编撰于云南，且立意按笔记体立目记事，非属专志之作，故全书按作者所见云南文献杂抄而成，又益以见闻和考证之文。析为《事略》《考据》《传记》《轶事》《遗文》《殊方》《土司》《种人》，附《方言》七目。其中，《事略》为云南历史大事编年，余皆为条札笔记之文，而尤以《轶事》八卷为重。

此书突出的史料价值或在于为我们提供了关于《滇云历年传》的作者倪蜕的一些信息。倪蜕为作者之前辈同乡，于清初幕游云南，定居昆明，其生平事迹不详。作者清中叶来滇，搜得倪蜕著《滇云历年传》和由倪蜕、林兆鹏作序的《顾陆遗诗》两种稿本。除将《滇云历年传》稿本的一些内容采入己书外，又"恐其散轶也，故录其弁言"，将道光刻本之前的倪著《滇云历年传·序》收入该书卷十五。笔者将此文与道光本《滇云历年传·序》对校，其文略有互歧。更为可贵的是，作者于此序之后，附出一段关于倪蜕生平事迹的考辨，颇具史料价值：

《滇云历年传》

蜕，本名羽，字振九，松江人。晚慕唐蜕之为人，易名蜕，自号"蜕翁"。初从甘中丞国璧入滇，其后足迹几遍天下，至其老也，买山于昆明西门外石鼻村中，筑草堂居焉。前制军张允随为之立石道旁，题曰："蜕翁草堂"，今尚存。翁无子，有女曰"亦梦"。赘昆明关履中为婿。关氏子孙有从翁姓者，今已登贤书矣（指中举）。翁著有诗词六本及《滇云历年传》十一卷（道光本为十二卷），皆未刻。原《序》自著为"新安"。《滇诗略》又以为"松江"。云间去黄山甚远，不应传讹若是。且仆亦松（江）人也。《松风余韵》《湖海诗传》等集亦不闻有蜕翁其人者。余观《顾陆遗诗》原序，谓云间首推顾、陆二氏，顾为翁外王父，陆为翁邻，则翁之为松人似无疑矣。盖吾松多徽人行商，或翁先代新安，侨寓于松。《历年传》书"新安"者，不忘其本，亦未可知。俟他日旋里当细考之。

与此同时，作者又将《顾陆遗诗》收入此书卷末。《顾陆遗诗》经倪蜕整理而成，倪序作于"雍正十三年十二月十二日静念庵"。据序知，顾为倪蜕外祖父，名廷璋，字文中，号怀海，又号"玉屏山人"。陆名孝曾，字号不详。顾、陆二人为明末清初松江著名诗人。为此，我们可以从顾、陆二人的有关文献中，进一步挖掘更多研究倪蜕和《滇云历年传》的史料信息。

此外，该书之《轶事》部分除抄录云南方志群籍外，也有不少内容为作者亲见亲闻。所记地域遍及全滇，所引文献今日未必尚存，故参考价值似不可低估。如卷七《地震》条，记顺治九年（1652）六月初七日早上，云南蒙化（今属巍山县）发生强烈地震，随后波及弥渡等地，"死人民三千有余，客商无名者不知其数"。其余震延至顺治十二年（1655）才完全停息。卷十四《虎三则》，明确记载当时昆明、开化（今属文山）、丽江等地皆有虎豹伤人之事。卷十一据私人文集等汇为《滇人书目》《滇客书目》《滇方外书目》《滇闺秀书目》四种。卷十二据明朝张合《宙载》录出四十二则，张著曾长期亡佚，直到民国时期才由李根源等从省外访回，刻入《云南丛书》。故作者所辑内容对于研究、校勘云南丛书本《宙载》意义重大。同卷《顺宁杂著十则》条，据清初顺宁县令刘墡所著《顺宁杂著》录出，今刘著亡佚，其内容唯赖此书得存。如第九条，记清初顺宁府（今属凤庆）为进贡大量箭翎饰官服，已采用人工饲养孔雀曰：

顺宁深山中颇产孔雀。城守都司每年供上宪之用。取两翼下一层黄翎，至千余把、数百把，盖进以为御用箭翎者。营中鸟枪卒猎于虎豹穴而得之，又取其蛋，以鸡抱（孵）之即生，岁余始长翎尾。

又如卷八《侯之马》条，记下了一个颇具史料价值的传闻：

鱼尾寺在黑井玉壁山，今圮。相传昔江西贾修庙，垣墉绘《心猿意马图》于壁。猿举手指马，意态生动。已而轻赀返其家，妻子失望相怨尤。贾曰："吾病不能复入滇，顾黑井有吾友曰：'侯之马'。吾托以巨金，苟儿能见之，无忧不富。"贾既死，子如所言，访于黑井。固无侯其姓者。一日入庙，见壁画，憬然心悟。潜穴马腹，则藏镪满中。亟辇以归，称富人焉。

明清时期，外省人不断进入云南经商开矿，不少人也因此发财致富，其中尤以江西人多见于记载。这个故事本身未必可靠，但却比较典型、生动地反映了江西商人在云南经商致富的史实。此外，该书卷七至十六，博采群籍，参以见闻，杂记云南地方风物、少数民族风俗、部分民族语音；卷十五、十六，收录有关云南之遗文遗诗、诗话楹联；卷二十至二十二，记载明清云南土司等，都有一定的学术或文献价值。同时也必须指出，和多数古人笔记一样，该书因袭前人，搜奇猎异或道听途说的内容也在在有之，读者自当鉴别。

王定柱《滇语备忘录》一册不分卷

抄本，云南省图书馆藏书

清·王定柱著。按《新纂云南通志·名宦传》等，王定柱，字椒园，直隶正定（今属河北石家庄）人。乾隆五十五年（1790）进士。嘉庆六年（1801）十一月，奉命经辰沅水道"之师宗任"。嘉庆十八年（1813），又改官云南普洱府思茅县同知。任内多惠政，"边裔安绥，人民乐业。合郡仰其德，设位于思诚书院，春秋祀之"。另据该书零星材料，作者称其曾"至丽江领邑一年"；"权守永昌"等，是知其宦滇地方不一，时间不短。还著有《鸿泥日录》《鸿泥续录》等。

不立目综合类笔记。杂记云南史地风物、山水花木、宦滇人物、民族风俗和时事异闻等，尤以云南奇特物产为主。所涉地区尤详于省会昆明、丽江、师宗和广南。如记昆明名胜古迹和丽江雪山，记云南特产如"滇树多奇，凡不知名者当地人皆呼'青树'。滇花种最繁，色彩鲜媚，但香味较他省淡薄，以冬无严寒，蓄酝不厚耳"；记昆明古丁香，"云南巡抚署后圃（昆明如安街原昆八中），临衢有丁香一株，倚东垣下，扶疏出墙，约百余年物云"；记腾越老梅云"（昆明）唐梅以外，所见惟腾越鲁梅，绝胜。鲁者，主人之姓。其肌理坼驳，大类唐梅，不致降为邾莒。腾越有语云：鲁梅金松胡杜鹃，梅松皆奇古杜鹃"；记他郎（今属墨江）古木曰："铩香木，结子如圆球，有香气，不多见。他郎有训导师铎而无文庙，金棠孝廉于庚辰、辛巳岁暮建之。求木可栋者，得斯木数株，其巨者长九丈，围八尺，去城才十里许，千年未戕斧斤"。此外，记产在藏区的"雪蛆"（看似虫草）、用玉龙雪山雪水和草药制成的"万年雪水紫金丹"、槟榔治瘴功效等等。

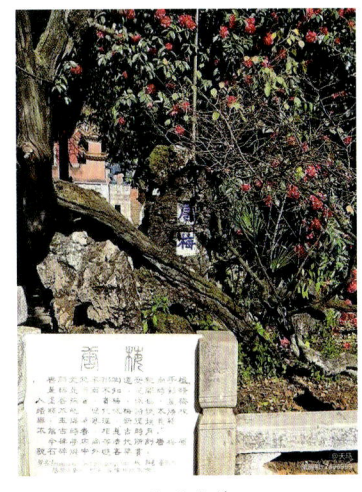

昆明唐梅

另据作者所记，当时云南边疆民族地区社会极不安定，少数民族事变时有发生，如记邱北"沙夷王运泰纠沙众三千人反叛，自号'大丈夫'"、维西傈僳族"恒乍绷"兄妹率众起事；镇沅绅士马佑初"纠集地方文武博士弟子及贡入成均（国子监）者八千多人"以组织"团练"为名起事，自称"马大元帅"；师宗等地生产供军队使用的"焰硝"，设有"硝厂"，由于官吏的盘剥和勒索，不断引起硝民的反抗；等等。

又如，记时任云南巡抚永保，满洲镶红旗人，既"能征惯战"，却又不乏文才。其所撰联语有云："中丞锡斋先生工书，如董香光。自书两联刻之斋中。一云：'势到万难须放胆；事当两可要平心。'二云：'行言不易空言易；评事无难了事难。'"永保召集作者等同僚一起赏析对联，某同官建议改第二副对联的下联为"了事无难晓事难"。作者认为，"了事乃晓事。人真了事者若都不晓事，当如何乃了？但苟且补苴，希了事，目前酿痈至溃，其事何由得了？"今天看来，所作三副对联和作者的评论，遣词平淡工稳，而又极富生活哲理。但值得玩味的是，它们多少反映出当时云南地方高官面对社会动乱，无可名状和无法了结的不安与无奈！

此外，该书也有因实地见闻对历史考证提出某些新见。如考说诸葛亮所谓"五月渡泸"曰："武侯五月渡泸云即今潞江，其东岸名'干沟'，俗云即烧藤甲处。两岸十余里皆炎热，中途一村，清凉可憩居。人相传孔明于此驻师，以道法除瘴患，故名其地曰'孔法'，遂以孔为伏龙族氏矣。予以壬戌（嘉庆七年，1802）权守永昌，筹剿野夷。五六七八月往返，十二（月）渡泸，幸无恙。"或可聊备一说。

嘉庆二十五年（1820）十一月，王定柱调升四川成都府知府。此后，又著《滇蜀纪程》，记其自昆明启程，经滇东北、贵州至四川一路行程和见闻。云南省图书馆亦有抄本。唯涉滇内容太少，恕不赘录，识者自见。

郑光祖《醒世一斑录》五卷

《四库全书存目丛书》本

清·郑光祖著。郑光祖，字企先，号梅轩，江苏常熟人。自幼读书好学，敏于思考，却屡试不第。乾隆五十五年（1790）其父以捐纳得任职云南大关县。光祖时年十五岁左右，随父宦滇，得漫游滇东北及川黔等地。乾隆六十年（1795）左右离滇。他曾据游历见闻，先撰有《南随笔记》，后佚，其部分内容尚可略见于此书之中。还著有《河工琐记》《舟车所至》等，有待访寻。

此书又名《一斑录》，立目式综合类笔记。主体内容析为《天地》《人事》《物理》《方外》《鬼神》五卷，再附录《权量》《勾股》《医方》和《杂述》。后者多记说川黔、云南之事，地涉全滇，内容驳杂。

如《杂述》之二，记云南澜沧江、盘江及"永善所属黄坪在金沙江东岸对江西岸"等临江险要处所建"溜筒"索渡；记云南运京之铜"先由旱路落船，一在大关盐井渡，一在镇雄州南广，一在永善县黄坪，共到川省泸州会齐，然后造船长运到京"；记"铜舟以行速如奔马，每舟水手十余人；头工、舵工两人为之主。每过急滩，群石当中，流水分门户。两人谙其通窒。

水喧,语不相闻,舟头舟尾,引手相应,推招自如",虽然如此,也难免翻船;记永善"金沙厂"、鲁甸"烙马厂"之银矿采炼,中甸、维西之铜厂经营;记川滇沿江之淘金技术。

再如《杂述》之六,记乾隆五十五年(1790)为祝贺皇帝八十寿诞,"南夷接踵来朝,贡象不一"。其中一头母象在昆明象房(在今绿水河)生下一头小象,"观者涌塞,母象怒而出走,市中遮檐屋角,如摧枯拉朽!"所幸被象奴费力拦回,母象才得以带着小象一路走到北京。记大关厅镇雄州等地所产"方竹,大仅如指,略有方形,质坚厚,可用为烟筒。邛竹,即罗汉竹,亦产其地。小者如指,节大如钱;巨者如杯,节大如碟。节匾回环如刀口向外。不可用编造一切器物,惟为玩殊佳,故以之作杖也"。这是否张骞通西域所见之"筇竹杖",则有待进一步考证。

尤为突出的是关于乾隆末年云南金银、制钱比价、市场物价等经济指数的记载。如《金价》条,记乾隆五十五年(1790)左右,"滇省黄金一两换银十五两,数年无甚更改。时(与)江南亦略相等。滇南省城银一两兑钱一千五百文"。但从乾隆五十九年(1794)之后,制钱质量下降,大小厚薄不等,银一两可兑制钱多达二千至十千文;且政府同意各府设局铸钱,大到省城昆明,小到东川、镇雄、大关等府县也多有私铸制钱者,导致一府之中不过数站之地,银钱兑换差别很大,于是钱法大坏!对于研究清中叶云南经济史提供了某些参考信息。

潘世恩《使滇日记》
一册不分卷

潘氏《陟冈楼丛刊》本，民国二十九年（1940）

潘世恩画像

清·潘世恩著。潘世恩，清代名宦，字槐堂，一作槐庭，号芝轩，江苏吴县人。乾隆五十八年（1793）状元，历任内阁学士、户部左侍郎、翰林院掌院学士、体仁阁大学士、军机大臣等职，又曾充续办《四库全书》总裁。鸦片战争爆发后，他支持林则徐禁烟，力主"严内治，御外侮"。善书画。还著有《潘文恭公自订年谱》等。

嘉庆四年（1799），潘世恩奉命补授云南学政，任期三年。明清时期的学政主管一省文教，同时具有监视和反映地方民情的权力，地位十分重要。按规定其主要职掌是：

一、巡回主持全省文、武生童进学考和补考，史称"院试"。

二、巡回主持全省生员（秀才）的"岁考"和"科考"。前者旨在考查生员的学习情况；后者旨在决定参加上一级考试——"乡试"生员的考试资格，史称"荐士"。

三、巡回主持从全省生员中直接选拔进入中央国子监读书的优秀人才的考试，史称"岁贡""优贡"和"拔贡"考试。

四、巡回主持全省地方教育人员的业务考试。

五、参加云南乡试的"外帘"工作（但无决定权）。

六、为官学和书院学生讲课。

不立目专题类笔记，按时日记其履职过程。起自嘉庆四年（1799）八月二十四日受命以来，迄于嘉庆七年（1802）二月二十九日交差回北京之后为止，较为详尽地记录了他在云南的履职情况。对于研究清代云南学政的工作、童试和学额等，具有重要的史料价值。

云南贡院考试号舍

其涉滇部分，大体从嘉庆五年（1800）正月廿四日开始，先后赴景东、普洱、腾越、顺宁、永昌、大理、丽江、楚雄等府县主持上述"院试"等。闰四月廿三日回省城昆明。五月，主持该地区属县各种考试。六月至七月，在省城五华书院等为学生讲课。八月初一至九月廿一日，在昆明贡院参加云南乡试。十月至嘉庆六年（1801）正月，又重赴景东至大理主持"院试"等。正月十六日回省城昆明。二月初三至初六，主持澄江、新兴、路南等地"院试"。二月十六日至三月初十，先后赴临安（今属红河州）、广西（今属泸西县）、广南（今属文山州）等府、县主持"院试"等。三月十八日赴曲靖地区主持"院试"，廿九日，返回省城昆明。四月初十日至月底，主持该地区属县"院试"。五月至七月，又重赴临安、曲靖等府县主持"院试"等。八月初一至九月初，在昆明贡院参加云南乡试。九月至十月，在省城公干和应酬。十一月十五日，奉调离开昆明北上。由此观之，三年任内，作者先后巡考两轮，参加乡试两次。其巡考程序，我们以其

所记"景东府"之原文列示如下:

正月廿四日酉刻,进景东闱。

廿五日,下学放告。

廿六日,(考)生童经古,

廿七日,(考)生员共五百十余名。

廿八日,(考)景东童生七百九十名。

廿九日,忌辰,补考。

卅日,(考)普洱、镇沅、恩乐(生员)共五百四十名。

二月初一日,复试文生。

初二日,考贡复两场新进。

初三日,再复发落优生、文生。

初四日,下外场,观武生马步射技勇。凡四日。

初九日卯刻,(考)武生内场。午刻,(考)武童内场(文化考试)。

初十日,复(试)武童;考教官。

十二日,发落贡生、武生、新生。

云南学政考棚

潘曾莹《丙午使滇日记》一册不分卷

潘氏《陟冈楼丛刊》本，民国二十九年（1940）

潘曾莹画像

清·潘曾莹著。潘曾莹，清代知名书画家、文学家。潘世恩次子，字申甫，一字星斋。道光二十一年（1841）进士，官至工部左侍郎，与廷臣意见不合，适有科场之狱，株连其子，遂引疾归里。工书、善画、能诗。其书画艺术成就更高，传世作品，多为藏家珍爱。还著有《小鸥波馆诗文抄》《画识》等。道光丙午即二十六年（1846），曾莹奉命充云南乡试正考官。父子二人先后典试云南，古人誉为难得的"异数"！

体例同前书。和其父一样，按时序记其行程、诗作、官场活动、考试经过等。记时起于丙午年，即道光二十六年（1846）闰五月十四日从河北涿州出发，迄同年九月初二日昆明放榜。放榜以后，不记归程情况。重要的是，作者为我们提供了道光朝云南乡试的诸多历史事实。今仍据其原文列示如下：

八月初一日，进皇华公馆。（云南）督、抚以下遣人以帖请安。照例回帖。

初六日午刻，赴"会同宴"，即入闱。（此处记八房考官姓名等，略）。

初八日，请四房（考官）、监视（官）刻题，在正考官处。寅刻，发题。

初十日，率同考官恭祝万寿（皇帝生日）。

十一日，请四房（考官）及收掌（官）、监视（官）刻题，仍在正考官处。令写匠在"晒堂"处写策题。

十二日，上堂阅卷。

十四日，在堂上刷题，子（时）正，发（题）。

十六日，将所中文录出数篇。

十七日，传书吏写文，传刻匠刻文。

十八日，调二、三场卷。

二十五日，搜落卷。

二十六日，定草榜。

二十七日，看完落卷。

二十九日，将考中之卷交监视（官），发各房（考官）详勘（复查）。

九月一日，填榜。（云南）督、抚、学院在正考处吃夜饭。

二日，揭晓。

日记所称"皇华公馆"，即专门接待朝廷使臣的高级招待所，清末设在昆明翠湖公园内。乡试两主考不但属"钦差大臣"，而且是乡试命题、取录名额等重大问题的主要决策者，故潘氏下榻的第一天，云南地方最高官总督、巡抚等必须派人前来"请安"。所称"入闱"，既进入贡院。贡院在今云南大学，既是乡试考场，也是阅卷定夺的"招生办"。正、副主考和八房考官一经送入"闱中"，所有工作和生活都必须在闱中进行，直到揭晓放榜后才能"出闱"。明清时期，所有考官必须和所典试之省实行籍贯回避。据

173

潘氏所记，本次乡试，从第一房考官杨汝芝到第八房考官吕仪孙，分别为山西、广东、浙江、江苏等地进士出身的官员。八房考官参与出题、阅卷，有"荐卷"之权。文称"将所中文录出数篇"，指考试大体结束后，要选出本次考试的优秀答卷，刊刻行世，示范后学。所称"搜落卷"，指为了补足录取名额，主考官在各房准备抛弃的试卷中再次搜寻较好的试卷，相当于今天研究生考试的"补录"或"调剂"。如清代名臣左宗棠就是从"落卷"中有幸补录的考生！

据日记，这次云南乡试从考官进场到揭晓，历时二十四天左右。取录正榜涂修（《清秘述闻》作涂修政，解元，昆明人）等五十四人；取录副榜阚钦华等十人[①]。由于没有这科的《乡试录》等原始资料作证，所以不知道录取比例如何，但一般说来，每科乡试应考人数大约在千人以上，每人共三场试卷。如此众多的试卷要在不足一月的时间内经誊录[②]到评阅，显然非常仓促。难怪著名史学家钱大昕在典试湖南后，曾老实交代，他根本就来不及一份一份地细看考卷，只好采取"抽阅"的办法衡文评判。所以，乡试是清代科举全程考试中最难、也无疑是最为草率的一级考试了。

---

①副榜，指正榜之外的考生，无资格参加会试（国考），但可以再次参加乡试。

②为防考官认识考生笔迹而作弊，要将所有考生的墨卷送誊录所誊为"朱卷"，然后再送考官评阅。

马毓林《鸿泥杂志》一册四卷

道光六年（1826）刻本，国家图书馆藏书；日本东洋文库藏书

清·马毓林著。马毓林，字西园，号雪渔氏，商河（今属山东济南）人。嘉庆十三年（1808）进士，历官刑部主事、丽江知府等。善诗，有诗集《万里吟》。徐世昌《晚晴簃诗汇》选其诗作《丽江视事见年岁丰稔汉夷安恬喜赋见志》四章。其二云："鼓角声随弦诵音，西陲武备气俨森。经生岂识筹边策，壮士频怀报国心。慷慨有情思倚剑，升平无事欲弹琴。须知镇静方为福，忠信常书座右箴。"其四云："土语侏离未易知，欣看苍赤气恬熙。年丰比户皆篘酒，俗朴沿街尽贸丝。麦饼乳茶留客坐，芦笙铜鼓赛神祠。笑余忝作蛮夷长，无诈无虞两不疑。"亦可概见晚清丽江风俗以及作者为官心态。

云南各大图书馆失藏。笔者早年访读于北京图书馆，虽同为道光刻本，但并非完帙。二〇〇四年，笔者复访读于日本东洋文库。此本卷首自序作于道光六年丙戌（1826），称"余甲申（道光四年，1824）冬季，奉命出守滇南，渡黄河，涉湘汉，过洞庭，由滩河抵镇远。自镇远而南，日日山行。至乙酉（道光五年，1825）六月，始抵省城。旋赴丽郡，居会城之西，相距

一千三百余里。界连川藏，汉夷杂处。其山川、人物更有前人所弗及考核者。幸其地僻事简，公余之暇，辄取道途所经及闻诸友人者，抄录成帙。道光丙戌（道光六年，1826）长至后一日，雪渔氏叙于丽署之雪印行窝"。可知此书作于云南丽江县署，作者官丽江两年之后。

不立目综合类笔记，共四卷。卷一至卷二杂记滇黔风物、山川和土特产等，多取自作者亲见亲闻。如记当时云南尚不产棉，而"云南所用棉花来自四川者居多，亦有来自缅甸者。絮衣甚轻暖，价值亦不甚昂。各地织布者少，唯永昌一带多习纺织，其布流通各郡，亦颇可用"。记云南火腿曰："滇省所用火腿，有来自浙省者；有来自贵州者。浙省者甚昂；贵州者价尚廉，亦颇佳。又鹤庆所出者极肥大，亦尚可食。"可见"鹤庆火腿"更早知名于"宣威火腿"。记云南各地，特别是丽江和昆明地区自然物产也非常详细。

作者还尤其关注云南文化景观，所记一路名胜古迹之楹联、诗作（包括作者自撰诗）似此书之一大亮点。他当时所见的文化景观或已消失，故可供今天云南修史纂志、旅游建设者参考。如记马龙某路边茶馆楹联曰："马龙州西凉浆塘，有庙在路旁，僧人于庙厦卖茶，有额云：'冷然善也'。联曰：'尽可逍遥，忙什么？得坐且坐；何须烦躁，渴急了，有茶吃茶。'"清新自然的联语，不但善劝路人小坐饮茶，也分明说的是从容舒缓的人生哲学。又如记云南贡院的规制及楹联曰：

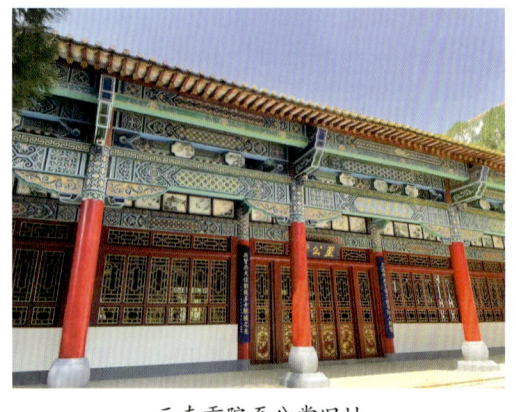

省城贡院在五华山北麓。地势极高，自龙门南望，城外诸山，烟岚翠霭，可把诸襟袖间。城内舍宇参差，万家烟火，毫无障蔽，颇觉豁人心目。号舍坚固为天下最。内层（指内帘，阅卷处）"衡鉴堂"有鄂西林相国（指云贵总督鄂尔泰）题联云："文明当

云南贡院至公堂旧址

极盛时，亿万年声教，不须润色尽属太平；赏识在风尘外，廿三郡人才，一经品题便成佳士。"盖滇省从前原系二十三府，今始定为十四府也。

此外，该书还记有丽江木氏土司的历史、丽江纳西族语言（纳、汉对照）、昆明地区农作物栽培方法和云南的花木蔬果、昆明万寿宫（江西会馆）的规模和戏曲活动等内容。卷三至卷四记云南历史人物和地方掌故。就中记南诏故事、杨慎轶事、建文传说居多，但考其内容，多无所本。且照抄前人者亦不在少数，如卷四记吴三桂云南旧事，几乎全抄自刘健《庭闻录》，故这一部分史料价值相对较低。

李诚《云南水道考》一册五卷

吴兴刘氏嘉业堂刊本，云南省图书馆藏书；《新云南丛书》本

  清·李诚著。李诚，字师林，号静轩，黄岩（今属浙江台州）人。幼承家学，嘉庆十八年（1813）以拔贡挑任云南姚州通判、同知，此后历任新平、顺宁（今属凤庆）知县，居滇多年。任内执法无私，勤政为民。精于经史、地理诸学。受云贵总督阮元之聘，参修《云南通志》长达五年之久。还著编有《水道提纲补订》《万山纲目》《新平县志》等。

  立目式专题类笔记。卷首杨晨撰序称："同里李静轩先生，本其父平斋之学，为戚鹤泉再传弟子。以嘉庆癸酉拔贡官滇中，历十余任，卓有政声。制府阮文达公令纂《云南通志》，书成，授简其子焕焘摹绘（云南）全省舆图，称为名作。此《云南水道考》殆亦修《滇志》时所作"，称赞其地理之学可与清代著名史地大家顾祖禹、戴震同列。卷一为《北盘江》《南盘江》；卷二、卷三、卷四为《金沙江》（上、下）、《澜沧江》（上、下）；卷五《潞江》。每目先穿凿群书，考述其江流之正源，然后顺流考述其支流所汇，及之其他新河、湖泊等。逻辑严谨，简明扼要。如《北盘江》条，考说其源流曰：

北盘江，即古存水，《水经》："存水出犍为存鄢县（今属云南宣威）"，是也。今为贵州威宁州。有二源：一出大梨树；一出赐得田，合流为瓦岔河。东流至云南宣威州围幛，为围幛河。右会得吉河水，得吉河源出宣威州西北三十里分水岭。北流，经备开邨西，又北流，左会断山口水。断山口水源出宣威州西五十里大幞山北，北流，经断口山，又北流，会得吉河。两源既会东北，流入瓦岔河。

正文之后附《滇南山川辨误》一条，针对赵元声《山水纲目》《徐霞客游记》、黄元治《大理府志》等书所记云南山川、道里、地名之误，提出自己的看法和佐证。针对云南古今山川地名变化太大、不同民族地名语音众多等因素，作者正确指出："滇南山川，考之于古，百不逮一，又往往与今不合，不能勉强迁就，仅可于近籍中求之，而舛误疏漏正复不少。谨为参互钩稽，举其可知者订正一二，其不可知者缺焉"。足证其治学严谨。

> **附录：《云南省各县水道岁修章程》，近·云南省水利局编印，一册，铅印直排本，时间不详，云南省图书馆藏书**

虽无序跋可考其编者及印行时空，但由文本每称"本局规定"等语，可断为民国元年（1912）云南成立"水利局"之后，由该局印发全省执行的水利章程之一。《章程》共二十二条，简明扼要。具体规定了各县每年对其境内河流、水渠的维修责任、技术标准和考核办法。如第三条规定："每年冬春水涸，为水道岁修时间。于此时间内，地方官应同绅民赶将境内水道一律修治完善。"又如，第七条规定了水道修治的基本要求是"挑浚必深，阻碍必除，工程必实"。同时，第十三条还规定"凡河渠海湖堤岸，均应分年种植树木，认真保护，务使茂密成林，以资巩固（堤岸）"。再如，按当时规定，每年的水道维修费用一般由当地自己解决，但是，"凡岁修水道遇有特别重大工程，而地方物力一时难逮，经本局查明属实，准照《水利经费借放简章》由（水利）局资助应用"。同时规定，地方官绅每年对境内水道的维修，由水利局负责考核，作为其行政工作考核内容之一。

附录：《云南航路问题》，近·丁怀瑾著，一册，铅印直排本，云南官印局代印，民国四年（1915）

丁怀瑾，字石生，晚号石僧，云南宾川县人，云南高等学堂毕业。一九〇三年，变卖家财，自费留学日本法政大学，加入同盟会。一九一一年，参加上海推翻帝制革命。光复后，任南京政府社会教育司司长。一九一五年，参加护国运动。一九一七年辞官回滇，专心致力于金沙江开航研究。曾任南京政府审计院审计等。抗战爆发，再度辞官回滇，不问政事，潜心佛学。一九五六年病逝。

卷首署"水利局局长"由云龙撰序，称长江上游水激石多，本不可通航，但"丁君石生富于新思，建议以为可浚而通之。出其《意见书》，则规画井然，知非好奇高谈者可比也"，并已"力言于当道"，开始着手实测。次为作者《上云南政府开小金沙江航路意见书大纲》，建议疏通开航的金沙江干流，是从四川巴安（巴塘）经丽江石门关，直至叙州，连通长江中上游航道；同时，进一步开凿普渡河、牛栏江等与此相关的支流水道等。作者指出，明清以来就不断有过这一计划，盖因"滇人性不习水，视航路为畏途"，加之无"确切办法"和政府不重视等因，故议而未决。作者认为，其实疏通这一航路并不比开凿巴拿马和苏伊士运河困难。建议首先进行科学的环境和工程调查，然后分三段施工。资金方面，除政府投资外，建议用鼓励和控制工商业主开采金沙江沿岸金矿的办法集资。他坚信这一航路的开通，有利于云南内外交通的发达，特别是能顺利出海，有利于带动云南工矿、商业和外贸的发展。

《大纲》之后为云南《巡按使饬令》，认为其建议可行，并将其《意见书》下发永北、绥江、鲁甸、金江等涉关这一工程地区的行政主管官员，令其"遵照切实调查，务须亲自履勘，或派明白热心、得力可靠之员绅履勘。事关本省远大计画，不得视同寻常之照！"饬令之后为赵藩撰《书后》一文，言其七世祖赵某当年曾草《广王靖远（骥）开小金沙江议》千言，上之沐国公、云南巡抚黄衷等，但计划"被梗而辍"。今天则"乐见其成"。此外，该书卷首还夹有《中华民国临时大总统孙指示开辟金沙江航路意见书复函》，抄件。孙中山先生也赞同此举，希望认真测量，绘示详图，以便"招致华侨投资"。检《孙中山全集》第三卷确载有此函，时间为民国五年（1916）十二月六日，足证此事影响较大。

> **附录：《云南水利问题》，近·丘勤宝著，一册，铅印横排本，昆明建新印刷局，民国三十六年（1947）**

丘勤宝像

丘勤宝，广东梅州市人，我国著名土木水利专家。北洋大学（今天津大学）毕业，康奈尔大学硕士。一九三八年，应熊庆来之聘，任云南大学土木系主任、训导长；又任行政院水利委员会讲座，云南建设厅、南盘江水利工程处等单位之顾问工程师，中国土木工程学会云南分会会长等。解放后，任成都工学院教授。1966年"文革"中被迫害致死。还著有《海岸国防工程》《战时铁路》等。

此书为《新云南丛书》之一。自序署"民国三十六年三月"。文称中国自古重视农业水利问题，自抗战以来，中央和地方有见于发展西南后方生产之需要，更加注重水利建设。并言及该书之编著曰："余自（民国）二十七年来滇，迄今十载于兹矣。在此期中，深感本省水力蕴蓄之丰富，农田水利对于本省农村经济之重要。无时不从事于水利之调查，搜集资料，细心研究，裨益问题之解决。举凡三迤水利之较著者无不亲历其境，勘查考察；且十年来本省兴办之水利工程，无论大小，皆幸有缘参加，使研究与实施之联系相得益彰。爰将研究所得、实施所历，编著成帙，公诸关心本省水利之人士。"

章节体云南水利研究专著。重要内容依次为：第一章《总论》；第二章《云南之水系概况》，包括水系概述、昆明附近急雨分析等；第三章《云

《云南水利问题》

南之水文与气候》,包括云南各地雨量、各河水位及水文等;第四章《灌溉》,包括云南农田水利概况及其今后的发展等;第五章《水利问题》,包括总说、现有水电厂概况、对开远等水电厂的个案分析等,是该书重点之一;第六章《防洪排水问题》,包括云南各河情况,南盘江、两姚排水工程等;第七章《航运问题》,包括云南各水道航运概况、金沙江通航计划等,亦为该书重点之一;第八章《本省水利行政统一之商榷》。全书还附录昆明、腾冲等地《雨量表》,云南各地《水文站表》,以及诸多水利、气候、航运方面的科学计算公式等。

林则徐《滇轺纪程》
一册不分卷

光绪三年（1877）刻本

林则徐画像

清·林则徐著。林则徐，字少穆，侯官（今属福建福州市）人。嘉庆十六年（1811）进士，先后任江西、云南乡试考官，江苏巡抚，湖广总督等。道光十八年（1838）以钦差大臣主持虎门销烟，声震中外！道光二十年（1840）因战事不利，清政府以"办理不善"，将其贬官伊犁。道光二十五年（1845），重新起用，先后任陕甘总督、云贵总督等。任滇督时，他提出整顿云南矿政，公平处理民族矛盾等。道光二十九年（1849），因病辞归。道光三十年（1850）奉命起为钦差大臣，督理广西军务，不幸卒于赴任途中。

不立目综合类笔记。湖南巡抚陈宝琛题写书名。卷首作者记其来滇原因曰："己卯五月廿七日戊午，考差人员候宣得旨，以则徐充云南正考官，吴慈鹤副之。祝庆蕃充贵州正考官，吴振棫副之。俱九叩头谢恩毕，回寓。"其所言"己卯"即嘉庆二十四年（1819）。这年，林则徐因主考云南乡试，从北京启程来滇。出发时间为"六月初八日"，抵达省城昆明的时间是"八月初一日"，历时几近两个月。其路线大体是出北京城，经河北、河南、湖北、湖南，进入辰沅水道，乘舟逆行至贵州镇远登陆，再从滇东北平夷（今属云南富源）一线进入昆明。

作者按上述日程，简要记录一路见闻和感触。由于其行程主要在云南之外，故有关云南之事不多，但此书最为重要的是，无意中为我们提供了东南亚国家经云南进贡大象的一段史料。我们知道，明清时期，缅甸、越南、暹罗（泰国）等国常常向中央王朝进贡作为仪仗的大象。贡象队伍究竟是如何从遥远的东南亚进入北京？检万历《云南志》等地方文献，只记载了从上述国家进入云贵总督府所在地昆明

清朝贡象图

的所谓上、下两路，出昆明北上之路线则不得其详。读此书得知，林则徐一行正好在湖南桃源县境内与南来的缅甸贡象队伍不期而遇。作者记曰：

（六月）十六日丙午辰刻，至桃源县，行馆在河㵲。因缅甸贡象入境，邑令恐前途驿舍不敷，劝余并两程行。申刻饭罢，又行。十九日己酉，寅刻行，平明，过马鞍塘，遇缅甸贡象过此。二十日庚戌，寅刻行，山路多险。巳刻，至辰阳驿。在驿馆小坐，云南伴送贡象之员亦于是日到此。行馆逼狭，邑令张时庵鸿箴劝余入城，住其署中。遂渡沅（江）入辰州府城，于县署之后堂下榻。廿二日壬子。张明府又留一日，以滇省贡使亦过此，夫马不足故也。

上述桃源县内的河㵲、马鞍塘、辰阳驿等小地名有待考实，但不争的

事实是，从云南北上京城的贡象队伍与从北京南下去滇的林则徐等所走的道路完全相同，他们都因为经辰沅水道而上下，故相遇于桃源（今属湖南常德）、辰州（今属湖南怀化）等地。贡象队伍庞大，致使小小的桃源县一时"驿舍不敷"，几失接待能力。从十六日至二十二日，贡象队伍在桃源境内盘桓七日，可见其行动非常缓慢！至于贡象队伍又是如何从昆明行至桃源，从桃源行至北京，还需更详尽的史料作证。

此外，此书也记载了作者作为科举时代的要员到达昆明时的经过和见闻：

八月朔日，庚寅，晴。卯刻，行二十里，至高坡塘。有亭，立铜牛一。又十里，过金马山。相传阿育王季子至德呼马于此，又名"呼马山"。汉王襃所祭或即其地，今有金马祠。省中以卤簿鼓吹来迎。抚军、司道皆遣迎。昆明庄明府君亲迎于郊，弗敢见。去城二里有太平桥，古名胜，砖桥，相传为诸葛武侯所建。入丽正门（今昆明近日楼），城甚宏壮。城中举袂成云，视黔省数倍。过五华山麓，五华书院在焉，鄂西林相国所建。使馆在五华山右九龙池（今昆明翠湖公园）上，俗名"菜海"，古称"柳营"，乃沐氏别业。馆有两院，与巢松前辈分住。

按清朝科考制度有关规定，云南地方大员要出城远迎主考林则徐一行。文称"昆明庄明府君亲迎于郊，弗敢见"，则真实地反映了清朝科考的另一个规定，凡与主考有亲缘关系者必须回避。按制，主考和副主考到达位于今翠湖的"使馆"后，只是稍作休息，就必须立即进入贡院。据《清秘述闻》记载，这科考试经林则徐等拟定的经义题目是"汤之盘铭""诵诗三百"和"其时则齐"三题；诗题是"'四面山如碧玉城'得'城'字"。考中解元（全省第一名）的是通海人李士林，取中名士戴䋒孙、池生春、杨国翰和李於阳，连同自愿弃考的戴淳，是当时五华书院的五位高才生，史称"五华五子"，并称这科考试"拔取公平得人！"

花沙纳《滇轺日记》一册不分卷

"近代史料笔记丛刊"本，中华书局，2007年

花沙纳画像

清·花沙纳著。花沙纳，字毓仲，号松岑，蒙古正黄旗人。祖、父两代皆为清朝著名武将。至花沙纳则弃武读书，射策入仕，颇具文才。道光十二年（1832）花沙纳中恩科进士，选庶吉士，散馆，授编修。先后充云南、顺天乡试正、副考官及礼部侍郎、吏部尚书等。曾参与近代多种中外条约的签订并出使朝鲜。还著有《韵雪斋小草》《东使吟草》等。道光十五年（1835），花沙纳奉命充云南乡试正考官，因著此书。

不立目专题类笔记。记说这次考差的时间、来往行程、诗作等。尽管所记文字甚为简略，但亦可为这次考试提供一些真实的信息。据作者所记，他于道光十五年六月初二日接到典试命令，是这年全国乡试最早确定的考官，

故其诗作"龙纶首被主恩深，万里滇池使者临"句下，自注云："云南试差最先点，而予名又其首列者"。临行，道光皇帝亲自召见了他们，特别告诫他们要注意搜罗遗才。故诗作"勒帛亦关明主虑，遗珠恐误使臣役"句下，自注云："天语谆谆以披落卷为念！"可见皇帝对这次考试的重视。接到命令后第九天，即六月十一日，花沙纳出京，开始了云南之行。日记表明，他经历了闰六月、七月，直至八月初二日才抵达省城昆明，则历时正好三个月。完成典考任务后，花沙纳于九月二十五日辞行离昆。于同年十二月十九日到京，又历时近三个月。而实际典考工作时间不过一个月左右，现就其自记时间，将典考工作程序归纳整理如下：

八月初二日，板桥尖。抵云南省。先至城五里之"迎恩塘"。首县（自注：昆明县令吴均）遣执事轿子来接。至公馆后，抚台咨文送上谕二道。

初三日，两提调送《科场条例》并《乡试录》《题名录》式样。初四日，作《乡试录》前序。

初六日，午刻，赴宴入闱。升堂掣入房签（按：即抽签决定八房考官房序。以下记第一房考官曹卓新等八人姓名等，皆外省籍进士、外省籍地方官）。

初八日至十二日，开始刻印三场考题和考试。

十三日至二十六日，一边开始考试，一边"看文"阅卷。共看248卷（指各房考官"荐卷"，因主考、副主考不具体分房阅卷）。

二十八日，彼此磨勘"中卷"（即考中准备录取之卷）。

二十九日，定草榜。发交各房"中卷"。

三十日至九月初三日，复阅"落卷"（指第一次未被推荐之考卷）。共阅1500本（份）。

九月初四日，酉正，写榜，子刻发出。

初六日，仍在贡院，磨勘"中卷"，加圈（指确定本科优秀试卷）。

初七日，出贡院。初八日，鹿鸣宴（指宴请新科举人）。

初九日至二十四日，会见新举人及官场应酬活动。

二十五日，离开昆明回京。

据《清秘述闻》《新纂云南通志》等文献记载，这科云南乡试主考官为花沙纳，副主考为朱其镇二人，不误。经义考题为"子曰当仁"一节；"忠信重禄，所以劝士也。时使薄敛，所以劝百姓也"；"养心莫善"一句；诗题为"'鹭立芦花秋水明'得'秋'字"。共有54人考中举人。解元为赛仪，永昌（今属保山）人。花沙纳来去皆经辰沅水道，自记出差云南的总时段长达七个多月，而实际工作时间仅为七分之一！刨去当时舟车来去的固定时间，恐怕一路上游玩访友也在所难免，这本是考官大人应有的特权。只是这类日记大多并不按日如实记事，其延宕游弋之事，且待进一步"审计"了。

佚名《开南随笔》不分卷

载《西南边疆》第三集，中央编译出版社，2011年

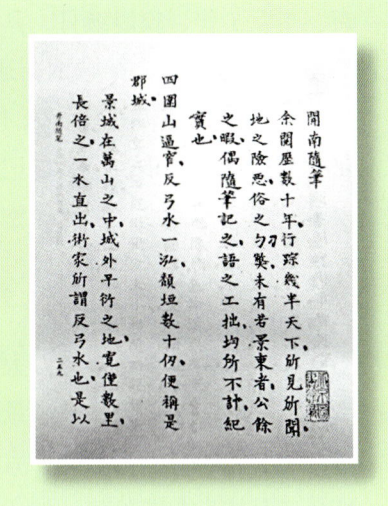

  清·不署撰人。所谓"开南"指今云南景东县，南诏时所设"开南节度"（银生节度）之首邑就在景东。作者当时在此为官，因著此书。序称"公余之暇，偶随笔记之，语之工拙所不计，但纪实也"。其所记内容皆为景东地区之民风民俗、行政事务、人物小传、土产盐务、灾害疾病等。体例不纯，实属信笔杂缀而成。惟其提到"伯制军"云云，当是嘉庆时云贵总督伯麟，则该书较为真实地反映了清中叶云南景东地区的社会历史状况，且鲜见前人称引。

  全书分为两部分。前半部分不立目，内容最多，结构新颖。每条先写竹枝词或五言打油诗一首，诗下再记注相关内容。如记咏当时的景东县城曰："四围山逼窄，反弓水一泓。颓垣数十仞，便称是郡城。"下注："郡城在万山之中，城外平衍之地，宽仅数里，长倍之。一水直出，术家所谓'反弓之水'也。是以民皆贫苦，鲜殷实者。"再如，记咏景东市场交易曰："三日逢街期，街市只盐米。无论汉与夷，买卖多妇女"。下注："景俗空二日赶街，街分大、小，相间而赶。每于期，乡民聚集，所卖盐、米居多，亦有

卖花布各物者，多系妇女交易，男子反少。"又如，记咏景东当时主要靠制盐生存曰："有男不知耕，有女不知织。终朝打盐块，赖之觅衣食"。下注："灶户无恒产，惟靠煎盐谋生。其盐煎成，用铜盒打成块，约重二两有奇。男女工作，夜以继日，其贫至于体无完衣！"又如，记咏当时景东之抢婚陋习曰："大礼重婚姻，通好须媒妁。胡为景地民，大半肆拐掠？"下注："景东婚姻，往往女家不允，即纠人抢夺。民间控告抢亲之案不一而足，拐占之案尤多。"又如记咏景东当时鼠疫等疾病流行之害曰："一闻灾疾至，举室尽远逃。挈女并携儿，终日哭号嗨！"下注："景民避灾不必有灾也，一闻人言某家有死鼠，即尽室以逃。悲惨之状，目不忍见！"

后半部则为立目式笔札，录《禳灾疏》《滇盐论》《金生传》《空心石记》《代办车里土宣慰刀太康叛降缅甸记略》《杂记》等篇什，亦颇有史料价值。如《杂记》，陈述景东奇异动植物和技艺：敲梆鸟、山蟹、水蕨、蟒子花、石峰丹、实心竹、风兰、攀枝花、低头草等等，对于今天开发当地特色产品或有参考价值。如记空心石曰："空心石，产邑西北山中。大者径七八寸，其次如碗、如拳；小者如胡桃、如雀卵。色似猪肝，质坚且细，光润异常。用作瓶盂，蓄水不坏。形质天然，纹理细密。"又如，记当地人工饲养孔雀也非常有趣：

孔雀产深山密菁中。其伏（孵）卵处衔蛇蝎各毒虫，布于卵四周，毒不可近。樵夫牧竖探得其处，潜取其卵归，付鸡伏（孵）之。雏较鸡雏为大，亦能自饮啄，并捕草虫饲之。逾年，大如其母，又逾年，尾长成，文彩始备。宿必居高，每去远，闻鸡唤，即飞回依其母，与人相同，较鸡尤驯。

杨怿曾《使滇纪程》
一册不分卷

清刻本，版刻时空不详；《小方壶斋舆地丛钞》本

清·杨怿曾著。杨怿曾，字成甫，号介坪等，安徽六安人。清嘉庆六年（1801）进士，历任翰林院编修、江西道和湖广道监察御史、都察院左副都御史、署兵部尚书等。道光十年（1830）四月，因云南腾越厅生员黄庭琮"京控"（相当于"上访"）其父被同乡何某杀害案，贵州也发生了几起"幕友劣迹"和舞弊案，于是朝廷便派杨怿曾、熊一本等监察官员前往滇黔查处其事。为此，杨怿曾一行从北京南下至湖南，经辰沅水道来滇。

不立目综合类笔记。无序跋。按时序记其往返云南之行程站点、所见山川景物、历史遗迹和应酬活动等。卷末附刻其诗作《使滇吟草》。作者等于道光十年闰四月初一日出发，七月三十日"至滇省城，住贡院"，则历时约四个月（含贵州公干时间）。关于云南的记载主要侧重于滇东北，且文笔简洁生动，对于我们深入了解这一地区或已消失的风物多有参考之处。

例如，记沾益州风景曰："晚宿州署中，北窗倚眺，平野四阔，青畴万顷，烟树濛笼，远山环带，颇似吾乡风景。忆自道经辰沅以来，忽然改观矣！"记杨林之得名及沿革云："嵩明州杨林驿，有杨升庵题诗处。群峰屏

列,有石如羊,元时本名'羊林'。后改为'杨林县',今改为驿。"记马龙县"义象冢"之典故云:"至马龙州城,道旁有'忠勇义象石坊'。相传前明水西安氏叛,率众犯州,陶土司御之。陶有一象,暮伏山涧中,鼻吸泥水数斛,突出,直抵贼垒,喷水跳跃。卷一贼掷空中坠死,众大骇。土司趁势逐贼,遂大捷。及晓,见象中毒弩而毙。土人德之,葬于南山,曰'义象冢'。"又如,记寻甸风景有云:"寻甸州大鼎山有海潮寺。登观音阁,俯视秀松湖,青畴白水,潋滟空明,数千里来,未见此景!四围林木葱青,苍松翠柏,多百余年物。山石皆青铁色。道旁有毒泉,饮之伤身。立有碑禁,行人戒之"。其所言"义象冢"和"毒泉"的传说,今天可供当地旅游开发者参考。

再如,"关索岭"是明清时期滇黔交界的必经之地和重要名胜古迹,故旅次该地者每有吟咏之作,但关于其起源情由等又众说纷纭。作者对此也提出自己的看法曰:

关索岭遗址

下板桥,至小关索岭,古"木密所"也。史载诸葛亮盟南人于木密即此。上有关帝庙,顾祖禹《方舆纪要》云:"诸葛武侯遣李恢、关索分道南征。恢以功封亭侯,关索为寿亭侯。少子勋劳尤著。土人至今祀之。"冯再来(甦)《滇考》所云亦同。或谓关索即关兴者,非也。庙前有武侯手植古柏,又有一铜马,相传为唐时物。至此回视黔省诸山,皆在足下矣。

又如,记作者所见包括昆明在内所谓"滇黔苗民"之一般打扮云:"其种类甚多,大约皆垂髻,以青布帕裹发,高盘额上,男女皆多跣足走险。初凉时,妇人有加以风帽者,亦有如道士方冠者。莫辨其为何种也"。还有一

192

条十分重要的记载说："滇省保保之属，多有在各衙门充当书吏者，其明敏胜于汉人。"说明当时昆明各大机关早已有少数民族"公务员"了！另据上引《清国史·杨怿曾传》记载，经作者等认真落实后发现，腾越生员黄庭琮的父亲并非他杀，乃"失跌受伤自戕身死"，则黄氏的"京控"就实属诬告。遂将其"照例坐罪"，反映古代对诬陷他人者早有相应的法制。公干之后，作者一行又从原路返京。历时一个半月左右。其中涉及当时镇远舟行至沅州一段云：

辰沅水道镇远段

九月初八日，自滇省启程，十四日至镇远府。由滩河舟行，前此河水甚浅，抵镇远时，因连日得雨，水涨四五尺，可以行舟，然水小滩大，上下甚险。是夜大雨达旦，迨登舟时水涨五尺许，顺流而下，绝无险阻。至沅州，见杨太守镇源云，前日涨丈余，固利舟行。现在水落数尺，忧为平顺。否则，水势过疾，建瓴而下，尤可畏也。六日而至常德。向未有如此顺且速者。

可见晚清时期镇远至常德仍可通航，但又并非随时可行，必须视江水之消涨而掌握其是否安全。此外，该书卷末还附出作者这次公干期间的诗作，多咏及昆明风景或同僚唱和赠答之作，如《近华浦登大观楼》《黑龙潭观唐梅》等等。

窦垿《铢寸录》四册八卷

东川书院刻本，咸丰十一年（1861）；
《云南丛书》本

窦垿画像

清·窦垿著。窦垿，字兰泉，云南罗平县人。道光五年（1825），领云南乡解（第一名举人）。道光九年（1829）进士，先后任吏部主事、考功司主事。道光三十年（1850），迁江西道监察御史。任内敢于上书言事，弹劾权奸。咸丰三年（1853），窦垿回滇治丧守孝。时逢杜文秀起义，诏窦垿与兵部侍郎黄琮等"督乡兵屯守昆明"，组织团练，参与镇压起义。后因与云贵总督吴振棫意见相左，被吴参劾落职。咸丰十年（1860），应聘任重庆东川书院山长。同治三年（1864），起任贵州城防局。次年病逝。窦垿在京供职期间，曾与倭仁、曾国藩、何桂珍等师从著名学者唐鉴问学。《新纂云南通志·窦垿传》评价其学行说："以道义相慕悦，其为学宗宋儒，严利欲之辨，笃信而力行之。以名儒立朝，刚正严毅自许，风采倾动当世。"还著有《晚闻斋稿》等。

不立目哲学思想笔记。记作者读书、讲学心得。署"同郡后学喻怀信"撰序，称该书成于咸丰辛酉（咸丰十一年，1861）夏，针对当时学界反对"道之一贯"，或盲目泥古、从而使人"疑道"的种种情况，"先生晦者明之，塞者通之，纷者理之，歧者一之。举诸子百家之论说以论其是非，考其纯驳"。作者开篇自释其书名说："朱子自言平生学问皆'铢积寸累'而得。以聪明如朱子者必铢积寸累，则我辈之必积而后成铢，累而后成寸也。"强调学习朱熹从点滴积累学识。全书大体以"程朱理学"为指导思想，但又并不墨守成规旧说，广泛论及心性、礼欲、气质、动静、知行等哲学和伦理问题。此外，亦兼涉史学及其他问题。和宋明以来诸多理学"讲义"一样，其语言通俗易懂，辩难答疑，机锋四起。诸多精彩议论今天也颇具教育意义。

窦垿岳阳楼长联

例如，理学家主张"存天理，灭人欲"；佛教亦有"灭欲"之论；"文革"中同样要求大家"狠斗私字一闪念"！而窦垿则比以上空洞的"斗私、灭欲"之论要真实得多，他只反对灭去不合礼（理）的人欲曰：

看来人欲亦不寂灭。孔子言"克己"，不言"灭己"。"克"者，战而胜之也，而"灭"，则是歼除殆尽。盖己灭则礼亦灭也，人心只可使听命于道心，不是灭人心以存道心。如佛氏戒淫而灭夫妇之伦，若夫妇之伦灭，则世界无人，并佛亦灭矣。己为身之私也，如饮食男女亦是身之私，合礼则非私也。"克"，只是以合理者战胜其不合礼者，而使之合礼。若灭饮食男女，则礼于何处存？

作者虽然不反对"灭人欲"，但坚决反对"纵欲"："欲不可纵。起居无时，唯适之宜（想要干啥就干啥），是纵欲也。纵欲非但害德，亦且伤

195

身。夫适或非宜，宜或不适。与其唯适之宜，何如唯宜之适。唯适之宜，以人从欲；唯宜之适，以欲从人"。他告诫我们，人应当用理智控制欲望，而不是一味服从欲望。但问题是如何控制欲望，这就涉及人的行为究竟如何是好呢？

对此，窦垿只好以原始儒学提出的非常正确但又非常难以把握的"中庸"作为行动准则。他重申"中庸"就是宋儒所谓"恰好处"，但究竟怎样才知道是"恰好处"呢？窦垿也只好用反证法告诉我们说：凡事都有"恰好处"，但何以见得是"恰好处"呢？他说凡事都有"不恰好处"，只要莫从"不恰好处"去做，"便见着恰好处"！问题虽然没有也不可能根本解决，但我们不难就中看出作者的聪明和睿智！这样充满哲理的精彩之论还并不少见。

如卷八论制怒——

怒时遽忘其怒，谈何容易。事前要养；事来要忍；事后要惩。

如卷五，论苦与乐——

或问天下何事最乐？何事最苦？答曰：苦处便是乐；乐处便是苦。受得一分苦，寻出一分乐；行得一分乐，寻出一分苦。

如卷一，析"走错路"——

人走错路时，其心中必以为此是路也。若才觉得错，即驻足矣。故凡心中觉得是路，时有错存焉。不可不慎也。

如卷一，斥"假谦虚"——

傲为凶德。今人之"谦"亦为凶德。且如秀才不敢以天下为己任，士大夫不敢以致君尧舜为己任。此岂卑以自牧哉？其心固所以避谤、邀誉、远祸而保福也。

理学虽早兴起于宋元,但这一时期对云南影响不大。从明朝开始,随着儒学和科考在云南的勃兴,官吏的回避制度使不少"重量级"的理学家如罗汝芳、李贽等宦游云南。他们或设坛讲学,或著书立说。科举也使云南的学人得以外出当官游学。这些因素对云南影响逐渐增大。清承明制,中原学术进一步通过科考、师承、交游、外出等渠道影响云南。云南虽然没有产生闻名全国的理学家,但却产生了不少值得深入研究的哲学著作。

吴振棫《养吉斋丛录》三十六卷

光绪二十二年（1896）刻本；北京古籍出版社标点本，1983年

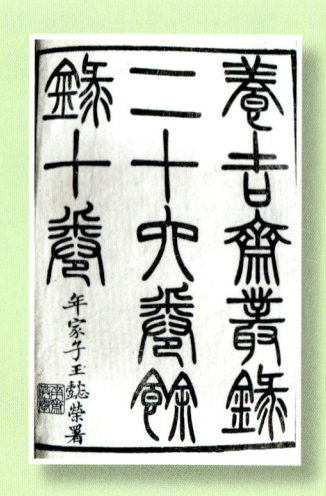

吴振棫画像

清·吴振棫著。吴振棫，字仲云，钱塘（今属浙江杭州）人。嘉庆十九年（1814）进士，道光二年（1822）任云南大理知府，咸丰二年（1852）擢云南巡抚，参与镇压太平天国军由广西进入云南的活动和云南回民起义，因功升任云贵总督多年。咸丰八年（1858）因病解职，离开云南。

清代著名不立目综合类笔记之一，由《正编》和《余录》构成。全书以记载清朝典章制度、科举考试、外交关系、名人佚事和京都风物为主，但由于作者居滇多年，故涉关云南史料亦多。如《正编》卷七、卷九记清代云南特殊礼俗及政策云："祀龙神行六叩礼，惟云南矿脉龙神，当时部颁礼节，行九叩礼，至今循用未改。"所言"当时部颁"，指清朝前期国家公布之礼节。祭祀龙神（王），行之于地方龙王庙，以求风调雨顺。云

南自元明以来，矿业在全国占有重要地位，故此礼尤隆于他省。又《正编》卷二十五云："云贵举人会试给驿马，自顺治间始，嘉峪关以外，新疆举人给驿马，自乾隆间始。""云南学政，旧时文武新生馈贽仪公用颇给。故议学政养廉时，独不及云南。"这两条材料反映清朝对边疆文教的倾斜政策。清朝前期举人入京考试准按官差使用国家驿马，后期改由国家计程发给一定车马费，自行来京考试，统称"公车"。"新生馈贽仪"是一种科举陋习，指中式新科举人必须向房师等考官赠送礼金。推知云南地方当局为考生支付此礼费，以减轻贫寒士人的经济负担。故后来清政府公开行"养廉"之法，云南便不涉及这一方面的问题了。又如，《余录》卷六考说《爨宝子碑》有关情况曰：

曲靖郡南之七十里，有晋《爨宝子碑》，乾隆戊戌己出土，卧荒烟蔓草中，无过问者。滇南修《通志》者未之见也。近以修《南宁县志》得是碑。移至城中武侯祠。爬剔苔藓，完好可诵。书"大亨四年乙巳"。考晋安帝元兴元年壬寅曾改"大亨"，次年仍称"元兴二年"，至"乙巳"改

爨宝子碑局部

"义熙"。爨氏僻在荒裔，盖不知"大亨"年号未行，仍遵用之耳。阮文达公见《爨龙颜碑》，以为滇南第一石，此碑在其前五十七年，文体字画又皆胜。惜不为（阮元）公所见。

《正编》卷二十四记"宣宗登极"即道光皇帝即位时，各省进贡"方物"。其中，尽管浙江、四川、安徽等老产茶区也贡有一两种茶，但却以云南"普洱茶"为主，分类多达八种。其品种对于今天继续弘扬滇茶生产或有一定参考价值：

云贵督端阳进：普洱大茶五十元（圆，指茶饼，下同）；普洱中茶一百元（圆）；普洱小茶一百元（圆）；普洱女茶一百元（圆）；普洱珠茶一百元（圆）；普洱芽茶三十瓶；普洱蕊茶三十瓶；黄缎茶膏三十匣。象牙一对；茯苓四元（圆）；朱砂二匣。

《余录》卷五记川滇彝族土司掠夺汉人为奴之事："名汉人曰'娃子'，女曰'蛮丫头'。富者蓄数十百口。故问夷人之富，先娃子，次牛马羊。一娃之价值五牛。娃子初至，漆其足，锯其耳。日入，系以铁缳，逻守之。日出，令耕作，惰则鞭棰。娃子年久，配以蛮丫头，生子女为'蛮奴才'。"这种掠人为奴的制度，与古文献所记商周奴隶制，乃至希腊、罗马奴隶制完全相同。又记彝人占卜云："烧羊骨卜之，吉，则传木刻。木刻长一尺，刻一二锯口于上，夷人视之，知于某日在某处打冤家，有不至者，众先戮之。无神佛，无年节，木主亦锯数齿以为号。"可见和汉族先民一样，彝族也有以兽骨占卜和刻木记事的文化特征。又如，《余录》卷九记清代昆明名士戴淳与作者之交往，可补地方文献之不足：

呈贡戴古村淳，工为诗文。刘寄庵大绅为五华书院山长，刊《滇南五子诗》，古村其一也。蒋励堂、吴巢松诸公，皆赏其才。余亲家陈午桥鸿督滇学，选为拔贡生。秋试屡蹶，益淡于仕进。悬壶市中，一以吟啸自适。所为《晚翠轩诗》，极清整有法度。初稿、续稿、三稿、四稿、五稿，共四十卷，余在滇时，尝以五律二首赠之。

《余录》卷九记昆明哑孝子故事云：

哑孝子，昆明人。乾隆间居东门外。贫且哑，不能治生。奉母室中，己出丐食，有得，则归以奉母。暑日，或与以瓜，受而不食，强之不可，瞰之，则再拜奉膝下矣。母亡，众议给棺，不受。至一井畔，汲之，得钱六千。盖所积以供葬费者。后不知所往。逾数十年，有见之迤西者，相传为仙去。余谓孝子得仙固宜，然事涉恍惚。若其人，则真孝矣。惜乎姓氏之不传也。

这大约是流传于清中叶昆明的一个真实的故事,影响很大。首见于滇人刘大绅《寄庵文抄》,题为《昆明哑孝子传》,但并无迤西成仙一段故事。后来,此事又收入《清史稿·孝义传》。民国年间,又选入高中《国文》课本。

《养吉斋丛录》记云南史事虽多本作者经历和见闻,可靠性较强,但由于作者知识和历史局限性所限,全书不免有许多诬蔑少数民族兄弟和道听途说之辞。如《余录》卷五记道光十三年(1833)云南地震云:"道光癸巳七月二十三日,云南地震。一日夜十余次。灾最重者为杨林、汤池。闻是日人家釜底皆有字,多寡不一。"考其所记地震属实,然称"釜底皆有字"云云,又岂足信哉!

王培荀《听雨楼随笔》附《乡园忆旧录》八卷
《续修四库全书》本

清·王培荀著。王培荀，晚清著名文学家、诗人，字景淑，号雪峤，淄川（今属山东淄博）人。嘉庆八年（1803），考中秀才，靠教书谋生。道光元年（1821）始中举人。道光十五年（1835），以举人应"大挑一等"，历任四川酆都、荣昌等地知县。道光二十三年（1843），任四川乡试同考官，"亲贤爱才，拔取公平，多得蜀人称颂"。道光二十九年（1849），"以年老致仕归田"，曾主讲般阳书院。咸丰九年（1859）病卒于故里。还著有《听雨楼吟社诗》《寓蜀草》等。

不立目综合类笔记。或由于作者长期生长在山东，闻之父老、官场，故其涉滇篇章多侧重于曾在山东为官的滇籍名宦、著名文学家刘大绅。如该书卷三，记刘大绅生平及在山东为官、题诗等事甚详，且少见他书所载。如大绅"三任新城，视如家，新城亦视先生如父。寿辰，父老登堂而祝者麇集。每罢任，必居新城，争迎养之。自远来，妇人孺子必夹道相迎笑乐，先生亦喜与之絮絮道家常"；任山东曹县令时，"不取民间钱，亦不奉上官一钱。视去官如脱屣也"。为防止胥吏"做手脚"，勒索农民多交税粮，大绅开创让农民当众"执斛自量"的先例！这也是他后来被处"犯罪遣戍"的原因之一。曹县和新城官绅民众得知大绅将被充军关外，纷纷为他痛惜流泪，奔走喊冤。最后，大家按制积资将他"赎罪"回籍。大绅为此特作《赎归引》二诗，其一云：

出关何年无？入关亦有时。谁知七品郎官归，赎自两县百姓手！官视百姓如仇雠，百姓视官岂父母？云何两县风气殊，谪戍其官引为咎。或诅于社或祝神；或聚而哭或狂走；或欲慷慨三公陈，或欲匍匐九阍叩。其小人曰必归公，公不即归我颜厚；其君子曰必归公，公之归也义不苟！

刘大绅，玉溪华宁县人，乾嘉时期曾在山东新城、文登、曹县等地为官，清正廉明，被老百姓尊为"刘青天"，嘉庆皇帝题评为"好官可用"。大绅后来辞官归里，聘为昆明五华书院山长，培养了不少人才，其事迹载入清代正史和多种碑传。此书卷二，还记有刘大绅赠山东学生、武举何维功之诗。卷三《题祥麟图》、卷四《题山东大明湖》等诗，皆与之有关。

嘉庆皇帝题书"好官可用"

另外，该书卷七还记载了另一位滇籍好官李文耕（馥斋）。他曾官鄹平县（今属山东滨州）令，重视地方教育，且工书法，"草字飞舞，不拘俗套。楷书似杂汉隶，古趣盎然。茶馆、旅店，每张于壁。有求（其字），无不乐为挥毫"。同卷，记说作者自己曾为云南著名清官、书法家钱沣（南园）的后人钱履和（劢生）所藏钱沣墨迹作跋等事，皆有文史参考价值。

佚名《滇游闻见随录》
一册不分卷

稿本，云南省图书馆藏书

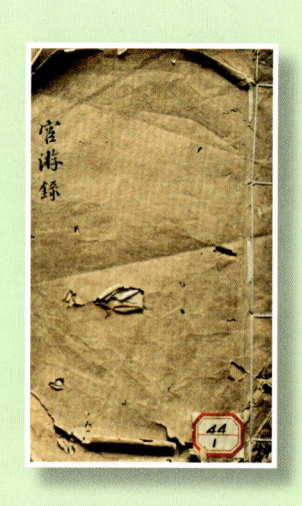

　　清·不署撰人。封面别题《宦游录》，唯据该书得知作者为太仓（今属江苏苏州）人，道光五年（1825）八月充"直隶总督衙簿子房典吏，道光十年（1830）六月，役满，考取一等，以从九品归部候选，时年二十八岁"。道光十七年（1837）三十五岁，分发到云南府（今属昆明市）等州县充当吏目、昆明城街道巡捕、盘龙江巡防、文武乡试和童试的搜检、巡逻、内帘传事等低级吏员。至道光二十四年（1844）左右离任。

　　不立目综合类笔记。全稿破损严重。整理者将封面题为《宦游录》，稿内作者则自题为《滇游闻见随录》。用松竹斋朱丝栏稿纸写成，行草，且前后有较大改动。大体以日记的形式杂记其宦滇活动与见闻，且每年皆先书其年龄，类似年谱纪事。从所记内容观之，其活动范围遍及昆明、曲靖、江川、昭通、大关、元谋、武定、元江等地，可见晚清一省之低级文吏的工作流动非常频繁，十分辛苦。因多据亲见亲历所记，故不少内容可资实证。

　　如作者曾奉命"督挖昆明金汁河，自小北岸到吴井桥工段、杨家河、采莲河工段"，故记称"滇中水有六河，盘龙江，六河之最大者。其余金汁、银汁、采莲诸河,皆其支流。每年一次疏浚,以防水潦"。又如,道光十九年(1839)二月,作者被派往江川"查铲芙蓉",因记云南烟毒之害曰:"滇人多以良田种罂粟。收浆制膏,以代洋产之鸦片烟,目为'芙蓉'。上谕查禁,官亦屡禁之,然不能净除也"。再如,记昆明城区之衙署、街道、名胜古迹、市井等内容尤多。如记城南玉石交易曰:"南门外校场坝(今校场路一带)商贾云集,售玉石者四;售杂物好玩之具者六。翡翠来自腾越,产在石中,最难辨识。购翡翠者但据璞之轻重大小议价,其中美恶虽玉人不能先知也。然佳者率罕遇";记圆通寺吴三桂塑像曰:"圆通寺正殿东廊角,有罗汉一尊。说者谓是吴三桂像。鼻上旧有刀痕,盖生时追敌,为敌所伤者";记昆明名花"优钵昙花,世不经见。惟滇中有之,(总)督署中(今昆明胜利堂)一株高丈许,花开色深,状如莲";记养花卖花专业户曰:"滇中花木四时不绝,茶花尤盛。兴富寺二株,定光寺一株,皆有干霄蔽日之势。城中刘、郭两园莳花最多,主人皆以卖花为业"。

记作者等人有关陈圆圆事迹之查访,更较他书尤详曰:

(道光十九年)七月初六日,偕秦梅生游瓦仓三圣庵,访陈圆圆遗像。瓦仓者,逆藩吴三桂置仓之所,据城西二里许。庵之老尼见修出盘一、碗一、数珠一、袈裟一、钵一示客。盘黑髹,绘水西异兽,边绕金龙;碗识"明嘉靖年",质甚朴;数珠雀脑,色润如玉;袈裟蓝绸制;钵系紫泥,内识"荆溪张君德制"。又出大轴一,悬于西堂。(老尼见修)云"是即开山师遗像。师,姑苏人,俗姓陈。吴王时称为'陈娘娘'。后从玉林国师在宏觉寺祝发,法名'寂静',号'玉庵'。康熙二十年,挈徒昆阳牧夫人李氏照能来居此庵。是时,庵舍仅数椽,庇风雨而已。(陈)与李夫人捐金葺之,拓地数尺,遂为今日香火。师乃八十一坦化,今墓在归化寺。后或言商山者,讹耳。李又收弟子二人。尼乃李氏之元孙也。衣钵等物皆生时所用。盘为吴王平水西乱时赐娘娘者。像亦生时绘,来时年六十。师弟相传,以为丰神毕肖"云。

二十二日,复偕秦梅生、朱怡伯游归化寺。访陈圆圆墓,距寺右数十步,寒烟蔓草,断碣犹存。字半漫灭。拂拭之,尚可辨。碣书:"大比丘尼寂静之墓，生于明戊辰年七月初十日，卒于康熙丁亥年七月二十日"。

关于陈圆圆像的石刻拓本和画像，清中叶以来屡有记载，且民国初年也有人亲见于昆明文庙民众教育馆，为该馆展品，可见其所记不虚。此外，该书还记录了当时云南"藩库有古铜符一枚，形如半月，篆文，不可辨，相传为汉孟获之物。又有铜印一方，如今之提督印，篆曰'荡羌将军之印'六字，旁镌'永历十二年礼部造'"。记"道光十三年七月十三日，云南各路地震。省城尤甚，坏官民庐舍，毙人畜不可胜计。滇人禳之。每岁七月，集善男若干人于土主庙，诵《大洞经》三夕，自十三年地震始也"。又如，记"攀枝花，状如木棉，树高五六尺，大者高丈余，二三月开花，花殷红如锦，收花晒干，以絮入衾枕，良"。另外，此书还记录了作者从昆明将罪犯被砍下的首级送到曲靖示众；到宜良、呈贡"查常年谷仓"；与同事宴集冶游等情况。

众所周知，古代高官名流、文人雅士之笔记甚多，但却很少见到此类下级吏员写下的笔记。尽管该书文字大多极其简略，且讹误和刊削之处亦多，但是作为亲历者记录，犹可考见晚清一个吏目的日常公干和他眼中的云南，值得进一步整理研究。

邹泽《反身要语》
一册不分卷
《云南丛书》本

清·邹泽著。邹泽,字慰农,昆明人,道光十七年(1837)举人,官通渭(今属甘肃定西市)知县。解组归里,云南当局聘为育才书院山长。生平好学能文,尤究心宋明理学。讲学特点是"先德行而后文艺,省心克治,切己体用,士论翕然",被称为"躬行君子"。还著有《欲寡过斋文集》。

不立目哲学思想笔记。开卷自序曰:"泽,赋质最钝,暗陋无似。近于读书稽古之际,偶有所得,每苦易忘,因随时札记,取孟子'反求诸身'之义,名曰《反身要语》,以自儆励云。"以下分条而出,看似某一阶段的读书笔记,内容驳杂,主要涉及心性修养的体会、理学观点的商榷,乃至对现实社会的批判等。语言简洁精准,善用比喻。例如,论宋学、汉学之功能和差别曰:

汉学、宋学虽各不同而实则不可偏废。乃尚考据者则崇汉而薄宋;谈心性者则崇宋而薄汉。要之,皆有所偏也。夫郑、孔、贾、马之注疏[①],则通

---

① 依次指汉儒郑玄、孔安国、贾逵、马融。

都大市之百货之所集也；周、程、张、朱之论说[①]，则权度量衡百货之所平也。本宋儒之论说，以核汉儒之注疏，亦如操权度量衡于通都大市之中，而百货之轻重、长短、多寡、大小，皆不能或有所参差毫厘于其间。盖汉学、宋学相为表里者也，故无汉学则宋学之议论无所发明；无宋学则汉儒之得失无所考镜。

这段议论大体是公正的。长于名物训诂的汉学（又称考据学或实学）极大地丰富了传统儒学的知识体系；而长于义理探索的宋学（又称理学）极大地丰富了传统儒学的理论体系，有如鸟之双翼、车之两轮，共同承载着儒学的发展，缺一不可。当然，作者将宋学高看为衡量汉学的标准，又反映出宋明理学对云南学界的影响要大于汉学。此外，作者对晚清官场、学界的几段议论也很有见地——

官有"官常"，奉公守法，勤政爱民是也；家有家常，父慈子孝，兄友弟恭是也。今之所谓"官常"者，应酬套数而已；所谓"家常"者，则盐米琐事而已。

古之人原以明道；今之人转以晦道。古之文原以载道；今之文适以害道。

要天下官好，只是振作学校，以养人才；慎重选举，以清仕路；公平诠荐，以励官德。至于三年甄别，不过激扬之用尔。

作者明白而尖锐地指出，晚清的官场已背离了"奉公守法、勤政爱民"的根本宗旨，不讲求实际，上上下下多以"应酬套数（路）"互相对付。家庭基本伦理丧失，不讲求尊老爱幼和兄弟姐妹的团结，成天只会在鸡毛蒜皮的小事中互相纠缠、算计。作为知识分子也不像古代圣贤那样，以发扬和践行"大道"为己任，其行为背离"大道"，其文章祸害"大道"。作者认

---

① 依次指宋儒周敦颐、程颢、程颐、张载、朱熹。

为，要改变这种状态，要想澄清吏治，首先要"振作学校"、培养人才；其次，要从官吏选任的制度上，特别是任官之前的制度上下功夫，注意"慎重选举"和公平竞争，而不是等官吏到任三年之后，才采取形式主义的"甄别"（考核）措施。其所指陈的历史经验也值得我们今天注意。我们今天的贪官污吏，基本上都是"一不小心"犯法出事后才知道"原来如此"！查阅他到任之前三年，乃至十年八年的所谓考核"甄别"成绩，哪一个不是"优秀"？

菊如《滇行纪略》
不分卷

载《西南边疆》第三集，中央编译出版社，2011年

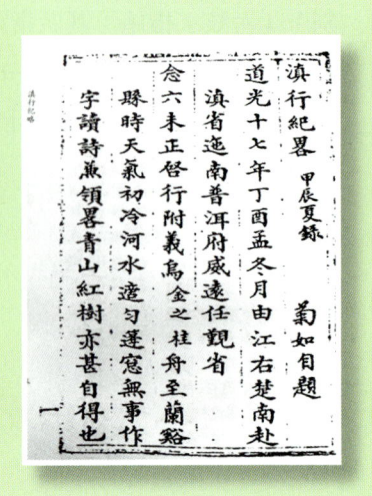

清·菊如著。张士保，清代著名的书画家，字鞠如，号菊如，掖县（今山东省莱州市）人，清代画家、学者。道光十二年（1832）副贡生，光绪初年曾选任临淄教谕，卒于任内。

不立目综合类笔记。据该书得知，作者于道光十七年（1837）自浙江出发，经辰沅水道、贵州、滇东北、滇中至"普洱威远"，即今云南景谷县探亲，度其家人当时在此当官或某盐场做事。在长达一百三十多天的旅程中，作者称"长途寂寞，借翰墨为消遣，亦聊以存雪泥之迹"，几乎按日记下其行程、见闻和感触。同时，间或夹以一路诗作。对于了解晚清辰沅水道交通、黔滇风土人情、名胜古迹、城乡商旅等多有可观之处。如据作者所记，从浙江至贵州镇远，陆行加水程（逆水），共费时一百天左右，而从"镇远至滇，陆行三十余日，虽山路崎岖，却无稍劳顿"。又因作者多日休整于昆明，故对滇中市镇多有记说。如记昆明市所见有曰：

南关外有金马、碧鸡两坊，极其高耸，乃百货汇聚、人烟辏集之所。新

市街宛如京都荷包巷。三府署前则为货玉器者之所集也。是时（初夏）尚有雪卖，和以蜜糖、人多食之。滇省土酒曰"仿绍"，味稍逊绍（兴）酒。万寿宫距南城里许，乃江西全省会馆，殊巨丽。城隍庙供奉于忠肃（谦），匾曰"赤手擎天"。五华山居会城之中，为全郡风脉所关。上建万寿亭，左悯忠寺，右武侯祠，王楚堂先生一联颇自然曰："兴亡天定三分局；今古人思五丈原"。俯视烟火万家，历历在目。城外滇海亦觉汪洋万顷！

菊如墨迹

其所记昆明"万寿宫"之宏大，正确反映出明清以来外省移民确以江西人居首。"仿绍"滇酒，又说明江浙移民或仅次于江西人，故老昆明饮食偏甜，又多受其影响。其所见昆明新市街、城隍庙之位置和规制，则有待考证。值得注意的是，作者也记有初夏的昆明人多爱吃类似"雪糕"之类的解渴食品，则反映昆明并非年年"四季如春"？那么，当时的昆明又是如何制出这古典"雪糕"呢？也有待进一步探索。又如，记呈贡并录诗作曰：

呈贡城内四围柏树成林。登城西望，绿野平铺，滇海亦觉汪洋一片。作《呈贡道中》云："攀援万重山，忽然走平壤。如鸟出笼中，振翮心顿爽。举头天地宽，放眼山湖荡。麦田万顷绿，柏树千丈苍。道旁木香花，含苞争欲放。未免闻香风，时触故园想。"

段桢龄《味道集》
一册不分卷

光绪十七年（1891）刻本，云南省图书馆藏书

　　清·段桢龄著，其子晋康、勋建等四人编校。段桢龄，昆明人，号桐轩，十六岁考中秀才，道光二十九年（1849）举人，此后屡赴礼闱不第。光绪二年（1876）选为大理赵州学正，先后在地方从教四十多年，"循循善诱，及门中登科第者数十人，列胶庠者百余人"。其余事迹待考。

　　不立目哲学思想笔记。卷首有光绪十二年（1886）贵州籍状元赵以炯撰序，作于光绪十七年（1891）。文称该书作者之子建廷为赵氏光绪五年（1879）乡试时"房师"[①]，赞扬该书"语约而意深，理精而词湛"。二序陈荣昌，三序作者之侄、翰林院编修陈思霖，同作于光绪十五年（1889）。时荣昌先生为贵州学政，与该书作者之子同僚。后者称其于光绪四年（1878）主讲大理西云书院，常常向段氏请教，并得观此书。

　　自序作于光绪五年（1879），行书写刻，称自咸丰元年（1851）"公车再上归来，乃于辛苦备尝之余，取前所读之书读之，或挑灯夜诵，或对酒

---

① 房师，科举考试分房阅卷，然后各房考官再向主考官"荐卷"。考生先被哪房荐出，哪房考官即为其"房师"。

长吟，此时功名之心俱淡，而科第之见、词章之习亦俱忘。乃仰而思、俯而悟，怡然有会，超然有得，爰取笔之用以自砭自警，自印自证"，撰成此书。作者自释其书名曰："功名念淡而后见道德之味甘，科第念忘而后觉诗书之味永。"

作者明显深受陆王心学的影响，明确表示"舍心而言学，便到极处，亦是异端左道"，主张"人心"即是"天心"，所谓"心无体，以天地万物为体"。又曰"人之神即天地之神。人不欺心，即不欺神。夫何舍心而乞灵于土木也？（指求神拜佛）"。唯其如此，作者形象地把"仁心"比喻为"果仁（核）"，认为其样子像"太极图"。其生息繁衍如种子，千百年来，化生万树千枝，为圣为贤，但其生机不灭，形神不变：

果实之有仁也，其太极乎？判而为二也，其分阴、阳乎？中含一点生机，发为千枝万叶。由前言之，原不加少；由后言之，原不加多。使历千百年，仍是此花此叶。花又结果，生生不穷。方寸中一点仁心，发泄出来，智周万物，道济天下，亘千百年，为圣为贤，心心相印，无不同也；亘千万里，形形相续，无或殊也。《易》曰：安土敦乎仁，故能爱。

在实践论方面，亦宗陆王心学，而主张"慎独""克己"和"内省"曰：

"慎独"二字，乃孔门传授心法要语。故曾子、子思特地拈出，意者心之所发，正是人不知而己独知处。所谓天、人之界，圣、狂之分，皆决于此处。能慎，则道心有权，而人心听矣。吕新吾曰：无屋漏工夫，做不得宇宙事业。

当理、欲交战时，拿得稳，守得定，打熬得过，真是铁汉子。战千军万马易，胜一己之私难。

内省不疚，夫何忧何惧？故曰知者不惑，仁者不忧，勇者不惧。

史梦兰《止园笔谈》八卷

光绪四年（1878）刻本；《续修四库全书》本

史梦兰画像

清·史梦兰著。史梦兰，晚清著名诗人、藏书家，字香崖，号砚农，乐亭（今属河北唐山市）人。自幼好学，尤精通文史、地理、方志学。道光二十年（1840）举人，任国史馆誊录，选朝城（今属山东聊城市）县令，以母老未任。后半生主要致力于地方志的编纂和乡邦文献的整理，还著有《乐亭县志》《畿辅艺文考》等。

不立目综合类笔记。作者未必来过云南，其所涉云南史料条目，或与其长期从事地方志工作有关。如卷六记云南丽江木氏土司、姓氏和"避痘"习俗曰：

云南丽江府在前代为土府，初姓"麦"。明太祖易为"木"。木氏诸宅东向，以受木气也。自汉居此二千载，宫室之丽，拟于王者。盖大兵临则俯首受绁；师返则夜郎自雄。故世代无大兵燹，且产矿独盛，故其富冠诸土郡。其地止分官、民二姓：官姓"木"，民姓"和"，无他姓者。

人极畏出痘。每十二年逢寅出痘一番，互相牵染，死者相继。然多避而免者，故每逢寅年，未出（痘）之人，多避之深山穷谷，不令人知。都鄙间有一染痘者，即徙之九和，绝其往来，道路为断，其禁甚严！九和者，乃其南鄙，在文笔峰南山大嵴之外，与剑川接壤之地。

又如，作者某友人的父亲曾与云南名人师范同官。卷三记师范（荔扉）佚诗一条云：

滇西师荔扉孝廉随侍尊甫于石碑场大使署，题咏最多，余已摘其有关吾邑者载入《乐亭县志》。其在石碑场也，署中筑书室名曰"海上舟"，落成，歌以诗纪之，亦取屋小如舟之意。临去，《别海上舟》诗云："几度操舟愧此身，风高不许下丝纶。而今去作樵夫长，留与人间载散人"。

由此条所记，或可从《乐亭县志》找到更多师范的诗文作品？此外，该书还记有某些云南地名的来源，如卷六曰："滇南村墟有名'十五宣'者，宣，取'喧聚'之义，谓众之所集也。其人皆夷"。但此说正确与否，则有待进一步考证。

何彤云《赓缦堂杂俎》一卷

咸丰九年（1859）刻本；
《云南丛书》本

清·何彤云著。何彤云，字赓卿，号子缦，昆明晋宁县人。道光二十四年（1844）二甲进士，散馆，授编修。曾官至四川学政、户部右侍郎、南书房行走。一度为咸丰皇帝宠臣，互有诗赋唱和，这在滇籍官吏中并不多见。工书法，善写山水兰梅。还著有《矢画音集》《赓缦堂诗文集》等。

不立目综合类笔记，附刻于《赓缦堂诗文集》之末。所记范围不限于云南，其涉滇内容多为宦迹见闻、科举轶事、民间传说、自然灾祥、学术考证等。如记道光初年昆明街头出现一位长于"腹语"的女口技艺人，她"能言凶吉，其声一在口，一在腹，相为问答。在腹者听之如婴儿语，朗朗可辨。或疑潜怀异物，探之实无"。据作者考证，这其实就是古书所载"绛树歌能作双声，一声出鼻中，未为奇也"。又如，据《唐书·王屿传》载"葬丧皆有瘗钱，后世俚俗稍以纸寓

何彤云墨迹

钱为鬼事"，考称秦汉时曾以真钱为死者殉葬，是可证之出土古墓中多有金银钱币，后来才渐渐用纸钱代之，成为民间丧祭时烧纸钱千古不变的习俗。又如，据《后汉书》等所记，东汉曹大家称其子曹成之字号"子谷"；张母称其子张邵之字号"元阳"；东晋书法家王羲之称其子王献之的字号"子敬"；等等，确证早在汉晋时古人就有以字号敬称人名的习惯，尤其是当面或书信，往往不直呼其名。审是。

杂俎还多记故乡昆明以及北京、四川、江浙等地所见"物异"趣事。如记"昆明城内圆通山前后一带，每十数年间，辄有蛱蝶数万飞集树间，大小联缀，五色迷目，宛然摘锦布绣也。每来必数月乃去，观者如堵，了不畏人"。关于明清时期"蝶聚昆明"的记载并不仅见于此，看来确有其事，说明当时昆明自然生态很好。今天虽不见"蝶聚昆明"的美景，却幸好有海鸥来翔，也算是对自然环境今不如昔的春城的一点意外的安慰吧！再如，记今泸西阿庐古洞所产可供观赏的"透明鱼"曰：

吾乡广西州（泸西）城西有洞曰"阿泸"。深三里余。初入甚轩敞，少进，即需秉烛矣。中产透明鱼，长不过二寸，状与常鱼略异，口长而锐，屈曲上出，映明视之，莹然如水晶，纤微毕见。然性畏风日，宜常置暗处，饲以钟乳。余在广西时，尝求得数头，盛以琉璃小盆，如法畜之，亦几案间一奇玩也。

今天这种鱼还有吗？笔者急忙打开新编《泸西县志》，在卷首彩图中立见《地河透明鱼》一帧！那鱼从腹部直到尾巴晶莹剔透，完全和以上记载一样。感谢泸西还保留了这一稀有的物种，感谢新编《泸西县志》将其公诸于世，如能进一步将其"开发"成旅游产品岂不更好？又如，记自己在北京琉璃厂遇到一位卖古董的老人，"半年未售一物"。作者问他"何不改居他货？"老人回答说："我干这个已经数十年了，岂能随便丢掉自己真心爱好的行业，去随波逐流呢？"作者因此感慨道："市井之人亦耻于随俗若是乎！"

顾文彬《听青志》
一册不分卷

稿本，云南省图书馆藏书

    清·顾文彬著。顾文彬，字东林，河阳（今属云南澄江）人，咸丰时岁贡生。"性情幽峭，独往独来"，其诗文亦不落俗套，云南提学使吴存义将其诗作数十首选入《采风集》。还著有《听青楼诗集》《东林吟草》等。

    不立目综合类笔记。无封面、序跋。书口题名，卷末书"听青志，河阳顾文彬著"一行字，看似方树梅先生手迹。全稿以行草写成，多有涂乙之处，则属未定之稿。内容侧重于明末迄于清中叶昆明社会历史和自然风物，其中出于亲身经历和耳闻目验者不少。

    如记自己参与钱南园墓的迁移曰："钱南园先生柩，初厝清水河祖墓上。相者以为孤露受风，以至人丁稀少，营于大板桥外乱山中，地愈凶恶。余与刘曦轩、王蕉仙劝公侄钱端复移祖墓侧，以便祭祀焉。端从之，今年迁回矣。"方树梅先生将此条采入《钱南园先生年谱》，略去"今年迁回矣"一句，系在钱沣去世后不久即"嘉庆元年（1796）"条下，则有待商榷。因为，按顾氏所记，南园之墓凡三迁，而最后迁回清水河祖墓的时间当进一步考证才是。

又如，记当时昆明虹山尚多林木、药材，其中有"万年松，叶似扁柏，多枝柯，俗名'打不死'，生石崖上，是苍苔化成。藏之笈箱数年，一见水即活。水松亦然。虹山在在有之，擂末可治刀伤，水松捣汁，可治小儿惊风"。记亲见鸳鸯云："鸳鸯种类最多，有黑、白、黄三种，昆明谓之'对鸭'，以其擒获必双。肉极肥美，余在永昌曾见金色者，灿烂夺目。"记其亲自驯化喜鹊曰："童时，蓄喜鹊一头，驯极。朝夕栖茶树上，随银鸽远近翱翔。每放学叩门，闻声下树，飞集肩背，左右不离。人呼之不应，饲之不食。七八年老毙，瘗之后园。再蓄一鹊，亦然。"

钱南园墓

又如，记幼时所见沙定州等被刑处之惨状曰："逆贼沙定州、余锡川、万氏等八九人之皮，蒙于（昆明）北门楼墙上示众，约百数十年矣。余童时尚见，自修城始焚弃之"。关于这类清初逸事可能闻自前人。再如记吴三桂遗物曰："吴三桂佩剑，长三尺六寸，宽三寸，重二斤。柄上镶宝石十二铢，光具五色。柔若钟表之发条，然可划瓷削玉。估客挟卖，先祖叔以为凶人之物。不然，重价购之矣。"同时，对前人有关云南记载或传闻之误，也能提出自己不同的看法。如关于吴三桂王滇的评价，作者亦有不同于正统史家的记说："吴逆在滇，恤民爱士，故得人死力。其孙世藩负固不屈，大清兵数十万众围城，数年始下。今妇女尚称之为'吴王'"。可见，评价一个人须多方面考察，全面论断。

除记说历史掌谈、社会风物和民间传说之外，作者也有对现实生活的褒贬、对为人处事的感悟，不乏启人心智的妙语警句。如记作者之"表叔钟俊得陈允传授《挨星地诀》"一书，自称按此移葬祖坟，子孙可以"大发"，但后来陈允"老死无子""表叔家亦败绝矣"。作者对此进一步评说："（巫）术之误人良可畏也。今河阳士庶尚挟陈氏之书津津不息，真是前车后车，同归一覆也！"再如，有人送给作者自题为《无遗憾集》的书稿，作者就此批评文人的骄傲心态曰："文字末事，不必炫耀于人。即使精义入妙，亦当虚心研究，或恐有未当之处，况此事为士者身内应有之物耳。近有人以稿投寄，笺自树曰《无遗憾集》。然乎？否乎？"

再如，记五华书院山长刘大绅学行有曰："刘寄庵先生掌教五华书院数十年，批评诸生试卷不下数十万本（份），而批语无一雷同者。其学问之深宏，即此可概也！"反之，作者指斥当时某些不良学风曰：

近日，学使以及诸广文（教官），其于文章诗赋皆不能了了当当，实知其底蕴。只模糊看去而已，此亦气数使然。早年父兄教习子弟，一切工夫皆从根底实在做去。近日教习子弟，皆从简便捷径路指之。其出身已浅陋，其衡人尚有不颠倒错乱者哉？近日大吏，太平无事，俱各讲究笔墨。或诗或文，或字或画，种种风雅事，雇用一切高手名士。终日长篇大幅，写作不息，落为己款，转赠半天下。安知彼酬和者又不是假手代笔所成乎？使后世人一见莫不叹赏嘉美，彼实门外汉，一无所识也。

又如，论"庸人自扰"之根源曰：

人未必如是，我疑他如是，于是说他如是，他又不肯认他如是，遂至骂他如是，他原本不有如是，遂至把他激成如是。天下本无事，庸人自扰之，信然。

由本书观之，作者不但博闻强记，而且也很有思想，故民国《新纂云南通志》将其列入云南"文苑"人物，是很够资格的。

吴嗣仲《迎护越使南旋日记》一册不分卷

长沙刻本，同治八年（1869）

越南汉文诗著

清·吴嗣仲著。吴嗣仲，字春谷，云南保山人，清道光十九年（1839）第九名举人，历官光化、枣阳（今皆属湖北襄阳市）等县知县，迁陆安府（今属湖北孝感市）同知，均州府（今属湖北丹江口市）、湖北襄阳府知府等。还著有《沅州府志》等。

不立目专题类笔记，为作者任湖北均州府知府时，奉命迎送越南使者期间的日记及诗作。首叙署"长沙熊少牧撰于同治八年（1869）"，文称"同治七年（1868），安南使者取道衡湘，修贡京师。越明年，礼成归国，春谷太守奉檄主境上迎送，往返月余，得诗若干首，见示少牧"。记事总时段为该年六月初三至七月十六日。越南国使者先到中国帝都北京朝贡，返程至湖北嘉鱼县。作者作为地方官奉命与广西土、流地方官在嘉鱼县（今属湖北咸宁市）境迎接，陪同使者参观游历，然

221

后，再护送其经由广西回国。作者记其所见越使并与之交流情形曰：

十四日，晤越南贡使。大陪臣黎峻，字叔嵩，号莲湖，癸丑进士，年五十，现官翰林院直学士。二陪臣阮思僴，字恂叔，号云麓，甲辰进士，年四十七，现官鸿胪寺卿。三陪臣黄竝，字偕之，号云亭，丙午举人，年四十八，现官翰林院侍读学士。询及官制，则云参用前明、本朝之制。现在府六十，州县二百。询及兵制，则云诸营兵捡取于民籍者十之七八，募充者十之二三，总数二十万上下。询及庙祀，则云崇祀至圣先师孔子其来已久。其云奉祀明学士解缙则无之。询及马伏波将军铜柱，在粤南无考。广东《钦州志》云在钦州古杏洞乡茅镇，又似在粤西界内，未知是否？马伏波国内有庙崇祀，至今不衰。询及取士，则云仍用制义、诗赋、策论。询及书籍，亦是先读五经、四书，次读诸史。历代儒先亦有著作，但印本者少，一经兵火，多散佚，不敢望天朝著述之富、流传之广也。

古代安南（越南）等国贡使图

由此可见，从汉代直至晚清，越南政治制度和文化教育仍深受中国影响，两国关系也非常友好。在越南通过科举考试选出的三位贡使的汉文化水平也相当高，和作者交往中双方互相唱和之诗作，也值得略加欣赏。作者之赠诗有云：

渺渺星槎自北来，绯袍香惹御炉烟。
天恩浩荡无中外，国使贤劳越岁年。
到处湖山添胜概，相逢萍水亦前缘。
南中万里同回首，君往交州我往滇。（下略）

当越南使者得知作者是云南人,其和诗进一步将越南和云南联系起来,更显亲切自然。大陪臣黎峻和诗有云:

玉京万里奉书旋,香雪浑身带御烟。
泛泛征槎初贯斗,骎骎远役不知年。
经由尽是文章国,会合应多翰林缘。
又是南中好人物,熏风一路本通滇。(下略)

二陪臣阮思僩和诗有云:

星槎天上客初旋,小憩巴邱万树烟。
苏子扣舷秋七月,吕仙飞剑事千年,
忽逢效劳来新节,更把诗谈拟凤缘。
珍重苔岑同异感,由来洮水北通滇。(下略)

三陪臣黄竝和诗有云:

宴罢钓台万里旋,归来袍袖满香烟。
共看明月洞庭水,却忆浮槎星渚年。
瑞世鸾凤多气色,客途翰墨订因缘。
与君更重乡邻谊,回首南中向粤滇。(下略)

自汉唐以来,先进、强大的汉文化直接影响中国周边国家,形成举世公认的"儒家文化圈"。周边国家政府仿行中国典制,其上层士绅也以能读汉书、写汉字、作汉诗为荣。此书即是一个很好的佐证。

张登恒《醒述篇》一册不分卷

抄本，方树梅题签，云南省图书馆藏书

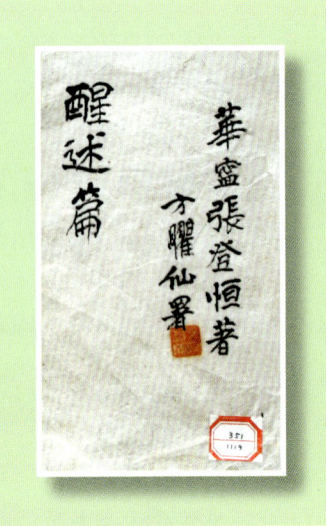

清·张登恒著。张登恒，字岳仙，宁州（今云南华宁县）人。新编《华宁县志·人物志》不载其生平事迹，但称其"悉心学问，重实践。对风雨雷电等自然现象乃至草木之枯荣、昆虫之鸣息都进行认真研究，研究其中道理，找出其原因。所著《醒述篇》，颇为精当"。

不立目综合类笔记。分内篇和外篇两部分，但内、外篇并无内容和体例上的严格区别，似仿先秦子书体例的习惯。首页书名之下，署"宁阳张登恒岳仙氏著"（一行）；"男藻敬录"（一行）。上篇多为作者读书感悟语录，广泛涉及天文阴阳、人体生理、心性道德之类的思想随笔。例如"风者随在生之，属阳，阳旺则风旺；云者地气也，土气衰则成雾，盛则成云"；又如，"人之脏腑精气现于眼耳口鼻舌，脏腑和，则视听臭味知也，衰则病也"，反映作者对自然和生命的观察体悟。又如，"凡人性根于先天，不因事务转移，故鸡孵（出）鸭子，不离于水，取虎子入室，不脱野性。语云：龙生龙，凤生凤"；"人之得失、寿夭、贵贱，自小各露本相"。囿于科学知识局限，其所论未必完全正确。

下篇多为作者杂录关于云南华宁地区历史资料的篇什，是全稿价值所在。如《故家收藏有关于修志之各种参考》条，记华宁旧有地方志曰："华宁故家收藏有《宁洲志》稿本一部；林茂庭编辑《宁州志稿》一本。均与修志有关，可作修志之参考。近如张谷山所辑之《乡土志稿》二本，王任之抄存之《家乘》二本，《张氏族谱》《宋氏族谱》等书，与县志有重大关系"。又如，辑录明代华宁籍名臣王元翰《德邻篇自序》和部分正文，则史料价值更高。其自序曰：

　　己酉春，予遭言未逾月，辄拜书出都门。自叹任事之拙与涉世之难，入山惟恐不深耳。无几何，南北诸君，交章引手，或特疏，或单疏，或酬疏，或索疏，或数人而一疏，或一人而数疏，章且满公车焉。此亦从来被言者之异数矣！区区庶几之情不其揭然于天下乎？诸君多夙不识荆之士，其热衷正言，毋抑国纪世道所系，微独为予一己也？

　　篇名"德邻"，取自"人有德，邻不孤"之意。考"己酉春"即明朝万历三十七年（1609），权奸唆使某御史弹劾王元翰贪污巨赃。元翰愤怒已极，将自己的家财衣物等置于北京大街之上，任人搜查。同日，便"挂冠"离职出走，以示抗议！明中央也乘机以"自动离职"将元翰革职。但不久，朝野上下为元翰因忠耿敢言而蒙冤深感不平，不少知道和不知道元翰的官员纷纷上书，或反驳揭露权奸，或仗义力挺元翰。后来元翰将这些奏章汇集成《德邻篇》，收录南京工科给事中金士衡、户科给事中段然和邓云霄、贵州道御史张养正、福建道御史蒋贵、云南道御史周达等人"合本"或"一本"相关奏章。

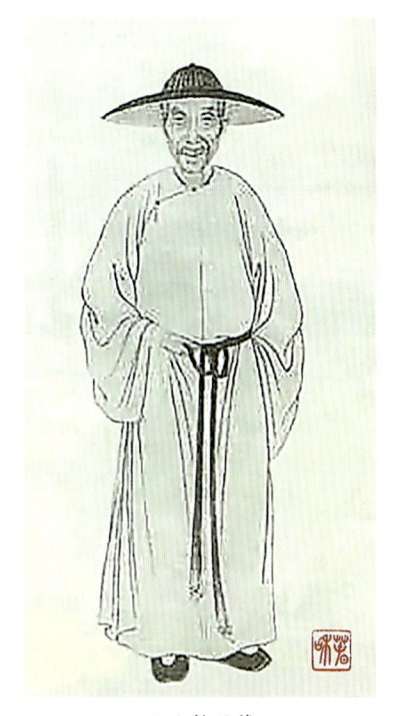

王元翰画像

其所录《德邻篇》语有："科臣王元翰者，固众所素推为'触邪臣'也！臣等曩在都城见其所交游者皆持正之名流，其所弹射者皆摧奸之危论。早见先发，为诸臣前茅。奋不顾身，为国除害。"再如，"科臣王元翰者，臣未识荆，去岁入都始与之交。其谈论皆嫉邪斥贪之言；其意念皆忠君爱国之情。始未尝不重其人而高其品。恍然自失者久之，自以为弗如也！"又如："以元翰平素正直，发奸摘伏，殆无虚日。功在社稷不小。"诸多奏章对于研究万历朝"党争"问题和王元翰生平事迹多有参考价值。

佚名《黎阳杂志》
一册不分卷

抄本，方树梅先生原藏书

不署撰人，或当与《醒述篇》为同一作者。立目式专题类笔记。华宁古称"黎阳"，该稿辑抄云南华宁地区文史资料，或为修纂地方志所用，对于研究云南玉溪地区历史人物、社会生活、文学艺术皆有一定参考价值。其中，辑录明清时期华宁籍名宦王元翰和刘大绅家族资料较多。如湖北孝感熊家彦撰《读王聚洲先生凝翠集》长诗一首，热情歌颂了王元翰不顾个人安危、敢于弹劾贪腐的胆识与气节，语有：

　　有人来自彩云间，峨峨高耸獬豸冠。贾生痛苦止一端，指陈八事披心肝！（自注：《集》中有"时事日非，天听愈高，疏陈可痛哭八事！"）袖中白简墨未干，

黎阳（华宁）老街

日上螭头犯龙颜。其如众枭伺一鸾，按剑下石善类残。并无薏苡招疑团，文犀明珠玷清班。制夷为跖争击搏，襆被国门激使然。流寓陪都数十年，事阅两朝仍含冤。人生论定在盖棺，籍列东林党部专。事虽未竟名不利，祗今正气炳如丹。此公大节国史编（自注：《国史》公有列传），底须随众漫称贤。

涉及刘大绅家族史料如，记大绅堂弟大容，字含斋，一字云门，恩贡生，有文才，但是"屡跌场屋，四荐不第，遂弃举子业，隐居故乡。与从兄大绅时相唱和，深为大绅所期许"。著有《醉吟诗草》，五华书院山长黄琮为之作序。大容为人亦正直敢当。某地方恶霸控制水源，老百姓"以钱始得水，否则禾苗枯槁，水活活由田头去，亦不得入也"。乡民不敢与之抗衡，大容则"毅然赴官代为控理，卒惩土豪。百姓竟走为谢！"大容有二子。长子家达，字百鸾，一字芝仙，道光十五年（1835）云南恩科亚元（第二名），道光二十一年（1841）进士，官福建闽县（今属福州市）知县。他仁民爱物，政声卓著，时人称之为"小刘青天"（因其叔大绅官山东，被誉为"刘青天"）。该书录佚名撰《刘百鸾先生芝轩诗文遗稿序》是关于刘家达的诗文评论。二子家遘，字仲鸿，以华宁县学生选入昆明五华书院深造。值咸同兵乱，他积极协助地方官绅士民平息宁州（今华宁）、婆西（今盘西）一带动乱。该书录佚名撰《云南宁州刘府君仲鸿明公行状》，记其生平事迹，其中涉及不少关于清末云南回民起义的史料，值得关注。家达之子名谦山，亦华宁知名文人，著有《花好月圆如寿图诗》，昆明陈荣昌先生为之作序。明清以来，云南逐渐形成了不少读书、科举世家。宁州以刘大绅为代表的刘氏家族就属于这种值得研究的乡绅家族。

此外，《宁州志采访》条，记有华宁乡贤刘家莲（刘大容第四子）、刘本善、李廷杰、吴桐、魏坤、豆钧、张嘉绩、王朝斌、魏名远等人事迹。他们大多生活在道光至光绪四朝。录邑人刘有光撰组诗《怀人吟》，所怀友人张嘉富、朱学诗、张善昌、王定国等地方人物，皆为研究和编修云南玉溪地方史志提供了众多值得关注的史料信息。

王韬《瀛壖杂志》一册六卷

上海进步书局印本，日本东海大学图书馆藏书

王韬塑像

清·王韬著。王韬，近代著名政论家、学者、报人，字子久，自号"弢园老民"等，长洲（今属江苏苏州）人。十八岁中秀才后在家乡设馆教书。道光二十九年（1849），应邀到上海墨海书馆参加编译工作。曾游历英、法等国，谙习多国情况，学贯中西。曾英译《诗经》《易经》《礼记》等经典作品。同治十三年（1874）在香港创办《循环日报》，评论时政，主张维新自强，提出"振兴中国，提倡西学"。还著有《弢园文录外编》《普法战纪》《扶桑游记》等数十种。

同治九年（1870），王韬从欧洲重返香港时，将旧稿搜集整理、分类编排，又逐渐增入一些近事新作，著成此书。瀛壖，即海岸之意，以此代指香港。该书主要记说上海地区社会历史、人物佚事等，故检得有关清代上海

229

名人曹树翘兄弟二人事迹，颇详明，或可供云、贵史志研究者参考，特随录于下：

曹树翘，字春林，词章典丽，博学多才，少从萍乡刘金门（凤诰）游，为入室弟子。历游司道幕。由滇入都，复客豫章，所至辄有掌录，以殚洽称于时。嘉庆戊寅没于山左，年四十有四。生平著作极富，多未付剞劂，著有《味经堂全集》，藏于家。其他为《滇南杂志》二十四卷、《滇考》一卷、《滇小记》十二卷，于滇南掌故博采旁搜，几无或遗。其考榷古今，可补史乘之阙。复有《黔小记》四卷、《苗蛮合志》三卷。

弟树珊，字海林，亦富才学，联镳并起，时人号为"曹氏二妙，双丁两到"，盖足多也！妻亡时，年未四十，誓不再娶。道光丁未以明经司训荆溪六载。乞养归侍奉，历十五载。于宗族中葺祠修谱，皆独立任之。于邑中诸善举，不惮劳怨。庚申，总办团练，积阶至同知。丙寅，延理修志局，校勘详审。丁卯，委署昭文训导，逾年以病卒。

黄钧宰《金壶七墨》十八卷

《续修四库全书》本

黄钧宰画像

清·黄钧宰著。黄钧宰，晚清著名文学家，一名振钧，字宰平，别号天河生，江苏淮安人。青少年时代即饱尝世态炎凉，反感科举考试，"性好词赋而不乐制艺"。道光二十九年（1849）选为拔贡，得奉贤县（今属上海市）"训导"一职，任内奖掖后学，尽心竭力。此后又曾游幕江西、安徽、南京等地，广泛接触社会。光绪初年去世。还著有《谈兵录》《比玉楼传奇四种》等。

立目式综合类笔记。卷首有署"滇池年侄杨文斌"题诗三章，则说明作者与云南有一定关系。分由《浪墨》、《遁墨》、《逸墨》、《醉墨》、《戏墨》、《泪墨》（又名《心影》）及未刻之《丛墨》组成，记道光迄同治朝四十年间，作者"耳目闻见，可惊可愕之事"，具有很强的现实性和文学价值。其涉滇篇章主要有卷一《铜厂》条，称云南铜业虽天下闻名，但自己和很多人对其究竟如何采选、如何管理等事并不清楚。作者引曾官云南巡抚的吴振棫（仲云）所作《厂述》条组诗四首①，并夹以原注或自注。诗句虽乏典雅，却十分形象地反映了清末云南铜业的某些真实情况。如其二云：

滇厂四十八，宝路区瘠肥。媪神岂爱宝？苗脉有盛衰。攻采矧云久，造物亦告疲。宁台与汤丹②，今亦非曩时。小厂益衰竭，征课檄若驰。何从获硬硖③？间或得草皮④，鸡窝不满万⑤。饿鞘亦何为⑥？长苂入龙窟，水泄废不赀⑦。年年告缺额，呵斥安敢辞！我闻古铜官，坊冶各有司。方今吏事繁，难理如乱丝。况复畀厂政，殿最较铢锱。既耕复使织，谁能剂盈亏？上瞻九府供，下给家室私。官私两不病，治术其庶几。

其四云：

厂主半客籍，逐利来穷边。入官报试采，自竭私家钱。欣然大堂获，继以半火煎⑧。抽课得羡余，陶猗不足贤。百货日麕集，优倡肆妖妍。荒荒蛮瘴中，聚若都市间，闻者馋涎垂，扰扰蚁集膻。叩囊出黄金，一掷虚牝填。所愿倘不赏，家室徒萧然。妻孥难存活，伴侣空相怜。不如扶犁好，犹得守薄田。请看足谷翁，饥饭饱即眠。

此外，咸同年间云南曾爆发以杜文秀为首的回民起义。起义前后，林则徐、恒春、岑毓英等地方高官，曾采取过不同处理办法。不同人等对此也

---

① 吴振棫，见本书《养吉斋丛录》条。
② 作者夹注：二厂最大。
③ 作者夹注：硖，谓之礁，礁石坚为"硬硖"。硬则可久获大矿。
④ 作者夹注：浮浅而少者为"草皮矿"。
⑤ 作者夹注："鸡窝"出矿少。
⑥ 作者夹注："饿鞘"有苗无矿。
⑦ 作者夹注：硐有积水，百计涸之，谓之"拉龙"。
⑧ 作者夹注：矿旺曰"大堂"；晚煎晓成，为"半火"。

一直存在不同的看法。本书作者大体生当其时。该书卷二《大理》条，记曰"杜文秀，初由禀生捐职'训导'，本无叛志。咸丰初，澄江回民小有蠢动，某制军听信游击施应贵言，尽杀省城良回，以防内应，于是，附廓游匪托名'复仇'，拥文秀别树一帜，占据大理城（中略，记起义过程）。盖负固不服者十有八年。兆乱之初，只因一二长吏轻听妄杀，贻害遂至于今。昔林文忠公（则徐）之抚滇也，只分良莠，不分汉回，而回民悦服，苗疆亦然。后之抚斯土者，其知所从事哉？"此说代表了当时比较客观的看法。

段永源《信征集》二十册二十卷

同治广东刻本，时间不一

  清·段永源著。段永源，字廉泉，号锦谷，昆明晋宁人。由诸生（秀才）从军湖北，受知于清朝名臣胡林翼，因功保举得官，先后任碣石（今属广东汕尾）、福山（今属广东连州）两厅通判等小官。任内"勤吏治，著有政声"。如碣石当时"有械斗恶习，历任不能治，永源至，晓以大义，严行禁止，其风为戢"（《新纂云南通志·段永源》传）。但因甘于淡泊、不屑干谒，终以七品小官告归。此前，他也曾"游历闽粤、吴越、燕洛、荆楚数万里"，交友甚多，见闻广博。晚年，息影昆明，笃信佛禅，著书自娱，"寿至百龄乃终"。史载，永源博学多艺，善书画、诗文。还著有《杂诗辨体》《画余偶存》《题兰百咏》等。

  大型立目式系列文学类笔记。作者自序其撰写过程及内容曰：

  同治丁卯秋九月，《信征》各集既成，共二十卷，约五十万言。曰《前集》《后集》《续集》《补集》《增集》《复集》《别集》《集余》《集附》《集订》为十函。另《闰集》《衍集》《广集》《外集》《再集》《赘集》汇之于后。自咸丰戊午至今十年，天罡一周，寒暑无间，有用岁月，消磨于笔砚之间。冷署闲曹，展布无权，齿落目昏，须发尽白，筋力就衰。虽欲有为，奈老境摧人，亦无及矣！惟此劝戒之心一息未敢消解。

人有疑以为诞者，余不复与之深辩。为录唐顾况所序戴孚《广异记》，使览之知感应果报自古有之，非余之所好异也。予欲观天人之际，察变化之兆、凶吉之源，圣有不知，神有不测。谓余不信，请观今天下干戈之初，鬼神显灵以佑生民；各省大吏奏请匾额，用答宏麻者，层见叠出，所在皆有。岂非昭昭然人所共见共闻者耶？又谁得以怪诞疑之也。同治六年岁在丁卯秋九月，滇南段永源锦谷识于碣石官廨之品泉味菜轩中。

由此得知，此书起撰在咸丰八年（1858）左右，至同治六年（1867）已完成上述《信征前集》等十六集。但作者并未停止撰写，时至同治九年（1870），又增订和新撰了《闰集》《附集》（同治七年）和《增集》《纪集》《后集》《载集》《绪集》《补集》（以上同治九年）。全书均著于碣石，先后刊刻于碣石和（广东）省城学院前文经堂两处。作者以警世劝诫、惩恶扬善为指导思想，相信"因果报应"，广泛收集历代与此主题有关的异闻奇事，结合自己多年的亲见亲闻，以文学笔法，仿《酉阳杂俎》《聊斋志异》，特别是唐朝戴孚的《广异记》，写成系列传奇笔记小说，故兼具历史和文学价值。诸多内容今天还具有积极的教育意义，是笔者所见记事范围最广大、内容最丰富、文史价值极高的一部不可多得的滇人笔记。通观全帙，其主要类型和特点如下。

其一，据亲历事实记载，史料价值较高。此书诸多传说、故事虽不避荒诞之语，但认真究其来源，皆有明确时空可考，并非无稽之谈。如《又集·除狼》条，记道光辛卯年（道光十一年，1831）作者在昆阳州城五里外某山寺读书时，当地人请昆明杨姓老人传授技术，捕杀三只恶狼之事。《后集·猛虎》条，记同年"相知傅世恩之子"在山上打死一虎之事等。可见清末昆明周边山林茂密，尚有虎狼出没。又如《载集·孽缘》条、《清湫》条等，记道光年间昆明土桥、北仓村一带依然是江水环绕、水田芦荻的自然风光。《淹没》条，记当时从晋宁到昆明可以乘船，"一夜即到，遇西北风

235

船不能行，多泊于'倒石崖'以避风"。考之他书，皆可取信。又如《又集·铁笔》条，记乡贤王雪庐以举人挑任甘肃某县令，人品、学识、书法皆优，且与钱南园交好。南园赠其联云："松柏后凋命也正；圭璋特达德其温。"王、钱并尹壮图曾分别为晋宁城南"三皇殿"题匾，皆"各臻其妙，令人瞻玩生敬"，不幸咸丰七年（1857）连庙一同被毁。此乃作者家乡之事，不当有误。此外，有的条目可能经作者略加演绎，但事实出于亲历，亦绝非虚构可成。如《闰集·马夫》条曰：

马夫习保，开化府人。从滇兵胡廷刚等当"余夫"。为之担行李至湖北军营，为王镇军养马。其马日肥而毛色光泽。他人养之则多病瘠。余问有何法能令马皆出色？对曰："吾养马无他，惟不克扣其料食之钱以肥己，故马乃自肥也"。余曰：此养马也，而得"养民"之道矣。马夫又曰："吾饲其水草豆料，不使之饥，亦不使之过饱；不使之闲逸，亦不使之过劳。饮食调匀，步趋合适，而又常为刷其尘、涤其垢，摩挲其皮肉，故毛色易光泽也"。余曰：此养马也，而得其"养生"之道矣。因问："尔何以知此意？"对曰："吾志安于此，养马之外无别心；又以养吾自有之马养之，不以他人之马而养之，故马虽聋虫，若知吾意，吾亦若知马之意。所以吾不劳而马亦自得矣"。余曰：此养马也，乃得"养士"之道也！

其二，据民间传说写成，教育意义深远。全书许多内容虽然未经作者本人亲见亲历，但是按作者所记，皆来自作者所生活和工作过的云南、湖北和广东等地，其基本事实也可认定，乃经作者综合加工成文。如《补集·修路》条，就记叙了一位急公好义的好人李大憨。

文章开头说"余同乡李翁，昆明人，通省无呼其名者，只呼之曰"李大憨"，于是"大憨之名妇孺皆知，隔府隔县隔省之人亦知之"。大憨从小贫穷而勤劳，他"极辛苦，每每人所不肯出力者而出力之"，靠帮工养家，也渐渐积攒了一定的钱财。他生性急公好义、助人为乐，"往往人所不肯出钱者而出之"。有钱之后，他既不买田置产，也不经商放贷。他说："人生只为几亩田地、几间房屋，将自己之身累住了。若不要田地，又不要房屋，则何处能累我身？我得洒洒脱脱、无羁无绊，岂不快然爽然！"他又说："人生只为几处生理、几处居积，将自己之心操碎了。若不货殖，不贸迁，则何处能操我心？我得萧萧闲闲、无忧无虑，岂不安然畅然！"所以，人们就叫他"李大憨"，他自己却不以为然，"装憨做憨，以憨为憨"。

晚年，李大憨却做出一个惊人的决定："吾今欲作一不憨之事。凡路之有宜修者，我暗地出财修之，勿令外人知"。于是，他慷慨解囊，以很高的工钱雇工为家乡修路并亲自监工，"每修成一路，翁自往视之。妥则给银，不妥则再修而后给银"，故所修之路"皆整齐坚固，真康庄大道矣！"路成，大家请他刻石留名。他说："吾憨人，不愿留憨名于世！"据作者所见，"李大憨"所修之路，就是以昆明为起点，向四方延伸至呈贡、嵩明、富民、安宁、兔耳关之路。前后历时二三十年，花费十万八万之银。一日，他对家人说："世谓我憨，我何敢当？我频年所用十万八万银钱，分分厘厘皆用于脚踏实地之处。古人说：面前路要宽，背后路莫窄。尔辈将来不愁无路行矣，勉之！"

其三，据神奇故事加工，文学价值较高。"劝诫"是此书的主题思想，他之所以不遗余力地收集大量典型事例、传说，乃至鬼怪故事，就是要借此告诫人们行善远恶，做好人莫做坏人，因为"恶有恶报，善有善报"。这固然折射出怀才不遇的作者对黑暗现实不满的心态，但从众多事实和经验证明，任何社会，惩恶扬善总是人间最美好的愿望和行为。这正是《聊斋志异》《广异记》等笔记小说，虽志怪写异却不失其真情实感的原因所在。本书亦然，如《后集·放生》条，就写出了一个凄婉动人的神话故事——

据昆明老人传说，昆明名宦孙继鲁，祖、父两代皆无功名富贵，却仁慈爱物。继鲁最初非常"鲁钝"，人称"钝根"。家人朋友多次劝他弃儒从商，但继鲁不愿。为避开城市喧闹，母亲让他住在城南五里外某僧寺读书，但继鲁的学习仍无进步。一日，继鲁回家省母，路过云津桥，见有人在卖一小鹿"以供庖厨"，继鲁觉得小鹿可爱可怜，当即买下，放归虹山。此后一天，继鲁从太和街买米回寺，但见一美丽姑娘在他屋里做事，并"自请为继鲁之妻"。继鲁心窃喜欢，但因素昧平生，不敢贸然答应，告之须请示母亲后再说。女子表示理解，天天照样到继鲁房里，白天烧火做饭，夜晚添香伴读。

　　一夜，灯油耗尽，女子突然口吐一珠，亮逾灯光，照着继鲁读书。继鲁大奇之，归而将此事告之母亲。母亲说那珠子可能是"金丹"，吞之可以成仙。继鲁归寺，当女子夜吐珠子照明时，继鲁便将明珠吞下。女子脸色突然惨变，告诉继鲁实情，自己原本是在鸡足山修炼的小鹿，被人捕卖于云津桥，为继鲁所救，感其善良，故愿与继鲁共同修炼。不料继鲁吞下了她的生命之珠，她只好"先走一步"，约继鲁今后再到鸡足山相会。继鲁悲痛地埋葬了小鹿女。此后，继鲁读书作文茅塞顿开，应考释褐，官至山西巡抚等。后被奸臣严嵩所害，下狱致死。临终前，继鲁对家人说：小鹿女在鸡足山等我，"明日辰刻往矣"。第二天一早，继鲁便安然辞世。

许印芳《五塘杂俎》
一册三卷
光绪十三年（1887）刻本

许印芳像

清·许印芳著。许印芳，字麟篆，又字苎山，号五塘山人等，云南石屏人，同治九年（1870）举云南乡试第二名。此后，历任昆阳县学正、永善县教谕等，受聘为昆明五华书院监院、经正书院山长。他热心地方文化事业，任职期间，"所入俸禄，均以之搜刊前哲诗文"，先后辑刻《滇诗重光集》六卷等。还著有《五塘诗草》《诗法萃编》等。

立目式综合类笔记。无序跋，卷首作者曰："篇什无多，以撰著先后编次，不复分类"。内容包括书序、铭文、考证、杂文和代笔之作等。如《为李寿农先生告帮公启》条，记说"原云州刺史今五华书院山长李寿农先生"本为安邱（今属山东潍坊市）名宿，道光二十七年（1847）进士，先后为云南大姚、云州（今属云南云县）地方官，因咸同兵乱负责"转饷"失误而落职。现

239

年老多病，愿"乞骸还乡"，但经济困难。作者特此请求当局和大家对其伸出援手。感人之语有如："寿农先生，三十年宦海浮沉，形影相吊；一万里家山向望，梦魂奋飞。是当乞骸还乡，不应伏枥恋栈矣。惟念戚戚羁旅，奄奄卧疴；脯修难丰，药饵善耗；典衣有库，避债无台。返路悠长，资斧感求饶裕；清操刻厉，妻孥不免饥寒。"

五塘诗草 共六卷 雲南叢書集部之六十九

许印芳诗集

又如《孙真人事迹考》条，记地方士绅为唐代神医孙思邈立祠，请作者题写匾额。作者有鉴于民间所传孙思邈事迹多误，特撰此文，引据史料驳正孙思邈"为龙治病、可以伏虎"等无稽之谈，但肯定了孙思邈医德高尚、享寿百岁的事实。最后，据正史孙传中语，为孙庙题"道洽古今"一匾，并题联云：

胆大心小，智圆仁方，妙德备中和，著书千金传道术[①]；
恶黜善迁，情回性易，阴功广协济，寿逾百岁列仙班。

再如《星回节考》条，据群书所记和民间传说之间的矛盾，证滇中"星回节"并非"火把节"，指出本朝学者张汉、师范等所记皆误。其结论是"南诏国灭，星回之节已废。火（把）节之兴，原于服忠武之威、表忠烈之德，历久不废，而逐瘟祈年，祭先讲武诸事，乘乎其间。"或可新增一说。

本书最为重要的内容是《续修云南通志·戎事条议》一条，针对当时正在修纂的云南省志提出八条建议。作者明确说明，这些建议是就"全《志》而言，而《戎事（志）》最重，故以此标明"。作者首先论称："滇虽僻处天末，每海内治乱之始终，所系非小。故志滇省者较之他省当详不当略。使《滇志》可略，即非深忧远计之道也。"同时，应认真把握好"稽考、讨论、采摘、抄录、撰著、润饰、审定、编辑、较正"九道基本程序。其中又以"撰著"，即起草撰稿，关系尤重。要特别注意"一曰执重驭轻；二曰删

[①] 千金，指孙著医药名著《千金方》。

繁就简，三曰化散为整；四曰易俗成雅；五曰补阙使完"。此后，他依次提出了以下具体建议：

第一，建议将道光、咸丰、同治三朝有关云南的"宸章"即皇帝的"最高指示"，以及内外官员的奏议、名臣文集的记载等，通过"稽考"，择要阑入。

第二，建议公正记载和评论所谓"咸同回乱"。应当实事求是，具体情况具体分析，不可仅从某一民族的立场一概而论。其文有曰：

滇省丙辰之乱始于汉、回互斗；成于汉杀回人，终于回人叛乱。今案册及采访册大多只据一面之词。又只据汉、回终事而言，叙及兵戈辄云回人谋反，汉人诛之。此即当日众口谣传，无稽之谈，附会怂恿，发动杀机，酿成劫运所由来也。夫修志如修史，秉心公平，下笔矜慎，上禀天理，中准国法，下协人性，庶可质证幽明，传信天下后世。今以汉人修志，事事归于回人，异时倘有回人翻案，又将事事归于汉人，转相污蔑，何日得有定论？故窃谓丙辰以前，汉、回互斗，厥罪为均。其仇杀无辜，擅杀有罪，皆干典宪。

第三，建议折中于鄂（尔泰）《志》和阮（元）《志》之间。论称"鄂《志》详备，采择亦精；阮《志》虽详，既有芜杂之病，又有谬妄之病"。具体指出该志关于临安府名宦之记载多误等，希望新修志书要注意订正。

第四，建议《戎事》续接阮《志》道光二年（1822）之后史事。同时，每条戎事之首必须注明年号。

第五，建议凡属采访得来的材料，应经"名人考核"和"分修编辑"，如有不妥之处，"应略加删润，方可入《志》"。

第六，建议所引官私之著述必是权威著作，且当注明出处，故校阅志稿必先"详考其出处，搜索其瑕疵，增删改正，方可录为定本"。

第七，建议最后校对应由"一人细意检查，目视手指，心口相商，逐字稽考文字，逐字核对点画。不可二人对读"。因为这样"则讹'风'为'峰'；讹'雨'为'羽'，声音混同，不知字误。漏落之字，滑口读过，亦往往不觉也"。审是。

包家吉《滇游日记》
不分卷

铅印直排本,《小方壶斋舆地丛钞》本,载《中国西南地理史料丛刊》第二十九册

  清·包家吉著。包家吉,字鸿卿,钱塘(今属浙江杭州市)人,生平事迹不详。光绪元年(1875)一月,英国军官柏郎、驻华公使馆翻译马嘉理等200多人,非法侵入云南边境。二月,在云南蛮允(今属盈江)附近与当地少数民族发生冲突,马嘉理等先开枪杀害我边民数人,冲突加剧,马嘉理也被我边民击毙,引起中、英交涉,史称"马嘉理事件"或"滇案"。同年七月,作者以幕僚身份,奉命随湖广总督、李鸿章之兄李瀚章等人赴云南调查、"会审"此案,因著此书。

  不立目综合类笔记。作者几乎按日记其经辰沅水道来滇、旅滇及返程经过。由于作者并非这次"会审"的主要官员,故凡涉及双方谈判内容和"会审"的具体情况知之不多,但也从旁观角度真实地反映出"会审"的某些情况。如,参加"会审"的中方大员、缅甸有关官员首先来到昆明,中方大员住在云南贡院衡鉴堂;英方人员"十一日,参赞格维纳、上海领事达文波、翻译贝德禄,以及在途伴送之宋司马宝华"最后到滇,"解装到富春街西公馆,晚膳后,宋君遣人送来上海公馆"。两天之后,双方主要官员正式见面

一次，互相秘密拜会几次，"颇尽中外敦睦之道"，便草草了事。反之，中方却对自己的所谓"罪犯"处以酷刑！作者记曰：

  十三日乙亥晴，酉初一刻，格参赞、达领事、贝翻译会拜星使，会正、副使于衡鉴堂。中设大桌一张，陈设果品、洋酒之类。设座八位，南面而东坐者，格参赞也；南面而正坐者，李正使也；南面而西坐者，薛副使也；西面而东坐者，达领事与贝翻译也；东面而西坐者，丁观察与蒋太守也；北面而与薛副使对坐者，陈君宝渠也。觥筹交错，极尽余欢！约一时告止，欣然而散。三十日，壬辰，晴，午后南门外决犯七名。斩四人，剐三人，悬竿示众。

马嘉理事件起源地碑

  众所周知，"会审"之后，英国进一步强迫中国政府与之签订了《烟台条约》，使英国在云南获得了更多的特权和"赔款"。此外，该书更多记载了昆明的气候、街道、名胜古迹、云南特产以及官场应酬等。作者自己说："是役也，往来凡十阅月，所历吴、楚、皖、蜀、滇、黔等省，凡夫道途险折、山川形势，以及人情风土、天气风雨、朋友往来、谈笑聚会之事，逐日登记。"而真正用于所谓"会审"的时间不过一两个小时，实属典型的卖国媚洋之会，外带无端的公费旅游！

谭宗浚《于滇日记》
一册不分卷

抄本，云南省图书馆藏书

　　清·谭宗浚著。谭宗浚，字叔裕，南海（今属广东佛山市）人。幼承家学，聪明敏记。年八岁，作《人字柳赋》，即为时人称颂。年十六，中咸丰十一年（1861）举人。同治十三年（1874）榜眼，授翰林院编修等职。后外放云南粮储道，在滇两年，兴修水利，设学课士，积谷备荒，济养孤寡，多有政声。因瘴疾离职治病，行至隆安县（今属广西南宁市）而卒，年仅四十三岁。还著有《希古堂文集》《荔村草堂诗抄》等。

　　不立目综合类笔记。封面有石禅老人（赵藩）题签书名，卷首抄录《南海县志》作者本传。全书主要记录作者赴滇上任之纪程和一路诗作、杂记等。当时自中原入滇之路有二：其一为陆路官道，其二为辰沅水道。作者所走的是第二条水路。尽管明清时期不少亲历这条水陆之路者也有所记载，但不如此书记载详尽。此书作者基本按行程记述了所经此路的时间和地点，大到江河，小到滩名、口岸，为考证辰沅水路提供了颇为珍贵的交通和水文资料。今据作者所记，将其基本行程和重要站点归纳如下：

光绪十一年中历八月初二日，从北京启程，路行至通州。

初五日，乘漕船抵天津，

十四日，乘海船抵上海。

廿七日，乘江轮抵镇江（此后几日游经扬州、南京）

中历九月初三日，乘江轮抵湖北汉口（以下皆行在水道）。

廿二，抵嘉鱼县（今属湖北省咸宁）。

廿五日，抵岳州（今属湖南岳阳）。

中历十月初一日，抵孝感。

初七日，抵常德府城外。

十一日，过桃源县（今属湖南常德）。

十六日，抵辰州（今属湖南怀化）。

廿四日，至黔阳县（今属湖南洪江）。

廿八日，过沅州（今属湖南芷江）。

中历十一月初二日，抵晃州厅（今属湖南新晃）。

初四日，抵贵州玉屏县。次日，抵清溪县。

初七日，过万家庄。次日，抵镇远。（以下皆行在陆路）

十四日，抵清平县（今属贵州凯里）。

十六日，抵贵定县。次日，抵龙里县（今属贵州黔南州）。

十八日，抵贵阳城。

廿一日，抵清镇县（今属贵阳市）。次日，抵安平县（今属贵州安顺），遇雪。

廿三日，抵安顺府城。

廿六日，抵郎岱厅（今属贵州六盘水）。

廿九日，过普安县（今属贵州黔西州）。

中历十二月初二日，经亦资孔（今属贵州盘县），抵平彝县（今属云南富源县）。

初三日，抵平彝县"滇南胜境"处。

初五日，抵霑益州，次日抵马龙州。

初八日，抵杨林驿。次日抵板桥，宿行馆。

245

初十日，五鼓起行，九点钟入（昆明）城。

限于篇幅，不一一列其所经滩名、口岸等，识者自见。其记载表明，迄光绪年间这条水陆通滇之路仍然可以全程通行。除该书外，作者尚有《于滇集》（又题《荔村草堂诗续抄》）一卷，刻于宣统二年（1910），为作者此次一路来滇以及莅任云南之后的诗作，如《过洞庭遭飓风效玉川子体》是其舟行洞庭湖之明证，《泊舟玉屏县河口复遇大风雨作歌》是其舟行至贵州之实录等，皆可供参考。

赵联元《拙修庵读书胜记》六册六卷

抄本，云南省图书馆藏书

清·赵联元著，及门弟子编辑。赵联元，字上达，号拙庵，云南剑川县人，白族。著名学者赵藩之父。年十六成秀才，就读于金华书院，"积成实学，淹通经史，尤长于子、集杂学"。他不求功名，摒弃科考，长期在故乡教书课子，"剑川先辈识字之士多出其门下"。还著有《剑川金华书院藏书目录》《丽郡诗征》等。

赵联元故乡剑川古城门

据卷首自撰《弁言》，此稿原为《读经述》一卷、《经史杂记》四卷、《合音辑要》三卷、《人谱类记续》二卷，然此本仅存《读经述》一册（一卷）、《经史杂记》五册（卷二至卷六）。全

247

稿楷书，中有粘条，示出刊改字句，但不知何人所为。笔者曾另见一种篇卷更少，仅存一册（卷三），用"云南通志馆用纸"朱丝栏稿纸写成，毛笔，楷书。

立目式读书笔记。按所读之书立目考释古代经史文献、名物制度等，颇多精准、独到之见。例如，读《孟子》条，考其所谓"缘木求鱼"一语，并非讽刺"爬树寻鱼"、白费精神之意，实则古代真有能爬树之鱼。引《益部方物略》云："溪谷及雅江出鱼，名鲜肉魶鱼，其声如儿啼。有足，能缘木。"又引《本草纲目》云："鲵鱼有四足，能上树。天旱则含水上树，以叶复身，鸟来饮水，因而取之。"又如，自汉儒郑玄以来，通认为《逸周书》为《尚书》之逸篇，亡于春秋末或秦始皇焚书坑儒之后。作者据《孟子》一书所引《逸周书》片段，确证战国时此书仍在。又引《虞书·九共》《商书·帝诰》篇等，确证汉初伏生等人"犹见其逸篇"。由此进一步推测，前人所记该书"经秦火而失"，实则"经"字之前脱一"非"字，当为"《逸周书》，非经秦火而失"。再如读《论语》条，据书中孔子之语等史料，证《孝经》一书乃孔子自作。《鲁郊禘辩》《禘祫大小》等条，历引先秦唐宋经传，证鲁国当时以天子之禘礼祭祖实属"僭越"，从而驳正汉儒郑玄等对禘、祫二礼的错误解释。审是。

亦间有综合考述条目，如《山水志略》条，据群书考释长江、恒河、五湖、九江、三湘等历史地理问题。《奕》条，据班固《奕旨论》等史料，释围棋之象征意义曰："奕有四象：局必正方，象地则也；道必径直，神明德也；棋有黑白，分阴阳也；骈罗列布，效天文也"。

《阴阳丛辰杂识》条，据群书考辨秦汉时期天文、地理疑点等。再如，清初考据大师闫若璩认为宋儒不该注"哂"为"微笑"，当为"大笑"。作者反驳说，"哂"的本字原作"改""呟""欥"，宋儒皆注为"笑不破颜"，即微笑。这和《礼》经"笑不至矧（齿）"的说法一致。而闫若璩的错误是将"哂"字按其本字误解为"笑不至矧（齿）"。既然"哂"是"大笑"，又岂可张大嘴笑却看不到牙齿呢？类皆反映作者广博、精审的学识。诸多结论令人信服。

剑川素非云南富饶发达之地，但自古及于近代，却不断涌现出诸如赵藩、赵士铭、周钟岳等杰出人物。追根溯源，正在于这里自古有重视读书的风气，代有赵联元这样杰出的老师宿儒。他们皓首穷经，甘于淡泊，自己执教于穷乡僻壤，却不断将济济人才输送到通都大邑之社会顶层。而我们现在，正缺乏此类学富五车而又甘于奉献的好教师。

刘承祚《永堂随笔》
一册不分卷

抄本，云南省图书馆藏书

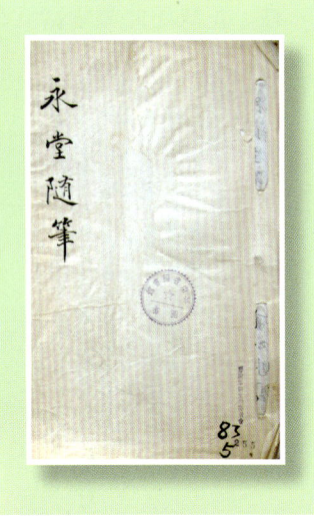

  清·刘承祚著。刘承祚，字永堂，云南元江人。光绪五年（1879）举云南乡试第一。有文名，学行俱笃，又精于医学。就该书得知，作者曾于光绪六年（1880）应会试"报罢"。曾受聘在昆明充当家庭教师，为富商王兴斋"教其子婿"。光绪十二年（1886）春夏，又曾为官或旅居云南普洱。当地人"多病小便难溺，肾茎痛不可忍"，作者为之开方治疗，"前后治愈廿余人，远方来求方者指不胜屈"。其余生平事迹不详。

  不立目综合类笔记。用朱丝栏"文宝轩"稿纸抄成，就中有粘条刊改，并云南名流署"后学张华澜谨注"一纸。所记内容包括家族人物、读书心得、自然现象、医理药方等。例如，记其父亲为官清廉，同时，晚清民间仍有为清官"留靴"的习俗曰：

  道光十七八年，先君芙初公宰昌邑（今山东昌邑），予时未侍仕任，一切善政不可得详。惟任时士民留靴县城，越今近五十年，予犹留所换靴。云先君有言，近日为官教养化成，大是难言。但使廉洁自饬，不妄索民间一文钱。有讼则立刻传讯，悉心审问，无稽迟，无株累，无偏袒，无冤抑。刑名之暇，力培士风，常入书院与诸生讲究伦纪，课其读作。如此，即为今之好官矣。

此书记医疗和验方亦多。由于作者"精于医学"，故其所记今天或有一定医疗价值。作为精通医疗的学者和地方官吏，他坚决反对吸食鸦片，提出："有栽种、吸食者，律以娼优之条，不准其子孙考试，或亦不禁之禁也。我则既言之，子孙有吸食者，非吾子孙也！"此外，作者关于为人处世之感悟也颇多真知灼见。例如，论为人务必谦虚曰：

凡人最宜谦虚，不可自以为是。是中之非有我不及者也。予北至幽燕，西至秦蜀，东至青兖，所见松树无非一年正发一台（次）。六十岁以前，固确信而无疑也。及游普洱，则见松树每年必发两台，或发三台。忆天下之大，万有不齐。即此推之，一名一物，皆不容执见也。况处天下事，可不虚心询谋乎？

又如，论居家之奢俭曰：

居家最宜俭，俭则不暴殄天物，此心可质帝天，自然天亦默佑。常见奢者一日用之而不足；俭者数日用之而有余。卒之，奢者不久而即贫，俭者久而见富。此又非天之佑不佑，乃人之自取也。然俭非吝啬之谓也，当用则用，施诸人而人安，为诸己而己安。斯为善用俭耳。

再如，论不轻信传言曰：

闻人传言，勿遽信而转相告人。万一不实，不惟人以我为诬，反之，此心亦觉不安。学者有闻必察，乃不至虽悔莫追也。

金武祥《粟香随笔》
四十卷，分五笔
《续修四库全书》本

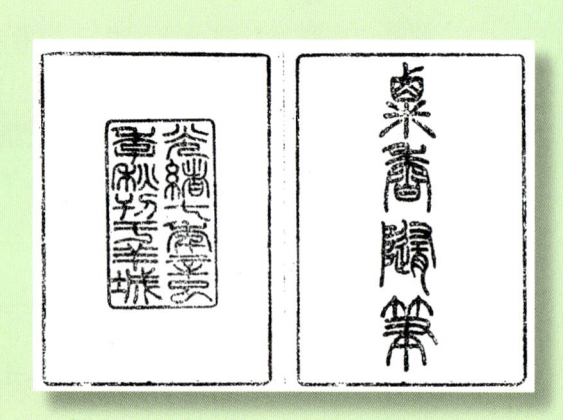

清·金武祥著。金武祥，清末著名藏书家、诗人、文献学家，字溎生，号粟香等，江苏江阴县人。其高祖金鉴曾官至刑部云南清吏司主事，著有《尚雅堂稿》等。武祥自幼博览群书，同治元年（1862）随岳父任职湘、粤等地，喜欢搜访地方文献。光绪八年（1882），值中法战争之际，入两广总督曾国荃幕府，曾奉檄赴广西查勘边防，后任署赤溪直隶厅（今属广东台山）同知等职。张之洞督两广时，聘其入署办公。光绪二十二年（1896），丁忧回籍，从事著述和刻书。辛亥革命后，侨寓上海，以购书藏书、编书刻书为业。著述、辑刻文献九百多种。

清代著名不立目综合类笔记。记述包括史地、考古、文献、人物、怀旧、诗词等等，范围非常宽广。涉滇篇章如《初笔》卷六，记明清陈继儒、徐霞客、高其倬等名流始以云南大理石切为天然石屏画，再加诗文题跋；记作者自己有修复陈旧大理石画的技术；记云贵总督阮元宦滇时，曾将大理苍山"第十峰之腰"中的"文石"，按其不同花纹形象切割成大小不等的若干幅石屏画，"每幅拈出古画家笔法，而证以古诗人之诗，惟妙惟肖"，题名

《苍山洱海图》《和靖孤山图》《孤山梅石图》等等，赠予林则徐等亲朋好友，或布置于省外著名书院、斋室等，并撰《石画记》五卷。且有《题石画诗》三章云：

洱海十九峰，云气出其穴。温则合为雨，寒则霏成雪。
即使为彩云，变化同一瞥。异哉石中云，舒卷自怡悦。
石可使云生，亦可使云结。终未散于风，千年不磨灭。

苍山平列十九峰，峰峰黛色参天浓。
惟第十九居正中，最高常与云霞冲。

造物笔墨何手持，何年穴山为画师？
岂独胜于画师画，更得巧和诗人诗。

此外，《初笔》卷二，记云南罗平窦垿题岳阳楼长联。《二笔》卷二，记南盘江流域及重要桥梁。卷七记滇盐生产方法和管理制度。《三笔》卷六，记著名文字学家桂馥（未谷）在邓川街署修筑"四乡"（斋）——"醉乡""睡乡""温柔乡"和"无何有之乡"，并作《四乡记》。《四笔》卷八，记评清末云南两诗人——剑川赵藩（樾村）和石屏朱庭珍（篠园），并辑录赵藩诗作《过老鹰崖》《甲申闰五月偕宋子材诸君集大观楼》，朱庭珍诗作《乌江吊项王作》《滇南胜景坊望滇黔诸山作歌》。对二人诗作赞赏有加！

再如《五笔》卷八，据其所得"旧抄本"，辑出《明桂王致吴三桂书》，该书历数吴三桂如何世受明朝"国恩"，又如何投靠清廷，逼死崇祯，穷追桂王（即永历帝）父子至缅甸。最后说："大清何恩何德于将军？仆又何仇何怨于将军也？将军自以为智，而适成其愚；自以为厚，而反觉其薄。奕祀而后，史有《传》，书有载，当以将军为何人也？"同时，又卑躬屈膝地请求吴三桂同意他投降清廷说："倘得与太平草木同沾雨露于圣朝，仆纵有亿万之众亦付于将军，惟将军是命。将军臣事大清，亦可谓不忘故主之血食，不负先帝之大德也"。唯此书之真假，则有待进一步考证。

施汝钦《志道录》
三册三卷

稿本，云南省图书馆藏书

　　清·施汝钦著。施汝钦，字子云，昆明市人。自小喜欢读书，但初应"童试"不顺，父母想叫他改学别的。他哭着希望再考一次，后来果然考中"县案首"，即秀才第一名。二十岁左右，选为昆明经正书院高才生。以后科考一路顺风——同治二十年（1881），二十一岁中举；光绪二十九年（1903），三十岁中进士。光绪三十三年（1907）五月任贵州龙里（今属贵州黔南州）县令，刚满一年，即因某"盗案忤上司"被罢。宣统元年（1909），返回故乡，告别黑暗官场，闭门读书著书，时年三十六岁。从这时开始收集史料，历时十多年，至民国十三年（1924）左右撰成《滇云耆旧传》二十二卷，是最为宏大的云南古代人物传记，其正文和按语多被后人采入《新纂云南通志》。此外，还著有《醉经庐诗草》《醉经庐文存》等。

　　立目式综合类笔记，用朱丝栏稿纸写成，字迹行草，多有刊改涂乙。第三卷（册）仅书至三分之一左右，后为空页，显为未完未定之稿。自序作于"宣统庚戌春月"，即宣统二年（1910），谦称此书"聊以遣暇人，乐凤愿，抒固陋，资家课，备遗忘而已"。全书内容主要侧重于读经史百家之札记和学术评论，但亦不乏关于云南之纪实性笔札。如卷三《滇西地震》条，记乙丑民国十四年（1925）滇西地震有云：

> 乙丑二月廿二日，滇迤西之大理、凤仪、弥渡、祥云、宾川、邓川、蒙化等县先后地震。大理自廿二日午后三时起至九月，犹时有地动。以廿二日午后九时之震为最烈。廿三日又复大震，震时声如迅雷，天崩地坼，屋覆墙塌，同时火起。凤仪自廿二日午前十一时起至七月，震犹未止。弥渡自廿三日午前六时起至四月，犹不时地动。祥云自廿三日午后九时起至七月梢，余震方止。宾川自廿三日午后九时起至三月，尚有余震。邓川自廿三日午前六时起至廿六日稍止。蒙化自廿二日午后十时起至三月稍止。此六县均以廿三日午后九时之震为最烈。震时皆灰尘迷空，星斗莫辨，火焰触天。综七邑之灾，共压毙五千八百七十三人，受伤三千七百一十七人，压伤成疾者又四百零四人；倒塌房屋共八万八千五百四十二间，火焚者四百三十间。死者暴骸，生者露宿。论者谓滇系山国，火山极多。地之震也，火山崩裂故也。

上述地震之时空和大体情况，官方史志如民国《续云南通志长编》等亦有所记载，但不如此书记说详细，度作者可能根据当时新闻报道之类的材料整理而成。当然，限于专业知识，作者关于地震原因的种种解释未必正确，但此记载对于我们今天研究和应对地震或有一定参考意义。

又如，此书卷一《秋闱更法》条，记晚清因云南乡试考生增多，"入闱"前点名十分拥挤。云贵总督张凯嵩下令，从光绪乙酉科即光绪十一年（1885）乡试开始，改为提前一天按地区排为两列，次日再有序举牌入场，颇像今天运动会开幕式的运动员入场！这一改革措施一直保持至清末，写入《云南文武闱场乡试供给章程》。又如，卷三《尹

《云南文武闱场乡试供给章程》

周钱三家书法》条，品说乾嘉时期云南尹壮图、周亦园和钱南园三人书法特点，颇有见地。卷一《太华龙王庙》条，记昆明太华山麓旧有龙王庙，"不知何时，龙王左右有人塑女神像十余（尊），乡人祈之"。《滇中名宦》条，记昆明旧有"名宦祠"，祭奠历代宦滇著名大员如诸葛亮、韦皋、赛典赤、蔡毓荣、鄂尔泰、林则徐等二十余人，"皆塑像，甚精工"。其地在"城隍庙东"，后改建为劝业场，即今五一路北口。《冯宫保轶事》条，记冯子材任云南提督时，在昆明街头令卖柴火者教训蛮横无理的外国传教士。《江川义牛》条，记该县李家营农民汪泰之子，年九岁，放牛时遇狼攻击，其牛奋起保护孩子免遭祸害。后来全村将此牛奉为"义牛"。

其他部分虽不涉云南史事，但可反映作者读书治学善于独立思考。如卷一《班固改史记》条，以《史记》《汉书》之《留侯（张良）世家·赞》为例，考称"太史公曰：始吾以为子房（张良）计魁梧奇伟，至见其图状，貌若妇人女子矣！"西汉司马迁有可能亲眼见过张良的图像，才得出这一结论。而班固则曰"闻张良之智勇，以为其貌魁梧奇伟，反若妇人女子矣"。作者认为，东汉班固不可能亲见张良图像，也没有声明是根据司马迁所见图像，却径自抄袭《史记》，"不独有害文意，抑亦大失史法！"可见作者读书审断之严谨。又如《西医剖解》条，据《汉书·王莽传》所记太医与巧屠"剐剥"王莽使者，"量度（其）五脏，以竹筵导其血脉，知所终始"。而颜师古注明这种"剐剥"是为了"知血脉之原，尽攻疗之道也"。作者又进一步补充了清人王士禛《香祖笔记》中的相同记载，从而说明，中国古代也有过为医疗而探索人体结构的解剖实践。审是。

黄诚沅《蜗寄庐随笔》一册六卷

铅印直排本，云南开智公司印刷，1925年

　　清·黄诚沅著。黄诚沅，字云生，祖籍武缘（今属广西武鸣）人。黄氏为粤西武缘（今属广西南宁市）望族。八世族祖黄燝曾辅佐南明永历政权；其次子黄垶娶永历皇帝之女广德公主为妻，乃大明末代驸马。诚沅之父黄君钜，道光二十九年（1849）举人，曾任云南浪穹、富民、易门知县和路南知州。诚沅于同治二年（1863）生于云南，后因军功奖授昆明县候补县丞，又升任南安州（今属云南双柏）知州、昆明县知事、善后局兼洋务局要员等职。辛亥革命后，他先后在云南讲武学堂、云南高等师范等学校任教，在云南生活数十年。还著有《蜗寄庐文撮》《于役广南日记》等。据《蜗寄庐文撮》之《云南中华基督教会四周年纪念季刊导言》等文得知，黄诚沅很可能是基督教徒。

　　不立目综合类笔记。自序署时"夏历辛酉春"，即民国十年（1921），称"陵谷变迁后，伏处蓬茅，不与世接，爰就佣食暇隙，或披秘笈，或忆旧闻，凡属不经见事，辄笔诸片楮之上。积久遂成卷帙，虽涉拉杂，然颇有可取"。是知此书逐渐写成于民国之后，其所记内容广泛涉及南明永历朝史

事、晚清政治佚事、西南民族习俗等，而尤以南明永历朝和云南史事为多。关于南明永历朝史事或闻自家族，不少内容鲜为他书所详。例如，卷三记永历皇族及大臣与基督教之关系曰：

基督教自明万历时已大行于中国，其后，如庄烈帝、瞿式耜、丁魁楚皆属教徒。即永历帝之王、马二太后及王皇后、太子慈烜等，亦因宦官庞天寿之引导而受洗礼。王太后洗名"烈纳"，马太后洗名"玛利亚"，中宫曰"亚纳"，皇太子曰"当定"。至永历四年十一月，帝以皇太后谕文、天寿书信授与曾来中国布教之神父波兰人卜弥格，赍回罗马，呈诸教皇，冀得同情，援以精锐武器，而期明室再造。次年十月，卜弥格入威尼斯而谒总统，又三月始抵罗马。惟时教皇牵于内忧，又闻中国无有恢复之望，倘厚视明，必招怨强清，于将来传教上不无影响，故荏苒至八年十二月，乃由新教皇亚历山大第七复书，迨永历十年卜弥格回中国时，则帝已播迁无定，而王太后、庞天寿并已殁去经年矣。其王太后所致之谕，今尚度存罗马书院（谕书文字略）。

明清云南基督教堂

由于作者本人是基督教徒，其所记当有所本，可作进一步证实和研究。记永历墓葬曰："永历帝被弑后，余烬藁葬于云南省城大西门外，与明故臣孙清慜公继鲁之墓相近。吴逆反，曾率其党至此哭拜。旋即修建亭殿，就冢封土成陵。及吴灭，殿宇被撤，陵则巍然如故，遗民恐（清）官平毁，乃托名陈圆圆之'梳妆台'，以保此一抔。"其他内容，也广泛涉及昆明和州县之金石、方志、民俗、宗教、政治、佚事等。考其来源，或据文献，或据作者见闻而成。文字以实录为主，亦间附考说分析。由于作者两代曾久居云南，故其内容也较为真实可信。

例如卷三，继杨慎等记载之后，作者也曾收集、分析云南各地众多稀姓。如记昆明等地之"短""太""朵""戍""保""宛""起""阿""秒""故""山"姓；陆良等地之"他""资""念""敏""亚"姓；呈贡等地之"郏""尾"姓；建水、元谋等地之"末""且""俚""拜"姓；富民等地之"完"姓；鹤庆等地之"庚""绞"姓；嵩明等地之"咸"姓；蒙自、文山等地之"火"姓；晋宁等地之"土"姓；永善等地之"呈"姓；腾越等地之"革"姓；来宾今属宣威市等地之"油"姓；马龙等地之"角""乘""道"姓；开远等地之"盘""豆""宽"姓；保山等地之"水""枋"姓；河西等地之"帅""旦""飞""可""旃""布"姓；邱北等地之"春"姓；通海等地之"帖""奎"姓；赵州等地之"赞"姓；寻甸等地之"强"姓；永北等地之"彪"姓；罗次等地之"幸"姓；楚雄等地之"池"姓；新平等地之"霸"姓；宣威等地之"目""浦"姓……作者认为，云南稀姓的形成主要有四大原因：一是远古姓氏的残留；二是古老复姓的省称；三是历代来滇的北方少数民族姓氏的简约；四是云南土著民族姓名的汉字记音。这和某些肤浅的记载不同，已属很有见地的结论。

再如，卷二记说当时昆明开门迟缓的习惯和原因曰：

云南以昆明人为最懒。街市、店肆必至辰巳之交始行开门。外省人之来滇者，久之亦多染其习，而与之俱化。盖起早则并蔬菜米盐均无处购买也。昔安化罗苏溪饶典督滇时，曾于朔望行香之际，责令各段汛弁、地保逐户将其唤起，否即处罚。乃舆从甫过，又已纷纷闭门重卧矣。

关于昆明人"晏起"习惯虽不仅见于此书之记，但作者将"晏起"与商业活动之迟缓联系分析，则进一步正确说明了自古以来，昆明人（其实不光昆明）因远离中原快节奏生活，人口压力小，方便"淘衣食（生存）"而又怡然生存在四季如春的"温吞"环境之中，故而养成"天高皇帝远，先吃早点后洗脸"的慵懒。但近几十年来，早已有所改变了。又如卷二，记昆明之婚丧旧俗有曰：

昆明婚丧有一特别风俗："搥门柬"及"升钉"。是当合卺之夜，客散后，新妇必具丝履一双，实以素巾半幅，再拜，献诸其婿，其婿坐而受之，将巾拢入袖内。次晨，香烛于家堂神佛前，翁姑尊长，咸列坐以俟。倘得真元，媒媪即用盘托出，呈众目验，声连道喜，立贵新郎名帖驰往女家报谢。而女家则当拂晓便已屏营悬望此帖之到来。其曰"搥门柬"者，盖言此柬到门为时尚早，妇家犹未启关（门）耳。"升钉"即盖棺加钉之谓。凡妇女死后，例须请其外家男子手持大斧向棺钉连击数下。如系读书人士，除应赠布匹四端或六端外，尚无他项需索，属平民之无赖者，要必满其欲壑方肯举斧，否则势定成讼。声称伊女身死不明，故夫家瞒，弗使知面，私自棺验耳。是以滇省谓人之敲诈得财者为"敲钉锤"。

其所记"搥门柬"意在检验新娘是否处女，和"升钉"之俗一样，实属并非《周礼》等正规礼经所规定的婚丧礼俗，自近代以来幸已逐渐消失。但不幸的是，今天以敲诈勒索为目的的"敲钉锤"，还常常流行于丧礼之外的不少场合——尤其是商场和官场！

附录：《于役广南日记》，黄诚沅著，一册不分卷，铅印直排本，云南开智公司代印，时间不详

作者亲赠云南省图书馆之书。无序跋。光绪二十八年（1902）七月，云南"粮署道新化魏公荫伯"前往云南文山地区察看"南防军务"，处理"游匪"问题等，作者"奉命随行"，因撰此书。按行程记录一路见闻，间附相关考证。时间起自是年七月初一日从昆明出发，至十二月二十八日返回止。其间作者还绘有《广南图》《滇越黔三省交界图》，惜未印入该书。作者以广西人长期寓滇，稔知滇东南及两广情况，故其所记，对于研究清末这一地区社会历史或有参考之处。

如考释"广南"得名起源曰："广东、广西之名，肇于宋之广南东、西道，而'广南'之称，则合广州、南海以为名，盖广州为岭南始建之州，南海又为通道首置之郡。且其地介居南服，名以'广南'，亦隐寓辟土开疆之义尔。"又按作者所说，两广得名之分界以广西广信县（即梧州苍梧）之东、西而来。再如，考说宋代大理国与南宋互市之"横山"，实为广西恩隆县，曰："宋之横山寨，今新设之恩隆县，俗曰：'马平'。粤西土语往往颠倒阙词，谓之'平马'云者，犹言马之聚牧之坪。宋立此寨与南诏互市，亦缘田州横山郡为名，而土人则直呼之，相传以至于今。诸书不知其地所在，妄以南宁府东横山当之，误矣"。

罗瑞图《耄期省克录》一册二卷

刻本，刊刻时空不详，方树梅先生原藏书

清·罗瑞图著。罗瑞图，字星垣，河阳（今属云南澄江县）人。青少年时期即佐岑毓英军幕。同治九年（1870）举于乡。光绪三年（1877）成进士，选庶吉士，归掌昆明五华书院。性恬淡，知止足。多才艺，善擘窠书。光绪十九年（1893）卒，年八十二。

不立目哲学思想笔记。自序作于光绪三十四年（1908）。文称时年七十七岁，由此上溯到作者告老于五华书院山长已六年，再由此上溯到作者掌此书院已长达二十年！"爰辑旧所见闻，登诸简编，置之座右，以为省身克己之助，非敢逆俗而亦不敢随俗也。不过自下针砭，俾后之人知仆于戎马仓皇、军书旁午，尚不废学。当艰难险阻、颠沛流离之际，犹手执一编，以求夫省察克治之要。"全书辑录历代哲人、理学大师的语录精华、故事，结合

罗瑞图墨迹

自己一生为人处事的感触和见解而成，要在自省自察、教育后学。且由于著成于作者以高龄去世前五年，故内容又略偏重老年人如何修身养性。其指导思想虽深受宋明理学的影响，但又并非一味蹈袭前贤、拾人牙慧。丰富的内容、平淡而蕴含哲理的议论、精湛的语言，大多来自作者自己的阅历和独立思考，今天也不乏教育意义。

如卷上，论人生之艰难和处世之态度——

天下有二难：登天难；求人更难。有二苦：黄连苦；患难更苦。有二薄：春冰薄；人情更薄。有二险：江湖险；人心更险。知其难，耐其苦，懔其薄，化其险，可以处世矣。

大事、难事看担当；逆境、顺境看襟度；临喜、临怒看涵养；群行、群止看见识。

不耐烦干不得事；不忍气做不得人。

知足者虽贫贱亦乐；不知足者虽富贵亦忧。

子思曰：不取于人谓之富；不辱于人谓之贵。不取，不辱，其于富贵庶几哉？

如卷下，论如何交友和处人——

宽厚之人，吾师之以养量；慎密之人，吾师之以练实；慈惠之人，吾师之以御下；俭约之人，吾师之以居家；明通之人，吾师之以生慧；质朴之人，吾师之以藏拙；才智之人，吾师之以应变；缄默之人，吾师之以存神；谦恭善下之人，吾师之以亲师友；博学强识之人，吾师之以广见闻。

扬人之非，不如行己之是；慕人之是，不如克己之非。

先去私心而后可以治公事；先平己见而后可以纳人言。

亲戚万不可交财。设有事故，前来借贷者，不如量力资助，以免日后取赏，致结仇怨。

熊宾《滇南壮游集》一册,仅存卷上

铅印直排本,宣统三年(1911),日本东洋文库藏书①

熊宾像

清·熊宾著。熊宾,字晋阁,商城(今属河南省信阳)人。光绪十七年(1891)副榜,十九年(1893)中举,二十年(1894)成进士,与张之洞同榜,且思想相近。熊宾先任礼部主事,后改官湖北天门、黄冈等地令长。其间,他曾积极参与张之洞的洋务新政。宣统二年(1910),云南地方当局向湖北借用"能员",熊宾遂以人才引进来滇,任云南电务、商务总办,始得与钟麟同、锡良等同官滇省。熊宾在云南期间积极领导开辟全省电信事业,总办电报局;又主理财政局,清理全省财务等,深为云贵总督李经羲倚重。还著有《三迤治略》《续修太和志》等,惜未见传本。

---

① 笔者在日本访书时,以为云南亦有此书,故当时未摄下书影。孰料云南并无此书,只将其所著《壮游诗集》权为书影代之。

立目式综合类笔记。卷首依次有云南统制钟麟同、陈祖藩及作者三序。作者自序称该书作于云南。卷上存《游黑龙潭记》《游鸣凤山记》《游太华山记》《游大观楼记》和《云南琐记》等二十一篇游记和杂文。其中《云南琐记》约占全卷一半以上,内容多涉清末云南政务、工矿、民俗等。由于作者曾亲领云南电报事业,故对其记载更为翔实。

如据作者介绍,当时云南电报局办有"学堂"。学堂采用新编教材,课程设置除了专业和外语课,还要开设书信格式、文化伦理课等。教材使用《孝经》《孔子家语》。英文老师为洋人赫士刚担任。电报学堂培养学生的目的,既有直接服务于滇越铁路沿线的电信工作,也有开启边疆风气的想法。作者写道:

云南电报局内附设英、法文学堂。额定五十名,每人每月交膳费二元,由公家补贴二元。两年半毕业。余到差后,始咨请上海电政局立案,现接来咨。改为"内班"三十名,全作官费;其余二十人作为"外班",自行出费。一年毕业,以英文作主,如有姿质聪颖者,兼习法文。预备派充火车一带各电局办事。该省风气不开,似此优予出路,电报局学堂以后有望发达。

此外,还有不少亲见亲闻内容,可资研究晚清云南社会风俗者参考。如记总督锡良在昆明禁烟,先将缴获的烟枪挂在昆明各大城门示众,然后集中销毁,"竟得铜二百四十余斤",足证当时昆明烟毒之剧!又如,记云南当时小儿夭亡有"挂葬"习俗曰:"云南恶习,每逢小儿夭亡,即用土坛盛之,悬大树上,以为不令再行投胎。各树皆是,惨无人理。巡警禁止,亦不遵依"。再如记云南"乔迁"礼俗曰:"云南土风,送搬家礼必有韭菜一把;松树薄柴两小捆,约十余片。初不解其意,及询之土人云,用松柴者,取其烧,'发'也;用韭菜者,取其'长久'也。"

除《云南琐记》外,其余游记、案牍、序论之文亦可供参观。如《云南北八省同乡录序》,记称当时河北、河南、东北、山东、山西、陕西等北方八省宦游云南者,在总督锡良的倡导下,于光绪丁酉(光绪二十三年,1897)之秋,在五华山南建立"八省会馆"。笔者曾在原北京图书馆见过此

《云南八省会馆碑记》拓片。后会馆年久失修，辛亥（1911）春又经修葺，并编为《同乡录序》，详列其人口、男女、职业等。如果说明代宦游云南者多是江浙人，入清以来，北方人也渐渐增多，乃至有北省会馆之设，则此序可为一证。

附录：《壮游诗集》，熊宾著，一册不分卷，方树梅题写书名，云南省图书馆藏书

为作者以上旅滇诗作。多记咏当时出现的新式交通、通讯、器物等，诗句亦清新可读。如《火车即事》云："铁轨初开道，奔驰瞬息间。才穿三两洞，已过数重山。电掣雷声疾，烟飞瘴气删。天工巧可夺，马足何能攀！"再如《电报》云："一线飞来火急催，空中传语费敲推。连翻号数都成字，领略声音尽在雷。雁系帛书行尚缓，电驰羽檄去旋回。天公巧处人能夺，咄咄何劳怪事情。"又如《电话》云："忽闻铃动响叮东，空谷传音信已通。异地虽遥语可递，同声相应话偏工。机关到处疾驰电，信息飞来快顺风。自是迩言容易察，两端执处用其中。"

宋廷模《京师日记要录》一册不分卷

铅印直排本，编印时空不详，云南省图书馆藏书

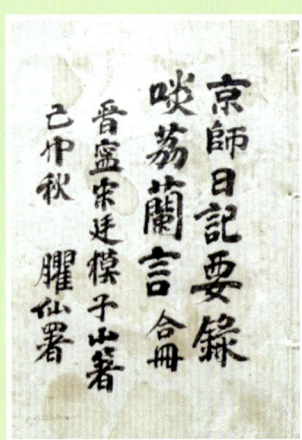

清·宋廷模著。封面有方树梅题笺曰"晋宁宋廷模子山著"。附录《啖荔兰言》，乃作者官荔城（今属福建莆田市）时与同僚唱和诗作。宋廷模，字子山，一字补山，昆明晋宁人。光绪年间，以举人挑任内阁中书。一九〇〇年八国联军侵占北京，帝后大僚纷纷逃亡。廷模奉命任西城巡防，忠于职守。任满，先后任兴化府（今属福建莆田市）通判、平潭县（今属福建福州市）同知等。其间，他兴修水利，重视文教，多有惠政，后终因辛劳卒于福州。福建士民为其"立碑志德"。还著有《退山诗草》《平潭县乡土志》等。

不立目综合类笔记。其自序作于光绪二十六年（1900）冬月，称"五

宋廷模题书湖南平潭石刻

月以来，京师变乱，人民涂炭，飞弹如雨，积尸惨秽。余于艰难困厄之际，置身烽火丛中。目之所见，耳之所闻，不忍笔又不可不笔者也"。为回答亲友问及八国联军侵占北京之事，他将日记之重要内容著为此书。大体按时日记事，起自光绪二十六年庚子（1900）五月十四日，迄于同年十月二十九日止。内容主要涉及义和团、教案、当时中外交涉、京中滇籍官吏交往以及普通民众的生活等史事。

据作者所记，八国联军侵占北京之后，作者等奉庆亲王之命，设立"华捕局"，负责组织留京官绅士人和民众，日夜巡防，维持社会秩序。与此同时，作者上书李鸿章，提出八条建议："杀有罪"，指诛杀本年四、五月以来还在上章保举"拳匪"者；"醒顽民"，教育民众不要盲目仇外；"革逃官"，指革去无故逃离北京的政府官员；"清戎政"，指整顿军务；"用人勿循资格"；"坚请回銮"，请皇帝尽快回京，以安天下；"联合友邦"；"亟请收回利权"，指从外国列强手中收回一切经济和实业大权。虽然当时未能得到完全采纳，但后来却直接影响了清政府诸多政策的推行，作者也因此成为李鸿章的朋友。李鸿章去世后，作者的挽联还特别提到此事云：

在昔条陈八事，阅四百日磋磨竭力，次第俱行，相度休休，得此洵称知己，嗣荷代呈奏疏，是真为国求言，感激爇心香，执绋涕零难自己！
记从领袖千官，听亿兆人毁誉任情，升沉早淡，个臣断断，当时讵有公评，即今和议友邦，无愧鞠躬尽瘁，转旋凭掌握，盖棺论定复何疑？

今天我们该如何评价义和团，如何评价当年的北京留守组织，如何评价李鸿章，是近代史上非常复杂而重要的学术问题。《京师日记要录》很难得为我们提供了一个云南目击者的真实见证和思考，值得珍惜和深入研究。

陶大濬《万里行程日记》一册不分卷

铅印直排本，云南铅印局印行，时间不详

清·陶大濬著。陶大濬，新野（今属河南南阳）人。附贡生，光绪二十九年（1903）冬，挑任云南罗平知州，纂有《罗平乡土志》，其余生平事迹待考。

不立目综合类笔记。记作者新任云南罗平知州一路来滇之行程经历、风景名胜、楹联诗作等。据载，作者从汉口登船，经辰沅水路入滇，自记"远行七十日"，水陆万里之遥。此书行文简括，但文笔堪称准确而优美。如记关索岭云：

关索岭，俗称关岭坡，原名关索岭，因避"索"字而称"关岭"[①]。在寻甸州南五十五里，山林茂密，形状崎岖，路曲盘桓若之字。两峰环抱，壁立如关，高插云表，为滇境第一峻峰。四面群山环绕，势若拱门。碣题："汉武乡侯南征驻此"。今故址犹存，且系滇中要隘。光绪己丑知寻甸县事王国江捐资建修，并题"关岭"以志古迹。高处房屋三楹，供关圣位。楹联

[①]"索"即辫子，清朝汉人仇满人，往往称其为"索虏"，故行文则避讳之。

云："关从汉相会盟，摆旌旗，七十二峰现在；岭自亭侯显圣，休兵戈，三十六鼓犹存。"自黔来惟此站八十七里。

又如，记云南杨林风景、市贸曰：

娃娃崖在杨林海子岸边。人有崖下经过，海岸一带，杨柳翠绕，两岸夹立，凿山开路，山脚水冲石空，夏月水大，消注其下。又行数里至土主山。虽不及关岭之层峦盘郁，而高峻诚此站之第一峰。上坡之时，正值疾雷暴雨从空而降。满山流水，如行溪涧。及至颠顶，遥望杨林驿，近在眼前。绕山坡行来，转弯八里至街头。日昏而雨仍不止，在乡驿站中，人烟之繁，贸易之多，无有过于此者。地为有明隐士兰止庵先生故里，土人尚能述之。

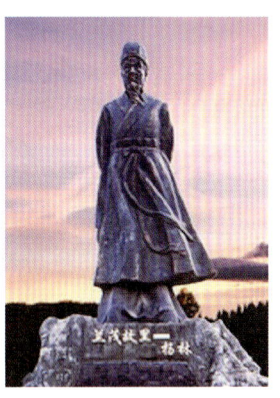

杨林兰止庵（茂）塑像

再如，记昆明首驿板桥驿曰：

行三里至板桥驿。驿东有黄龙潭，生成石崖，如墙环之。下泛清泉，潺湲长流。山麓有龙泉寺，潭上台榭临水，开窗邀月。中供观音像，下有房舍三楹，绿水环之，亦颇清雅不俗。寺前一联："龙泉无双寺；东境第一山"，谓昆明一县之风水也。有题壁诗云："绿水澄深潭，曲径通幽处。林树密重重，疑有虎豹踞。山石高巉巉，岂然若刀锯。不见此黄龙，应知天上去。"

每叹今人才气难敌古人！一个初来乍到的外地人，竟能在三言两语之内，将他乡之道里风景、历史典故和当下之感觉，说得如此贴切、如此生动，足证杰出的旅者，行万里路之前，也当是先读过万卷书的人。

271

齐学裘《见闻续笔》二十四卷

《续修四库全书》本

  清·齐学裘著。齐学裘，字子治，号玉谿，婺源（今属江西上饶）人。晚清国子监生，多才艺，工书画，"以诗名著江左，文人咸相引重"，但因无相应功名，故终生不得其志。由此书中所语"余试泸西""过陆凉""余按景东"等观之，作者或许曾为幕僚之类的小官，到过云南不少地方，故书中所记云南之内容不少，且多据亲见亲闻，较为真实可信。还著有《见闻随笔》《蕉窗诗抄》等，有待访寻。

  立目式综合类笔记。其涉滇篇章集中在卷一，主要反映晚清云南社会生活、山川物产、民族风情等。如《草籖》条，记云南少数民族占卜方法，"草签，夷人之卜也。即鸡骨卜之类。随意取草卜之，能知凶吉，往往奇验"。《爨使君碑考》条，据自己"道经陆凉"所亲见《爨龙颜碑》，历引史志，对其书法款式、墓主身世等略加论说。《矿神》条，记国家规定云南采交铜矿数额巨大，乃至路南、澂江、普洱等地的官员纷纷要求解职回家；矿厂则供奉"矿神"，祈求开出高产的"堂矿"。《界鱼》条，记云南"抚仙湖与星云湖相接，各宽数百里。抚仙湖出㔶䱢鱼，长五六寸；星云湖出大头鱼。两湖相接处曰'海门桥',有大白石横水中,两湖之鱼游至此石即止,谓之'界鱼'"。《摆夷》和《倮倮》条,分记云南傣族(又分"水摆夷"和"旱摆夷")、彝族男女衣着、生活习俗等。《夷歌》条则记亲闻云南不同地区彝族"芦笙跳月"的演唱和歌声曰:

习闻夷人芦笙跳月事。南涧多夷人,因唤男夷四人至驿舍,二人吹笙。笙二尺五,管参差,以匏承之,复悬半匏于管梢,离寸许,以纳声。二人唱歌,两两相对,回旋跃舞,以足筑地为节(奏),笙音靡曼,歌则一字不可解,亦不甚可听。后行景东,至一山脊,闻女子泣声凄婉悠扬,袅入云际。及转坡,见一女簪山花满髻,顾舆夫(轿夫)而笑。因问舆夫曰:"适闻泣者,此女耶?"曰:"歌耳,非泣也。"舆夫嘱其歌,即引曼声一响,凄动心魄!迥非前男夷跳月歌声也。惜未闻(她)跳月时歌声若何?

芦笙舞

汪濬《滇疆纪略》一册两卷

铅印直排本，印行单位不详，宣统三年（1911），云南省图书馆藏书

汪濬画像

清·汪濬著。作者生平事迹不详。卷首自序署"宣统三年二月浙江杭州汪濬惟清氏谨志"，文称"戊申（光绪三十四年，1908）之秋，随陆军由湘、黔来滇省，己酉（宣统元年，1909）供差于蒙自，庚戌（宣统二年，1910），调差于个旧。谨采摘群书之纲领，佐以耳目所及者，笔之于是篇，名曰《滇疆纪略》"。以下为《凡例》，作者进一步解释说，因为云南地方史志如《南诏野史》《滇系》等篇幅过大，不便携带，于是就多种云南地方文献，"摘其纲领，撷其精华，并加参考调查，务期真确，俾阅者一目了然"。

立目式综合类笔记。主要供作者等外来人在云南行军驻防时参考，也形同一种简明扼要的云南地方志节本。作者称，由于近代云南事异多变，边疆危机加深，故摘编内容又多侧重于军政、边防、学务、实业、关税、银行、

铁路、警察、邮电、造币、机器等新兴事物。唯此书仅存二卷，并未完全反映上述内容。或属散佚残缺之书，有待研究。

按晚清滇中行政区划依次为云南府、昆明县、富民县直至禄劝县、元谋县为止。每府、县重点记其疆域、气候、城郭、水利、津梁、异产、田赋、杂税、坛庙、古迹、风俗、乡镇、会馆、营垒、关哨等基本情况。尤详于省会即今昆明市区的记载。如《营垒》条，记晚清昆明新军驻地曰：

步兵七十三标在北校场；步兵七十四标在巫家坝；马队第十九标在幹（干）海子；工队第十九营在幹（干）海子；炮队第十九标在巫家坝；机关枪营在南校场；辎重第十九营在归化寺；上段铁路营在南门外三官、三官庙等处；陆军警察营在盐道街。

又如据《衙署》和《公所》条，其所记晚清云南府各重要行政机关及办公地，或可供今天研修云南及昆明史志者参考：

总督衙门，含督练公所：在西院街。布政使衙门：在东院街。提法使衙门：在登仕街。交涉使衙门，含交涉公所：在总督署隔壁。提学使衙门，含学务公所、宪政编查馆。（按，漏记地点）。粮道衙门：在粮道街。盐道衙门，含盐库大使、盐政公所：在南城根。巡警道衙门，含巡警公所：在粮道街。劝业道衙门：在东门城内。统制衙门，即游府衙门：在东门内长春坊。中协衙门：在三转弯。首府衙门：在小哑巴巷旁。水利厅衙门：在南门外。教授训导衙门：在文庙旁。昆明县衙门：在小东门内。笔政衙门：在甘公祠街。典史署：在昆明县署旁。财政公所：在鹦哥街。高等审判厅：在卖线街。地方审判厅：在西华街。劝业公所：在长春坊。团防兵备处：在鹦哥街。禁烟局：在龙王庙街。讲武堂：在洪化桥。造币厂：在钱局街。大清银行：在土主庙街。机器局：在钱局街。陆军军械局：在黄河心。陆军粮饷局：在满洲巷口。咨议局：在马市口。刷印局：在报国寺内。制革局：在南门外，又一处在粮饷局隔壁。劝工局：在土主庙内。昆明劝学所：在威远街。模范监狱：在三家村。昆明初级审判厅：在布珠巷。

亨利·奥尔良《云南游记·从东京湾到印度》一册

云南人民出版社，2001年

亨利·奥尔良像

清·[法国]亨利·奥尔良著，龙云译。亨利·奥尔良，法国奥尔良王朝王子，生平事迹待考。据卷首《译者的话》，一八九五年，即清光绪二十一年，奥尔良等三个法国人，在安南（越南）向导和翻译的全程陪同下，从东京湾（北部湾）乘船出发，至云南蔓（蛮）耗登陆，前往云南西南边疆"探险"旅行，因著此书。一八九八年，即光绪二十四年，曾先在法国出版。其所谓"探险"旅行的目的，"旨在探明北部（指其殖民地越南北部）中国境内的湄公河流域，中心地区是云南省澜沧江流域"的情况，以便和英国在这一地区争夺更大范围的殖民地及商业利益，扩大法国的影响。故作者行文之中，不免流露出殖民主义者对中国民众非理性的轻视和妄自尊大。

章节体专题游记，按先后行程分八章记事。作者等从蔓耗登陆后，分段雇佣马帮、向导和翻译，经蒙自、绿春、江城等地，转思茅等地进入湄公河流域。再行经大理、澜沧、双江、临沧、云县、昌宁、贡山等地，经怒江流域进入云南迪庆和西藏地区，最后抵达印度。一路得到法国驻华领事、传教士，法、英侨民以及中国地方官、土司的帮助。作者不但如实记载了旅途见闻，而且还用照相机摄下了不少人文和自然景观，该书据此制成图片，大体精准，成为不可多得的文献资料。文字记载最多的是作者等亲自相处过的云南少数民族，据笔者粗略统计，计有彝人、民家、瑶、佤、哈尼、摆夷、布朗、么些、拉祜、回回、傈僳、藏人、普米、怒人、独龙等十多种，且多配有其衣饰图片，较为真实。这在其他游记中实属罕见。

其次是作者所见云南某哈尼、傈僳村寨的象形文字或符号，反映清末云南少数民族地区还存在类似"东巴"的原初文字，不光纳西族独有，值得进一步深入研究。所记傈僳族和藏族社会生活、文化习俗也尤为详细。如记傈僳族刻木记事的方法、原则及个别案例，记其以十二生肖动物纪月的历法，记其歌舞、宗教等；再如，记录藏族寓言故事、歌舞、宗教等，类皆对于研究清末云南少数民族历史颇多参考价值。此外，记其一路交通、道路、自然风物，西方在滇传教士的生活，英、法两国争夺殖民地的矛盾等等，也值得有关研究者参考。

莫理循《中国风情》

国际文化出版公司，1998年

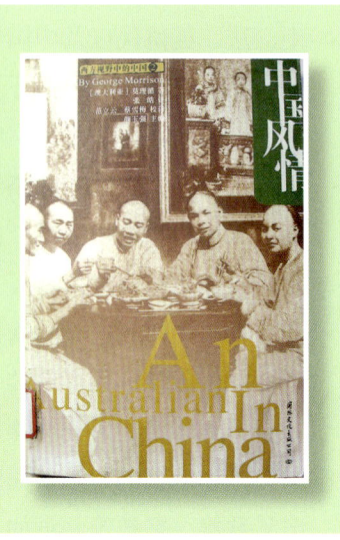

莫理循像

清·[英国]莫理循著，张皓等译。作者乔治·沃尼斯特·莫理循（George Ernest Morrison），澳大利亚出生，医学博士，著名旅行家和中国问题研究专家，1912年曾被袁世凯聘为总统顾问，此前两次到中国西南和东北旅游。

立目式章节体游记，记作者光绪二十二年（1896）的中国西南之旅。共二十三章，除前四章涉及汉口和川东地区外，其余全为云南及中缅边境内容。由此书得知，作者经川东进入滇东北水富、昭通、东川一带，再由此行至滇中昆明地区，又从昆明出发，经楚雄、大理、保山、腾冲一线行至仰光和加尔各答。作者以简练的笔调勾勒出近代云南的一幅幅历史和社会的风情画。由于作者沿途得到中国官方和外国驻华机构的正式接待，因此，该书的资料引述也较有根据。

水富和昭通是作者当时入滇的第一站。据作者记载，当时的水富"有十五万人口"，是一个连接川滇的水陆码头。作为中国问题研究专家，作者当时就看到，云南的发展，应当经水富内联中原，经滇西外通大海。这正是云南今天在做的一件大事。但是，在满目疮痍的近代中国不但不可能，而且处处充满的是专制腐败、饥饿疾病和贫穷愚昧。据作者目睹，云南从东北部到西北边界，农田大多被罂粟所侵害，吸毒、贩毒成风。当时麻木的滇人关心的不是"谁吸毒，而是谁不吸毒"。作者目睹当时肆虐云南的两大疾病：天花和甲状腺肿（大脖子病），记载了当时流行于云南的种种酷刑：削耳、站笼、枭首示众、凌迟处死等等，读之令人发指！如该书记载当时云南的两大人口贩卖中心：昭通和宾川，而以昭通地区的儿童贩卖最为猖獗。《女孩买卖》条记曰：

去年（指1895年）昭通邻近地区有三千多名儿童（原注：主要是女孩，也有几个男孩）被卖给人贩子，然后像篮子里的家禽一样被带到省会城市昆明出卖。平时，女孩的平均价格是每年一两（银），合三先令，即是说，一个五岁的女孩价格是十五先令，但是在饥荒年月，每个女孩的价格从三先令四便士到六先令不等。只要买主高兴、满意，就可以随便卖。如果能同女孩的父亲达成协议，甚至不花费什么就可以得到，因为女孩的父亲再也没有办法来养活照料自己的孩子，没吃，没穿，无法把她养大成人。饥寒交迫的母亲来到教会，祈求传教士带走她们的婴儿，拯救婴儿的命运，否则只有死路一条。

昆明是作者旅滇的第二大站，看到的昆明"是中国的大城市之一"。这里，同时并存着古老的庙宇和西来的教堂，并存着更夫的梆子和海关的钟声，并存着总督衙门冰冷的龙头大刀和军火厂生产的新式武器。作者用较大的篇幅记载了他在昆明的活动，如他与云贵总督王文韶的交往、昆明的黄金价格和银钱交换、著名的文氏和蒙氏钱庄、电信事业和物价、西方传教士的活动等等。尤其细致的是，《昆明城门》条如实记载了昆明壮丽的城门：

在这个拥有城墙城市的国家中,昆明的城墙是最大的城墙之一。它是用砖石建造在三十英尺厚的地基上的。其高度显得很庄严,其宽度可供一辆四轮马车行驶。骑在骡子上,我的额头才达到城墙的护墙顶端。昆明城墙总共有六个门。南门是一个半圆堡垒式的双重门。在南门外有一座颇为壮丽的凯旋门,密集的郊区从这里延伸,一直到广阔的公地。

离开昆明,作者一行逶迤向滇西进发,沿途重点记载了大理、保山、腾冲以及缅甸掸邦、八莫、曼德勒和仰光的经历。对于研究云南近代历史,特别是对外交通和商业史,也很有参考价值。例如,作者看到当时的大理商业贸易极为发达,建有大型的"官驿","里面装满了外国货物和从缅甸进口的东西,以及由广东商贩带来的西方器皿和小装饰品。官驿里面还有可供一百多匹骡马食住的马棚"。而私人的旅馆有的比官驿还要大。四方客商云集大理,而以广东商人最为惹眼。《广东商贩》条记曰:

大量广东人来到大理,他们带来当地居民需要的各种外国商品——价格便宜的手枪、镜子、天秤、幻灯片及无数小摆饰、小玩具。这些商品不但有用,而且有吸引力。他们带着鸦片回广东时,成群结队,成单行——一个跟着一个,走在路上。他们的扁担有一头是两英尺长的钢铁矛头。这种扁担有双重用途,平时挑运货物,遇危险时作为长矛武器。无论他们到什么地方,都可以通过其衣着——很大的油纸太阳伞,用绳子捆起来并吊在扁担两端的货物等等认出他们。他们总是穿着深蓝色的衣服,脸上刮得干干净净,脚上穿着很好的草鞋,打着整齐的绑腿。他们具有旅行家的风采,有意识地把自身的优越感带到各地。

又如,《难走的山路和山中商队》条记日夜往来于中缅交通线上的贸易马帮曰:

我们整天都遇到从缅甸来的棉花商队。商队隆隆作响的声音在几英里内寂静的大山中回响。听到叮当、叮当声,很长时间后,才看到背上驮着巨大棉包的骡子和马出现在面前。走在最前面的马头上扎一朵红花,尾巴上捆扎着一束深红色的松鸡羽毛。最后一匹马驮着卷发的商队头领和他的铺盖卷儿。走在商队最前面的人是商队的引路人。每五匹马或骡子,就有一个人指挥驾驭着。在一条河流的沙滩上,我看到一个商队正在休息,他们的行李一排排地堆着,马骡在山坡上吃草。我数了一下,共有一〇七匹。真是一个庞大的商队!

总之,该书是一本涉关云南近代史较新的译作,鲜见前人称引和深入研究,是一部颇具参考价值的云南近代史料笔记。其不足之处或许在于,作者记事大多偏于简略,且缺乏应有的观察深度。由于作者或译者不谙云南史地,故有关云南地名、人名的字词,尚有未审之处,如误"永昌"为"元昌"等。此外,不少中文表达方法也值得进一步推敲、完善。

李湛阳《东游纪略》二册

铅印直排本，重庆广益书局印刷部代印，光绪三十一年（1905）

清·李湛阳著。李湛阳，字觐枫，晚清云南昭通巨商李耀廷次子，光绪二十年（1894）甲午科副贡，日本速成师范学堂毕业。李氏父子思想进步，颇能与时俱进。民国前后，李湛阳历任广东劝业道、四川巡防军统领、蜀军及四川财政司长等。孙中山领导二次革命和护国战争，李湛阳曾捐资相助。

立目式综合类笔记。作者开卷言及出游原因说："光绪二十九年（1903）癸卯，以票银七十二两买舟由重庆冬下宜昌。此次之行，奉川督西林岑公委也。去年冬日，日本驻渝领事德丸作藏以其国将开博览会于大坂，照会川督，请派员往东与会。湛阳客居川中，欲出游一考农工商学之究竟，适岑公以此相命，遂率尔而告行。"他主要参观考察了日本大坂、东京、京都、神户等地之工厂、农村、学校、市场、寺庙，参加了博览会，希望通过考察，进行中日对比，找出差距，学习先进，为我所用。

全书分八册：第一册《行程，附考查日本石油纪略》、第二册《日本商务纪略》、第三册《日本农工纪略》、第四册《中国及欧美通商与日本之状态》、第五册《日本商务补助机关》、第六册《日本博览会纪略》、第七册

《日本学校纪略》、第八册《日本风俗纪略》。通过对日本石油事业的历史与现状的考察,作者记称,日本从明治三十年才开始派员到美国学习石油技术,引进石油机械和技术人才,此后石油生产便日益发达起来。明治十年产量不过一万石,到"明治三十二年则一日可得千余石!"参观博览会,作者感慨中国泱泱大国,但参展的省市却只有江南(今安徽)、四川、湖北、湖南、山东、福建六省和沙市,参展商品的竞争力也远不及欧美。于是,作者重点记叙和分析了中国与日本、欧美的商务问题。通过调查研究,他指出自中日甲午战争之后,日本商业随其国力强盛也日益发达起来。此外,日本商人重视学习,"故各种商业之如何经营?如何设立?必备有种种之商学",其商人多愿意进校读书,除商业知识外,还要学习各种社会科学和自然科学知识。日本商人也很重视研究和把握商业发展的历史、现实和未来。同时,日本不断创新发达的商业也受惠于其发达的农业、工业和服务业的支撑。

据作者考察,当时英美在日本的规模较大的"公司行号"共有四十九家,而中国只有十五家。反之,英美在日本的"小型店铺"只有九家,而中国却多达一百四十五家!英美在日本的所谓"下等商人"为三百六十人,中国在日本的"下等商人"竟多达五千八百五十人!足证和英美相比,中国对日商贸主要输在经营方式和规模上,多局限于眼光短浅的小本经营,但作者也没有丧失中国对日商贸的信心。他通过观察思考,认为由于中国毕竟具备深厚的国力、素称发达的海运潜力,"英美各国必更胜于今日,而中国且必能大加追求,以超过今日数倍"。他还指出其理由:一是"华人耐劳困,而有冒险性也。凡华人所至之地,辄敢孤身作下等工作,虽历风霜雨雪、水火危险诸端。冒险性成,无不可为之工作,无不可经营之商业也";二是"华人善经营而富于殖产",即经营能力不差,且善于积累财产;三是"华人东渡(日本)比英美便易,而无业不可以为也"。但他也进一步强调说:"国权国威,为商族之所依赖。我国苟能日见强盛,则可为我旅于三岛(指日本)之华商庆。否则,难言之矣。言念及此,孰无邦国之爱?孰无种族之情?抚泰东一勺水,其有殷忧思奋者乎!"

李湛阳《礼园杂记》一册

铅印直排本，上海聚珍仿宋印书局印，时间不详，云南省图书馆藏书

陈荣昌题书"鹅岭"

李湛阳著。无序跋可考其刊印时间。不立目专题笔记。开卷作者曰："礼园者，昔名宜园，吾家巴山之园也。"称该园为乃父李耀廷始建于清宣统年间，位于重庆市西郊鹅岭（今重庆市鹅岭公园），面积不断扩大，占地二里多。其父李耀廷就葬在此园。自清末迄民国，作者兄弟亲友常常寓居园中，也在此接待全国各地前来度假和访问的社会名流。该书即记此园之历史、交游、园内外之构造、建筑、路径、山水、园林、装饰、楹联、字画等。据载，当时这里是一处非常豪华的园林式别墅区。临江而建，地势开阔，规模宏大。建筑为中西合璧，富丽堂皇。园中还饲有文豹、狗熊、刺猪、骆驼等动物，供人观赏。

自清末以来，园中之山石廊柱、亭台楼阁留下了不少名人题写的楹联字画。如园门外最早有云贵总督林绍年为表彰李耀廷对朝廷和民众的义举，奉旨为他"颁额建坊"，取名"名堂尧老"坊，并亲书柱联曰："花木千秋作神社，乾坤一冢奠巴山"。此后，有陈荣昌榜书"鹅岭"二字，勒于石，题联曰："一抔孤子泪，两字旧君恩。"题诗缅怀其父曰："而翁一世人中豪，气概直同巴峡高。生时登眺死埋骨，想见精爽栖亭皋。风鹤昼惊猿夜号，双江怒吼鱼龙逃。万松深处尘不到，料应魂魄无牢骚。九原何反悲我曹，君为萍梗吾蓬蒿。何年道路豺虎绝，一杯来向梅门浇。"

再如，赵藩题联曰："春耕秋获邻庄业，水碧沙明画本山。"又题诗缅怀其父曰："浮图关树郁青苍，树里开园如辟疆。诗酒孤余负魂梦，乾坤一冢成沧桑。送崖而返去嘿嘿，游方之外居堂堂。金沙江水贯上下，此间何必非吾乡？"蔡锷题诗纪念其父曰："猿公穷坐万山颠，日日江头数过船。赤县飞腾经一瞬，青萍化去忽千年。昔闻巴峡连巫峡，凄绝崖边与路边。坐忘天均冥失语，碧秋瑶月几回圆。"王湘绮题联曰："更筑园林负城郭，远开山岳散江湖。"此外，还记有王树枏、郑孝胥等社会名流游访该园的情况和题咏。

考其父李耀廷，清末先做马帮生意，后来结识云南"天顺祥"商号王炽（兴斋），到重庆开办"天顺祥"分号，经营有方，使之成为南帮票号之首。再由商转工，经营实业，先后投资兴建电灯公司、江轮船运公司等，最终成为富商巨贾。首任重庆总商会总理等职，思想开明，支持孙中山领导的民主革命活动，多次为之提供经费。孙中山先生特亲书"高瞻远瞩"条幅相赠。且乐善好施，凡有赈灾救荒、办学修路等事，他都积极捐助巨款。他和两个儿子还在长江边设立"义渡"，无偿摆渡百姓过江。重庆百姓感念李家善举，将此渡称为"李家沱"。

怡园《东邻见闻》附《矿山笔记》一册不分卷

商务印书馆代印，光绪三十一年（1905）

清·怡园著。作者为清末云南早期留日学生，其真实姓名待考。首序署"乙巳季春迥楼识于日本东京旅次"，称"吾友怡园游日本归来，示所著《东邻见闻》。读之，一一皆与余脑中印象者相吻合。其有鉴于吾滇今日经济之关系，有甚于教育者而期以达其目的"。考乙巳，即光绪三十一年（1905）。迥楼，或为絅楼，则杨琼之字号。杨琼，云南邓川人，光绪三十年（1904）和周钟岳、秦光玉、钱用中等四十四人一起留学日本，习"速成师范专业"一年。所以，该书作者"怡园"很可能是其共赴东瀛的同学之一。

不立目专题类笔记。分条考论日本之名称、民族、历史、中日关系、中国以及云南与日本之异同和差别等。议论多于纪实，但字里行间饱含爱国爱滇、救亡图存的时代精神，也充分反映作者对中日两国的历史与现状、对云南改革发展的思考非常深入。诸多论说，振聋发聩，发人深省。

例如，关于中日民族。作者历引中日典籍，考说自先秦所谓"徐福东渡"以来，中国种族，特别是中国文化对日本的影响，有力地反驳了日本某些人谬称中国人种和文化反源自日本的说法。但同时又指出，近现代以来，日本某些人鼓吹"中日同种族""黄种一家亲"，在日强我弱的情况下，这不过是为了兼并和灭亡中国的一种舆论而已。作者明确指出："甲午、庚子，先（西方）列强而蹂躏我土地、吸取我膏血，斯时同种之情何在？他日中国瓜分，日本启之也；满洲灭亡，日本速之也；至我奄奄一息，无足顾虑，乃念同种之谊乎？！"一再呼吁国人应当头脑清醒、自强自立，警惕日本利用"同种"和婚姻关系侵害中国。后来"满洲国"的历史完全被作者言中，充分证明其预见的准确！

虽然如此，作者又并未因警惕日本而反对学习日本。相反，作者通过自己的实地考察和对比分析，深切地看到，当时的中国，特别是云南，各方面与日本存在巨大的差距。他毫不留情地剖析自己的痼疾，虚心地介绍日本的优点，希望"以日为师，择善而从"，以此推进中国及云南的改革和进步。

再如，论中日两国民风。作者指出当时中国男人吹烟，女人缠足，而日本已无此陋习，尤其是妇女和男人一样可以参加社会百业工作。他呼吁中国必须尽快除此等恶习，否则"全国之学堂齐设，究何益乎？"论中日文化思想。作者指出，日本文化发端于中国，但又善于吸收佛教和西学的精华，所谓"冶中、西为一炉；通儒、释成一家"，使之切用于社会改造。而"我国小儒，往往守一家之言，固步自封，驯致名实俱亡。坐令今日学界如黑暗地狱，无一线光明，是谁之过？岂非高头讲章，一纸科名，缚其思想，导之利禄所至哉？"他呼吁尽快废除科举，重视"制器利用"之学。

据作者考证，日本明治维新时，为学习西方，曾一度"举其国所有之汉、宋人著述一切焚之！其见虽不免过偏，然无此反激，则无此精进"。反观中国，虽已兴起"新学"，但各类学校"仍留八股余毒，以教读背诵经典、剽窃观摩古训教育学生。欲使之考试百发百中。资格既深，卿贰骤至"。作者指出，大凡混得"资格"的官人，往往并无真才实学。"问以外交，茫然也；问以内政，茫然也。一旦列强寻衅，黠者卖国求荣；愚者惊泣遗溺（吓出尿来）。故广东被虏，八股者也；辽东溃军，八股者也；肇义和团之乱，致津、京陷亡，赔款数万万，遗今日之大祸，亦八股者也！"

《矿山笔记》则是针对云南和日本矿冶业之差异写下的札记。作者首

287

先指出，云南欲富足应依靠和发展矿冶业，"国家之不弃滇者，以五金之矿也；滇所以能立省者，亦五金之矿也"。但是，作者根据自己亲自调查到的云南和日本矿冶业的实际情况，深感当时两者在技术和经营方面的差距非常之大。就矿山而言，日本"足尾一山不过（云南）汤丹三分之一"，但是，汤丹一月出铜矿三十万斤，而足尾一天一夜就出铜矿三十万斤！则"足尾一月之铜，我全滇竭七八年之力尚不能及！"作者分析说，这首先是因为云南的采炼技术大大落后于日本，如日本早已采用焦煤冶炼，云南则一直用木材冶炼。云南矿冶从探定矿苗到开采、矿洞通风、照明、排水、矿石运输、粉碎、洗拣、熔炼等环节都远比日本落后。

究其原因，作者指出，一是包括云南在内的留学生很少真正愿意学习和献身矿冶业者，"留学"不过是混个资格而已；二是地方政府很少真正重视和懂得如何发展矿冶业，有的甚至宁可贱卖矿山、矿石，也不思改进技术。针对云南矿冶业的落后局面，作者进一步提出了自己的建议：一是认真选派真正有"救国救滇"思想的学生出国，学好矿冶技术和经营方法；二是先雇用洋人尽快帮助云南采用新法采炼，等"滇生学成归来"再将其替换；三是号召私人（主要是商人）积极投资矿冶业；四是对急需开采的大矿，如东川之铜矿、宣威之煤矿等，可先由政府垫资开采起来。作者甚至认为，云南矿冶业的发展，是为"国家转弱为强、转亡为存之起点！"

崇谦《宦滇日记》附《公牍》二十九册

稿本，云南省图书馆藏书

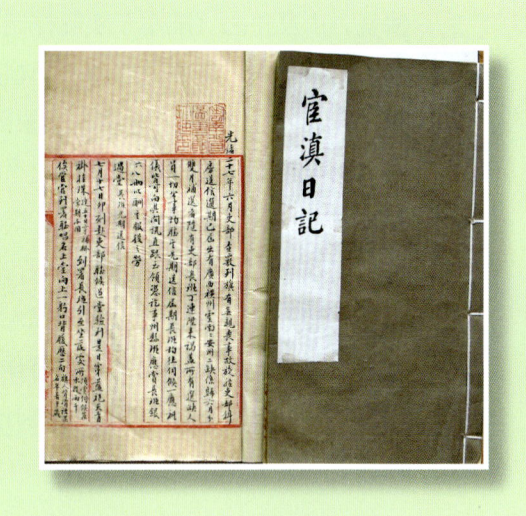

  清·崇谦著。崇谦，字仲益，又字益三，满族正红旗人，瓜尔佳氏。光绪二十四年（1898）举人，任玉牒（皇族世谱）馆总校官。光绪二十八年（1902）外放云南，先后任南安州（今属云南双柏）知州、善后局文案、东川府和楚雄府知府，多有政声。云南光复后，一度任楚雄自治局名誉总理。民国元年（1912）离滇北返，退出政坛，改姓关，在京津地区从事实业和商业活动。一九三五年去世。崇谦多才艺，尤擅诗画篆刻。

  不立目综合类笔记。记事起于光绪二十八年（1902）正月二十五日，迄于民国二十四年（1935）正月底。虽间有断缺，文字过简，但大体首尾贯通，按日记事，足资考证。《公牍》则录存光绪三十四年（1908）至宣统三年（1911）之间作者宦滇时所拟公文、杂著等。作者虽然官阶不高，但任职多项，且以满族地方官的身份亲身经历了中国及云南的社会巨变，故其所记内容对于研究晚清政治制度和云南光复前后的社会历史，皆多有重要的史料价值。

  所记云南光复前，作者主要是处理众多刑事案件，主持地方科考，兴办新式学堂、桑蚕、盐务等实业。云南光复之际，作者一开始非常紧张，乃至有过自杀"殉国"的念头。楚雄"反正"后，清朝原有行政机关自动瘫痪，由反正之"陆军"实际控制地方。作者及其家属、部属一度四处躲藏，惶惶不可终日。宣统三年（1911）中历十月，李根源率军抵达楚雄。由于崇谦从前并无劣迹，记当时宣布对他的处理曰："誉余在楚声名美政，饬地方送公地一区，奖银五百。即入楚（雄）籍，另札委自治局名誉总理"。同时，为使其平安入籍，李根源根据满、汉"同系黄种之义"，将作者改为"黄"姓，入云南楚雄籍贯，填入"奖札"，最后全家得以平安离开云南。可见当时云南革命军能够正确对待循良满族官吏，绝非一概"排满"！

崇谦墨迹印章

附录：《崇太守遗稿》，一册不分卷，崇谦著，抄本，云南省图书馆藏书

《崇太守遗稿》

崇谦诗集，崇谦之子宝铎辑注，李根源先生整理录存，署时"甲午四月"，或当为一九五四年。全册用朱丝栏"北京宏文斋文具店"稿纸抄成，录其诗作一百六十四首。其中前半部分为作者自吟之诗，共一百四十三首，以宦滇之作居多；后半部分为作者所集唐人诗句而成，共二十一首。

云南"重九"起义之前，其自作之诗清新自然。如《都门赠别亲友》作于光绪二十八年（1902）作者离京来滇之时，诗云："自古伤心是离别，离情端在未离时。满怀无限难言事，预订他年后会期。道路云遥劳嘱咐，亲朋相送几推辞。云程万里非虚语，此去悠悠莫系思"。云南光复之后之作，不免有借古讽今、自怜自悲之感。如作于宣统三年（1911）至民国元年（1912）之《风尘三峡》云："匹夫旧有中原志，谁料中原事已空。漫向天涯叹沦落，风尘儿女识英雄"。又《文姬归汉》云："胡笳怕听朔风吹，独抱琴心怨别离。莫道奸雄是情种，千金竟肯赎文姬。"

集名家诗句而改铸新诗，自古也是一种诗作体例。这需要谙熟更多的前贤诗作，才可能信手拈来，自然成章。据作者之子宝铎称，其父从光绪十三年（1887）开始集作唐人之诗，所选诗作如《无题口占》依次集自耿湋、杜甫、白居易等名家诗句，云："空斋梦里雨潇潇，人事音书漫寂寥。莫问华清今日事，如今已是汉家朝"。又如，《饮酒》依次集自张籍、柳宗元、韦庄和刘禹锡之诗句，云："朝衣暂脱见闲身，世网难撄每自珍。不是对花长酩酊，暂凭杯酒长精神"。据载，崇谦身前从未刊刻过自己的诗文集，故此本对于研究作者事迹和清末民初云南社会生活，也具有独特的参考价值。

近代

陈荣昌《乙巳东游日记》一册不分卷

铅印直排本,日本翔鸾社印行,光绪三十三年(1907)

陈荣昌像

近·陈荣昌著。陈荣昌,字小圃,号虚斋,昆明市人,近代社会转型期间云南著名历史人物。据袁嘉谷《清山东提学使小圃陈文贞公神道碑》,荣昌先生出身于官宦书香之家,同治八年(1869),考中云南乡试第一名,次年,又连捷进士,选翰林院庶吉士,先后官贵州学政,乡、会试考官等。光绪二十三年(1897),"归滇,以兴学闻于朝"。宣统三年(1911),也就是辛亥革命这一年,授山东提学使。时逢清朝灭亡,他再次返里,"隐于安宁南乡明夷河",以"大清遗民"和"中国良民"自居,不仕民国政府,以卖字著述、讲学教书为生,1935年病逝。"赴丧者千百万人!"

荣昌先生一向重视发展故乡的教育事业,先后主讲经正书院、云南高等学堂等，培养了诸如袁嘉谷、李坤、席聘臣、秦光玉、钱用中、李根源等一大批杰出人才，为云南新式教育乃至社会的发展奠定了文化基础。光绪三十一年（1905），云贵总督丁振铎奏准，"派在籍编修陈荣昌赴日本考察留学事宜"，同时，作者访日也得到云南留日学生的热情邀请和接待，是有此书之作。故就此书观之，其访学和记载重点又更多侧重于如何更新和发展云南教育。

不立目综合类笔记。按日记所记，作者于光绪三十一年（1905）六月十五日，经上海东渡日本，航海三天，泊长崎。因当时正值学校放假，作者先安排考察日本各地"实业"情况，待学校开学后，又着重考察教育等，其足迹遍历东京、京都、北海道、札幌等地，历时近一年。"逐日参观不倦，凡政

陈荣昌墨迹

治、教育、实业、军事诸规制"无不悉心访察，由滇籍留学生钱良骏、李培元二人"译而告之"，作者"默而识之，归而笔之"，不日集成数册日记。返滇之前，应学生之请，由"旅日云南同乡会事务所"将其整理刊行。

众所周知，清末中国的诸多改良，是以日本为桥梁，学习来自欧美的制度和思想。作者在日本参观了从大学到幼稚园（即幼儿园），文部省、博物馆、图书馆等文教机构；访问了日本名臣、早稻田大学创始人大隈重信、日本新学名流伊泽修二、日本文部省参事官田所美治等人。由于当时中日关系不错，他们坦诚地向作者介绍了日本发展新式教育的经验和制度。

例如，大隈重信告知作者："中国兴学当以国家主义、国民教育为宗旨，扫除旧学，一切更新，乃能有效。否则新旧冲突，无益也"。又如，伊泽修二向作者介绍了日本发展新式教育的先后"次第"，即首重师范学校，储存师资；且于"高师"附设中学，于中师或中学附设小学，于小学附设"幼稚园"，以利师范学生就地"实习"，上下滚动教学，节约时间和教育成本。又如，田所美治坦诚地告诉作者，日本古代教育其实多得益于中国，

唯明治维新后三十多年才锐意学习欧美，并向作者介绍了日本新学制的特点等。

作者结合云南实际，一方面于日记中记下自己的感触，一方面立即致书云南政界和学界师友，直接提出自己的改革意见。如"九月初六日，致李（坤）厚安《书》，拉杂冗长。其中注意者数端，一欲吾滇设立学务处也；一欲延教习开法政学堂也；一欲高等学堂分'师范'与'普通'二部也；一欲延农学教习，专意于林业也。前日上昆师《书》已言之，兹欲厚安赞成之耳！"返滇之后，作者和学生李坤、秦光玉、钱用中等人身体力行，进一步促进了云南新式教育事业的发展。我们从后来云南法政学堂的开办、两级师范的设立等，分明能从日记中看出作者教育理念和思路的发端。

清末"新学"是从旧式（或曰传统）政教体制中发展而来的，故当时全国中小学除了开设一些诸如"博物"（自然）、算学、外语等新课之外，还必须开设"修身"或"读经"之类的课程，仍以孔孟之书作为教材。作者通过考察和思索，在日记中写道，"经学"只"宜入大学后分科研究，中小学皆不宜也！"他尤其坚决反对儿童读经，驳斥有人主张先让儿童囫囵吞枣地背熟些经文，"待长大研究，融会而贯通焉"。他认为，这不过有如"强注食物于儿童腹中，不能消化，必为病矣！"这种教育不仅延误了中国儿童和外国儿童同步学习"普通知识"（即自然科学等现代知识）的时间，而且还会"耽误国民之教育，以此斗智，必败无疑！"

他特别强调对于文教相对落后的云南，更不能走"儿童读经"的老路，"徇父兄之故习，误子弟之光阴，将来不逮，设有不幸，一败而涂地焉！"作者深知，当时反对中、小学读经，必然引起政府和传统势力的反对，但为"救国强滇"起见，作者毅然写道：

中国积习已久，遽言小学不宜读经，必群起而攻之。吾岂不畏人言者？然以畏人言之故，而使吾国人民求普通知识四五年不及外国二三年之效，以常处于劣败之数，终蹈危亡。顾一己之虚名，贻众人以实祸，非吾救焚拯溺之心所忍也！视察学务奚取焉？吾滇之危亡尤近在眉睫，恐吾乡之父老胶于故习，不急求普通知识，蹈常习故，驱子弟读经，迟误国民之造就。此吾不惜大声而急呼之也！及今始悟，已嫌其晚，再过数年，将无及矣。知我罪我，其又奚辞？！

令人遗憾的是，荣昌先生上述泣血疾呼的正确见解当时并没有引起"积习已久"的中国文教界的重视。所谓"经学""修身"类课程甚至一直延至民国初年的中小学还在开设。更令人遗憾的是，被当年荣昌先生坚决反对的迂腐之见，被鲁迅先生讽为脸上肿为烂桃的"国粹"，时至今日，又被一帮所谓专家学者、大学教授和无知传媒包装为"国学"，到处兜售！难道你们比前清翰林和鲁迅先生更懂得"国学"的"好处"吗？！

荣昌先生真实的人生也值得景仰！清末民初，他以翰林学官自谓"大清遗民"，不仕"新朝"，多少显示了中国传统读书人可贵的气节，但作为较早"睁眼看世界"的中国人，他又并未被"积习已久"的传统思想所束缚。于"教育"一途，则坚决主张与世界先进教育同步前进！这和社会转型期间不少看风使舵、非愚即诬的官绅士人相比，又岂可同日而语焉？！

段献增《重刊三岛雪鸿》一册不分卷

铅印直排本，文汇石印局代印，民国五年（1916）

近·段献增著。段献增，昆明安宁人，光绪二十四年（1898）考中三甲第一〇五名进士，官盐山（今属河北沧州市）县令。新编《安宁县志》不载其行迹。本书卷首序为民国五年（1916）吴壮所撰，称"乙卯春"，即民国四年（1915）南游滇中，与本书作者之子段慕韩其人为"军府同僚，相得甚欢"，故为之作序云云。书名中"三岛"即日本，内容为作者访日笔记。

据作者所记，光绪三十一年（1905）六月六日，经"直隶制宪宫保袁公"，即直隶总督袁世凯批准，作者以盐山县令的资格和众多州县官从天津出发，参观、考察日本。其访日时间正好与上述陈荣昌先生一行同时，但双方并无相识相遇之记录，也属怪事。更为"奇怪"的是，他和荣昌先生考察的重心都主要是日本教育，但所见所感竟截然相反！

例如，作者参观东京府第一中学校，至"历史室"，正值教师讲到西汉"拔赵帜易汉帜"，即"平定吴楚七国之乱"一节。当作者看到日本师生手执《汉书》原文，不禁飘然有感曰："观此，则日本重我经史也。而中国或乃欲轻之，岂不谬哉？！日本以汉文列为专科，不读经史，何以文为？然则偏尚西学，荒经蔑古者，鉴于日本，亦可以憬然误矣！"这情形，正如今天我们某些同志，一听见有多少外国人在学汉语，就大叫世界的未来必然是儒家的天下！

尤其可笑的是，作者参观日本帝国大学医科"解剖场"，非但对西医解剖学毫不了解和思考，反从"国医"的角度指责其残忍和无用曰：

日本偏尚西学，惟医亦然。至于剖解必尤而效之，无乃过甚。夫人身肢体肠脏，形质也。生时气血流通，筋摇脉动，运用之妙，神化莫测。死则气散而血滞，执而剖解之，徒窥迹象耳。纵令见其机关，而荣卫、升降、阖辟，其神妙终不可见。不可见，则一人病若是，未必人人之病胥同，乌得泥哉？惟熟读我神农、黄帝、岐伯、仲景之书，殚思精研，贯穿融会，确有见解，其殆庶几乎？是故剖解一道，谓之残忍。彼将以为迂腐而不服，谓之好怪无益，是亦不可以已乎？

这位滇籍县令的访日言论表明，自晚清以来，在众多出国考察的官绅之中，既不乏如陈荣昌先生那种见贤思齐、善于学习的先进人物，也多有如段氏这种自以为是、冥顽不灵的蠢材。看来古今的出国考察和学习，未必都能取回真经。

陈荣昌 李坤《自治初桄》一册不分卷

云南戒烟天足自治会排印，光绪三十三年（1907）

近·陈荣昌、李坤等编辑。陈荣昌生平事迹见前，李坤生平事迹见后。立目式专题类笔记。光绪三十三年（1907），由云南籍在职和退休名宦陈荣昌、王鸿图和李坤发起，经清政府批准成立"云南戒烟天足自治会"，旨在大力推行戒除鸦片烟和妇女缠足陋习。该书分立皇帝《上谕》、云南地方官《告示》、自治会《章程》等条目，记说这次重要的社会活动。《上谕》反映当时清政府坚决支持"禁烟"和取消"缠足"活动。如规定"定限十年内将洋、土（烟）药之害一律革除净尽"；凡在职满、汉官员吸毒者一律"处以停职"；各地烟馆"一律封禁"等。云南地方官《告示》则采用白话文写成，便于广大民众阅读、遵行。如禁缠足之语有曰：

更有那缠足更苦，人生四肢是缺一不可，一支足不能走，叫做跛子，两支足不能走，便是残废。好端端一个人谁肯做残废？不料父母忍心把他女儿两足缠小，要她做个残废人！那吸烟的尚是自己不要好，到老不成器；缠足的是父母害他（她），缠足的是自幼受折磨，你说惨不惨？你想，两足裹得紧紧的，气血不能流通，时时病痛，好比刀割；又像生疮，无药可医，无人怜悯。自家从小受了此般苦难，到了为娘的时候，还要将受过的苦，去害她的女儿，你说愚不愚？尔老百姓从前不晓得，于今经本部堂出示劝戒，都知道吸烟与缠足是损精神、坏身体的事，又有种种苦楚，谅必醒悟了。

《章程》开宗明义指出："中国人种之不强，其理由在于男人吸烟，女子缠足"，希望大家"联合劝诫，以强人种！"自治会设会长一人，司事二人，掌庶务。会员若干，任各地的演说、劝诫、度支等具体工作。凡会员之家"不得再娶缠足女子"。有趣的是，会员中还有"女员"若干，但每逢开会日，要"设客堂以避男女杂处之嫌"，反映当时风气改革之初的历史局限性。《章程》规定，缠足与不缠足本"自愿原则"。凡自愿不缠足者，"采用泰西奖牌之制，奖给錾有'荣誉'二字，边环以'不缠足女子'五字，贯以丝绦流苏，以为佩饰"。据笔者所知，云南和全国一样，"天足"或"放足"活动发展迅速，进入民国之后，至少大城镇的妇女基本上不再缠足了。但众所周知，"禁烟（毒）"之法令和实际执行情况，却不见乐观，且迄今为止，也还是全世界最顽固的一大难题。

陈荣昌《明夷子》二册二卷

稿本，云南省图书馆藏书

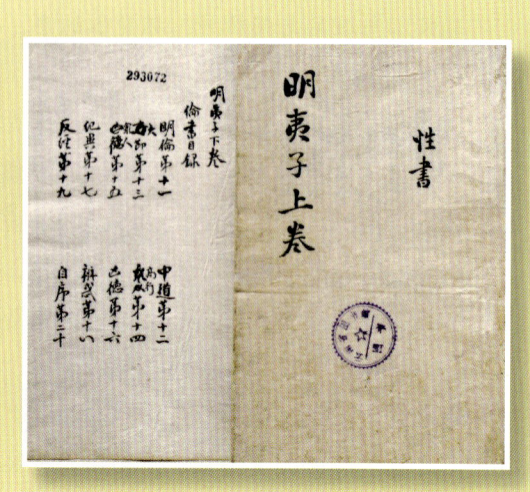

近·陈荣昌著。卷首书名下署"昆明陈困叟遯农著"，立目式哲学思想笔记。上卷题为《性书》，下卷题为《伦书》，用行楷写成，字迹亦稍有夺误难辨之处。其自序曰：

明夷子以宣统辛亥（1911）九月挂冠齐鲁，避地沪上，未几，遭国变。日为赋诗以写忧，诗曰《海滨集》，以地名也。辞曰《骚涕》，取《离骚》"揽涕沾衣"之意也。居一年，将归昆明。过岭南访松隐先生于羊城丹桂里。松隐知余之归将老于田舍，赠以别号曰"遯农"。余自更名曰"困叟"。癸丑（1913）春，返于蔽庐。蔽庐在昆明翠湖西岸，以城中旧处也，然近市，非隐居所宜。遂践故人王子之约，移居安宁之明矣河，今且三年矣。鹤书屡至，坚卧不起。惟检旧书，课儿女，有所感触，复发为诗辞，诗曰《明夷河集》，以地名也；辞曰《陶情》，欲谬附于"五柳"之风也。时还读书，颇有笔记，誓为蠹鱼，生死文字间矣。（中略，言通过读书、教学、交流和思考，提出"五性"和"五伦"的观点）则存诸心曰"五性"，行诸身曰"五伦"。性发为伦，伦依于性，如形影之不离也，虽中人以下可与知焉。知性不可离，亦信伦之不可废矣。于是著书二卷，上卷曰《性书》，下卷曰《伦书》，分为二十篇。书成于乙卯之岁明夷河村舍之中，因号《明夷子》。

考"乙卯"岁为民国四年（1915）。作为生当新旧社会大转型的前清翰林，作者颇受"中学为体，西学为用"的思想影响。他首先肯定"农、工、商、兵、财政、法律、医、农、森林以及声、光、化、电之属，皆学也，皆有用之学也"，但是，一切有用之学的依存和实践都与人的"五性"和"五伦"直接相关。当然，作者所论的范围还主要仅限于"人性"和"人伦"范畴，并不涉及自然科学与人的关系，但该书关于人学的探究也提出了不少独特的看法。

陈荣昌墨迹

上卷论"五性"，依次为《天地》《人性》《物性》《经训》《诸子》《气质》《理数》《鬼神》《主静》《勉学》十篇。作者认为，人性得之天地自然，不分"智、愚、强、弱、贵、贱"，但"物则各具一性"，不同的人又因为受"物性"的影响而各不相同，则"性与人殊"。为了恢复原本"不殊"的人性，就必须"征之于经"，即用经学和诸子之学来引导和"剖白"人性，找回"自然之性"。人性又不同于"气质"。来自天地自然的人性其本质是"善"，人人皆先天有之，但因"物欲"影响而形成的"气质"，又因人而异，"有善与不善"。要充分发扬人性，还必须知晓"理"和"数"，即遵循天地自然赋予人性的某些客观规律。同时，还必须知道畏惧某些被作者称为"鬼神"的神秘现象，既不可过于相信"鬼神"而陷入"迷信"，也不可全然不信而变得"狂妄"。在操作层面，作者主张以"主静"的方法来"定性"，以"勉学"的过程来"复性"，所谓"君子不恃性而恃学，学而后性可复也"。他还提出了具体方法——"一曰读书；二曰择友；三曰反身；四曰耻不逮古人"，即通过学习交友、不断反省，追求上进、赶超前贤，走向"复性"。

下卷论"五伦"，依次为《明伦》《中道》《大节》《高行》《众人》《凶德》《纪异》《辨惑》《反经》《自序》十篇。以事实为据，从正、反两方面，论说发轫于自然人性的五种人际关系和行为规范，即"父子之伦，性之仁也；君臣之伦，性之义也；夫妇之伦，性之智也；长幼之伦，性之礼也；朋友之伦，性之信也"。实行"五伦"的基本方法是"中道"（近似"中庸"之道），也是自然人性回归的"的准"，很不容易，但又必须坚持，所谓"五伦者人之大经也，中道以处常，大节以处变，而人伦于是无憾矣"。反之，如果不遵循人伦，则成为几近禽兽的所谓"众人"。作者从历史和现实中举例，论说人与禽兽、文明与野蛮之间种种不同表现。

最后，作者以驳议的方式回到主题，论称有人认为世界变了，所以"人伦"也应当改变，作者则认为"器可变也，道不可变也。治天下之具（方法）可变，而治天下之本（原则）不可变"。而"五伦之道"正是为人治世的根本。作者强调当时流行的口号"师夷长技以制夷"并非放弃中国的人性伦理而盲目师从西方。他尤其反对西方所谓"人人平等"的说法，他认为，这实际上也根本做不到。他坚信中国文化将影响西方世界，所以，我们自己更应当坚守之，所谓"善变者，操其本而变之，则国日以治；不善变者，弃其本而变之，则国日以乱"。面对清末民初所谓"世道人心"的变乱，作者希望"返其常，乱乃可定"。

陈荣昌《改过编》一册一卷

石印本，刊印时空不详，云南省图书馆藏书

近·陈荣昌著。卷首杨覩东序称此书为荣昌先生"丁巳（民国六年，1917）避世（安宁）明夷河"所辑著。正文前自序曰："孔子曰过则无惮改，又曰过而不改是谓过矣。然则过而能改，虽圣人亦恕之，不以其曾经犯过而弃之也。是可知有过者发愤改之，便可以为君子。若惮改焉则怙过，自终而为小人之归矣。吾为此惧。因取古人之改过者，汇为一篇，以示学者而即以自励焉。"

立目式专题类笔记，历史人物特写，辑录先秦卫武公迄明朝南大吉三十二人"改过跻贤"之事例，加以改写评点。每条先书其"改过"事迹，然后用"困叟按"领起作者评语。所引人物故事，典型有据，文笔简洁生动，颇类《世说新语》，值得一读。其所谓"过"，主要指为人处事有违人伦道德者。如《盗牛者》条曰：

后汉王烈，字彦方，少师事陈实，以义理称乡里。有盗牛者，主（人）得之。盗请罪曰："刑戮是甘，乞不使王彦方知也"。烈闻，使人遗布一

303

端。或问其故，烈曰："盗惧吾闻其过，是有耻恶之心。既怀耻恶，必能改善。故以此激之"。后有老父遗剑于路，行道一人，见而守之。至暮，老父还，寻得剑，而问其姓名。以事告烈，烈使推求，乃先盗牛者也。

困叟按：盗牛与不拾遗剑，其品行之贵贱相去远矣。而恶知不拾遗剑之人即盗牛之人哉？知耻近乎勇，惟狂克念作圣，斯言不我欺也。

少数"改过"事例，指思想方法和学术观点之变。如《南大吉》条云：

明南大吉，字瑞泉。守绍兴时，从阳明学。尝曰："大吉临政多过，先生何无一言？"阳明曰："吾不言，尔何以知过？"曰"良知自知之"。阳明曰："良知即是我言"。大吉笑谢。居数日，复来曰："过后悔改，不若预言无犯"。阳明曰："人言不如自悔之真"。大吉又笑谢。居数日，复来曰："身过可见，心过奈何？"阳明曰："若镜未明，可得藏垢。今镜明矣，一点之落，自难住脚。正入圣之机也，勉之！"大吉由是得学问致力肯綮处。

困叟按：此正谓自知、自悔、自改，便是入圣之机，便是学问致力之肯綮处。学者自当从此下手。

卷末附明儒刘宗周撰《刘蕺山先生〈纪过格〉〈讼过法〉》、清儒李颙撰《二曲先生悔过自新说》二篇，亦有益于明清儒学思想史研究。

陈荣昌《困叟净土集》一卷一册

滇省博文印书馆，民国十二年（1923）刻本

近·陈荣昌著。卷首作者《自记》署时：癸亥（民国十二年，1923）二月，称自己从辛酉年（民国十年，1921）正月六十二岁开始，皈依佛教净土宗，吃斋念佛，自号"痴和尚"。立目式专题类笔记，以短论和杂说为主，计"文十六篇；诗三十七首；赋四篇；词十四阕；杂说四十则"，是作者对于佛教教义的理解和礼佛之后的体会，意在"普劝世人同归极乐"。

如《佛入中国说》等条，力主佛、儒"同源一理"。对唐宋以来如韩愈、朱熹等人"辟佛"之说提出驳议。他认为，先秦虽然佛教尚未传入中国，但是，孔子著作中已有"西方圣人"之称，则是"孔子未见释迦而知有释迦，未见弥陀亦必知有弥陀。所谓'西方'，安知不即指'净土'而言耶？"他批驳朱熹认为佛教"其高过于大，学而不实"，辩称先秦孔孟儒道也多谈"心性"，"儒家之高妙处与佛家何别？"又历引儒家言论之"惠迪吉；从逆凶""作善降之百祥；作不善降之百殃"等，证儒、佛皆主"因果报应"说。

其诗词除赠答虚云和尚、石禅老人赵藩等友朋，阐扬佛法、劝人信教之

305

外，多为个人礼佛之情感表达，风趣可读。如《痴和尚歌》二章之一云：

　　这和尚，何其痴！官不做，师不为，生活只仗一毛锥。十日不会客一个，两月不出门一回。问渠作何状？除自西方身不回；问渠道何语？除夸净土口不开；问渠服何人？除拜弥陀头不低。王侯将相视之若虫蚳，金玉锦绣视之若涂泥。不识人间乐，但思天外飞。何处极乐园？何日得西归？这和尚，真不痴。

　　我们看到，从清末到民国的历史巨变中，作者言行和思想复杂变化的轨迹。清末，以名宦访日考察，著《乙巳东游日记》《自治初桄》，反对儿童读经，力倡先进文教，积极投身社会改造。进入民国，却以"大清遗民"自隐，著《明夷子》《改过篇》，渐次回归传统，乃至最终消极避世，皈依佛门。其自号"困叟"二字，岂非折射出内心的困惑与隐痛？

蔡锷等《云南光复史料》一册

抄本，云南省图书馆藏书

蔡锷像

立目式专题类笔记。封面题"云南光复史料"，扉页题"云南光复始末记"（一行）；"蔡松坡先生稿"（一行）；正文书"光复篇第二"（一行）"蔡锷"（一行）。全稿字迹混乱，且多有涂改之处，故未能遽断是否为蔡锷之手稿。

开篇曰："清廷腐败，秕政杂出（中删涂一段，内容不清），为国计民生，不能不将满清倾复，另行组织，俾得与世界各国谋真正之和平，图人民之幸福。"此后，依次立《滇省起义之近因》（此目改动太多）、《滇省起义之概况》、《整理军队严修战备》。记事及相关文献以"阴历九月十六日"为界，划为前后两部分。其前记有"致电全省各文武官衙照常供职维持地方治安""电饬大理、临安两步队速即反正""设军政府于五华山师范学堂""派定军政府临时职员分担职任""致电各省宣告本省反正情形""组织军政府派定各

307

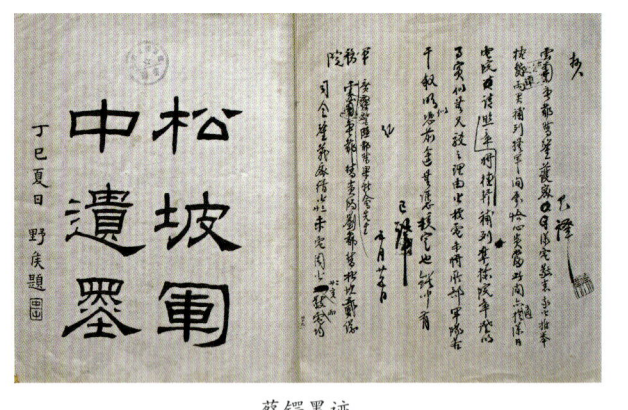

蔡锷墨迹

部、司长官""分编军队派定各军将领""派罗总统、谢支队、张开儒支队等出征云南各地""策应大理、临安、开化等地反正"等大小十六项工作。其后记有"派援川军第一梯团赴川""改巡防队为国民军，更正装服礼节""规定省城防御计画""核定文官各衙门章程""更换重要各地方行政官""颁布各项重要政令""派全权委员赴南京提议政纲""清理全省财政""恢复省城警察""赏恤在事出力各人员"等大小十六项工作。

最后总结说："滇省此次反正，纯由陆军主动，故势力雄厚，不旬日而全滇底定。其主要人员每有政治知识与经验，故一切善后布置，俱能井井有条，秩序之整严，实为南北各省之冠。军府现正筹画振兴实业，并注意整理变通事业。"又说："滇省政界重要人物都督蔡锷，军政部长为罗佩金，参谋部长为殷承瓛，军政部长为沈汪度，第一师长为韩建铎，第二师长为李根源。反正时最出力者尚有将校谢汝翼、李鸿祥、唐继尧、黄毓英、雷飚（此处雷飚之前原有"张子贞"，被点去）诸人。谢、李现均任旅长，唐已赴贵州任该省都督"云。此稿经云南省文史研究馆整理，编入《云南光复纪要》一书，二〇一一年由云南人民出版社出版，但内容文字稍异。

孙仲瑛《云南光复军政府成立记》一册

抄本，云南省图书馆藏书

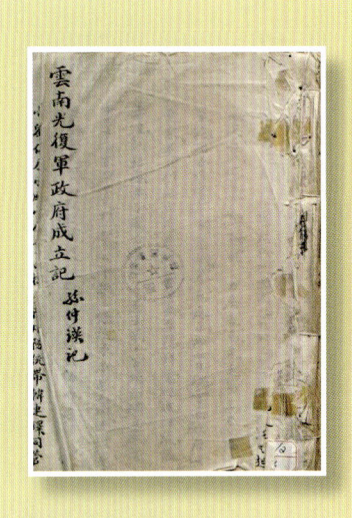

立目式专题类笔记。封面署：孙仲瑛记。孙仲瑛，字德华，广东中山人，南社诗人、收藏家。早年留学日本，曾任孙中山秘书。一九一一年九月，在云南任蔡锷秘书，参加云南起义。民国后，曾先后主编《南华报》《滇南日报》等。一九一六年也曾参与护国讨袁运动。抄本将云南光复之重要文稿汇抄成册。其篇目及主要内容依次为：

第一《军政府成立记》，作者署：孙仲瑛。记一九一一年九月十三日云南军政府成立情况，"公推蔡君锷为云南军都督，以五华山两级师范学堂改为'大中华国军都督府'。成立一院（参议院）三部（参谋部、军务部、军政部）、秘书处、卫戍司令部、法制局……定国名：中华国；定国旗为：赤帜，心用白色'中'字。后奉中央政府命令改为五色；定国体为：民主共和国体"等等。

第二《光复略史》，作者署：张开儒。全稿中最完整、清楚的部分。章节体云南光复小史。其节目依次为：《云南革命之种因》《革命种子炽盛及危险》《云南革命之动机》《革命种子之传播》《云南革命之实行》，下分：光复议决、讲武堂之危险、首先发难、诛除汉奸、抚慰西南、援川之役六小段。

第三《迤西光复节略》和第四《迤西各属光复记》，皆不署撰人，虽记滇西光复史事，但内容和文字都与张肇兴《迤西光复篇》不同。

第五《榆军光复史草案》，作者署：第一营长丁思远呈稿，内文题为：《榆团光复史叙》。章节体滇西光复小史，内容完整，行文简洁，甚得史体之要。第一章《镇静》，下分《奉电前之准备》至《光复后之状况》四节；

《光复略史》

第二章《惶恐》。下分《郭、郝、蒋之死事》至《赵、孙之维持》四节；第三章《战役》，下分《合江之战》至《顺宁之战》四节；第四章《驻防》，下分《反正前张铜驻腾越》至《反正后王太潜驻永昌》四节。第五章《结束》，下分《李印泉之西行》和《退伍之完善》二节。

第六《云南巡警局兼陆军第一司令部一等参谋官李修家事迹》，不署撰人。记昆明重九起义将领、云南盐兴人李修家的英勇事迹。

第七至第十，依次为援蜀和援川滇军等《来复电稿》四种，均无电文小标题，似无人整理之电文汇抄稿。笔者初步检对，其内容绝大多数不载于谢本书先生等所辑《云南辛亥革命资料》之《援蜀滇军来复电稿》。

以上诸稿，尤其是云南起义之主要参与者张开儒所撰《光复略史》《来复电稿》等，笔者也鲜见有关研究者引述，值得进一步整理研究。

唐继尧《会泽笔记》一册

"近代中国史料丛刊"本

唐继尧像

近·唐继尧著，王世昭校点。唐继尧，中国近代著名政治家，字蓂赓，号东大陆主人，云南会泽人；清末秀才，留学日本士官学校，同盟会会员，返滇先后领导和组织云南重九起义及护国、靖国运动等；历任贵州和云南都督、护国抚军院抚军长、靖国军总司令、云南督军兼省长等；创办东陆大学（今云南大学），一九二七年去世。还著有《东大陆主人言志录》等。王世昭，号铁髯，福建闽县人，早年毕业于云南大学，台湾诗坛社员，学者、书画家。一九四九年迁居香港，曾任香港亚细亚文学院院长等。还著有《欧洲文艺思想史》《南归诗集》等。

不立目综合类笔记，卷前有按语一段，未详时间和作者。其文曰："会泽唐氏，再造共和，功在国家。其遗著诗文及笔记足以窥见其私人之生活、思想情感，尤足以窥见唐氏一生做人做事、处世接物及其成败得失之关键。兹商得唐氏哲嗣筱蕢先生之同意，收入本丛刊发表。传记文学者不可不读，治民国史者尤不可不读。"是知此著原为唐继尧公子所藏。

笔记大部分内容无确切撰写时空可考，明显不作于一时一地。编者将其析为一八七条，每条自成单位，互不相连，形同语录，内容大多为思想手记。例如，第五十八条云："有英雄之志者，不得谓之英雄；成英雄之事者，方得谓之英雄"。第一二八条云："晚餐后，往休养室看香溪，途中忽忆：'我当为天下第一人物'，振奋之余，不禁欣然大笑！"间有少部分诗作和记事之条可大体看出其撰写时空，如第四十七条，写于二十多岁时云："予年已二十余矣。尚不能率中原子弟振扬国威，可耻者一；才不足以压众，德不足以服人，可耻者二；外患日深，而不以卧薪尝胆之精神，出事振作，好逸恶劳，苟且偷安，可耻者三。此后加倍努力，刻刻自警"。又如，第八条、第十四条、第七十六条、第一〇二条等明显作于日本。如第十四条，记明末中国大儒朱舜水对日本之影响曰：

本日（整理者考为光绪三十四年六月四日）在（日本）炮兵工厂内"后乐园"午餐。园为德川氏所构筑，天然山水，加以人工点缀，意颇不俗。昔明末朱舜水流适三岛，为德川所聘，待以师礼，问质道艺。每花晨月夕，辄相咏觞其中。"后乐"之名，即（朱）先生所命，盖取"后天下之乐而乐"意也。中有"唐门"，上额亦为（朱）先生所题书。明治以还，此园遂归陆军省所管。凡欲入园参观者，均须得其许可也。

又如，第一〇二条论日本军队之弱点曰：

日本军队精神教育，只在外形上着眼，未至根底上下手，故其军人外表虽似高尚，内心则实卑劣。在（军）犹可支持，一旦脱离放纵，则原形毕露，丑态百出。将来为国治军，切勿蹈此覆辙。

其余涉及作者思想活动、读书心得和哲理揣摩之豪言壮语，亦不在少数。全书内容无疑和这位民国年间叱咤风云的军人政治家甚相吻合。如第一七八条，《乙巳夏日偶成》作于光绪三十一年（1905），诗云：

莫对青天唤奈何，扫开忧愤且狂歌。
壮心百炼锄群丑，宝剑双飞碎众魔。
铸造苍生新事业，安排黄种旧山河。
澄清本是寻常举，欧亚风云亦太和。

附录：《唐继尧日记》，唐继尧著，一册，抄本，云南省图书馆藏书

卷首有唐氏肖像一帧，中唯《呻吟语序》一文署"乙卯嘉平月会泽唐继尧序"，则岁在民国四年（1915），余则无撰写时空可考。体例大体与《会泽笔记》相同，或两书同出一稿而书名不同而已。内容亦多为作者之豪言壮语，如"爱美人，爱将士，爱天下人。悉当用以真面目，又当用以大浓情，故曰：英雄，天下之情种也"。又如，"志向要远大，度量要宽宏，举止要大方，居心要磊落，持己要严整，待人要诚敬，办事要敏捷，决断要刚健，言语要明了，天机要活泼。心要雄，气要平，血要热，意要冷。莫将天下古今中外绝无仅有之大事业让与他人；莫将驾欧凌美、铄古振今、空前绝后之第一人物让与他人"。再如，"破格用人，非利人也，利国家也；让贤让能，非利贤能，利国家也"，等等。

《唐继尧日记》

据比较熟悉唐氏的由云龙《护国史稿》记曰："继尧英姿雄貌，顾盼伟然，对人恂恂若儒者。尝见其自书日记册子，于军务政事，上自军政首脑性质材具，下至部队器械种类，一一记载无遗。"是知唐氏有记日记之习惯。但由氏所见其日记内容，是否与此本相同，则有待甄别。

> 附录：《唐会泽遗墨》，唐继尧书写，一册精装本，彩印本，刊印时空不详，云南省图书馆藏书

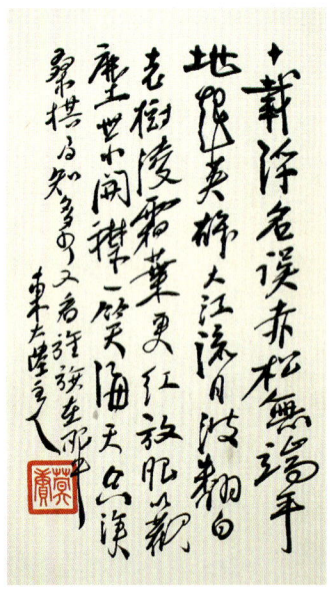

唐继尧书画集，无序跋和出版单位。扉页为民国十七年（1928）五月章太炎题写书名；次署"海城"等先后题书"万古存""一柱擎天"，不过溢美之词；再次为唐继尧照片一帧。作品先为中国画，共18幅，彩色与黑白皆有。题材多为竹子，共15幅，余下3幅为兰草。次为书法，共45幅，中有重复书写之页，皆毛笔、行草。

内容以自作诗歌、联语为主。如《少时所作》云："百卉争春太不平，梨花浓重柳花轻。大公最是寒天雪，点缀乾坤一样清。"又如《西江舟次》云："十载浮名误赤松，无端平地出英雄。大江流月波翻白，老树凌霜叶更红。放眼以观尘世小，开襟一笑海天空。沧桑棋局知多少，又看旌旗在眼中。"又如，"漫涤心田别样新，百年依旧此天真。苍茫尘海应无我，澎湃风涛且渡人。蕉叶池塘波卷绿，樱花陌路树藏春。达观一觉红尘梦，流水飞云证夙因"（原无诗题）。又如，"万树桄榔一曲过，斜阳湿处渡红河。江山锦绣苍生苦，不出斯人奈尔何？"（原无诗题）。其次为抄录前人诗词警句，如录西汉刘邦《大风歌》、唐刘禹锡《陋室铭》、唐朱庆馀《近试上张水部》等。尾款或手书"东大陆主人""继尧"，加一印鉴；或仅钤"冀庚""东大陆主人"印一方，篆章，阴、阳文皆有。

书画作品多不署写作时空，或为草创未定之手稿，但亦间有一二可考者。如署"甲寅春日画于西山""甲寅春三月书于华亭寺"，则当为民国三年（1914）；又，"甲子七月"，则当为民国十三年（1924）；又，"乙丑四月"，则当为民国十四年（1925）；又，"丙寅春"，则当为民国十五年（1926）。而以"甲寅"即民国三年（1914）在昆明西山华亭寺产出之作品最多。

唐继尧墨迹

云南陆军讲武学校编印《步科笔记》四册

铅印直排精装本，民国十三年（1924），云南陆军讲武堂历史博物馆藏书

　　成立于清末的云南陆军讲武堂，进入民国后，改"学堂"为"学校"。此书即为云南陆军讲武学校第十七期步工科教学笔记，弥足珍贵。卷首唐继尧首序，署民国十三年（1924）八月，文称"云南陆军讲武学校第十七期步工科全体学员倡编步工科联合笔记，本平日教师所讲与夫各人纪载，汇为此书"，强调"兵可百年不用，不可一日无备。张弛之道，未可偏废耳"。次序为时任校长刘国栋撰，称"兹十七期将届卒业，步科学员本所学之心得汇成笔记。余以为世界竞争递变无穷，学术探索进化不已。愿诸子得寸而进尺，温故以知新。则将来功施社稷，泽被生民，则赖此笔记以肇其端"。

　　立目式专题类笔记。《编辑大意》称"是书为本期步科同人等，自始业以终业，其间操场、

云南陆军讲武堂章程

野外，均由现地所笔录，及诸军事书之摘要，集汇成帙"。全书分甲、乙、丙、丁四册四编，而以甲、乙两编，即理论与实践为主。

甲编曰《操场》之部。称"首重制式"，即课堂学习的有关理论、规则等，包括指挥顾问、教练要求、军事体操、军事和军器的技术规则等。

乙编曰《野外》之部。称"贵于实施"，即步科官兵在野外操作的基本准则，为全书之重点。主要包括《士兵动作》和《干部动作》，如，对地形、方位的判断，距离的测量，"地物"的利用，命令的传达，联络与勤务责任、方法等。《斥候》，即今"侦察"，如"行军斥候""路上斥候""驻军斥候""军士斥候""将校斥候""特种斥候"等条。此外，还有"步兵"和"散兵"的现场训练、日常警戒之规则、射击动作、白天和夜间战斗、特种战斗等等。

云南陆军讲武堂

丙编为《杂纂》之部。记"军中之常识所必需者，如起居、服食之间；官长士卒之勤务；军队教育之进度、程序；平、战时之计划"。具体包括团内教育、军中礼节和口令、士兵和军官的着装，"军官的军刀术、士兵的背枪、挽枪、挟枪、横背枪、横持枪、枪换肩、检查枪"；部队的"科目下达"、训练队形的方式、筑城与兵器，还有欧洲最新战术的研究等等。

丁编为《表册》之部。"专列军队中现行之一切表册"，具体包括"军队之阶级（指军阶）、统系、编制三《表》"，还有《军队教育计划表》和《军队应用杂表》等等。全书还插有当时学员的装备图片、野外实习的有关地图等。

316

驻粤滇军总司令部等编印
《驻粤滇军死事录》
一册二卷

铅印直排本，民国七年（1918）

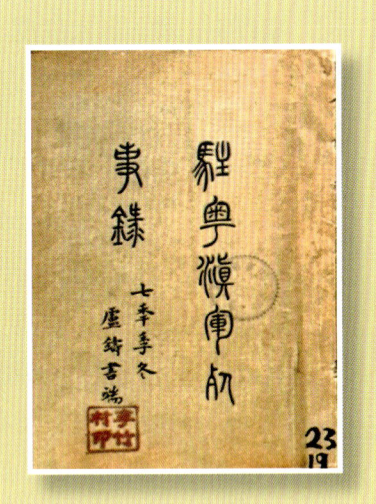

　　驻粤滇军总司令部、督办粤赣湘边防军务署参谋处编印。立目式专题类笔记，卢铸题写书名。插图有驻粤滇军总司令部大门，广州二望冈滇军墓地，驻粤滇军南雄、讨龙两战役阵亡将士追悼会等照片。时任交通部部长赵藩撰序，记该书编纂之缘由曰："民国四年（1915），袁世凯叛国称帝，粤督龙济光助之。滇军进讨，袁死龙去，兵事得一结束。未几而叛督（龙济光）称兵，解国会，驱总统，兵哄又作。其时，北兵则侵陷南雄；龙氏起琼崖而应之，叠陷高（州）、雷（州），粤疆岌岌。今驻粤滇军总司令腾冲李君印泉方至粤，仓卒受事，即陈师而出，既破走龙氏，复南雄，粤事安帖。然滇军之死于粤事者先后几盈千，既汇葬于广州二望冈及韶州、南雄，乃葺其茔城，厘定纪事，复分疏战事始末、死绥者姓名，辑西南人士所为挽辞附焉，为书二卷，以劝死难而诏后来礼也"。

　　全书分为甲、乙二卷。甲卷录《驻粤滇军史略》《广州二望冈滇军墓碑》《护国之役滇军阵亡官长、士兵姓名录》《护国之役负伤将士略历》《讨龙和南雄之役阵亡和负伤官长、士兵姓名录》和《略历》《呈军政府请

317

饬部议恤阵亡将士文》等史料文献。其中,《广州二望冈滇军墓碑》由岑春煊撰文,赵藩书丹,卢铸篆额;《滇军阵亡将士姓名刻石后记》由李根源撰文,皆署民国七年(1918)十一月。

据以上记载,这次战役滇军阵亡少校杨锡荣(大理)、赵濂(大理)二人,上尉张镛(昆阳)等九人,中尉李正邦(文山)等八人,少尉黄乐(广东)等十三人,准尉吴少龙(楚雄)等十一人,总计四十三位军官。阵亡上士蒋宗敏(鹤庆)等五人,中士韩少清(富民)等九人,下士李燕金(沾益)等八十一人,上等兵雷呈祥(昆明)等九十七人,二等兵施朝有(呈贡)等三百四十人,马伙夫许太和(湖南)等十三人,总计五百四十五位士兵。其中也不乏广西、四川、湖南、广东籍。乙卷录纪念性作品,如《追悼滇军南雄、讨龙战役阵亡将士公启》,录李烈钧、李根源、吴景濂、方声涛、张华澜等社会名流以及有关军队、行政机关、学校、社团等所献祭文、挽词、挽联等,而以军队作品最多。

古直《征夫杂录》《征夫又录》各一册，不分卷

铅印直排本，刊印时空不详

古直像

近·古直著。古直，字公愚，号层冰，梅县（今属广东梅州市）人。早年投身辛亥革命、护国讨袁和护法运动等运动，创办梅州中学、高要初级师范学校等，先后任封川和高要（今皆属广东肇庆市）县县长，多有惠政。后辞官隐居庐山，专心著述，被聘为"国立广东大学"（今中山大学）教授、中文系主任。解放后，任广东省政协委员、省文史研究馆馆员等，一九五九年去世。还著有《层冰草堂丛书》等。

两书同为立目式专题类笔记。据《征夫杂录》载，民国五年（1916）正月初，为支持护国讨袁的军需，唐继尧、李烈钧委派龚振鹏、古直等人为"南洋筹款委员"，专程赴南洋各国联络爱国华侨，募捐义款等。该书即汇录这次公干之文稿、笔记和诗作等。封面及扉页配有"云南礼贤馆与华侨招

待所""护国军神唐继尧""护国军神李烈钧""飞将军林虎"和"唐都督慰问华侨书"图片五帧，著录《唐都督慰问华侨书》全文，乃唐继尧手书，行草，书法刚健流畅。《南征记》条，记作者一行于民国五年（1916）正月十二日先至香港，经海防、西贡等地抵达星州（今属新加坡）。次年（1917）二月二十日，又从星州一路返回云南。所到之处皆得到华侨的大力资助。《书温生才事》《书三梁事》《书张耀轩事》三条，记南洋著名爱国华侨梁应权等人义捐事迹。

《征夫又录》，记民国六年（1917）秋，唐继尧和云南政府为感谢爱国华侨的义举，又特派作者和徐进二人为"专使"，分赴上述诸国慰问并答谢华侨，同时向华侨介绍护国战争进展情况，希望广大华侨继续支持国内革命，来滇投资、开矿办厂等。如《泗水惠潮嘉欢迎会演说词》条，介绍"护国军兴"之后云南的情况说："一曰上下一心；二曰军容肃穆；三曰民德淳厚"。他特别提到，当时云南讲武堂毕业的学生已成为护国军的中坚力量。他们率领滇军"东西转战，延及万里，以少击众，以弱敌强，军行所至，吏民安堵。虽极颠沛流离，饥寒交迫，宁顿蹐道途，漂溺江川，终不侵犯人民一草一木也！"

同时，也如实讲到当时护国将士的困难。《侨情一斑》条，记说其所访之地的华侨情况；《泗水泗滨日报纪事》《吧城华铎报纪事一则》等条，记说当时各种媒体对此次慰问活动的报道和评论。《簪笔录》著录作者代唐继尧和云南政府所拟相关电文等。两书对于研究南洋华侨史与护国运动等颇多参考价值。

附录：《云南起义十五周年纪念特刊》，中国国民党云南省党部指导委员会宣传部编印，一册，铅印直排本，民国十九年（1930）

护国运动纪念论文集。扉页插有孙中山先生遗像及《总理遗嘱》一段。全书录文八篇：中国国民党云南省党部指导委员会宣传部撰《云南起义十五周年纪念日告民众书》《云南起义十五周年纪念宣传大纲》；龙云撰《拥护共和与完成革命》；张维翰撰《云南起义与国民革命》；陈玉科撰《云南起义的面面观》；何作辑撰《护国纪念之认识》；王秀斌撰《云南拥护共和十五周年纪念祝词》；毕近斗撰《庆祝云南拥护共和十五周年纪念应有的认识和努力》。前两文淡化了个人在护国运动中的作用，强调孙中山先生及国民党人（主要指同盟会会员）的"感召"和"引领"作用，以及护国运动的革命意义，故所拟宣传口号有"云南起义是为全国争人权的奋斗！""云南起义是对恢复君主制度的最后决战！""纪念云南起义要努力三民主义整个的发展！"等等。所论纪念护国起义的意义主要是：扫荡一切残余封建势力（指北洋军阀）、培植民主力量、砥砺气节、严密党的组织、努力建设、实施编遣（军队）、减轻人民负担。

多数文章特别强调了云南人民对护国战争付出的巨大牺牲。如上述《云南起义十五周年纪念宣传大纲》一文，语有"云南不惟原有积蓄一扫而空，又向各县人民捐饷，大县一万五千以上；中县万元以上；小县五千元以上。不足，又发行'护国公债'；停办中等以上学校，移学款以作军费；至于社会秩序的纷乱与壮丁的伤亡，影响云南经济的厉害，更计算不清了"。龙云的文章亦鲜言个人作用，主要强调的也是滇人为之付出的牺牲和勇气，语有"以一省之力，提数旅之师，为共和求存续，为国民争人格，这不能说不是云南人震古铄今、扬眉吐气的一件快事！"

马骢《云南首义纪念感言》一册

铅印直排本,昆明太华印书馆印行,1945年

马骢像

近·马骢著。马骢,字伯安,昆明人,回族。清末云南武备学堂毕业,参加云南重九起义和护国运动。历任云南军政司司长、护国讨逆第十路军参谋长等。新中国成立后,历任云南省民委副主任、省政协常委、省文史研究馆馆员等。一九六一年去世。

不立目专题类笔记。书末有民国三十六年(1947)九月二十日作者亲笔批注曰:"此册为民国三十四年(1945)护国纪念之所述也。时逾二稔,事实依然,用是付印成册,就正于关心是役之读者。"作者以护国运动之亲历者,对护国运动及其历史意义提出了以下公正的看法:

其一,唐继尧为护国之主动者。文称"会泽唐氏继尧,徒以袁氏叛国,激于大义,竟能不动声色,当机立断,毅然决然,投袂而起,建此非常伟

业。论者不察,谓为'被动',未免抹煞事实,别有用心。抑知唐氏当时既为军事首长,实权在握。勿论无人能劫持,藉曰能之,设其不为所动,或利以邀功,则裂土分封,位跻王侯,固意中事,而唐氏不屑为也。"

其二,肯定蔡(锷)、李(烈钧)襄助之功不灭。文称:"自来举大事故非一手一足之力所能为功。当时躬与其役者如蔡松坡、李协和暨国内外四方同志贤豪,或参与大计,或躬历行间,以孤弱之力,当方张之势,誓死奋斗,不屈不挠,功绩所表,要皆各有千秋。"

其三,希望以"护国精神"民主建国。文称:"八年抗战,有幸取胜。制止内战,造成民主统一之现代国家,已成普遍一致之要求。顺之者昌,逆之者亡。今幸河山无恙,国脉保存,民主精神可期实现,足以告慰护国诸先烈在天之灵!"

其四,希望朝野上下重视搜集护国史料,订伪存真。文称:"将来编纂成史,必能正其谬误,类如教科书不正确之记载,必能根据事实,予以修正,以正视听而资观感。"

最后,作者认为,在众多护国史书中,庾恩旸所著《云南拥护共和始末记》一书"叙述已详,事属正确,足备参考"。

杨琼《滇中琐记》
一册不分卷

铅印直排本，殷承瓛题写书名，印行单位不详，民国元年（1912），原为方树梅先生藏书

杨琼像

近·杨琼著。杨琼，字叔玉，号迥楼，邓川（今属洱源县）人。前清举人，历官晋宁州学正、大理西云书院山长。后与周钟岳等留学日本，学习师范专业，并与李根源相识。归国后先在大理教书，一度参李根源军务。历任云南师范传习所教员、国学社理事长，创办私立成德中学。辛亥革命后，选为国会议员。一九一七年去世。还著有《寄苍楼集》《论语案》等。

立目式综合类笔记。首序李根源，目录之下署"腾越李根源印泉校订"。次序赵藩。此书杂记云南史事，内容从古代至近现代，以后者为主，尤详于咸同年间云南滇西回民起义。其余多涉云南社会民风、典故传说、历史人物、地方风情、中外关系等。如记亲见南明永历皇帝玉玺出土情况曰：

光绪丁酉（光绪二十三年，1897）会垣改建学堂，十一月二十九日，五华山巅掘地得方玉，视之永历玉玺也。方五寸，文曰："敕命之宝"。背刻龙纽。玺侧又有枯骸一具，不识为何时所瘗者。以玺证之，当是永明帝移都滇垣御用之物。后以仓皇西奔，不及携去。此骸殆其宫人殉死者欤？

永历玉玺：敕命之宝

再如，《腾冲二吴》条，记云南与王阳明之学术渊源曰：

吴璋，字廷献，嘉靖举人。游浙，问学于王阳明门，居三年，所养益深。授长寿县教谕，倡明理学，以"知行合一"之旨为教，学者宗之，称"执斋先生"。所著有《易理精义》《春秋抉微》及《来凤山人诗文集》。吴宗尧，字协卿，嘉靖癸卯举人，历任马湖、延平同知，所至有贤声，终养归。尝从湛若水游，讲明正学。与沈祖学修《腾冲府志》，叙述详尽，颇称善本。又生长边陲，熟悉山川形势，夷情险易，所著有《滇边诸夷考》《治边策》《盈江逸渔诗抄》。

他如《种树老人》条，记"邓川吴老人联元，在邓川城北购得一沙砾场，广里许，人以为毫无用处之地"。老人立志在此开荒种树，"结庐其中"，若干年后"富甲乡里"。老人无子女，死后遗命将自己葬在种树之地。《陆军之始》条，记晚清云贵总督岑春煊如何筹建云南新式陆军。《弓鱼》条，考说邓川洱湖有鱼"色如银，无鳞少骨，狭长如鲦，形如张弓，因以得名"。这和外省寓滇学者所考"弓鱼"之"弓"乃"江"声之讹变不同，或当以作者所说为是，因为他毕竟是生长在邓川的学者。记云南陋习则有《闹丧》条，称云南民间有"闹丧"恶习，"滇中母丧，其母族无论亲疏皆来争饮食，索布帛"，乃至"当众大打出手"。所幸这一贪鄙的恶习早已消失。

钱良骏《双江旅行记》一册不分卷

铅印直排本，民国二年（1913）

近·钱良骏著，罗佩金题签。钱良骏，字小帆，一作筱舫，昆明人。清末以廪膳生入经正书院学习。光绪二十六年（1900），以第一名考取日本宏文学院留学，光绪三十三年（1907）学成归来。先后任贵州法政学堂教习、云南自治筹办处调查科科长。辛亥革命之后，委署云南师宗县令，"时值鼎革，地方莠民多乘机窃发。（良骏）到任倡办乡团，间阎获安"。两年之后，又先后调任云南行政公署总务科科长、宜良县县长。民国五年（1916）调蒙自道尹署秘书长，委署河口督办。到任一月，不幸病卒。良骏工吟咏，还著有《伯良诗稿》《大坂博览会纪游诗》。

不立目综合类笔记。书名"双江"指师宗横水江和清水江。民国二年（1913），云南当局厉行禁种罂粟，令全省地方官和驻军负责铲除属地的罂粟苗，"如有种烟者，田地充公，人民处罚治罪"。作者时任师宗县县令，即记此次督促铲除境内罂粟之经过和一路见闻。自序称"民国二年正月十七日，以铲烟之役亲历（双）江外，安抚沙众，巡视边寨，历时二十日"。铲烟一路有"团丁"配合，工作尚属顺利。除记此事外，该书也对当时师宗的山水景观、社会组织、民族民风等有所记涉。

如记称该县当时地广人稀、物产丰富，民族多为沙人（属壮族支系），所以，大量外来移民不断涌入师宗开荒定居。他们给当地带了不少好处，也因此产生不少矛盾。作者记说："东川、贵州新移来之垦荒者，年月有加，人户渐众。惟良莠不齐，盗贼抢匪半是此等外来之人。沙人土地多被侵占。其弊端种种难于笔述。反客为主，大势已成。"作为地方官，作者认为，地广人稀和物产丰富的自然条件，很容易吸引外来移民，关键是如何宽容和管理外来移民。作者希望"外来垦荒者查无劣迹，勒令编入县籍，使得安心乐业。如此数年，人口增加，土地大辟。化瘴乡为富邑，等边鄙于内地"。这一对外开放和管理的思想理念，对我们今天关于农民工和招商引资的基本政策或颇有借鉴之处。

古代沙人画像

王灿《挈瓶斋笔记》一册不分卷

铅印直排本，印行单位不详，1920年

王灿像

近·王灿著。王灿，字铁山，一字惕山，昆明市人。清末经云南高等学堂选送日本留学，学习法政专业。其间，翻译出版日人古城贞吉《中国五千年文学史》，是出版较早的中国文学史译著之一。辛亥革命后，任云南都督府秘书主任、讲武堂教官等。护国起义时，任唐继尧秘书，创办《共和新报》等，宣传民主共和思想。此后，曾担任过国民政府高等法院推事、云南高等法院院长等。抗战期间，与李根源等坚守滇西抗日，直至胜利。一九四五年，受聘为云南大学教授、《云南丛书》《新纂云南通志》编审。一九四八年去世。工诗，善书。还著有《知希堂诗抄》《滇八家诗选》等。

不立目专题类笔记。首序为友人胡惟德手书石印，署"民国十年（1921）三月"。称"王君灿，笃学君子，游东瀛有年。际欧战之告终，怅神州之多事，盱衡来局，振触时屯，慷慨悲歌，不能自已。在日本著成此书，立义精审，措词简当。且能剔抓时弊，痛下针砭，于我国社会世道人心大有裨益"。作者自序作于"民国九年小除夕"，称是年旅居日本江户，"目睹彼邦人士熙暭欢虞（怡然欢乐），回顾祖国混乱纷争，四民愁叹。试一比较观之，真有天堂地狱之别也"，于是针对"世界大势之变迁，国家政治之得失，以今日之我之所闻见，留作异日之我之所考镜也"。

全书侧重于论及政治和社会问题。面对第一次世界大战后，中国远远落后于日本等国，中国究竟该向何处去，提出了不少独特的看法。他大体认为，西方列强利益之争导致了"一战"，此后战争的隐患依然存在，特别是日、美两国必有一战，且必然祸及中国，所以必须加强"国联"（相当于后来的联合国）的组织协调能力。尤其对中国当时顾维均先生选入"国联"一事，甚表赞同和高兴。明确反对殖民主义，同时，也明确表示，因为中国"产业未入机器时代，所谓资本家和劳动家（当指工人）双方均无对抗之势力"，所以，不宜将俄国"激进主义"的社会革命照搬来中国。他主张温和、渐进的社会变革，以教育改革"国民性"，增强"内阁"（议会）力量，不靠"甲倒乙承"的"贤人政治"，要靠能为大多数人民谋最大幸福的"国民政治"。

作者尤其反对将达尔文的庸俗进化论和所谓"绝对竞争"引入社会和政治，主张人类应当"互助"，而不是"互斗"。他认为"互斗之结果为弱肉强食；互助之结果为扶弱抑强"，庸俗进化论只适于生物界，"独人类超出于一切生物之上，知避'互斗'之害，而循'互助'之利也"。为此，他认为政治必须以人的和谐为本、以道德为本。他批评不讲道德的政治说："政治无道德——此野心家争权夺利，藉以欺世之语也。顾今日武人之跋扈专横、官僚之丧权卖国、政客之淆乱黑白、党人之排斥异己，凡政治上一切罪恶无不自此语导之。人谓政治万恶，吾谓政治非作恶，特人藉政治滥行其权，故造成种种罪恶耳。"即政治本身无错，错在从政的人不讲道德、以权谋私，正因为如此，"谋官"者就远远多于"谋事"者。作者指斥当时中国"官本位"的情况说：

东、西洋各大学专业毕业者，除少数从事政治生活外，泰半从事社会生活（指社会百业）。吾国则反之，凡国内外大学专门毕业生，无不为政治上之活动，而社会上一切事业则无人过问焉。非不问也，盖做官则不投资而获利，不似为工商则投资而见效迟。即经济学原则所谓"以少的劳动力获最大的报酬"，亦即班孟坚所谓"利禄之途"然也。今则机关之位置有限，毕业之学子日多，广厦万间焉能尽被？余居京师，闻运动做官者不下十数万。近不特谋官者无处安置，即在职者亦难领薪。物极必反，今后或有舍政治生活而为社会生活者乎？老子曰："天下皆知美之为美，其恶已。"人人知做官之美，恐官界将日入恶境，而不能谋生也。

作者希望的"物极必反"直到今天还没有完全实现。总之，《挈瓶斋笔记》的作者，在政治混乱、国事殷忧的时代，以忠诚的爱国热忱、专业的政治眼光，为我们提供了不少有价值的思想和智慧。

赵藩《晋专砚斋胜录》七册

稿本，云南省图书馆藏书

赵藩像

近·赵藩辑著。赵藩，云南著名学者、诗人、书法家，字樾村，晚号石禅老人，云南剑川县白族。光绪元年（1875）举人，挑为易门县训导，因功升酉阳州（今属重庆市）知州。又一路迁永宁道、盐法道、四川按察使。清末因忤逆上司而告归。先后参加云南重九起义、护国运动，曾任北京政府议员、南方军政府交通部长、云南省图书馆馆长等，对于云南地方文化学术多有著述。此外，又以成都武侯祠对联和手书昆明大观楼长联而闻名天下。一九二七年去世。

不立目综合类笔记。作者宦京期间的读书笔记和其他札记之初稿。"晋专砚斋"为赵氏寓京之书斋，地在旧北京宣武门内兵部洼中街。全稿之主要内容如下。

一、辑录资料。如辑《之溪老生严许集》上、下二卷。作者自序说：

"光绪辛巳（光绪七年，1881）在昆明购旧书，得蝇头小行楷诗稿一卷。不详其人，但爱其诗，估计为明末清初人氏，故将其诗录下，准备付梓。"考之溪老生，名先著，字迁甫，一说字渭求，号迁夫，四川泸州人，清初书画家。其诗主要反映清康熙朝江南社会世风，不涉及云南。再如，辑《陆怀堂日记》上、下二卷，为祥符（今属河南开封市）周某之《日记》。皆按时日详记清咸丰、同治之交宫廷内幕和政治斗争。例如，记咸丰帝晚年腐败、放纵的生活和死因，抓捕和处死肃顺等大臣的详细经过，同治帝和两宫太后的执政情况等等。赵藩以为该日记"俾后人为修（清）史之资云"。再如，辑录钱沣撰《送李华兼为其二亲寿序》《昆明城东福来庵序》遗文二篇、诗一篇、书牍十通；辑录钱仪吉《记事稿》中滇人杨昭、夷奴二传等。皆属涉滇重要文史资料。

二、自撰杂记。共三册，无篇名，不立目，内容涉及清末云南史事和作者亲历亲闻之事。其中最有价值的是关于光绪《续云南通志稿》的修纂内幕，尽管文字较长，但窃以为对于如何评价和使用该志具有重要参考价值，且鲜见前人称引。特全录如下：

光绪《续云南通志稿》

岑襄勤公再督滇。晋宁宋子材太守同年廷栋，建议续修省志。启公入局，开局于昆明。阅八寒暑，糜五万余金。任事官绅先后凡数易，多不得人。总纂不任笔削，拥虚名以束下。分纂各持意见为撰述，无所禀承，无所折衷。总纂既于分纂之优劣勤惰不甚明白，分纂则益轻总纂。于是，志在薪水者相率故怠缓、延岁月，黠者甚至徇私纳贿，行恩怨于其间。《戎事》《职官》《人物》诸门是非失实，殆不胜指数！而采辑之讹舛简陋，文字之奔鄙回冗，又姑不具论也。

余与石屏许教授印芳以癸未（光绪九年，1883）下礼部第归滇，江夏张粤卿抚部征入志局。予固辞，教授到局未一月，会提调徐丞登瀛议改阮

《志》体例，教授争之不得，商余条辨其纰谬上之，襄勤斥提调出局，事遂寝。然总纂粮储道某公以提调乡人，方佑之，心衔教授。教授逡巡辞去。未几，粮储道卒，教授复入局，仍以同事多龃龉，逾数月复辞，之永善教谕任。所纂《戎事》上承阮《志》，迄道光末年，颇详实有法，中道辍笔，识者多惜之。

南海谭叔裕观察，贤而有文，兼领《志》局。众议整理当一新。顾观察曾从容语余，颇以簿书鲜暇，又未悉滇事，无能订正，及未蒇事而归。庶免列名其间，未久引疾行。观察之去固不尽缘此，然续《志》之无当大雅，概可想见。

庚寅冬（光绪十六年，1890）在沪，闻乡人来者言，书已锓版，局外可无容置喙。特是一省之大，百年之久，所以存乡邦文献而备国史之采择也，苟且塞责，至于如此，良可叹恨！子材最先出局，亦以牴牾故，其时尚未料流失败坏，若是其极。今闻之，不将自悔发端之多事与。记之颠末，以俟将来，廓清摧陷，候乎其人。惟再筹五万金，盖戛戛乎其难耳[①]。后闻仍未成书。近日大吏聘唐鄂生炯为总纂，期以一年告成云。

大凡官修史、志，其组织程序及方法、优点与弊端，古今大体相同。以上光绪《续云南通志稿》修纂所留下的经验教训，不但有益于研究和使用该志，而且也值得我们今天集体修书者多加注意。

附录：《介庵楹句正续合抄》，赵藩著，陈迪光、周钟岳、赵式铭编，一册不分卷，铅印直排本，民国十四年（1925）

扉页有著名书法家邓尔雅题写书名，次为蔡守、邓尔雅题词。赵藩楹联之作甚多，除自编《向湖村舍杂著·楹句》之外，其弟子酉阳陈迪光先于光绪二十一年（1895）左右辑成《介庵楹句辑抄》，称此年之前的作品"不概见"。光绪二十九年（1903），又加入其同乡弟子周钟岳所辑光绪二十一年（1895）之前的作品，初刊行于江阳（今属四川泸州市）。民国九

[①] 此句下自注："此辛卯秋所记也"，指光绪十七年（1891）。

年（1920）左右，同乡弟子赵式铭又成《介庵楹句续抄》，主要录其师"退居林下之作"。民国十四年（1925），陈迪光、周钟岳和赵式铭三位弟子，再将其正、续二种合为此本，是为赵藩楹联作品最全之书。

首序为陈迪光光绪二十九年（1903）原序，记说其光绪二十一年（1895）在四川师从赵藩并先后收存、初印其楹联情况。次序赵式铭，署"庚申（民国九年，1920年）仲夏序于军政府交通部之综核司"，论其师之楹联有曰"深者极奥衍，浅者极轩豁，高者极典重；雅者极千眠。声不一调，体不一格，惟意所适，无施不可。足迹所经，欲得一言为山林增色；投赠之作，别后哀挽之词，慷慨激越，一时传诵人口。而洛阳名园，锦城甲第，其主人不惜千金上寿举酒属题者，又未易一二数"。

全书起自"剑川向湖村赵氏祠堂"楹联，终于"丙子夏京寓集《文选》联"，包括撰在名胜古迹、寺观会馆、书院室斋之楹联，以及挽联、寿联、用于参考的集联等。如剑川金华书院联曰："金玉其躬，得门而入；华藻之笔，载道乃尊。"酉阳直隶州署联之一曰："焚香告天，苟妄索案中一钱，阴谴重矣；设身处地，敢不为堂下百姓，平情理之。"杨林兰芷庵先生祠联曰："乐志审行藏，所学原自圣贤中出；遗书误依托，其人当于文字外求。"又如挽蔡锷联曰："身备经险阻艰难，秉钺功成，人格争回大中国；志不在势位富厚，盖棺定论，众心崇拜古英雄。"挽李坤联曰："邈矣通眉长爪人，春酒开筵只两回浮白；甚于断臂捎胸，《丛书》堆案将何日杀青？"

席聘臣《燕市琐谈》
二册二卷

稿本，云南省图书馆藏书

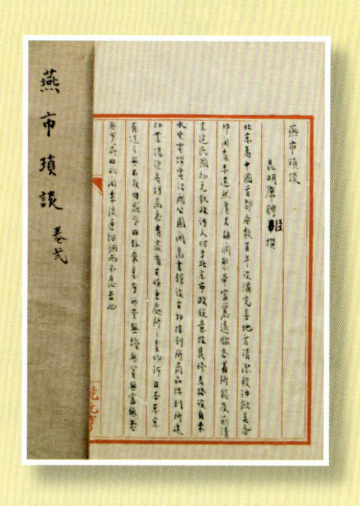

  近·席聘臣著。席聘臣，字莘农，号上珍，昆明人。经正书院毕业生，以举人选入京师大学堂学习，不久，留学日本，其间，曾任《云南》杂志的编辑主任。毕业于东京帝国大学，归国后，按制奖授"法政科进士"、翰林院庶吉士。辛亥光复后，曾任云南财政司副司长、财政审查员、参议院议员、司法部首席秘书等。学贯中西，才气横溢，唯性情孤介，罕与人合。晚年因所志不遂，心情郁闷，竟于民国十九年（1930）二月服药自杀，年仅五十二岁。还著有《浩然斋诗存》《文存》《中国贤女传》《泰西贤女传》等。

  不立目综合类笔记。用朱丝栏"乾元亨"稿纸写成，行草，甚潦，天头偶有批改字句，显然为席氏任职北京时所撰。故其主要内容涉及清末民初政府机构、政治制度、街巷市井、世风民俗、古玩书画、翰林、文人、旗人、宦官、伶人生业等，且兼有评论，对于晚清社会转型期间的历史研究，提供了不少亲见亲历的佐证和观点。例如卷一，记清末皇宫"引见"官员制度之腐败曰：

前清时代，凡官吏引见者，必预备银封无数，以予群阉。盖宫阙宏深，必由彼等导引。至一门则引路者换一人，必给银一次。辗转而前，始能达引见之目的。若不知预备和预备太少，不能遍过引路者，往往误时间，错地点，至被处分。至于银数之多少，则视官阶之高下而定。

又如同卷，对慈禧太后提出不同的看法曰：

云南留日学生主办刊物

西太后虽性情淫奢，为世诟病，然雄才大略，知人善任，实女主中之杰出者。如任用曾、左、胡、罗，削平"发匪"；用李鸿章办理交涉。晚年信任张南皮、袁项城创办新政，力图富强，后并召两人入军机处，赞襄大政。使西太后不死，清或不亡，中国亦不至纷乱。乃天不佑夏，宪政方有萌芽，而云骈已归天上。惜哉！

因作者为宦京滇籍要员，故此书亦多记晚清云南与中原之交往、云南与中央政治之关系等重要内容。如卷二，记清末北京的云南会馆云：

云南会馆甚多，至今住人者只有四五处。北馆在教场头条；南馆在延旺庙街；新馆在株巢街；理化馆在粉房琉璃街；赵公祠在法源寺南。各会馆地址偏僻，交通不便，房屋腐旧，器具不全。比诸江西馆、安庆馆、香山馆之画栋曲槛，花木扶疏，真有天远之殊。会馆事务向由"值年"管理。云南会馆自民国元年后即由"值年"杨学礼管理之。杨更腐旧，性质贪鄙，公家款项半饱私囊，对于公益事项一概置于不问。幸近日各同乡洞烛其奸，已另举他人为"值年"，此后或有整顿之望也。

同卷，记康有为推崇云南"二爨碑"及其影响有云：

吾滇大、小爨碑为书家神品。沉沦边疆千余年，更无人识。经康南海竭力推崇，二碑价值顿增千倍。前清时滇人入都，偶带墨拓一二张，以赠师友，莫不珍若拱璧，什袭而藏之，非至友不轻视也。夫滇省瑰宝异珍者不知凡几，未得巨眼人一一品题之，遂淹没无以自见，悲夫！

其中，尤详于当时滇籍官吏们在北京的种种活动。据席氏所记，民国初中央官员以江苏人为最多，福建人次之，而滇人最少。据作者所记，清末民初滇人已少有大员。只因力挺黎元洪上台，滇人张融西曾为司法总长，李根源曾为农商总长。根源先生被排斥离任后，滇籍京官更寥寥无几。这除了云南距京太远，风气闭塞以及党派倾轧等客观原因之外，滇籍官员"学识手腕比之三江两湖人实有不及之处"。今"滇学"研究者每爱称："我们云南人老实"云云，但从席氏当时所看见的情况观之，官场之腐败和愚昧，原本也是不分籍贯的：

吾见同乡多住会馆者，非闲谈及打牌；或出门听戏；或请人教戏；或学拉胡琴；或吸鸦片烟；或招绅伶暗娼至馆弹唱，日夜喧嚣，令他人不得安宁。见他人有闭门研究学问者，则互相非笑，妄肆讥评，以为顽固鲜通，不肯与之来往。余每入同乡住室，见案上所积仅有小说、戏曲数册，无一正经之书。以如此之人，而欲与他省人并驾齐驱，难矣！至于在各部当差者，亦彼此妒忌，彼此排挤，甲说乙坏话，乙攻甲之缺点，致使他省人员对于滇人无不存一轻蔑之观念。呜呼！生存竞争淘汰极烈，滇人之不能在京立足、在京发展，又何足异乎？

北京"云南会馆"

所幸席氏并不属于上述滇籍京官。据此书所记，席氏从小立志，如果当官就要当像钱南园那样敢于仗义执言的"御史"。他留日习法归来，便积极参与了当时的立宪活动，是中国早期著名的法学专家之一，著有《席聘臣宪法草案》，主张"以法为本"和中央集权，载于一九一三年的《法政杂志》第三卷第二号，影响很大，至今仍多为学界称引。故该书也翔实地记录了席氏参与有关"都察院"改制的言行。这不仅是研究席氏本人的重要史料，而且对于研究清末政治制度改革也颇具史料价值。

众所周知，明清"都察院"是我国古代逐渐形成的最高监察机关。在封建专制时代，尽管包括"都察院"在内的所有监察机关都不可能起到独立的监察作用，但事实证明，"都察院"及其属下不少忠耿的御史，对于反腐倡廉和维护国民利益也曾起过重要的作用。清末改革官制，有人主张将"都察院"改为"议院"之一部；有人主张保留"都察院"而不设专门的"行政裁判院"（时称"平政院"）；有人认为"都察院"与"行政裁判院"的职能不同，在厘清权限的基础上，主张同时保留两院。

席氏即为第三种主张者。他认为"前清都察院衙门在政治上最有价值，职司纠弹，不避权贵，一也；机关独立，不受干涉，二也；个人负责，不受牵制，三也"。他坚决反对裁撤"都察院"并联合同志，四处奔走，又亲自登门与主管官都御史张英麟争辩此事。张劝他"少说话，少露锋芒"。他以"天下兴亡，匹夫有责"而争之，竟被张氏赶出家门。尽管席氏对"都察院"的评价未免太高，但他希望在国家体制中保留一个独立有为的监察、弹劾机关，今天看来，也无疑是十分正确的。

庾恩旸《云南普防巡阅管见录》一册

铅印直排本，封面为赵藩题签，刊印时空不详

庾恩旸像

近·庾恩旸著。庾恩旸，又名庾泽普，云南墨江人。早年留学日本陆军士官学校，参加同盟会。一九〇九年，与李根源、唐继尧、赵又新等人奉调回国，在滇军中任管带等职。一九一一年，参加云南重九起义，推翻清朝统治。历任云南军政府参谋部部长、总统府咨议、云南讲武学校校长、云南督军府高等顾问、军政厅厅长兼宪兵司令、靖国第二军总司令官等职。民国五年（1916）授陆军中将。民国七年（1918）在贵州毕节遇刺身亡，年仅三十五岁。次年，追赠陆军上将。孙中山为其题墓曰"应为雄鬼"。还著有《云南北伐军援黔记事》《云南首义拥护共和始末记》《庾枫渔诗集》等。

章节体专题类笔记。附录七篇为有关公牍、杂文等。公牍为巡阅期间

之文告、训词等。最后为《普防巡阅日记》《巡阅使行营处合记》二文。首序为唐继尧撰。此后，还有云南名流李坤、任可澄、倪惟钦、袁嘉谷（手书）、由云龙、李曰垓六序，时间为民国四年（1915）七月至八月。唐序称是年云南当局委派"第一师长张君青圃巡阅迤西；命军署参谋长庚君泽普巡阅普防，所以核军实、诘奸暴、问疾苦、安边圉也"。所谓"普防"，即今普洱、思茅沿边地区。巡阅之后作者即著此书。巡阅从昆明出发，主要经过了呈贡、晋宁、新平、杨武、元江、他郎（今墨江）、把边、磨黑、普洱、思茅等地，从不同角度反映出民国初年滇西南地区的某些社会问题。

如《公牍》之七《示普防各土司禀请承袭文》，为作者批复易武（今属勐腊县）土职伍树勋、整董（今属普洱市）土职召国顺、橄榄坝（今属景洪）土职召拉扎翁等七位土司的"禀文"。土司们要求沿袭旧封，反对"改土归流"，反对民国政府设置地方"行政委员"的政策。作者从世界各国设官以治、教化于民、共同进步的"通例"出发，批驳上述土司所谓"仍旧供职，陆续改良"之请完全是出于一己私利的无理取闹，是一种"故步自封的拖延，不求进步、自欺欺人的行为"。并进一步指出，该土司"应念世属普防，与普防有休戚与共之势，而其地又为云南西南门户，关系重大。该土司等自应矢勤矢忠，引导土民，辅佐各行政委员整顿地方一切政务如学校、实业等项，务使政象日新，民智日辟，不为他族所吞噬，以长保其祖宗基业。非独内地有赖，即该土司、该土民等亦同享无穷之幸福矣！"

又如，这次巡阅每到一处，公安和警察是他们关注的重点。巡阅结果表明，当时云南西南边疆在这方面却很不理想。对此，作者等毫不掩饰地报告了不少地区警务废弛的情况。如记普洱警察曰："城内设有区巡长各一员，警士二十四名，马蹄里枪二十枝，（子）弹二千粒。警察腐败不堪，精神萎靡，衣裳污烂。有赤足者，亦有拖鞋者，有在派出所席地而坐者。种种现象，不堪殚述！"记新平警察曰："城内设警察区长一员，巡长一员，警士二十二名。九响枪十枝，（子）弹一千八百粒，马蹄里枪八枝，弹三百三十粒。其警兵精神萎靡，发长如许，衣服垢污，见之欲呕！此皆由其巡长之办理不良，以致腐败至于斯极也！"记元江警察："衣服褴褛，形同乞丐！"

记他郎（墨江）警察："荒疏教练，故各兵士有不知使用枪支及立正、稍息之行为者。"

再如，作者也特别关心边疆学校教育。尽管清末以来全国已经普遍反对女子缠足，民国元年（1912）即有严禁缠足的法令，但民国前十年，云南边远地区仍然存在缠足或不愿放开过去已缠小脚者。作者对此坚决反对。他在普防各属两等小学、普防各属女子两等小学的演讲中希望大家"互相劝导，已缠者劝令开放；未缠者切勿再事束缚。庶几合乎时代，而不为他县之女学生所窃笑也！"同时，他进一步从德（道德）、言（语言）、容（举止）、工（技能）四个方面鼓励女学生健康成长——"德贵实践，言贵简默，容贵端庄，工贵精勤。学成之后，用途最广。或为讲师（老师），或就工艺。既不依赖他人，亦能经营生活。于国家既少一分利之人，又多一致富之道。女生入学堂而肯专心求学者，于国于己均有无穷之利！"

附录：《云南普防巡阅使庾恩旸详开武将军唐条陈》，庾恩旸著，一册不分卷，石印本，印行时空不详

此乃庾恩旸等上述巡阅后所上条陈。主要内容如下：

一、关于防务。提出"未定界务亟宜勘定，已定界务亟宜设法维持"；"普防各边地须添驻重兵，普、思宜派大员镇守"；"普防治边各土司地亟宜屯垦"；"普防各边地亟宜调查测绘"。

二、关于内务。提出"猛烈亟宜设县，镇沅、景谷县治应另移地点"；"普防各属烟禁亟宜严厉施行"；"普防各属水利亟宜剋日振兴"；"普防大道亟宜修理，桥梁亟宜建设"。

三、关于教育。提出"普防各属亟宜设联合中学，以便高等小学毕业生之升学"；"普防各属亟宜添设女子师范，以储各县女子小学师资"；"普防各属私塾亟宜即时改良"。

四、关于实业。提出"普防各属实业应因地制宜，由振兴土货入手"；"澜沧县、西盟山等处金银矿亟宜开采"；"他郎县接近猛烈之猛野盐井亟宜开采"。

五、关于弭盗。提出"普防各属保卫团亟宜赶办成立";"普防各属警备队亟宜改良";"普防各属警察亟宜整顿";"各属退武兵亟宜裁制";"普防各属劣绅土豪亟宜惩办"。

由人龙《蛮爱会案国防日记》一册

石印本，民国八年（1919），印行单位不详，云南省图书馆藏书

由人龙像

近·由人龙著。由人龙，字瑞熙，云南姚安县人，由云龙之弟（亦说族弟）。清末秀才，选送留学日本振武学堂学习军事，后入早稻田大学法科毕业。民国年间，先后任云南军法课长、盐运使、姚安县参议、保山县县长、腾越道尹等。他曾力争外交权益，倡修滇缅公路。晚年归里，关心家乡实业建设，曾出资创办姚安平民织布工厂，收乡人男女习艺。政暇，亦雅好著述。

不立目专题类笔记，为作者任云南腾越道尹时所著。卷首《弁言》曰："民国六年，时届滇缅边案第五年度，与英人蛮爱会案。"按双方约定，作者率中方外交官吏、边地村官及有关"边案"的证人等，于民国六年（1917）一月十四日，到达位于南畹河与瑞丽江交汇之地的"弄马寨"，交涉近期发生的某些外交案件。

343

这次交涉是在"片马事件"之后。作者一行本来就对英缅不断侵扰蚕食我国西南边疆领土非常愤怒，对北京政府忽视西南边疆问题和软弱无能的外交非常反感，所以，在处理所谓"互控"案件上，作者敢于坚持原则，维护我国家和边民利益。例如，在"会讯陇川民野人（当时指景颇族）早炭拴锁缅民勐腊寨腊港一案"时，英方提出赔款。作者等驳称此类情况甚多，缅方也曾拴锁我方边民，故不存在赔偿问题。又如，在所谓双方有争议的边境地区，我方边民种了一些田地，对方要求赔偿。作者认为"更不可"，因为如果对此赔偿，则承认这些田地属于对方，坚持提出属于"闲田种植"，不予立案讨论。

　　同月二十七日，双方交涉结束。作者进一步对同僚阐述了"片马"边界问题我方仍然有"可争"之处，即"公理可争""证据可争""事实可争""条约可争""谈判可争"和"时效可争"。作者特别指出，虽然没把"武力可争"列出，乃因"武力之能否敌人，其问题不仅在滇，当合全国之力以为后盾。余窃以为武力问题当为以上数端之前提，使武力不足以敌人，即以上种种之实据恐成泡影"，反映出作者深感弱国无外交的痛楚！最后，作者还深入阐述了云南边疆和国防问题对于整个中国的重要意义。

唐继虞《东南旅行记》
一册，不分卷

铅印本，民国八年（1919），
印行单位不详

唐继虞像

近·唐继虞著。唐继虞，原名继禹，字夔赓，绰号"唐三瞎子"，云南会泽人，唐继尧弟（亦说堂弟），云南陆军讲武堂肄业。一九一四年任云南省会警察厅厅长、警务处处长，不久改任警卫军团长，后任陆军旅长，升警卫军司令。一九一八年先后任靖国联军总参谋长、昆明卫戍总司令，后历任东南巡阅使、贵州督军等职，因先后参与护国、护法战争和滇军其他争战，官拜陆军中将。因唐继尧对他言听计从，故权重一时。民国十三年（1924）左右去世。

民国七年（1918）冬，唐继虞代表南方"联军"前往广州参加政务会议。会后，经日本政府同意，以私人身份经越南、中国台湾东渡日本考察。民国八年（1919）秋，又从原路返滇。难得作者将这次东瀛参观访问的见闻

345

按时序写成十多万字的日记。回滇之后，唐继尧、周钟岳等云南政要官员认为"吾滇当兹庶事谋新之际，得此可资借鉴"，鼓励他将其刊布行世。卷首有碧鸡山人题词，唐继尧、周钟岳二序，皆作于民国八年（1919）十二月，然率多溢美之词，不足为训。

这次"旅行"主要由日本军方安排，参观考察也以军事单位为主。如日本陆军大学、千叶炮兵部队、横须贺海军第一舰队等。时值"巴黎和会"之后，中日关系趋于紧张以及中国南、北军阀对抗之际，尽管"主人"对"客人"还非常客气，但不排除日方以此向作者炫耀武力之嫌。同时也不难看出，唐氏作为南方联军之重要将领，希望日本断绝对北洋政府的军事援助，转而支持"联军"。除此之外，作者也参观考察了诸如日本早稻田大学、高等工业学校、三井企业、帝国图书馆等非军事单位；接谈云南等省留日学生；游览日本"江之岛"等风景名胜。更为重要的是，作者无意中如实记载了云南留日学生积极响应"五四"爱国运动的一条信息：

（民国八年，1919）五月八日，中国青年会总干事马伯援、云南留日学生经理员袁丕祐来寓所，言中国学生欲争青岛之主权，要求举行集会。到处租借会场，日人均不之允。复向本国之庄代公使及江监督要求，欲假使馆开会，庄、江亦不许。且恐学生强迫阑入，意请日本警察守卫。昨日各学生齐至（使）馆门，无从得入。无何，已而整队赴各国使馆陈述"青岛问题"意见。其第三分队约八百人行至三宅坂，适与日政府派出之骑兵警察数百人相遇，发生冲突。遂被军警将学生拘捕二十余人，入趣町区警署管押，且欲转送地方裁判所。

袁丕祐等学生代表希望唐氏能出面对此事斡旋。唐氏认为自己"虽以个人游历来东，于国际上无何等责任。然今于此事不能默而视之"，于是急忙打电话请宫岛大八等日本友人来寓所，央其代为转达有关当局，从宽处理被捕学生。几天之后，日本当局果然释放了学生。这是否因为唐氏周旋的结果并不重要，重要的是证明了包括云南在内的中国留日学生敢于在东京开展反对日本等列强企图占我青岛的斗争。同时，北洋政府驻日使馆的卖国和软弱行为也于此可见一斑。

武继祖《求治刍言》一册二卷

石印直排本，云文斋石印社，民国四年（1915）

  近·武继祖著。武继祖，字绳之，盐兴人（今属云南禄丰），清末以举人挑为四川万县等地方官，多有政声。民国光复后返滇，"以保举免试"出任云南盐丰、个旧等县地方官。更多生平事迹待考。此书卷首冠以云南名流赵藩、由云龙等十序，可见影响不小！由云龙序称作者具有丰富从政经验，"乃以夙所条陈之政治、盐务各若干条，汇为一册。所言如'谋国'、如'计滇'、如'筹个旧'，均能多中肯綮，尤详敏于盐务"。赵藩序称其"阅历亲切，利病了然，条理周密，其学与识皆可措之施行者也"。

  立目式专题类笔记，分上、下二卷。上卷《为全国计》，分立《学务》《外交》《内政》《官制》《商务》《财政》六目。次为《为全滇计》和《为个旧计》。《为全滇计》条，是全书重点所在，作者针对刚刚反正的云南政治，提出以下建议：

  一是"化除党见"。特指消除地域乡贯陈见，不排斥外来人才，以消除"私政"。

  二是"慎选人才"。特别提出选才当"虚衷咨访，实事甄别"，切莫搞少数服从多数,因为"小人党众,君子党孤",经多数人"哄抬而出之人",往往并非真正的人才。

三是"振兴工艺"。他认为云南"田少山多,农业未易发达",建议各地调查落实,因地制宜地开发自己的特色工艺,多设工厂,吸引农民参与多种经营,增加收入。

四是"提倡矿业"。称云南富有矿产,潜力巨大,建议"于个旧开办矿业学堂,一为造就人才;二为开通民智",使大家明白如何开发本地矿业。

五是"经制财用"。建议高薪养廉,"宽筹经费,厚予薪金。俾财用足资办公,不至畏首畏尾;衣食不难自给,得以顾身顾家。然后勖其以俭养廉,庶几可防流弊"。同时提出"杜绝冗滥之需,虚靡之费",要将贪污中饱之费用于"充实公用"。

六是"澄叙官常"。针对清末民初官制混乱,建议尽快"厘订政纲,划分条理,以杜钻营用官之途"。

七是"析疆增吏"。针对云南原设边远州县区域过大,地方官往往难能充分掌握当地情况,建议适当缩小范围,添设官吏,使之"责有专归,事无偏废"。

八是"筹办边务"。有鉴云南地接英、法属国,中隔土司地,故必须选择"才大心细,谙熟边事"者管治边疆。同时,建议用"垦殖"和"开矿"两种方法向边疆移民,但万万不可强制移民。

甘韶《议事月记》一册不分卷

铅印直排本，民国五年（1916），印行单位不详

近·甘韶著。作者生平事迹不详。立目式专题类笔记。卷首自撰《启事》曰："幸我唐公再造共和，重开议会，不佞复从诸君子之后，得献刍荛之言。开会至今瞬届一月，检阅《日记》，寥落数篇，既代表民意，岂可秘而不宣？爰捡笺稿，汇为《月记》。民国五年十一月十五日。"则是护国运动胜利后唐继尧重掌滇政，作者作为云南国会议员的提案稿。按当时国会有关制度，同意其提案的"赞成议员"还有罗汝梅、张家祜等七人签名附议。提案首列《提议治盗纲要意见书》，称当时云南盗匪猖獗，"迤南则结队横行，势同流寇；滇东则沿途抢劫，路少行商，即最安静之迤西，亦时有盗案发现。失今不治，滋漫难图！"因而特提出以下建议：一是"治标之策"有五：责成官吏、责成地方、责成军队、联络邻封、允许（盗匪）投诚。二是"治本之策"有三：一曰"警官邪"，即告诫官吏带头树立正气，不可违法乱纪；二曰"重教育"；三曰"兴工业"，使民众有业可就，不至于"游堕成盗"。具体建议如，在昭通开办"盐井渡制盐工厂"，称"盐井渡"为"云南盐场最远之地，因交通不便，转运维艰，运费既多，盐价因之而贵，

边地贫民每多淡食！"建议当局加大投入开发制盐，一方面增加财政收入，一方面解决民众就业，保障生活。

此外，《建议请咨国会提议恢复县治意见书》认为："县为国家之单位，凡谋国家政治之发达，必自县治始，此东、西各国立宪之成例也"。中国从晚清开始所谓"立宪运动"，虽已颁布"各县自治章程，筹议地方兴革事项以谋庶政之进行"，但是，自袁世凯称帝以来，"国名共和，政尚专横，参众两院且被非法解散，而各省议会及县自治亦连带及之。三权既难鼎立，所谓'民主政体不徒事实上毫无建树，且欲袭'共和'之皮毛而不能。今共和再造，早底成功，自应恢复县治，俾人民得参与政事，力谋地方建设"。他们希望云南当局，"咨请中央政府恢复县治运动。将原有自治经费一律拨还各县，不得用于军费开支"。

旧时云南盐场

范学仁《治边意见》
一册不分卷

铅印直排本，民国十七年（1928），印行单位不详

  近·范学仁著。作者曾任职腾冲，其余生平事迹待考。作者称其民国十二年（1923）"自沪旋滇，即将此稿拟就。因政府于内忧外患无暇顾及此细微之边务，故亦未缮呈。今就整顿腾（冲）永（平）边政、盐务，开发边地、创办实业以及应兴之教育、团保、警察、司法、理财、卫生、交通、军事、建筑、开垦、移民、牧养诸大端，逐条缕陈，以副政府整顿内政、锐意建设之苦衷"。

  不立目专题类笔记，内题《治边计划》，总共二十二条，对于研究民国初期边疆改革的历史或有一定代表性和参考价值。兹归纳列示如下：

  一、整顿盐务，建议由政府收回经济大权。

  二、设立"迤西殖边督办"，领导边政。

  三、添设"界务局"重勘边界，取消不平等条约。

  四、考察地质，种植棉花。

  五、拟定"治边计划"，指导边政改革。

  六、委任熟悉边务之官吏。

七、设立边地学校，推行"强迫"（义务）教育。

八、收回土司"冈税"权，由政府设"厘金局"收之。

九、破除"神道教"等迷信活动。

十、添设警察，讲求卫生。

十一、取缔"土幕"（指从川黔等地窜入边疆充当土司幕友的无赖之徒）。

十二、取消"土卡"，推行和内地统一的司法制度。

十三、调查户口，摆脱土司旧统治，实行村民自治。

十四、鼓励和组织贫民开垦土司地。

十五、开通河渠，发展农业。

十六、修治以昆明至腾冲为干线的大道，以利军事行动和民间交往。

十七、丈量土地，核定征收钱粮。

十八、添设畜牧场，以备军马。

十九、鼓励"汉夷"通婚，以利"融化种族"。

二十、添练陆军，以固边防。

二十一、监视土司不法行为。

二十二、以盏达（今属盈江县）或其他汉族较多的地方作为改革"试办区"，逐渐推广边政改革。

王文濡《新游记汇刊·云南游记》《续编·云南游记》第一册

铅印直排本，上海中华书局，民国十一年（1922）、民国十五年（1926）

王文濡像

近·王文濡编。王文濡，字均卿，别号"学界闲民""新旧废物"等，吴兴（今属浙江湖州市）人。光绪九年（1883）秀才，此后曾主小学校务，历任商务印书馆、中华书局编辑。加入柳亚子等创办的"南社"，著文抨击时政，鼓吹革命，编印新式教科书，风行一时。一九三五年逝世。还编著有《续古文观止》《古今说部丛书》等。

《新游记汇刊》，民国十年（1921）开始刊出，集清代至民国年间的游记文，依全国行政区域分为五十卷。《云南游记》选登民国初年中外游滇笔记，作者多署笔名，生平不详。此两编选阿瑛撰《旅滇见闻录》，士青（钱文选）撰《游滇纪事》（详见下文），日本某撰、张与权译《云南旅游记》，徐之淑撰《滇游记略》，斯整撰《滇渝日记》五种，内容多反映云南"光复"之后

353

至护国运动前后，昆明、大理、保山等地的自然景观、名胜古迹、社会民俗、教育文化等。除士青的《游滇纪事》外，其余著作不见单本流传，故其史料价值不可低估。

例如，据徐之淑撰《滇游记略》，尽管滇越铁路已通，但清末迄于民初，云南长期社会动荡，人口不多，经济建设迟缓。如作者所见当时云南旅馆之简陋曰：

滇中亦有旅舍，门揭春联，多曰：'日之夕矣君何往？鸡既鸣矣我不留'。房屋局促，竟有茅茨不剪之风。昆明、阿迷（今属开远）、蒙自、河口、腾越（今属腾冲）、思茅之外，无可称道者。大抵铺板数块，草荐一卷而已。有饭无肴，价亦极廉，日夜两餐。连旅费在内只须百余文耳。茶房（即服务员）之名称"要（幺）师"，临睡前，来供油灯一盏，清茶一盂，行时则索酒资三十文。较之春申江上之大旅馆，不啻有天壤之隔也。

再如，记"永昌城外商贾极多，城内仅有二三较大之杂货铺及售牛皮、石黄等店。人口约一万二三千。官衙、学校极为寂寥，军备亦不足用"；记"大理每年四月有所谓'年市'者，西藏、四川及云南、广东等商，携各地之物产麇集于此。其地人口约三万"；记云南不少家庭仍然顽固保留妇女缠足为美的陋习；记所谓"夷俗"，仍有以"鸡卜"断是非，男女不得婚配而"滚崖"殉情，乃至杀"多髯"者祭五谷丰登的种种陋习。

时至民国九年（1920）左右，云南的社会、经济略有进步，如《滇渝日记》作者斯整看到的昆明市"火车站至正南门（今近日公园一带）已筑车道。南门左首，现复新辟一门，曰'护国门'。城内若三、四牌坊、土主庙街、东院街、文庙街等，均尚繁荣。有'富滇''殖边'两银行。旧有公园及图书馆，现拟重新修葺。出小西门，有汽船直达西山"。来滇旅游观光者也不断增多。昆明有"翠湖图书馆并设博物馆"，还有"多处阅报室"。高人韵士的题咏也频见于云南名胜古迹，如记昆明铁峰庵新增嘉联两副，其一曰："是谁将眼孔放开？看得穿大千世界；到此要脚跟站定，才许入不二法门"，提升了陈旧古迹的文化品位。

钱文选《游滇纪事》
一册不分卷

重印本，民国十九年（1930），印制单位不详，日本国会图书馆藏书

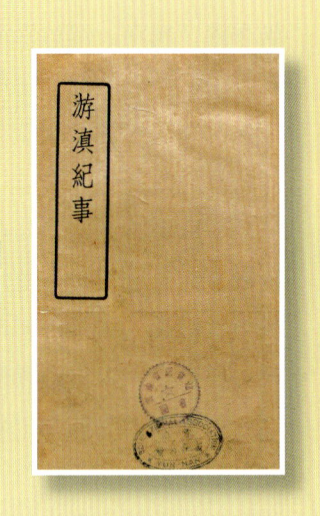

钱文选像

近·钱文选著。钱文选，又名灿，字士青，自号"诵芬堂主人"，安徽广德人。京师大学堂毕业，留学欧美多年，重视学习西方先进科学技术，为我所用。民国之后，历任中国驻旧金山领事兼财政部驻美盐务调查员、国际巴拿马赛会中国监督处参议以及云南、福建、两浙盐运使或盐务稽核所所长等职。还著有《制盐新法录》《士青全集》《诵芬堂文稿》等。

民国五年（1916），该书第一次出版。作者称"初印千部，早已分赠一空，各处友人函索纷至沓来，几无以应"。又于民国十三年（1924），由上海中华书局再版，民国十九年（1930）三版。笔者所见日本国会图书馆藏版，其作者署名"士青"，实则同为一书。1961年，台湾劳亦安辑编《古今游记丛抄》，又将此书收入《云南卷》，足证其

355

影响不小。

立目式综合类笔记。全书共分三部分。第一部分曰《游滇纪事》。按旅程时序记载作者民国四年（1915）十月"奉部派委赴滇稽查盐税"，经中国香港、越南、河口沿滇越铁路一线进入云南之见闻。第二部分曰《滇南名胜》。记载以昆明为主的云南各城镇、寺观、古迹、山水等，尤详于今安宁市情况（因作者稽查盐务曾久住安宁）。第三部分曰《滇事调查》。作者根据云南地方档册、方志等，分类辑录当时云南之面积、人口、民族、地形、气候、风俗、道路、商业物产等。卷末附列云南沿边《土司表》《由重庆入滇赴缅甸道里表》等统计资料。此书确为民国初年很有思想的一本笔记，不但为我们提供了民国初期有关云南社会历史的一些重要资料和数据，同时，还为如何进一步改造和建设云南提出了诸多建议。

盐务当然是该书记叙之重点。据作者所记，当时云南"盐井甚多，散漫数十县，横亘数千里"，并详列黑井、白井、磨黑三大井区所属各小井之盐税数额。由于作者为盐业专家，且专门为云南盐税而来，其所记对于研究民国初期云南盐务无疑颇具参考价值。此外，作者的视角并不仅限于盐务，他通过调查研究，针对清末以来，包括云南在内的中国地方经济和社会发展迟缓、人才流失的情况，进一步提出了与众不同的分析：

中国近数十年来，日就贫弱。说者莫不谓因万国交通，洋货入口，漏卮日多所致。此固然也。殊不知交通时代人可以货物输入，我亦可以货物输出。交互利益，此天不令一国藏其所有，而使大地之物产、人民之工艺共献于世，可为世界开大同之基，万国得通商之利，人民享天然之乐也。惟人以物产工艺与我竞争，我亦力争，尚恐不胜。今反放弃已有之物产而不能输出，坐见漏卮日多，膏血吸尽，此中国之所以贫弱也，岂有他故哉！

近年来忧时之士，痛国家日就衰微；悯人民饥寒交迫，或出外洋以求实学，或兴工艺以救贫民。无如学者归国，只知他国之长，不知本国所以然之短。偏执己见，凿枘不投，甚至以所学不能见用，遂致灰心，别求生路，是以实业人才日益见少。此过于新而未能审查国情者也。又内地志士虽奋兴实业，冀塞漏卮。然又识见不宏，偏重一隅，多以本省人治本省之事。不独资本不充，抑且人才不敷。当此贫困之际，全国人士同力合作，犹恐难与外人竞争，若再分省界，必成散沙，事无一成。此过于旧而无国家思想者也。是以讲新学数十年，谈工艺十余载，而未能发达者，执是故也。

接下来，作者通过自己的调查研究，特别分析云南之所以"抱璧而饥，怀金乞食"，长期处于贫困状态，正在于"不能开辟利源"，未能充分发挥自己的区位优势和潜能。他认为，云南当时应"急宜推行"的实业：一是"（澳洲）羊宜畜养"，利用云南多山多草甸，可以发展优质畜牧业；二是"油克雷（金鸡蜡树）宜种植"，建议发展新品种经济林木；三是"道路宜修筑"，除铁路外，建议大力发展公路交通；四是"矿藏宜开采"，特别提到云南的铜、锡、金、银、煤和大理石等。他希望通过该书能引起全社会对云南的重视，"晓然于云南为出产丰富、气候良好之区，而非蛮荒烟瘴之地。使人才来归，资本得集。俾将来云南变为富庶之中枢，为西南半壁之重镇！"

此外，作者还据自己旅游所经，对昆明的大观楼、黑龙潭、铜瓦寺等风景名胜区有所记涉，尤详于省城昆明的世风民情、城建景物等。如记当时昆明的新式旅馆、外国驻滇机构及其负责人等曰：

昆明为云南首县。滇越铁路之车站在南门外，下站即为白尼旅馆。与海关相近，有法国旅馆。此为昆明城外之两外国旅馆。邮政总局亦在城外，近火车站。德国领事署在东门城外。海子（翠湖）之东，法国领事署在焉。署东有法国邮政局、法国医院。城东有英国领事署及电报局。城南有盐道街，盐运使署在焉。署旁即为云南盐务稽核分所，并附设黑井区收税总局于其内。分所协理为法国人，名保德成。英国总领事名葛福；法国驻滇交涉员名兰必思；德国领事名魏司；电报局洋员名孟纳尔；邮政局洋员名阿杜能；海关洋员名葛梅士。有洋行数家，如旗昌洋行、歌胪司洋行等。闻日本将于滇垣设领事。惟日商无多，日人亦少，设立领事，未知为何？

同时，作者还注意到，由于滇越铁路的开通，昆明当时已日益繁华起来，金马碧鸡坊一带"百货汇萃，人烟辏集"。经济的发展，致使原本朴素的民风也发生了很大变化。如民国初年，尽管云南财政困难、入不敷出，但官场奢靡之风已经非常严重了，"近年滇省新人物辈出，或游学自海外归来；或服官由他处返里。舍其朴实之风，而沐新学文明之化，款客必用洋酒，非此不恭。故一席达数十元，视为恒事"。作者也对此提出了批评。

杨香池《偷闲庐集言》一册不分卷

云南崇文印书馆代印,民国十三年(1924),云南省图书馆藏书

近·杨香池著。杨香池,名森,云南顺宁(今属凤庆县)人,著名进步人士和文化人。他出身书香之家,早年献身地方教育事业,先后任教于县立女子高小、师范讲习所,工诗文,善书法、联语,曾应邀主编《顺宁县志》。解放后,当选为县人大代表、副县长等。还著有《偷闲庐诗话》《偷闲庐文集》等。

不立目哲学思想笔记。卷首有大理周剑公题诗,陈小航、罗养儒撰序。陈序称"香池,名父之子,吾乡通人。有慨夫今世之铜臭熏天,血腥满地,乃选古今格言数百首为一集刊布之"。罗序亦称道该书旨在"保持道德"。作者自序指出,当时"人心之坏,至今而极矣!"有人就此提出应从改造社会、"推行地方自治"入手,作者则认为,应当从整顿个人道德入手:

杨香池著作

为当前计，当由个人自治自救，以推及于社会国家。而欲个人自治自救，则莫如得一种有益之言、可法之语，以启迪自己，警觉自己，劝勉自己。然后处己而有一定范围；处人亦有一定范围。人人如此，吾知其必有济也。国家又何从而扰乱？社会又何从而恶劣？个人又何至于堕落？

　　为此，作者从古今中外选摘有关道德行为的名人语录、格言警句、民间谚语等，编为此书。每段之后，用括号注明作者或出处。所引西方名人如柏拉图、苏格拉底、华盛顿以及佛家禅语、《圣经》、外国谚语；所引中国古昔圣贤经典训词以及近人如罗泽南等人之精彩语录等等，可谓中西兼搜，雅俗并录，煞费苦心。

　　作者生逢乱世，眼看道德沦丧，希望从个人而不仅是从社会、从"人心"而不仅是从"法制"来挽救危机。他所谓"个人自治、自救"就是每个人的"自律"和"自我改造"。他希望每个人都向贤良看齐，整个社会也就会自然好起来。这表面看似迂腐——光靠几句道德语录就能端正人心、改造社会吗？其实，作者的思路完全符合西方诸如弗洛姆、马斯洛等顶级思想家的观点——改造社会就必须从个体和群体双向入手，从建立健全的社会制度和养成个人健康人格同时进行。

　　这些年来媒体频传：某些自以为有钱的国人走出国门，随地吐痰、高声喧哗、翻墙逃票、盲目扫货等等。种种让外人嗤之以鼻的言行，岂不说明我们个人道德行为"自治、自救"的任务还远远没有完成吗？！

周宗麟《疢存斋随笔》一册正续二编

铅印直排重印本，印行单位不详，1929年

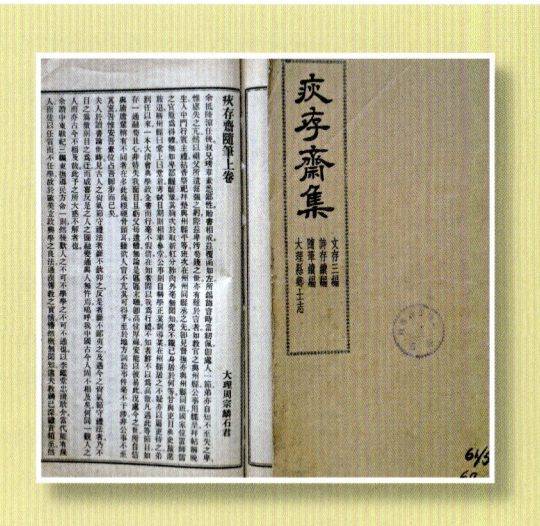

近·周宗麟著。周宗麟，字香石，号瑞章、疢存山人，云南大理人。清末以秀才举于乡，曾任云南陆良州学正，大理县监征员，大理师范、大理中学校长等。一九一一年，与曲同丰等发动推翻清政权的"大理起义"。民国以来，先后任迤西自治机关总部参事、大理县议会议长。任内敢于仗义执言，为民请命，大力兴学，热心公益事业。他兼读中西之书，关心国事民隐。还著有《疢存斋诗文集》《大理县乡土志》等。

不立目综合类笔记，附刻于《疢存斋集》之中，记作者行迹、读书心得和民国初年云南社会历史，特别侧重于故乡大理地区的社会问题等。例如，在作者看来，民国的建立虽然推翻了封建王朝，但实际上人民生活和社会风气并没有太大的改善。官吏贪污，争权夺利；军阀混战，民不聊生，依然有过之而无不及。对此，作者曾给予无情的揭露和批判。他揭露当时官盗勾结、欺诈百姓说：

近日窃盗披猖，几无虚夕，乡间尤甚，有寐不安枕之势！乃被窃之家

则尽吞声忍气不敢报告者，何也？或曰凡盗入境，例必挂号，始敢行盗。官吏、盗贼久成一气，纵虽报官，必不获胜。胥吏婪索，反增使费，有何益乎？又曰：彼盗窃去十金，若足一月之用，即不再窃他人。如其报官，官吏知之，必与贼瓜分，彼只得十之二三耳。若是不报官，则彼盗月窃一家者；报官，则必月窃二三家矣。呜乎！不报官是亦减少窃案之一法也！

又如，他揭发宾川鸡足山不法僧人佛耀之劣迹曰：

近有佛耀者，权变非常，所结纳者悉武阀、政客之流。闻其室中常置有"长生禄位牌"数个，要皆当道显者。朝夕膜拜，为其祝福。若官场新旧交替，彼之牌位上衔名亦照样交替，以故甚得当道显者欢心。借此即进据鸡山长老一席。数年之间，前明迄今六七百年所储藏之宝贵器物、名家书画，几历沧桑仍幸存者，今则悉数捧奉捆载以去。该僧亦大发其财，闻有数十万金存于商号。兹更有一奇闻，鸡足山顶原有一塔曰"楞严"。传说清时某总督迷信堪舆，谓此塔若存，滇必发王，乃毁之。该僧言之当道，醵赀重建，需款百数十万。因忆明末有西来僧明空者，得沐邸之宠信，猖獗一时。将（大理）中和山之铜殿移之鸡山。先僧后僧，盖遥遥相对云！

此外，作者记说，尽管民国政府早已下令严禁妇女"缠足"，但这一陋习却实难根除。国民党中央委员李宗黄曾回故乡鹤庆，命其家人开始带头"不缠足，不穿耳。一时大理天足之普遍，甲于滇中"。不料事隔十年，缠足穿耳之俗又重新抬头，乃至"大理之南遍地小脚"！又如，关于"改土归流"，作者论说此举不能只靠行政命令，"改完了事"，还应当对土司头人进行爱国主义教育，"谋保护教化之策，使之坚其意志，永作中国屏藩"。再如，关于新修大理地方志，作者提出民国建立前后的书法应当有所区别。比如对清初"郡王铎尼寇滇"一语，有人提出应改为"平滇"或"伐滇"。作者认为不可，理由是：民国之前，特别是古代，"异族"以武力"入侵"云南，应书为"寇"，是为"直笔"；若民国之后，则"不宜尊己卑人，伤他族感情"。他建议修志时对这类情况要细心推敲，"悉心研究，真理自出，虽一字之微，关系甚大！"审是。

严庆祺《迤东铜务纪略》一册不分卷

铅印直排本,贵州省调查局印刷,宣统元年(1901)

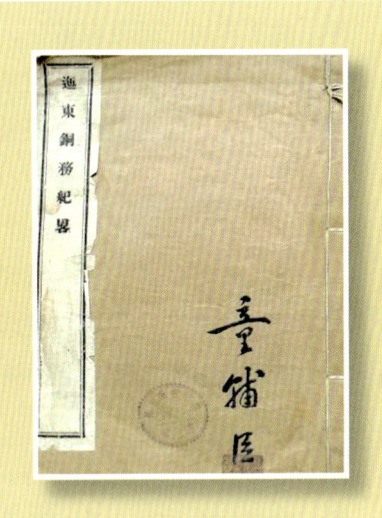

近·严庆祺著。严庆祺,吴县(今江苏省苏州市)人。其父严裕棠是上海大隆机器厂创建人,著名民族工商业家。严庆祺早年留学国外,光绪年间,曾任云南宝云钱局总办,整顿币制,改良钱法,铸出高质量钱币,俗称"严官钱"。宣统初年,调任东川府知府,锐意振兴实业,改变东川贫困面貌;开设女子蚕桑研究所,发展地方纺织事业;兴办现代工艺,在云南率先制成粉笔、石板、油墨、火漆等新式产品。还著有《六修洞庭安仁里严氏族谱》等。

立目式专题类笔记。卷首自序曰:"丁未(光绪三十三年,1907)冬,奉檄迤东铜政,宪命敦促,辞不获已。既受事,乃实地考习,以矿而学。足重茧乎山陬;身朋侪于牧竖、砂丁、炉户咸奉为师。考验有得,笔之于简,期月得若干条,姑以学而得者,录备检阅。"看来作者是一位非常敬业的官员,尽管非矿学出身,却能虚心向工人学习,努力调研,写成此书,难能可贵!全书立《看山形》《看塘色》《开尖》《配矿》《修炉》《炼法》《调丁》《办炭》《铜色》《缉私》等三十七目,专门记说云南东川矿区从选择铜矿山到采矿、冶炼、运卖铜矿的整个过程的技术和管理经验。

据该书所载，当时东川官方经管的铜矿业主要是汤丹和落雪两处。所谓"沙丁"（矿工）主要是来自较远省区的贫穷农民，开采技术非常落后。此外，由于东川"处处有矿"，不少私人老板也携巨资前来开矿。虽然政府严禁私人开采、贩卖矿产，但是"官价百斤只十七两，民价倍之"，所以"禁而不绝"。作者通过调查研究，建议政府适当放宽开采权，重点管控汤丹、落雪等大型富矿区，将猴崖、丰裕等小矿洞"听民采办"，让其缴纳一半左右之税收即可。这无疑是一个公私双赢的好办法。

更为重要的是，作者敏锐地看到，随着矿冶业的不断发展，东川之森林也不断遭到破坏。作者到任后，就及时实行一边开采一边种树的政策，以期能长期维持矿冶之需。《种树》条写道：

四山童童，[①]远至寻甸，办炭十年无薪烧矣！否则愈采愈远，炭价必昂，则铜价亦相因而贵。则讲求森林实为今日铜务要著。然至公中封山买薪者不须问主，山主咸畏种树。祺自戊年（光绪三十四年，1908）到差，首以种树为要！购给种籽，示谕栽种。虽告以利益均沾，而人莫过问，盖畏种树之累也。一年以来，封山弛禁，民信渐孚。今春始领种，先后发去松种九石余斗，已各栽种，雨水大发，必能滋生。然而保护为难，放火烧山，牛羊践踏，是当严禁，随时惩罚。倘能认真护蓄，则十年之后，柴木不可胜用矣。

尽管作者当时只是从炼铜用柴的角度推行种树，但起码已有今天"保护性开发"的好思路，希望让森林保持自身修复功能。但众所周知，破坏容易建设难，古今一理。东川森林和整个生态的破坏，与经久不息的毁林开矿和开荒直接相关。铜利的买卖诱惑，终于使今天东川蒋家沟一带非但绝无森林，而且还成为世界知名的泥石流观察研究示范区！

---

① 童，秃也。童童，光秃秃也。

尹子珍《云南探矿记》
一册不分卷

稿本，云南省图书馆藏书

  近·尹子珍著，尹子珍，字坤书，云南腾冲县和顺乡人，著名爱国爱乡华侨学者。清末秀才，曾任职于缅甸政府，兴办教育。精通英、缅语。辛亥革命前后，积极参与孙中山、黄兴、张文光等领导的革命活动，发动华侨捐资支持云南革命斗争，并多方呼吁警惕英法列强侵我边疆。一九三六年退休回国，一九四三年去世。还著有《缅甸志》等。

  不立目专题类笔记。无序跋，唯卷末署"民国十年阳历六月脱稿，二十一年阳历六月重勘"。开卷曰："英人戈氏，矿务专家也。彼于前清光绪末年有云南之行，至缅甸之漫得里（曼德勒）时，聘余为汉文书记，复聘有翻译一人，为传话之用。游历共计三年，足迹几遍云南之地。余近随其后，日将沿途观察所得，笔之于书，兹于暇时特为录出，以公诸世。此《日记》对于云南矿务前途有紧要之关系，阅者请无视为明日黄花可也。"

  据此书所载，作者随戈氏两次入滇，第一次为光绪三十三年（1907）十月十五日，从"缅京漫得里起程"；第二次为宣统二年（1910）三月二十六日从缅甸八募出发，地涉缅北、腾冲、大理、保山、临沧、丽江、昆明等城

365

乡和矿区。作者按时日记其行程、活动、见闻，侧重于矿产、矿业问题。卷末附录《云南七府矿产开采权废止年月》，主要记载了云南的煤、铜、铁、盐和金银等矿产之储地、含量、价值和开采经营状况等。此外，也兼及社会人文情况等。

  作者希望通过对戈氏云南之行的观察、分析，唤起国人对云南矿产业的重视；呼吁中国人自己合力开采矿产，以免列强觊觎。作者总结说："目前中国贫乏达于极点。全国上下若能集合财力，组织公司亟待开采，则中国之富可立而待，又何至患贫之有？且云南矿山世界各国垂涎已久。时至今日，我国人倘仍淡然置之，外人将越俎代庖矣，可不惧哉！"

丁文江《漫游散记》一册不分卷

"新世纪万有文库"本；"旧版书系"本，云南人民出版社，2015年

丁文江画像

近·丁文江著。丁文江，字在君，泰兴（今属江苏泰州）人，著名地质学家、民族学家和社会活动家，中国地质事业的奠基人之一。他于一九〇二年东渡日本留学。一九〇四年之后，又赴剑桥等大学攻读动物学及地质学。一九一一年回国。曾多次到云南及川、黔等地调查地质矿产、民族文化，并专门对云南个旧锡矿、东川铜矿、宣威煤矿、滇东地层构造、古生物做过详细研究，纠正了国外地质学家不少错误。还著有《个旧附近地质矿务报告》《爨文丛刻》等。

立目式综合类笔记。原为连载短文，后经周良沛先生等从《独立评论》中辑出。全书记说作者一九一一年五月留学归国，从滇越铁路到昆明，经辰沅水道返乡。随后，奉工商部之命，先赴山西调查矿业，民国三年（1914）再南下云南调查个旧和东川的地质和矿业、滇南少数民族等，故此书兼有自

然科学和民族学两方面的内容。其文笔简练生动，讲科学问题通俗易懂；记人文风俗深入有据，迄今看来，亦具有独特的史料和理论价值。

例如《一千五百里的水路——从镇远到常德》条，是笔者所见关于辰沅水道最为翔实的记载，记及所经码头、河滩、洲礁和每日之里程数等。《个旧的地形与锡矿的分布》条，详记当时个旧老厂、金钗、大沟、马落革、古山、峡石龙六大矿区的情况。《个旧的土法采矿冶金业》条，以个旧矿山俗语结合科学知识，介绍当时个旧采矿的三种基本方法——"硐尖"，顺着矿苗从石头山中打硐开采矿砂；"草皮尖"，即露天采矿；"冲塘尖"，利用天然水流或收积雨水洗出矿砂。同时还介绍了水洗矿砂和土法冶炼的基本程序。

再如《个旧锡务公司》条，记光绪末云南成立"锡务公司"，官商合办，官股为主。但主持者基本不懂采炼技术，听信德国工程师费劳禄之言，贪大求洋，用巨资从德国购来新式设备，又错误选建了采炼点，结果造成"高线铁路无砂可运；洗砂厂无砂可洗；炼锡炉无锡可炼、无煤可烧"的被动局面。人文风土调查方面，则主要集中在滇中武定、元谋和川滇交界的会理等地区。和地质矿业调查一样，作者采用了诸如体质人类学的科学方法。如《环州的罗婺》《龙爪山的倮倮》等条，测量和记载了"罗婺"等少数民族的平均身高、头部指数、手足尺寸、胸围、语言、称谓、姓氏、服饰、家谱等，并为之摄像。可惜该书并未附出当时摄下的照片。

附录：《云南个旧附近地质矿务报告》，丁文江遗著，尹赞勋整理，一册，铅印直排本，民国二十六年（1937）

封面别署"地质专报乙种第十号"。尹赞勋撰序言称，丁先生于民国三年（1914）初，奉北京政府工商部之命，赴云南个旧调查地质矿务，历时四月多，成此报告，"时吾国地质工作方入萌芽时期，化石、矿石之鉴定与分析，备极困难，参考比拟之资料亦甚感缺乏。而丁先生所述，颇多精萃独到之处，诚足贵矣！"丁先生去世后，民国二十五年（1936）尹赞勋略加整理而成。

全书共五章：第一章《地质》，述论个旧之地形和地层形成特点，矿产分类与成因。第二章《个旧之锡矿》，分别报告了厂地、开采、洗矿、提炼、销路、课税、产量等。第三章《锡务公司》和第四章《实兴公司》，分述其成立经过、资本用途、机器种类、开采矿区和公司业绩等。第五章《个旧之前途》，从矿产储量、锡价涨落和厂务改良等方面做出评估和建议。作者认为，锡矿出自花岗岩，而当时个旧土法开采多限于浅层"草皮矿"，由于没有先进探矿技术设备，故发掘并不深入。今后应进一步勘探、开发"黄沙""贾洒""龙岔"等河流下游之深层矿苗。同时，土法炼锡无法提净的锡质，也不当轻易弃之，应进一步提高冶炼技术等等。

书内插图有《个旧附近地质总图》《土法洗矿各槽图》《负矿砂丁出矿洞图》等。卷末附录《个旧矿砂粗锡净锡化验表》、光绪十六年阇厂订立的《个旧办矿条规》等，是一份内容丰富、资料翔实的科学报告。

负矿砂丁出矿洞

苏曾诒《滇越铁路始末记》一册

复印本，成书时空不详，云南省社科院图书馆藏书

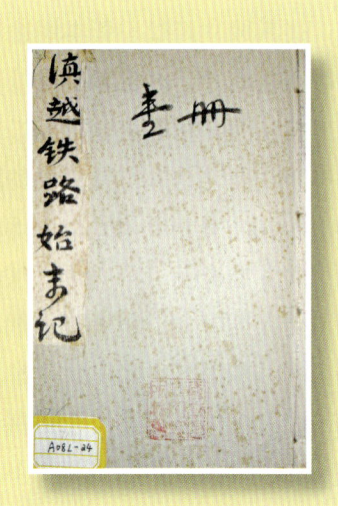

据昆明铁路局编《云南铁路博物馆》一书中之书影等考证，该书作者为苏曾诒，广东肇庆人，光绪二十七年（1901）举人。民国二年（1913），法国巴黎大学经济科毕业，曾任北洋政府交通部金事暨路政司科长。

不立目专题类笔记。开卷曰："余自美洲回国，道经越南时，滇越铁路将告成。该路之如何起点？如何创修？如何命意？如何费用？在在与吾滇有大关系。并为滇蜀铁路之前辄询经此路，则调查之职务有不能自已者矣！爰就可证之西文书报、在事友人之传述，得失利钝，慧眼人观之自悉。特为该路始末之说。"是知作者当时也可能曾在云南铁路机关工作，

滇越铁路修筑雕塑图

且曾专为调研当时尚未开工的"滇蜀铁路"而编撰此书。

全书所据有英人Hent新著《中国铁路》（1908年版）、《中法会定修路章程》、《海防云南府续订合同》、《海防云南府铁路承揽簿》、《海防云南府铁路车站表》等原始档册和著作写成。当是关于滇越铁路较早、也较为可信的著作之一，对于研究滇越铁路历史以及今后如何改造、利用该路，具有一定的参考价值。

如据作者综述，滇越铁路设计和修筑曾有过两个不同方案：第一方案是"由中国原有商埠路，由蛮耗上蒙自，则可抵大城市及繁庶地方"；第二方案是"就工程而言，宜去易于施工之路，则循河道两路之中"。虽然两个方案都有"开凿山洞之难"，但是，"循河道"筑路要容易得多。所以，最后决定"循河流逾高岭以达蒙自东境"，再经"开择较易之大成江而至宜良，到宜（良）后，向西行，循一深谷，过五百尺之低洼处，则见云南府（昆明）坝子矣"。虽然如此，从河口至昆明仍然是滇越铁路最难修筑的一段。修成后，当时依次设为：河口、南溪、阿白、蚂蟥田、倮始、阿白冲、蒙自、大庄、阿迷州、拉里黑、婆兮、禄丰村、苏家坡、宜良、昆阳、晋宁、呈贡、云南府（昆明），共十八站。

滇越铁路人字桥

又如，滇越铁路的修筑虽然在云南和越南境内施工，但据此书记载，在这条用汗水和血肉铺成的国际铁路上，又岂止滇、越两地民众？据作者调查并记筑路民工之不同来源和死亡情况说：

雇工之难，较之工程险阻为尤甚！工人多闭塞两山壁立之间。而南溪山谷一带之空气又系浊而闷者，加以热带下烈日熏蒸，发出致命之瘴疠。云南人知其危险，故能招之使来佣于工者甚少；安南人在南方之远者，又安于田亩之乐，能罗致而使离家者亦不多。于是，北方刚劲之人招自山东，与中国南省者同运载入（河）口。到工后与天命相争！多至束手待毙、牺牲于毒瘴之乡者，不可胜数也！工程初开之际，死亡相继，一年之中死五千八人，大致百人中死七十人。几至当苦力者无一生还也！

杨覩东《回云车》一册

刻本，刊刻时空不详，云南省图书馆藏书

杨覩东像

近·杨覩东著。杨覩东，字毅廷，云南保山县人。以优贡选为昆明经正书院高才生。光绪二十九年（1903）以第三名中举。次年，东渡日本，入弘文书院学习。值法、英列强侵我滇边，因撰《滇事危言》，呼吁国人捍卫边疆，很有影响。归国后，在云南学务处任职，因撰《教育行政录》，为时人所重。民国元年（1912），署腾越道，旋去职。民国五年（1916），赴广州，署粤海道。晚年卜居昆明，不问世事，闭门苦修。民国二十年（1931）卒，年六十五。

不立目专题类笔记。考书名典出杜甫《巢父谢病归游江东兼呈李白》诗句"蓬莱织女回云车，指点虚无是征路"，意为一条来自仙境的神圣之路！封面为秦树声题写书名，内容是呼吁滇人尽快集股修筑"滇蜀、腾越铁路"，即川滇、滇缅铁路的宣传文章。作者开卷即曰"滇蜀、腾越铁路，蒙督宪奏准筹款自修，总公司于闰四月成立，迄今六阅月"，但是公私集股仍非常缓慢，工作进展也不见效。作者呼吁"滇越铁路云南已放弃权利，滇蜀、腾越两路，则六诏生民命脉之所托寄也！既无外人之垂涎，亦刻不容缓修者"。他认为，当时首先应解决"公司办事人员"的组成和"集股"问题。建议从股东中选出"能人"，而不由官方委派。同时，要加大宣传力度，让滇人都知道修此铁路的好处。这也是该书的主要内容。

作者指出，修筑此路对云南实有"军事之利"（便于调派军队和装备等）、"商业之利"（特别提到有利于滇商向海外发展）、"工业之利"（指加快技术交流等）、"求学、游历之利"、"水旱补救之利"（指快速救援等）。接下来，作者分类驳斥了七种拒绝和观望集股者的心态。如"混沌派"——"不明铁路为何物，没头脑，只知在小天地为争一文钱可以殒命者"；"为我派"——"知道修路之利，但劝别人集股则可，自己却遇雷打尚按住荷包者"；"待时派"——"今日有认股五两而不认，必待他日发财而认万金者"；"暴弃派"——"吾滇二千万人有一千九百九十万九千九百九十九人集股，我一人不集有何关系者"等等。作者最后建议，官吏带头集股；报馆加大宣传；开办铁路学校，选派学生出洋学习铁路技术。

正文后附录一《确定滇省铁路范围以保利权而固疆圉公呈》，建议先修滇缅铁路（腾冲至古里夏），以防英人夺我路权；附录二《与英领事议腾越铁路问答笔记》，记光绪三十二年（1906）八月一日，作者与滇蜀、腾越铁路总公司总理刘方伯、陈廉访（均未记其名），会办李坤、陈古逸、施聚五等参与中英双边关于滇缅铁路的谈判，中方强调了自办铁路的立场，并愿与英缅铁路接轨；附录三《上督宪丁言英人违约屡议越境勘路恳请订期开谈判公呈》，记以上谈判后，英方仍不断违约，以游历等借口进入我腾冲、大理之间勘察道路，提请我官方告之英方"不应背约章，滥用强权之手以灭信义"，皆为研究川滇、滇缅铁路历史之重要文献。

附录：《敬告全滇父老筹办滇蜀铁路书》，寓京云南同乡会编，铅印，一册，直排本，京师学务处代印，时间不详

  寓京云南同乡会是清末民初设在北京"云南会馆"的滇籍官绅和学生联谊会。该书鼓动、宣传滇人筹款自办滇蜀铁路，用文言文写成。开篇即大声疾呼："铁路一事则我全滇人民土地财产身家性命之所系者也！"接下来写道，自光绪二十三年（1897）开始，随着滇越铁路贯通后，法人又想续修云南府（今昆明）经昭通府、叙州以达成都，即所谓"滇蜀铁路"，而"英人蹶起，欲要求我政府获滇缅铁路之权"。这样一来，英法列强"吸我膏血而断我手足"，云南将失去对外交通门户出入之权益。当年我们曾丧失滇越铁路之权，今天就再也不能失路权于外人。今"滇蜀一路已蒙制军（按，指云贵总督丁振铎）奏准自办，我滇省人民宜如何挥汗向告，怂恿赞助，以相与成此美大之盛举。倘若悠忽岁月，互相推诿，外人将心有起而要挟承办者，东三省之惨祸将复被于滇人矣！"接下来，从正面论说自办铁路之好处：一是"利权不至外溢"；二是"物权悉为我有"；三是"智识益以增进"（指铁路开通后，留学、游历等更加方便）；四是"兵事绝无掣肘"（指军队调动快捷，以利抗击外敌）。最后，分类条陈各州县、素封之家、票号钱庄、盐茶锡铜行业、寺观僧道、农村市民等，该如何认股集资，以及今后如何持股分红等。

附录：《敬告全滇父老筹款修滇川铁路俚言》，寓京云南同乡会编，一册，刻本，京师学务处官书局代印，滇蜀腾越铁路公司翻刻，时间不详

  此册虽同属寓京云南同乡会鼓动滇人筹款自办铁路的宣传文章，但时间当稍后于前者，即在清政府将"滇蜀铁路"与"滇缅铁路"合并办理并成立"滇蜀、腾越铁路公司"之后。全文用白话文写成，但尚未用新式标点符号，而采用空格表示停顿，现略加标点，以利阅读。

  文章开头即云："我们云南现在有一件最要紧的事众位亦知道吗？就是滇川铁路了。何以叫做滇川铁路呢？就是由我们云南修到四川的铁路了。

这条铁路在我们自己修就有百利而无一害；要是让别人修就有百害而无一利。"接下来说，近世以来世界各国、中国他省也都在修自己的铁路。如果有了这条铁路，云南的土货可以运出去赚钱，外货也可以很快入滇，"于路旁添许多客栈，于上下添许多脚力（搬运工）。比如从前做生意一日能卖十两（银子，下同）的，有铁路必能卖二十两；从前用马驮人挑一日能找一两的，来铁路上搬货一日必能找二两。于市面上多添些生意，于下苦力多生些利益。这些都是我们所过的地方亲眼看见亲耳听见的，绝不是说白（假）话的"。接下来动员大家入股说："但是办这铁路用的银钱狠（很）多，定要我们大家帮凑方能成功。"同时，介绍了一、二、三等股金依次每股为五十两、十两、五两，以及今后如何按股分红生息。文章最后呼吁："大家把钱省下来出一点力，赶紧把这条铁路修好。那时候路是我们修的，利益也是我们有的，外（国）人是不能干涉的。只有我去制人，断不能被人制我，岂不是我们云南人的荣耀吗？"

云南开智公司编印《滇人公愤录》一册

铅印直排本，民国九年（1920）

近·云南开智公司编印。立目式专题类笔记。汇集滇人反对法属"滇越铁路公司"违反中英协约，单方面提高客货运价和中国货入越关税的报刊消息、商会议案、社会评论等杂著文献。如署名不平撰《闻滇越铁路公司加增运费之感言》条，称当年修筑滇越铁路，云南出地出力，法方声言此路"可互谋滇、越之利益"，但从铁路开通之后，法方一直操控运费、关税，一再抬高运价，使云南不断蒙受极大损失。具体表现是：其一，清朝时中国人出入越南无所谓"护照钱"，民国之后，法越方面先后在河口、蒙自和昆明征收"护照钱"；其二，民国二、三年间，法方眼红个旧锡价上涨，不满中国自修"个碧铁路"，故无理上涨锡矿和个碧铁路材料之运费；其三，最近又将货运价由每吨二十元提高为每吨六十元，同时将客票价也大幅度提高；其四，提高了中国货出口越南海防的关税和货物存放费等。如原双方议定关税为"值百抽一"，现在入越药材关税上涨六倍，烟丝上涨五倍，其余土货均上涨二三倍。作者呼吁大家团结起来，共同抵制其无耻行径！

又如《法人违约增加越关过境税并骤涨火车运费吾滇人民亟宜奋发救

济之》《民国九年九月十七日提议内地运输组织及进行议案》《滇商全体致各报馆函》等条，从不同角度反映了当时云南政府、商界、新闻界等抵制法方违约涨价的具体行动。云南商会于民国九年（1920）九月十七日集会，提出抵制和补救措施。一是"暂时救济方法"，号召原来从滇越铁路运出之货物，"暂时改由广南（今云南文山）、广西之公路或水路，由滇人组织专门运输公司承办，政府派军队护送"。即由剥隘、梧州、香港、广州之水陆运输线暂时取代滇越铁路。二是"根本解决方法"，即尽快修筑滇、桂方向的几条铁路和公路，如昆邕、昆百铁路，昆剥公路。同时，将个碧铁路或从蒙自延至开远、广通以达剥隘；或从个旧延至建水、通海、玉溪以达昆明。如果大家五年拒绝使用滇越铁路，则被法越赚去的客货运输费即可支抵筑路费用。尽管两种方法的实施都有不少困难和问题，如水陆转运环节太多，公路、马路运力有限，人心难齐等，但是，大家仍然表示"我滇人创巨痛深，为亡羊补牢之计，踊跃愤发，具有同情，众志成城，将于此一举卜之！"充分彰显了民国初年云南各界反对外资剥削、渴望路权独立和自修新路的爱国、爱滇精神。

杨觐东《毅一子》三册三卷

民国十年（1921）刻本，云南省图书馆藏书

近·杨觐东著。作者生平事迹见前。不立目哲学思想笔记。扉页有曾熙题笺，署"辛酉六月"，即民国十年（1921）。首序署"四川东昌贺绍循撰"，文称"杨子毅廷淹贯群籍，著作等身。解组归田后，致力内圣实学，近愈造诣深邃，不忍既倒之狂澜滔滔不返，欲以斯道觉斯民，爰将三教心传和盘托出，既融孔、老、佛为一炉，以泄其秘；复溦数千年纠纷之聚讼而持其平。弥历寒暑，撰成《毅一子》三卷"。次序署"嘉陵果成子撰"，亦称该书欲汇三教而立说云云。作者自定《凡例》于"汉皋合一会"，即湖北襄阳某哲学或宗教组织。《目录》署"廻龙先生鉴定"。书末附《昆明三然子跋》，考"三然子"，即陈荣昌先生。

全书按天、地、人析为三卷，《天》卷论性道、伦常、格物、穷理、存心、养气等基础问题；《地》卷专论所谓"丹道"问题；《人》卷论"三教神道"，附作者《自叙》并与滇中学人及廻龙先生讨论书中有关理论问题，是一部理论和逻辑体系都比较成熟的哲学和宗教笔记。儒、释、道"三教合一"是贯穿全书的中心思想。卷上作者开篇论"性道合一"及全书宗旨曰：

道，一而已。始于一，归于一。不一即二，二即非道。开辟以来，尧舜禹以"唯一"而开道统，孔子以"一贯"而传心法，老子以"抱一"而为天下事，佛以"一合"相告须菩提。先圣后圣，若合符节，三教合一，岂有他哉？道，理也，性；即理也。率性之谓道，性同理同，道安得不同？不同即"外道"。故曰不一即二，二即非道。道既始于一，归于一，非得一服膺勿失，必不能贯彻始终，贯彻非弘毅不为功，故是书以《毅一子》名篇。子者，丈夫子也。彼丈夫，我丈夫，舜何人？予何人？有为者亦若是也。

接下来，作者从宇宙观、认识论和实践论等方面进一步条陈阐述了"三教合一"的思想。如作者认为，宇宙和万物的形成本于"道"，所谓"道"就是老子所说的"无"和佛家所说的"空"。因"无"或"无极"生成"太极"，才产生了"有"。而"太极，即一也，一者，万物之母，所谓元始，祖气也"。再由"太极"生阴、阳"两仪"，即天、地，由阴、阳二气化生成万物万事。在此，作者特别强调了"人之为父母所生"，同时，从根本说来又是"天地所生"，从而奠定了"三教合一"的宇宙观。

又如，为了反驳有关佛、道二教"无君臣父子"、无家庭伦理之说，作者引经据典，考称"佛本天竺国刹利王子，娶妻曰耶输陀，十八（岁）生子，曰摩候罗。一说佛生八王子，一名有意，二名善意，三名无量（下略）。老子，周臣，子（名）为，魏将，孙仕汉，与史迁（司马迁）交善。何尝废人伦？"作者认为，在认识论方面"三教"也是相同的，例如，三教都希望找回"放失"的本心（性），只不过是说法不一，"儒曰存心养性；道曰修心炼性；释曰明心见性"。又如，作者认为，"三教"有关人的最高追求也大体相同，"儒曰圣人可学而至；释曰众生皆可成佛；道曰神仙本是凡人做。然圣与佛、仙，卒不可多得者，非古人之言欺我也，行之不笃也，行之不笃，咎在无恒，无恒之咎，在志力薄弱"。所以，要一以贯之地弘扬毅力，坚持不懈地笃行实践，克服种种"物欲"的干扰，才能力争达于"三教"所追求的最高理想境界。再如，作者认为，在"去欲存理"的实践上，"三教"也具有相同的路径：

物欲之种类甚繁，范围甚广。三教虽各异其辞，然可以"七情六欲"括之。格之之法，儒有"三戒""四箴""九思"；释有"空五蕴""净六根""扫三心""忘四相"；道有"斋戒而心掊击而知塞其兑""闭其门挫锐解纷""不见可欲"诸说。总之，"去欲存理"而已。若程工之要，不外判之于几微，制之以定力，矢之以真诚。始也由多而少，由粗而精，贵循序以渐进。继也由难而易，由少而无，由勉而安，在持久而有恒。静以清其源；动以洁其流；务使于累；消灭妄念不生，格物功能乃完全无缺陷。

"三教合一"是宋明以来理学和佛学的一大学理倾向。早在明中期，就有罗汝芳、李贽等理学大师到云南讲学传道，理学对云南的影响由来已久。清中叶，滇中地区业已实际出现过一庙同时供奉孔子、老子和释迦牟尼的所谓"三圣宫"之类的宗教场所，尽管这种建庙理念和方式，当时并未得到政府和主流社会的认可。

杨增新《补过斋日记》二函十九卷

刻本，刊刻单位不详，1921年，云南省图书馆藏书

杨增新像

近·杨增新著。杨增新，字鼎臣，其先世从江苏迁滇，遂世为云南蒙自人。光绪十四年（1888）中举，次年成进士。先后官宁夏中卫、渭源（今属甘肃定西市）等县令、知府，甘肃武备学堂总办等。民国之后，历任新疆镇迪道兼提法使，新疆总督、省长等。民国十七年（1928）被刺身亡。作者以滇人充清末民初中国西北封疆大吏，实属罕见！其政治才干不凡，但为政为人，毁誉并见，是一位颇多争议和值得研究的历史人物。

此书虽曰日记，但并非按时日记事之普通日记，实为不立目综合类笔记。初稿经作者学生金树仁从其平时言谈讲话中收集整理而成。友人王式通、王学曾、王树枏先后撰序，称其以"通儒"为吏治专家，学无师承党派，精通经史百家。通观全书，其主要内容又重在"为人"和"为政"两大

方面。作为中国社会大转型时期的政治家和思想家，作者一方面深受中国传统文化的浸濡；另一方面，又较多接受了西方传来之政治、哲学思想的影响，并不顽固守旧。

例如卷五，关于"为人"，作者原则上主张要按中国古代传统人伦道德为人处世，但在某些方面又对我们一向引以为荣的"中国式"道德习俗持批判态度。例如，他坚决反对所谓"几代同堂"的大家族制，提倡子女要尽早独立生存，主张子女十四岁就应该力争"各执一业，以为自求口实之计"，但又不必"世袭家业"，"举凡财政学，经济学，农、商、路、矿等，皆自求口实之事，当因其性之所近，各择一艺以习之，衣食之源即出于此"。他还特别建议，"女子于纺织、刺绣、烹饪、书算之事亦须习之。于归（结婚）以后，能相夫教子以谋生活。不可拘于'女子无才便是德'之陋说也！"

再如卷一、卷十二，论及"为政"，作者认识最深刻、论述最精彩。作为官场宦海中人，他认为尽管中华民国取代了大清帝国，然而，中国根深蒂固的官吏腐败非但没有改变，反而愈演愈烈，贪官越来越多，贪赃越来越大。他认为，造成这种情况首先是因为官吏贪欲不断膨胀，"百不足思千，千不足思万，求田宅、忧子孙，十人而九也"。当了小官想大官，当了皇帝想成仙。"愈得愈贪，岂有足时？"其次是官位得来太易。他说，古代当官起码要经过十年寒窗的苦读和非常严格的考试，所以当官的大多"尚知自爱，不肯轻于一掷"，民众也比较尊重有学问的官员。但进入民国，"有枪便是草头王"，职官产生和晋升的制度非常混乱，官吏"对上不对下，怕上不怕下"。他们自己和民众都并不把"官"当回啥事儿，"于是贪劣不职，较昔日之腐败官吏其祸尤烈矣！"

杨增新以下几种笔记，是近代以来内容较为丰富和深刻的滇人哲学及政治思想著作，皆值得进一步深入研究。

杨增新《补过斋读老子日记》一函六册六卷

刻本，刊刻单位不详，1926年

　　近·杨增新著。不立目专题类笔记。作者研读《老子》之心得体会。卷首王树枏撰序称："丙寅（1926）之春，新疆杨鼎臣将军以所著《老子日记》寄京师，托为斠刊。将军故深于《易》者也，往为《补过斋日记》，既于《易》之道反复而著明之矣。兹复以《老子》一书与《易》道相为表里，乃于政事之暇为之句疏字栉，疏道而证明之。其义不主于一端，而于持身涉世之方，治国安民之道，莫不参合会通发挥之，以尽其致。"

　　全书按王弼注《老子》一书上、下篇之章句为序。原文抬格，作者看法低一格。每句少则一条，多则七八条不等，或进一步引申《老子》及王注之义；或驳议原文、注文及前贤之说；或博引广征，借题发挥自己的独到之见，是一部内容丰富、思想敏锐的滇人哲学笔记。

　　如卷一《老子》开篇："道可道非常道，名可名非常名"，王弼注曰："指事造形，非其常也"。作者引申老子之意说："天下无可常之事，无可常之形"，举凡天地山川，仁义圣智，都处于不断变化之中。所以说，事与形并无常态，只有老子说的"道"是常存而无形无名的。所谓"道应万事而实无事,道宰万形而实无形"。以下又从六个方面(六条)进一步阐发自己的看法:第一,"道"可心授而不可言传,故不可常言,故无常名。第二,有形才有名,是为形下之"器"。"道"无形,高居形上,故无名。第三,"道"生于天地混成之先,故天地有坏时,而"道"无坏时;天地有尽期,而"道"无尽期。第四,"道"无形无名。如果"可道"就不是万古如新之"道";如果"可名"就不是万劫不磨之"名"(反证法)。第五,"道"生于天地未生之前,故不可道,不可名;而仁义礼乐生于天地产生之后,故可指可名。第六,"鸡犬、杖盘之名为人所命名",故其名可随人而定、可改。但老子发现的"道"并不是人们常说的道和常取的名,故"不可道(说),不可名"。最后强调,只有"道"才是超越一切"器"的最初和最高哲学理念。推理严密,几乎无懈可击!

再如卷二,针对《老子》"绝圣弃智民利百倍"一句,则提出不同看法:第一,老子的本意是希望治国者不要太多"以智治民",自作聪明地折腾人民,即今所谓"乱作为",而应当"为己身保一分安宁,为世界留一分淳朴"。第二,"当'凿破混沌'之后而欲反斯民于太古之初,此亦徒劳梦想,未易见之事实,故老子之道,复古之道也。施之于五帝三皇之世已不相宜,况群雄竞争之时乎?"第三,驳斥老庄认为"法既立而弊即随之生;利既兴而害亦因之起",作者认为这是因果倒置之说。我们不能因为"后有之弊害"就干脆回到"无法、无利"、茹毛饮血的原始状态(也不可能)。最后,他用归谬法反驳说:"因庸医杀人,而医药可废也;因富人专利,财产可均也;凡先圣所谓义礼、制度、考文之事,皆可一扫而空之。此真大乱之道也!"

又如卷五,针对《老子》曰"天下多忌讳而民弥贫"一语,作者坦言:"国家行政用人光明磊落,与天下相见,何忌讳之有?!所谓忌讳者必有其不可对人者也"。他进而指出:"忌讳"本有两义——"禁之使人不敢行曰'忌';秘之使人不敢言曰'讳'。"国家和社会应当禁除诸如鸦片、娼妓、赌博等一切有害的东西,但绝不应该禁忌诸如修铁路、架电线、开矿山、兴实业等一切有利于国计民生的新东西。如果这样,国家"失利权多矣,而民弥贫!"他特别反对"言论禁讳"。他以秦朝为例说"天下多忌讳则言路蔽塞，恩泽不能逮于下，疾苦不能达于上。太史公曰：秦以二世而亡。当此之世，非无深虑知化之士，然而不敢尽忠拂过也。秦俗多忌讳之禁，忠言未卒于口而身为戮矣。是以忠臣不敢谏，智士不敢谋。天下已乱，奸不上闻，岂不哀哉？由此观之，忌讳之为祸甚烈，虽亡国有余，岂独民贫而已哉？！"审是。

杨增新《补过斋读阴符经日记》一册不分卷

刊刻单位不详，民国十五年（1926）刻本

近·杨增新著。不立目专题类笔记，无序跋可考其撰著情况。扉页有江宁名流吴廷燮题写书名。吴廷燮，江苏南京人，号向之，前清举人，著名史学家、书画艺术家，民国时任清史馆总纂。《阴符经》，旧题"黄帝撰"，实则乃杂糅道家、阴阳家、儒家、佛家思想的一部古书，或成书于南北朝。内容涉及哲学、军事、为人、养生等，颇具思辨色彩，影响很大，历有注释之家。作者虽按其篇章作注，实则多从人生哲学的角度引申阐发其义，注文典雅，议论开阔。今天读来，亦有一定启发。

如原文"瞽者善听；聋者善视。绝利一源，用师十倍；三反昼夜，用师万倍"。

作者阐释说："有所短必有所长；有所弃必有所营。博而寡要，不如专而能精；五官并用，必无一官得用。万窍皆通，必至一窍不通。《老子》云：'少则得，多则惑。'瞽者善听，用心于听也；聋者善视，用心于视也。不用心于听，瞽者亦听而不闻；不用心于视，聋者亦视而不见。听在耳，视在目，而所以视听者在心，心之思不精，则耳目之用不灵。"强调了

"专心"二字的重要意义！又说："一人之力不能敌十人，一人之智足以敌万人。故曰：吾能斗智不能斗力。用师十倍是一人之智，足以敌十人；用师万倍是一人之智，足以敌万人。盖聪明之用大矣。"强调了"智"胜于"力"和心智大小对于军事活动的功效差别。最后总结说："绝利一源，三反昼夜，只是要人专心致志，夜以继日，功夫自然长进。只在浸不在猛，猛者进锐退速，浸者日变月化，亦如天地之道浸，故阴阳胜也。用师十倍，是能收十倍之效；用师万倍，是能收万倍之效。"

又如，原文"至乐性余，至静性廉"。

作者阐释说："凡性情狭隘之人，事稍拂意，便忧闷欲死，乌能乐？性余者，此心空空洞洞，绰有余裕，是性之乐，由于性之余也。凡性情贪鄙之人，如蝇慕膻，如犬逐臭，虽忘身殉欲而不辞，乌能静？性廉者此心干干净净，淡然无欲，是性之静由于性之廉也。"

又如，原文："恩生于害，害生于恩"。

作者阐释说："除良莠以安苗，是恩生于害；纵虎狼以食人，是害生于恩。"又说："父师之教严，则能约束子弟；将帅之教严，则能约束兵丁；长吏之教严，则能约束僚友。恩生于害也，过于宽纵，则姑息养奸矣，是害生于恩也。"又说："知恩之可以生害，不独不可受小人之恩，并不可受君子之恩。宁使人受我之恩，勿使我受人之恩。吃亏处便是占便宜处，故曰恩生于害；占便宜便是吃亏处，故曰害生于恩。"

又如，原文："圣人知自然之道不可违，因而制之"。

作者针对民国初乱象丛生的现实，阐释说："瓜熟蒂落，自然之道也。有一分安排有一分勉强，则非道矣。掀天揭地，事功从无声无臭中做出。今人遇事，不是安排，便是勉强，全与自然之道相违。譬如妇人胎产，误投催生之药，往往倒养横生，发生危险。因而制之者，制勉强之心；因其自然，制躁动之心而归于镇静"。又说："自然之道即至静之道。因而制之者，制之而不使妄动也。制一己之心使不妄动，则一身太平；制一家之心使不妄动，则一家太平矣；制天下之心使不妄动，则天下太平矣"。同时，作者强调说："中央不能制四旁，号令不能出国（都）门，天下未有不乱者。然所谓'因而制之'者，制之以道，非制之以术也。违自然之道，则专制也！"反映作者希望建立一种民主有道的中央集权国家。

杨增新《补过斋读西铭日记》一册不分卷

铅印直排本，刊刻单位不详，民国十五年（1926）

近·杨增新著。不立目专题类笔记。自序署"丙寅八月蒙自杨增新书于新疆省长公署之补过斋"，即民国十五年（1926）八月。《西铭》为宋儒哲学名篇，原名《订顽》，张载所撰，全文仅二百五十三字。后来程颐将其改称为《西铭》，先后有朱熹、王夫之、罗泽南等为之注释、解说。然杨氏并非仅从学术角度研究和注释此书，而是将此文视为东西方神圣经典，希望以此整治民国初期混乱的社会，拯救败坏已久的人心。其自序有曰：

《西铭》欲人知身之所从来，性之所从来，虽造端于父母，而实不能不归功于天地。余自十余岁即得《西铭》读之，迄今数十年矣。方今国号"共和"，五族一家，日日讲同胞，日日杀同胞！兵连祸结之事，时有所闻。因取《西铭》复读，偶有所得，笔之于书。于《西铭》之旨未必吻合，然管窥蠡测，或亦有所发明。同志者如赐览观，使恻隐之心，发于心之所不容已，未始非四万万同胞之福。然则《西铭》一篇谓儒者宗教之书也，可谓为"弭兵"之书，亦无不可也。

全文以《西铭》原文章句为序，顶格排列，作者注释低格分条为之。如开篇原文"乾称父；坤称母"，作者注曰："凡人分父母之形以成形，而此形即天地之气所生；合父母之性以成形，而此性即天地之理之所凝。故乾非父而可以称之为父；坤非母而可以称之为母"。或者说，"天地乃一大父母；父母乃一小天地"，所以，我们首先应该尊爱自然。其次，既然"人出天生"，则人人均可如《庄子》所云、西教所主，是平等的"天地之子"，但中国与西方"理一而分殊"，所谓"君臣父子男女各有秩，不可紊之序"。虽然父子君臣同为天地所生，却不能视为兄弟，实则对中国自古以来的身份等级制提出批评！所以，在注释"大君者吾父母，宗子其大臣，宗子之家相"一句时，作者进一步明确阐发了君臣平等、官民平等的思想曰：

君、相与人民同为天地所生，同以乾、坤为父母，君为天子，人民亦何尝非天子？天下之人无论长幼贤愚，以及疲癃残疾，茕独鳏寡，自大君视之，皆吾兄弟，自大臣视之，亦皆吾兄弟也。此虽与（西方）"君民平权平等"之说未必同，然亦足以洗君主专制之恶习。而后世之君臣尊己如神圣，贱民如刍狗，以实行虐民政策，亦可恍然而悟其失矣！

以乾、坤为父母，则大君（帝王）为父母之宗子（长子）；其大臣亦父母之众子也。如此，则君民不嫌平等矣。此等理想，古人心目中未尝无之，非其时未敢轻泄尔。

以乾、坤为父母，则大君者父母之宗子，其臣民亦父母之众子也。而曰"其大臣宗子之家相"何也？处君主专制之世，自不能不如此说。其实君与民同胞，民与君亦同胞，不得谓天子为天之子，而群臣、百姓非天之子也！

作者以前清进士改官民国政府新疆地方大员，虽然经历了两种根本不同的社会制度，但作者曾多次批判指出，其实中国仍旧没有从根本上摆脱封建专制社会的痼疾，官民之间的等级差别有时比清朝还有过之而无不及。但他希望从《西铭》之类的传统文化中找到改良社会、平等人权、端正人心的武器，又只不过是一厢情愿的努力罢了。

李坤《筱风阁随笔》
一册四卷

袁嘉谷手校本，云南省图书馆藏书

李坤画像

近·李坤著。李坤，字厚安，自号"思亭生"，昆明人，晚清云南著名学者、诗人、书法家。因其祖父仕陇，李坤生于丹噶尔（今属青海湟源县），自幼聪明好学，长大返滇，曾师从许印芳、陈荣昌等乡贤，就读于昆明经正书院，"益治诗古文辞及经史学"。光绪十九年（1893）李坤中举，十年后始成进士，光绪二十九年（1903），又与袁嘉谷、顾视高同科选为翰林院庶吉士。寻丁忧回籍，先后充云南高等学堂教务长、师范学校国文教授，曾参与《云南丛书》编纂等地方文化工作，著述甚富，一九一六年不幸英年早逝，年仅四十九岁。

卷首有袁嘉谷序，署时"丙辰四月"，即民国五年（1916），文称："厚安太史既卒之久，诸同志哭于其第。乃属其公子发所著归图书馆。得

《齐风说》一卷；《思亭文抄》二卷；《思亭诗抄》二卷；《滇诗拾遗补》四卷，刊之《云南丛书》中。《云南温泉志》一卷，秦璞安（光玉）先生收入《云南备征续志》。其他零缣断简，多精粹不可磨灭，汇为《筱风阁随笔》一卷"。卷末袁氏又手书曰："庚申（1920）立春之夜袁嘉谷枕上校讫"；尚有陈荣昌等人关于该书某些内容是否应当删节的粘条，足证原准备收入《云南丛书》，但后来却未遑收录。

立目式综合类笔记。由作者之读书札记、经史考论、游记小品、书画题跋等汇编而成。卷末附《思亭联语》，是作者为昆明高等学堂、北京云南会馆北馆等名胜、旧居所题楹联，弥足珍贵。其经史论说如《李陵苏武论》《邵子论》《霍光论》等条，多能论从史出，不乏独到之见。如《郑风四说》条，考辨"孔子曰郑声淫"，并非其诗的内容"淫邪"，"实言其声，非言诗也"，即诗的乐曲与诗的内容不相配，"所谓淫者，乃甚之谓"，就是过分、过激的意思，并非如后来某些人所曲解成"淫乱"黄色之诗。审是。游记如《游诸葛洞滩记》《越南游记》等条，后者为光绪二十九年（1903）作者游历越南之见闻，记越南官场、礼俗甚详，对于今天研究晚清时期的越南和中越关系也多有参考之处。

稿中涉滇史事虽不太多，但亦不乏精粹纪实之文。例如《雩说》条，穿凿群籍，考释晚清昆明"雩祭"求雨习俗。据作者记载，昆明当时求雨以妇女为主，男人回避，故当局竟以"非礼"淫祠禁之。而作者研究认为，此雩祭"动依古俗，与汉（朝）人雩礼一致，何淫之有？"《鱼牌释名》条，考证滇池渔民"列竹于水，次植物，苴其上"的"鱼牌"，诱鱼游入而捕之。这也是古代中原所用的捕鱼法。滇人俗称"渔笼""花篮"，以此捕鱼，称"支花篮"，且引申为使人上当、受骗。《百濮疆域考》条，驳议清儒顾栋高谓"濮即西南夷，在今云南曲靖府境，或曰湖南常德府境"。作者穿凿群书，证说"百濮"乃由分散而聚合，又因势弱而走向分散，"始于荆湘而终于云南之永昌一带"。《雅鲁藏布江》条，考称即"大金沙江"，"为《禹贡》三危之黑水；《山海经》《淮南子》之赤水；《长阿含经》之恒伽河；元（玄）奘《西域记》之克伽河；《唐书》之跋布川"。此外，《筹饷议》条，涉及晚清云南厘金制度和地方经济等等。《顺康字钱》《十钱称一分》

《圜法近古》三条,涉及清代云南铸钱之史事。

除据文献考说云南史实外,该书亦有据亲历亲见记说云南之内容,尤多在书画金石方面。如《跋钱南园摹徐夫池书》条,记乾隆己酉年(1789),南园丁忧故里,曾寓居石屏罗氏家临帖之事;《跋钱南园书心经》条,记南园"馆选后临黄庭坚乐毅者年余。自是用笔多参右军(王羲之)、河南(褚遂良)两家法"。又如,《虞虞山书》条记自己亲见清初滇籍书法家虞世璎书法曰:

吾乡虞虞山先生世璎,以书受世祖(顺治帝)知。有《寄愿十帖》,手泐之石。戴黄门《昆明县志》称之,而惜其莫购遗迹。蒙家居二十载,访之耆长,亦罕有觏其一字者。甲午旅京师,展谒赵忠愍祠,周视廊庑,得顺治三年《重修云南会馆碑记》,为永昌王大司农撰,书即先生也。

虞世璎墨迹

笔力圆劲韶秀,雅近二王。时方为国子监员监,候选六品京秩。碑称出囊金三百余两,补葺垣宇。古人之于乡谊,抑何笃哉!

李坤的笔记不但书卷气重,而且行文流畅,挥洒自然。试读其《跋钱南园画三马》一条,堪称云南古代优秀散文:

余乡市饴者,屈铁作断具,以锤击之,声丁丁然!饴谓之糖,故又谓之"丁丁糖"。市者荷两篦:一盛饴;一盛所易者,破衣敝履杂置其中,而古董、图画之可贵者亦往往而有。以易者不知,而与之易者亦不知也。

亡儿迪功嗜饴,见余嗜图画也,亦嗜之。己亥之冬,往买饴,顾其篦,有画马。请于余母三倍饴直(值)买之。粘壁间为戏,余见之瞿然曰:此非画师能也！笔健而趣古，殆深于书而以余事为之者，非钱通副之作乎？相传通副儿时贫，不能具纸墨，每入塾，假群儿笔画马，群儿争以所需者易之。此图用墨尚滞拙，而笔极遒逸，似临名稿，笔到而手犹未到，其必为通副易纸墨之作无疑也。或疑为赝，是不然，赝者务急呈其巧，真者不恤留其拙。吾于其拙，益信其真。因装池而藏之，并跋数语，俾后人知所贵，不致易饴，重混杂于破衣敝履之中。

作者依钱南园故事，凭书画家直觉，断该马图为南园真迹。虽未必确然，但考述之中，昆明街头卖"丁丁糖"之情景，钱南园以马图易纸墨的勤苦，以及作者一家酷爱艺术的痴着，皆跃然纸上！

李坤《李厚安先生杂稿》一册不分卷

稿本，云南省图书馆藏书

近·李坤著。综合类笔记。原为方树梅先生藏书，用朱丝栏稿纸写成，行楷，字迹娟秀，首页右下题"厚安手抄"四字。内容可分为两部分，其一为作者阅读书报等杂抄之材料，立目；其二为作者在某学校之教学笔记，不立目。前者如《路政丛抄》《世界最高之山上铁路》《世界之铁路纪数》等条，是作者抄存有关交通研究的史料。又如《书画名人传节略》条，综录历史上滇省内外著名书画家如高其佩、"八大山人"、钱沣、普荷等人简传。

后者分量最重，也最有价值。标有"读书科"（课）和"作文科"（课）字样，是作者向学生介绍如何读书学习的心得体会，非常真实切用。今天看来，对于文科大学生和研究生、文史工作者等仍有参考价值。如关于古文点断、阅读和主要工具书，作者提出如下建议：

读书贵析疑、阙疑。初学读《左氏》《史》《汉》，断读尤难，遑论解诂？然遇有不能断读处，暂以朱墨标识。细看注解及足资参考之书。如注亦不详，参考书亦未语及，则连上下文熟读，精思百余过。苏子由谓："读书百遍，精义自见"，洵有效也。如熟读精思后犹不能断，则存而记之，或就正有道，或俟别求善本考订之。如遇有训诂不可解者，则检《说文》及他小学训诂之书；典实有不可解者，则检《佩文韵府》。

又如，关于读"正史"，作者认为不可不读其《表》《志》，也不可不明地理曰：

读史宜读《表》《志》。张文襄（之洞）曰："作史以作《志》为最难；读史以读《志》为最要。一代典章制度，皆在其中。若止看《列传》数篇，于史学无当也。《表》亦史之要领，可订岁月之误，兼补《纪》《传》之阙。读史宜明地理。读史不明地理，则不知古人所经营、战争者在今为何地，故座右必列坤舆方图，随时考察记忆。

此外，作者还提出读经不可六经并读，宜先从一经入手。如从《诗经》或《左传》读起，因为《诗经》"以歌咏最切人事义理"，且其历代之注释也比较详尽。读文集，应选择自己最喜爱的一二大家的文集读起。他推荐如韩愈、欧阳修、苏东坡、归有光、姚鼐、方苞、曾国藩等，"均文章之正宗也。从此入门，决无迷误"。同时，他还建议学生"结文社"，多与学友互相学习砥砺；建议"醵金买书"，自己藏书，以备随时研读查证等等。

附录：《塔影石斋杂俎》，李坤著，二册不分卷，稿本，云南省图书馆藏书

无序跋及撰著时间可考，卷首书名下署"厚庵初稿"。作者用无格白绵纸写成，字迹非常潦草难辨。内容为杂抄杂录、读书心得及诗文草稿。其文如《拟座右铭》《流火解》《汉书列古今人表说》《越缅划界善后事宜论》《嘉靖大礼论》《滇水倒流说》《武侯南征五月渡泸在今何处考》《以策论取士议》等。后者言"光绪二十四年，朝廷废制义，以策论取士。士有号于众曰：恐道之坠也！"作者认为，朝廷废除的只是制义八股形式，因为"上谕仍（要求）以六经、四子书为本。六经、四子书即载道者也"，并论称早在宋代也曾废除过制义八股，"而道未废也"。从此文可见，或为作者当年所作文稿。同时反映，时至清末，习以为常的八股文一旦废除，读书人仍心有余悸！诗作如《围棋》《团扇》《平津夜渡》等，亦可参观浏览。

> 附录：《塔影石斋丛稿》，李坤著，一册不分卷，稿本，云南省图书馆藏书

例同《塔影石斋杂俎》，乃作者诗文、杂著草稿，字迹亦非常潦草难辨。内有夹纸数页，钤有"经正书院监院钤记"红印，则此稿为作者在书院学习时所作。文稿有《荀子引书考》、《滇中五岳四渎考》、《读两汉循吏列传书后》、《策问》（内容涉及云南土特产如五金、茶叶等）。诗作有《甘州曲》《关岭古相行》《莲花池歌》等。诗文部分题目与《塔影石斋杂俎》互重。上述两稿可作为研究和整理李坤著作时的参考。

袁嘉谷《移山簃随笔》一册不分卷

铅印直排本，印行单位不详，1948年，云南省图书馆藏书

近·袁嘉谷著。袁嘉谷，云南著名学者、诗人和地方文献专家，字树五，云南石屏县人，十二岁考中秀才，入昆明经正书院读书。二十三岁考中举人第二名。光绪二十九年（1903）考中二甲第六十二名进士，选翰林院庶吉士。同年又考中经济特科状元。先后任清政府编译局局长、浙江学政等。民国以来，任国会议员、云南省图书馆馆长、东陆大学教授等。一九三七年去世。

袁嘉谷像

封面为周钟岳题签。首序民国二十二年（1933）秦光玉撰，称其与作者为"同门"，赞此书有云："滇中罕见之作也。萃经史子集于一编，综合众说，折衷一是。非博闻强识者不能为"。次序刘文典，撰于民国三十七年（1948），此时作者已辞世十一年，乃从其弟子孙乐斋处得观此书，并应邀作序。文称自己虽与袁氏未曾谋面，但其师章

太炎曾游昆明见过袁氏，且非常赞许其"精研史学"，称袁氏生平治学"最服膺高邮王氏，而又不为汉学家门户所囿；躬行实践，悃愊无华，以闽洛为归而不务道学名。盖兼汉、宋之长而去其短，近世学人能备考证、义理、辞章三长如征君者不多觏"。高度评价该书虽为袁氏"归田后随手札记，非经意之作，然贯穿经史，融会群书，凡所考订皆至精确"。又盛赞作者去世后，其学生孙乐斋和弟弟谦六能出资并认真校刊此书，"情谊敦笃，令人钦佩"云云。

不立目专题类笔记。以学术考据和读书心得为主，反映作者博闻强记，读书治学善于独立思考。诚如刘文典所称，其方法颇具乾嘉学派读书治学特点，务必从"识字"开始，以"实证"为依凭。作者自论其读书心得曰：

读书先难于识字。余见书不少，目下亦不迟。故少时读《孟子》兼诸子《集注》，七日而成诵。圈点《史记》，亦每日过百篇。惟遇有疑字，往往经一日不能考毕。一字虽浅近，书中亦有之，然杜诗云："读书难字过"，是也。然不可因难而自欺，更不可畏难而不考。韩文云："凡作文辞，须略识字"，余深信之。杜、韩为诗文之雄，其诗文无一字无来历。杜牧云："杜诗韩笔愁来读，似倩麻姑痒处搔"。杜、韩之论识字，余更矍然矣！

惟其如此，此书诸多条目广征博引，精于考据。例如，《三国志》载曹操所著兵书题为某某《接要》一种，而武英殿本整理者考证后将《接要》改为《集要》。袁氏历引李德林《霸朝集要》诸书有"魏武《接要》之书，济时振物，无以加也"等语，称"晋人志之，隋人述之，皆无异词"，足证《三国志》所记不误。再如，考证"经""纬"之区别，认为先秦的经书往往用丝线束之，但未必皆属孔子所修之六经。而"纬"与"经"对，内容往往是"传记之徒，举古今相传之说《经》者"而成之，"大抵片词只义，不专一说，与《传》《注》之专经不同"，所以一般也不用丝线束之。但汉以后，因为经学立为官学内容，诸儒为了加强自己所习某经的重要性，"往往搜《纬》说隐合汉制，为己之助。甚造伪《纬》以固欺饰"。但他同时又指出，尽管如此，所谓"某经之纬书"又未必毫无根据，如纬之《春秋》者，必习《春秋》者所为之，故"《纬》书之精者，即经学之羽翼，特嫌其过杂耳"。审是。

再如，古代"姓氏"素为历代学人所关注，盖因其涉及婚姻家族、社会阶层变迁等诸多历史问题。对此，作者穿凿群籍，引经据典，提出不少独到之见。如，据《左传》《魏书》《北周书》等所记，证说中国人较早就认识到"男女同姓，其生不蕃"的道理，因此自先秦以来，就特别强调"同姓不婚"，乃至有"禁娶母同姓为妻妾""同姓百世，婚姻不通母氏之族"的严格规定。指出这一习俗具有现代科学依据，"犹以今（同）血统（不婚）之说（符）合"。又如，据正史群书众多实名，证古代男子有姓名，女子往往只有小名而无正名，如称"女生""王姐谨""王女足""张黑女""皇女男""皇女成男"等等。嫁人之后，或按夫家之姓仍称小名，如"赵子儿""臧儿""卫少儿"。并由此通例，怀疑汉代以来称"女娲"为女王之名并不可靠。"女娲本是伏羲妇"，而"女娲"可能是她的小名。

此外，关于古代"百姓"和"民"、"姓"与"氏"的变化，作者也有精辟的考论曰：

古之"百姓"与"民"殊。"民"，冥也，盖土著之冥顽也。帝王贵族乃得赐姓。《国语》："四母之子别为十二姓，凡黄帝之子二十五宗。"（郑）康成《六艺论》："宓牺皇生，其世有五十九姓，黄帝子二十五人，有十二有姓，是姓不及百也"。（下注：《隋书·王劭》："同德则同姓，异德则异姓。黄帝二十五子，得姓者九）《尧典》："百姓昭明，黎民于变时雍；百姓不亲，黎民阻饥"，明明分而为二。传至商周始混。盖民皆进化，同于百姓；百姓日繁，亦无以别也。《孟子·梁惠王》上篇一章之中，忽言"保民"，忽言"功不至于百姓"，可证。

"姓"与"氏"亦别。姑以春秋人言之，大抵诸侯之子曰公子，（公）子之子曰公孙，（公）孙以后始得以王父字为氏。盖姓者，本也，不可改也。氏者，分支也，可以随时而改。自汉以后则往往曰姓某氏，而姓、氏又几混也。应劭《风俗通》有《姓氏篇》，《广韵》引之，凡氏之兴九事。《北史·高构传》亦引之，言氏之于谥，氏之于号，氏之于爵，氏之于国，氏之于官，氏之于字，氏之于居，氏之于事，氏之于职，皆可改也。郑樵《氏族略》考之尤详。

除学术笔札外，此书间有记说自己亲历之重要学术活动及相关制度、云南社会历史等。如记清末参加北京清史馆工作曰：

余职史馆日，馆中先赠《凡例》一本，

民国时期的北京清史馆

与史氏三长无关，不过循例下笔者。总纂不必多改，总裁随即进呈。史传之立，以奉旨为准。虽采访亦可列，但须证佐二，须进呈，盖全史之文无一字不归于进呈者。此例始于宋李昉为相，凡时政送史馆，先进御，然后付有司。夫如是，则史鲜直笔，亦何怪耶？

又如，记自己在学部工作时，有人为迎合清廷，据清初"翰林散馆要兼习满文"，上书全国"各小学堂兼习满文"。作者大惊，又不便直接反对，"乃议请部堂奏满文精深，当别立一高等学堂（习之）。所谓敬而远之，不无苦衷也"。再如，记明末石屏义士袁缨（荣之）弃文习武，参永历军事失败，死前遗命家人"吾生为明臣，死为明鬼，尔曹毋剃吾发，毋去吾须，葬则向东南，不宜北"。记明末李定国墓云："李定国墓在蛮莫；白文选墓在孟良。土人敬之。《劫灰录》记定国壬寅五月走猛腊，士马死亡，自述生平所为，知天命已绝。愿速死，毋苦众人。及闻永明王（永历帝）死，遂病，六月二十七日卒。定国，山东人，归葬芦沟桥。见《庭闻录》。"又如，记评其家藏杨慎撰《廿一史弹词》，记云南猛乌、乌得之失等，皆可资考证。

401

袁嘉谷《滇绎》
一册四卷

铅印直排本,"东陆大学丛书"之一,1923年

  近·袁嘉谷著。立目式综合类笔记。首序孙树礼撰,署"癸亥秋七月"即1923年。称"树五袁公既终养而施政于家,为善于乡,有年矣。又本尚友之义,推广于爱乡之心,凡滇事未经乡先达纂辑者,胥爱之重之,编为《滇绎》四卷"。并论此书与《滇略》《滇考》等不同之处,在于侧重考说云南之社会历史、地方利害、政治得失,民生休戚,故有"未雨绸缪之功用"。次序王灿撰,时间同上。亦称此书作者"生滇长滇而尤恋爱于滇,侨居昆明,专事著述,暇则看书,凡关于滇事者随见随采随编,正其讹误,补其缺略,读万卷书,穷数年力,旁搜博拾,成兹巨制。凡为(云南)《通志》《备征志》《滇系》所载者,多不入是。真可补诸书之不及而资后人以考证也"。再次为赵式铭《题辞》。书后还有孙树礼题诗,夏光南、王家亮跋文二,皆多溢美之语。

  作者自序不署时日,文亦甚简短,曰:"滇,吾乡也。吾游数万里,觉可恋可誉之地,莫滇若焉。读《滇志》《滇系》诸书,犹有管窥之助,因随笔之,名曰《滇绎》,愿以告同心之恋乡誉乡者。移山簃主人识"。全书内

容可分为以下几类。

其一，据明清笔记、文集、诗话等辑出云南史料，是为全书重点。如卷三《杨文襄轶事三十二则》，据钱谦益《列朝诗集》、张萱《重编内府书目》等辑出有关滇贤杨一清史料三十二条，涉及其家世、长相（麻脸，明武宗戏称为"杨麻子"）、个性、著述、交游、坟墓等。卷四《人瑞》条，或据地方志和自己所知，辑录清末云南九十岁以上老人七十五人。其中"陈王氏，腾冲人，一百一十四岁，四世同堂"；石屏雷勃一百一十二岁、李雷氏一百零八岁；盐丰李张氏、嵩明陈崔氏一百零五岁。地方政府皆悬匾、建坊、颁发"高龄奖金"等给予表扬。卷三《枣林杂俎五条》，据该书辑出有关云南茶花、铸钱、温泉、刀剑等史料。卷四《啸亭杂录三条》，据该书辑出有关吴尚贤、尹壮图等人事迹。同卷《池北偶谈八条》，据该书辑出滇人虞世璎、王弘祚、苍雪、武风子等事迹并关索岭、滇马等史料；据《隋书·史万岁传》《唐书·南蛮传》等辑出诸葛亮南征碑文；据《蛮书》等辑出南诏异牟寻遗文；据《华阳国志·南中志》等辑出晋时云南秀才王逊、董敏等人姓名。

其二，据群书考证、归纳云南史事。如卷一《滇》《云南以天文为名》《滇字之异解》等条，据秦汉民歌、谚语，参酌史书，释"滇"为"颠"，即指庄蹻等早年"开滇"之人，多从楚地沅水"溯流而上"，势有"越走越高"之义，故名。卷二《爨世家》《爨后之滇》和卷三《高氏》《后理国》条，穿凿群籍，详考、归纳魏晋时期云南爨氏世系演变过程和大理国及后理国高氏世系历史。《南诏徙民》条，考说南诏时期的几次移民人户数、起迁、移居之地，皆属用力匪浅之作。卷三《无极》条，据《朝天集》等考说"滇南荡山寺僧无极朝明太祖，屡献诗赋，太祖赐诗送归"之事，所录朱元璋诗作，实属鲜见之作。卷四《滇乘》条，据王继文《重修妙湛寺碑》（碑在昆明官渡）所引清初滇贤王思训《滇乘》一书三十八字残文，考说该书体例"当为（云南）掌故之书"。同卷《朱龙坡》《陈海楼》条，考说清代著名学者崔述（东璧）、崔迈兄弟与云南石屏朱煐、陈履和之师生情谊和学缘。朱煐为大名知府时，提携并养育崔述兄弟长达八年。后来陈履和经朱煐推荐结识崔述，服膺其"考然后信"的学术思想，终身为其校刻系列著作《考信录》，并明确指出，"日本高等师范以海楼所刊（崔述）《三代考信录》《洙泗考信录》《孟子事实》为教科书"，又曰"石屏人士无不阅东壁遗书"，足证因陈、崔关系。且崔书首先对云南产生影响，此后，再由云南留学生带到日本，复由日本转而影响到北大胡适、顾颉刚等人，从而成为"古史辨派"之基本理论。

其三，记自己的学术活动。如卷四《浙本》条，回忆作者改建浙江省图书馆和促成浙、滇两省图书交流互鉴的情况曰：

余官浙日，浙藏书有四：一文澜阁藏四库全书抄本。乃经粤乱后，丁丙、丁申昆季苦心毅力以收庋者；一为文庙尊经阁，亦丁氏昆季捐送。中有《三学志》最详瞻，历代刊行，国变而止；一为藏书楼，在城内。乃张学使亨嘉所倡，后即改为图书馆；一为官书局，在三忠祠内。则粤乱后设局刊书，天下称"浙本"是也。余于庚戌岁（指宣统二年，1910）奏建图书馆于行宫隙地。合文澜阁、藏书楼二者而一之。仍分别部居，不相杂厕。其尊经阁者，商丁氏子孙，将并藏之。"浙本"多精善，传于吾滇者甚少。因移文滇提学使，凡滇、浙本皆互换而不取资。滇人书可传于浙；浙局书可传于滇。浙书多，滇书少。其为两益之举则一也。暇阅滇馆中《绎史》，即余所换之浙本。因感旧事而记之。

袁嘉谟《冷官余谈》一册二卷

《云南丛书》本

近·袁嘉谟著。据该书《石屏袁广文先生墓志铭》（不署撰人），知其字铭泉，晚号叟泉，袁嘉谷之长兄。曾官嵩明、巧家等地"训导"，后归养田园。其余生平事迹不详。"训导"为县属教育类小官，故作者自谓"冷官"。卷首有秦光玉序，称此书民国五年（1916）因编刻《云南丛书》而得于袁家，经赵藩等人鉴定，以为其"所记虽近琐细，然有关邑乘地志"，遂刻入《云南丛书》子部。

不立目综合类笔记。内容广泛涉及云南史地文化、地方人物、掌故佚事以及袁氏家族和兄弟佚事、自撰楹联等，而以故乡石屏及滇南等地之内容最多。如卷二，据《元史》庄蹻开滇"王于休腊"，考说"休腊"即今"河西"（泸西），称"河西之开，盖在临（安）府各属之前"。再如卷一，记所见石屏城建情况云："石屏砖城为陈虚白造。亦有官款屡次增修，咸丰丁巳（咸丰七年，1857）又增修一次，其外城以土墼为之。余时尚少，往观筑城者，适梁总兵士美躬自督工。谓众人曰'此土城成后，力量加厚，可勿恐也。'"又如，考说石屏人来源曰："石屏人民多江南籍。惟段氏为大理国

405

之后，然今之俗语皆称大理国王曰'段白王'者，犹言白子国王也。宋氏为宋濂之后，濂得罪，子孙徙于此"。记其本家袁氏来源曰："余祖为七伍人①，与沐西平同来滇。七伍人建之三台阁，余题其额云'木本水源'，人以为巧合。"记异龙湖水利得失云："异龙湖水，初本有泛滥之患，直下建水。知州蒋振械筹岁修之费，年年疏通。屏人立蒋公祠以祀之。同治、光绪中。有人盛传白浪青鱼湾有落水洞，湖水泄之，较下建水为好，因大事开凿，卒不得通。余见文庙儒学前有碑云：'禁止凿青鱼湾'。古人不为无益有损之事。

石屏袁嘉谷故居

今人则反是，虽有碑，不考矣"。再如卷一，记光绪十三年丁亥（1887）作者亲历石屏地震和云南高官的颟顸有云：

丁亥冬月初二日，石屏地大震，毙二千余人，伤者不知其几，古今中外未有也！余时在省城，往商张竹轩先生，设法善后。函禀各处，以刘树坊先生顶词，以苏佑民先生缮写，聚于不冷堂中，几达旦矣。及投呈督院，院反大怒曰："平日不为善，遭此大劫。我知大震之时，必是满街跪哭，告天求饶了！"于是，藩司曾公以下相戒不敢私捐。曾公出银一千，乃托名其母好善乐施。司以下捐款，亦半托名，流离之苦乃幸免。然而幸灾乐祸者亦太忍也。石屏于乾嘉年间曾经大震，《滇系》载之。

此外，滇南历史人物佚事所记亦多。如记明朝临安府蒙自萧崇业曾率大型船队出使琉球。此事对当地影响很大。作者记说"临安府无人不知'风摇程'与萧崇业"的民间传说，称萧崇业之所以能乘风破浪出使琉球，因为他

---

① 据袁嘉谷《石屏县志》，七伍为明初军屯"石屏屯十六伍"之一，在该县"白龙泉"附近。

原本是吕洞宾转世。一日，吕洞宾对徒弟风摇程说："我将下界（凡）。"风摇程说："我去（服）事您。"后来，吕洞宾化身萧崇业。他身边有风摇程的暗中帮助，就非常安全了。作者还进一步指出，滇南地方志中记有仙人"风摇头"，也许就是"风摇程"了。神话传说固不足信，但它充分反映了故乡人民对萧崇业远航大海的祝福和敬意。

　　作者之五弟嘉谷先生为云南历史上唯一的一位特科状元。该书也为我们记载了一些袁氏兄弟的佚闻趣事，可供参考。如卷二记曰："余应童子试时，学使以'拔茶植桑'为赋题。余赋中以张咏为不尽然，颇多新意，谓茶亦可以富民。学使赏之，拔第一。三弟入庠时，亦以《秧针赋》列经史第一。五弟连列经史第一数次，后考特科亦第一。"可见袁氏兄弟皆属善于读书考试之辈。又记昆明状元楼之缘起曰："省城建状元楼，张学使题曰'聚奎'。余弟捐香资，名勒最后。碑文为罗星垣先生作。其末句云：'大魁天下可拭目俟之矣！'弟考特科第一。黔中钱登熙先生果书'大魁天下'四字立于楼上。事固有不期然而然者。"可订正误传"状元楼"建在嘉谷先生点魁之后；且题书"大魁天下"者，或并非有人说是云贵总督魏光焘了。

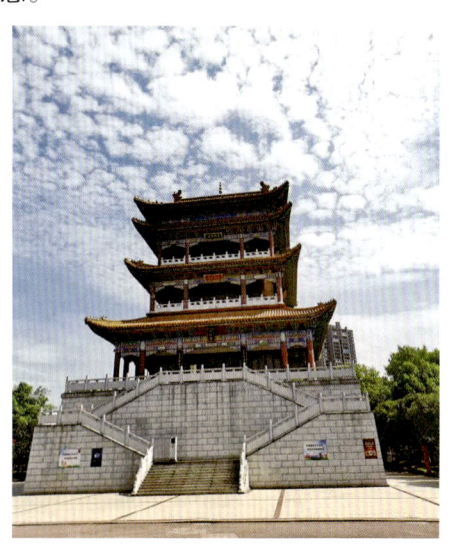

昆明状元楼

407

陈古逸《过来人语》
一册不分卷

抄本，云南省图书馆藏书

陈古逸像

近·陈古逸著。陈古逸，名度，号琴禅居士。原籍江西，光绪十二年（1886）随父迁滇，落籍云南泸西县。光绪二十年（1894）中举，掌普洱宏远书院。任满，就学于昆明经正书院。光绪三十年（1904）成进士，任吏部主事。次年，丁父忧回籍。服除，受命与法国领事交涉滇越铁路事宜，赴美国聘请工程师来滇指导修路。曾任云南省造币厂厂长，"为官清廉，受同仁推崇"。云南光复后，历任省府外交司副司长等。后弃官隐居昆明华亭寺，研究佛禅之学，致力撰著、书画。一九四一年去世。还著有《泡影集》等。

不立目哲学思想笔记。卷首一九四五年缪尔纾序曰："古逸先生道德文章均堪范世。此《过来人语》尤为其体验有得之言。可单行，亦可并入先生《全集》。"正文用毛笔直书，内容涉及面广，不仅限于哲学思辨。他如医药卫生、饮食保健、为人处事等亦间有笔札。行文通俗易懂，平淡之中又不乏精审之论和药石之言。

如论"志愿"与"欲望"之差别——

志愿与欲望不同。人不可无志愿，而不可有欲望。志愿出于正，而欲望则多近于不正。希贤希圣，利济天下，志愿也；高爵厚禄，妻妾安室，欲望也。若以生平之读书求道、亲师访友，而仅偿其高爵厚禄、妻妾安室，何异以明珠弹雀？而况此欲望未必固遂，则其中之降志辱身者多矣。

论"审慎"与"迂缓"之不同——

审慎与迂缓之不同。审慎系有计划之待时；迂缓系无计划之苟安。精进与躁急不同。精进系有定识而迈进；躁急系无定识之妄动。审慎、精进可以图功；迂缓、躁急必将误事。

论"自省"与"容忍"——

人之侮我，必思我是否有可侮之端；人之疑我，必思我是否有可疑之处；人之毁我，必思我是否有可毁之事。痛自检查一番，若其无也，则中怀坦然，听其自生自灭而不与之校。再能学娄师德之唾面自干，太邱之偿人失绔，淮阴之忍出胯下，则圣贤英雄之为，岂常人之所能及哉？

论对人语态之不同——

对得意人勿作奉承语；对失意人勿作鄙薄语；对伤心人勿作冷酷语、愁

陈古逸画作

惨语；对骄傲人勿作揄扬语、折服语；对厚重人勿作尖刻语；对平等人勿作倨傲语；对请益人勿作模棱语；对闺阁人勿作狎亵语。

论"无我"之境界——

影在镜未尝不是我，其实何尝是我？幻影之偶呈也。人在世上暂时虽有我，久远未必有我，躯体之不常也。了得镜中之我为幻，可知世上之我不实。何必孜孜以求适我？汲汲以图益我？故"无我"之训，儒、佛一致。

同时，作者善于修辞，用语简洁生动，甚得宋人语录体之精妙——

食古不化，读书何益？见识不高，议论何益？无功建树，高位何益？非我之财，布施何益？自视太高，师友何益？子孙侈靡，居积何益？病在精神，药饵何益？穷通有命，营谋何益？

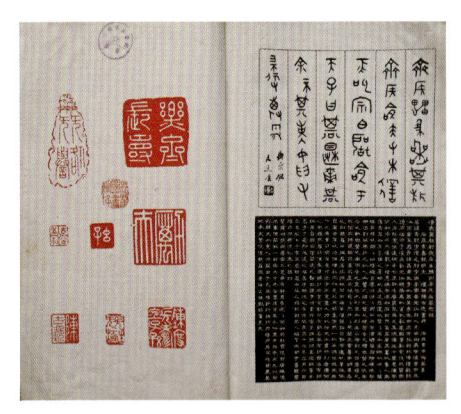

陈古逸墨迹

陈古逸《昆明近世社会变迁志略》四册三卷

抄本，云南省图书馆藏书

近·陈古逸著。此稿无序跋可考其撰著时空。立目式综合类笔记。全稿抄写字迹也非出于一人手笔，行草间楷。广泛杂说晚清至抗战时期昆明文化教育、社会经济和民风习俗等，内容丰富，多为后来研究昆明社会历史者称引。

清末云南省图书、博物馆同人照

立目式综合类笔记。卷一《文化》，记昆明之书院、算学馆、国学专修馆、私塾、新式学校、图书馆、书店、明伦学社等民间学会、清末科第、昆明名人著作等。其中，尤详于抗战以来迁滇之大学、文化团体。卷二《食货》，记昆明之米（附

《米荒篇》)、盐、柴炭、煤油、土布、棉、房租、银行、赊会（指民间集资组织，俗称"上赊"）、货币、汇兑等。卷三《礼俗》，记昆明婚丧之礼制尤详。此外，记宗教、岁时、屋宇、衣饰、厌胜（指古代暗中诅咒他人的迷信手段，并无实际作用）、戏剧、电影、瞽者说书、斗鸡、小儿玩具、洞经会、赌博、求雨、革命思想、食槟榔、食葛根、方言等等。

考其资料来源多属摘自地方文献和当时之报刊，亦不乏独特之参考价值。如卷一中之《算学馆》条，记光绪年间，云南当局创立"算学馆"于翠湖水月轩内，延聘贵州人王仲猷为馆长，"额设算学生十六人，专课算学。由督抚考送肄业，月给膏火银五两。每月轮流命题考试一次，试以算学题二；论文一篇，优者有奖。学生日有札记，馆长批判（评判）。未久停办，但后之学堂数学教员多出此堂中"。又如同卷《图书馆》条，或据该馆统计，当时云南省图书馆藏书为十一万册左右；宣统元年（1909）每月来馆读书者一千八百三十四人次；民国二十四年（1935）则增至一万零三千四百七十七人次。类皆可佐证云南文教史研究之一斑。唯该稿多存空白待补之文，实属作者未定之稿。

附录：《琴禅居士书画集》，陈古逸作，孙乐编，一册，石印本，民国二十三年（1934）

孙乐为陈古逸弟子，字乐斋，自称"佛海居士"，云南元江人。东陆大学毕业，留校任职图书馆，精通文史、书画。或受陈度影响，习佛于昆明圆通寺。解放后，任佛协昆明分会秘书长、全国政协委员、省文史馆馆员等。除此书外，与陈古逸、袁嘉谷合著有《湖月集》《湖月续集》等。

此书为孙乐收藏的陈古逸书画。封面题签已残，扉页为孙乐题写书名并撰《小序》曰："吾师琴禅先生擅诗古文词，工书画篆刻。晚年归心净土，专念弥陀，屏弃世缘。然求书画者仍不绝，求之不得而求弥众。因出余所藏影印以供同好。夫毫端万象，岂离当念？指下山水，无非唯心。观书画之高致，可以见先生人品之超逸矣。"次为陈古逸晚年照片一帧。再次为《琴禅居士自撰塔铭》："人之生也其幻哉！四大合幻而生，四大离幻而灭。居士姓陈名度，字古逸，晚以字行，别号'琴禅居士'。其先本临川人。祖瀛波公、父奏堂公实始来滇，生居士，占籍泸西。忾于庠，举于乡，客于封疆，贡士于朝，观政铨曹，长币政、外交，幻也；琴欤书欤诗欤画欤文词欤篆刻，幻也；乃至幻游欧美，幻见沧桑，家室幻而相见，儿孙幻而绕膝。缘起性空，都无实相。"言其晚年看破红尘，卜居昆明西山华亭寺、碧峣村一带，吃斋念佛，思想归于沉静。

　　书画多为指头所作，题材以山水、花鸟为主，花以梅菊、野草、怪石为多，共十五幅。书法以隶书、钟鼎二体为主，共十一副。另有《清武翼都尉武庠生孙雨亭先生墓志铭》拓片一幅，署"石屏袁嘉谷撰文，泸西陈古逸书丹，石屏袁丕佑篆盖"。全文隶书，精美绝伦。考孙雨亭，名云龙，孙乐之父。书画之后为篆刻作品，阴、阳二文皆有，共二十一方。除"古逸""陈古逸印"等作者自用印章之外，尚有"袁嘉谷印""佛海居士"等为友人所治之印，以及"阿弥陀佛"等闲章。

413

童振藻《参观越南河内第六次市会记》一册不分卷

铅印直排本，印行单位不详，1924年

童振藻画像

近·童振藻著。童振藻，字仲华，江苏淮安人，生卒年月不详。清末以举人挑发云南，补用知县。辛亥革命后，曾任昆明市政府秘书、省长公署秘书、省政府秘书处处长兼实业科长等职；又先后在云南两级师范学堂、省立中学等校任教，超过二十年。同时，他积极参与地方文化活动，潜心研究云南史地，一九三三年，主纂《昆明市志》。该志采用新学科分类法，配以实景照片、统计图表等。被业内称为"我国第一部现代意义的城市志"。还著有《云南地震考》等。

立目式专题类笔记。据其《总纲》所记，自一九一八年始，越南于河内举办"市会"，相当于今天的"昆交会"和"广交会"，旨在"发展商务之利器，提倡经济之良法"，特邀请中国、日本、老挝、菲律宾等邻国前往参加商品展览和交易。每届展期为两周。第一届在河内"跑马场"。自一九〇二年开始固定在新建的"商品博物馆",足证越南十分重视此会。至一九二四年,共举办了六届"市会"。作者以云南地方官身份代表中国参加了这次"市会"。同时参会的还有福建省等。据作者记载,参展国家或地区都设有自己的展厅。东道主越南设馆最多,按其不同地区设立了"海东馆""安南馆""交趾支那馆"等等。"云南馆"设在会场西北部,当时云南参展的主要货物如下:

一、皮货。计有银狐、火狐、虎皮、豹皮等二十多种。

二、铜器和玉器。为云南大宗、多样产品,下分日用器物和种类繁多的工艺品、宗教用品等,价格较高。产品多注明商号或制作者,如"郭少恒之观音像一座,价二十五元""义兴祥之古铜瓶一支,价一百元""苏宝茂之玉镯,每对价十元""永宝号绿玉带扣一条,价二十元"等等。

三、牙具。多用进口象牙加工制作而成,品种多为餐具、烟具、工艺品等。

四、杂件。包括衣帽、药材和食品等,如大头菜、火腿、鸡枞等云南土特产。

作者最后记称,此前,昆明也曾举办过这种"市会",但并无固定场所。"或在金碧公园,或在大观楼,或在圆通寺,或在翠湖、近日楼各公园。无一定地点。"且每次开办时,"才临时搭盖板屋草屋,扎树牌坊、亭榭等项。少则费数百元,多则费二三千元。闭会后,仍然拆卸。既糜工资,复损材料,殊不合算"。作者殷切希望能像越南河内一样,建立固定场所,举行我们自己的"市会"。值得告慰作者的是,从一九二四年以来,虽历经六十一年,直至一九九三年八月,我们终于迎来了第一届"昆交会",且有了固定的场所。

童振藻《云南方志考》三册五卷

影印本，杭州图书馆藏书

近·童振藻著。自序撰于民国二十五年（1936）十二月"武林寓所"，则此书乃作者离滇返里之后所著。其文曰：

余旅滇从事教育逾廿年，栽遍滇疆桃李。凡逢年假，生徒言旋，必托购方志，以广搜罗。益以奉滇省府命主纂《云南地志》，在滇垣访购，并向各藏书家抄补储备，参稽所得，亦属寥寥。迨余假旋，于民国十八九年、二十三四年前后，赴京、沪、浙、粤各大学及各图书馆参观，如有所藏必征录其目，即日本内阁文库图书目录、东洋文库地方志目录，亦设法购觅检讨。而各方面以滇志向无总目流传，恒难按图而索，多向余询厥端绪。缘就见闻所及，箧笥所藏，公私各家目录，唐书、明史、清史、云南通志各《艺文志》所载者，参互考订，缺者补之，误者正之，其有体例较异者，均详叙之，勒为《云南方志考》五卷，藉答所问。

此后，作者又将民国八年（1919）至民国十五年（1926）他在云南主持

"云南学会"时所征集到的云南各地"一百一十七属"的地方志目录,以及作者认为有关云南"故实之图书"(不一定全是地方志)目录汇入其中。故此书无疑是成稿最早、著录云南地方志等最多的文献目录著作,值得珍视。

立目式专题笔记。卷一为省志,考叙《云南志》至日人所编《支那省别全志·云南省》共十六种;卷二(上)府、厅、州、县、市志,考叙张毓碧《云南府志》至黄元治《大理府志》等八十八种;卷二(下)府、厅、州、县、市志,考叙民国周钟麟《大理县志稿》至明吴宗尧《腾越州志》等一百一十三种;卷三为各县乡土志,考叙清鲁大宗《禄劝县乡土志》至佚名《蒙化乡土志》等九种;卷四为各属地志,考叙民国陈治恭《昆明县地志》至《猛丁行政区(志)》等共一百一十一种;卷五补录有关方志的图书,考叙清王崧《云南备征志》至清廖廷玉绘《中甸厅山水塘汛村寨地舆全图》等,共一百一十二种。

每目简要叙录其时代、作者、卷目及内容特点等。据作者所言,他当时已将上述地方志和有关图籍移交云南通志馆收存,自己只是"存目纪念",但今天诸多方志,尤其是诸多珍贵的图籍,如清绘《云南省会街道图》、民国云南陆军测量局绘《昆明市街全图》等,却未见有关图书馆之馆藏目录和原本。

附录:《云南史地资料汇编》,童振藻、刘庆福辑著,九册,石印本,编印时空不详,云南省图书馆藏书

立目式专题笔记。此书或为作者编纂《云南地志》时所辑著,内容多为云南近代史地、宗教和边事等。依次编为以下十种:

一、《云南之河、湖、泉》(刘庆福辑,童振藻整理);

二、《滇池纪游》(童振藻辑著);

三、《测勘南河情形说略》附《曲靖府属南河测量工程一览表》(不著撰人);

四、《片马小志》(童振藻著);

五、《滇边夷务实纪》附《巴布凉山种类地面土产及开垦办法》(童振藻著）；

六、《英军入侵葫芦王地史料》（李景森著）；

七、《云南省基督教事业》（《云南地志》稿）；

八、《云南省各属县各种土地人口统计表》（不著撰人）；

九、《云南省各属各县古迹名胜表》（不著撰人）；

十、《云南省各属寺庙概况表》（不著撰人）。

所据资料或来自云南地方志，或来自作者实地调查采访。凡边务部分，具有强烈的救亡图存意识；地理类著作更为详尽、科学。如《云南之河、湖、泉》，将云南河流先分为云岭水系（金沙江、无量河等）、澜沧江水系（漾濞江、澜沧江等）、怒江水系（怒江、南汀河等）、伊洛瓦底江水系（龙川江、大盈江等）、黔江水系（南盘江、北盘江）、郁江水系（西洋江等）、元江水系（南溪河、盘龙江等），再简述其源头、支流、流域等。又如《云南省基督教事业》，据有关文献和现状调查整理而成，以文字和图表形式，归纳、统计云南基督教情况，广泛涉及其教区和教堂分布，信教人数和密度，中西教职人员，教会学校、医院等。再如《云南省各属寺庙概况表》，亦详列各寺建造时间、面积大小、房屋间数、僧尼人员以及寺藏文物等。

童振藻《云南地震考》一册不分卷

铅印直排本，云南省公署枢要处第四课刊印，民国十五年（1926）

　　近·童振藻著。自序称，民国七年（1918）作者任"云南学会"会长，奉命编纂《云南地志》，因征集全省地志资料涉及"地震一门"，于是立意进一步补为云南地震专书，或此书为其草本。称其参考过甘肃翁某地震研究著作、法国黄司铎《中国地震表》等。立目式专题笔记。全书立为《总论》《震因》《震史》《近年烈震状况》《结论》五目，并附有多幅云南地震图表、民国时期地震实况照片，考证翔实，立论有据，完全抛弃了古代关于地震荒诞不经之说，可视为关于云南地震的第一部科学研究之作。

　　如《震因》条，历引近现代中外地震理论，考称云南地震多因"地质断层""地层陷落"和地核"火山"等自然灾害造成。《震史》条最为翔实，据正史、地方志等记载，考称云南地震始于西汉成帝时，以后逐渐频繁起来，特别是明清以来，"明代历年二百九十四，地震共一百十五次，平均一年余一次；清代历年二百九十六，地震共一百八十九次，平均约一年余一次；民国历十四年，地震共二十三次，平均亦约一年余一次"。通过列表数据分析（资料来源一律注明出处），进一步考称，历代地震，以昆明最多，

"共三十六次，腾冲次之，共二十八次"，而以大关、永善、广南、维西等州县"为最少，均为一次"。但也同时指出，强烈地震也曾发生在大关、盐津、昆明等地。如民国初年，"云南烈震三次，其一为嶍峨（今峨山县）；其二为大关；其三为大理"。

除列表简要归纳、概说历代云南各地地震发生、震况及破坏情况外，还对某些地震破坏特别突出的地方有更详细的考说和照片。如记此书撰写的前一年，大理地震之实况曰：

大理自唐（代）洎清，恒多烈震，微弱之震每年夏秋恒发生一二次。民国十四年三月十五日，午后三时，城内微震，至八九时，续震数次，势颇烈，人多逃往空处避难。十六日午前四时复弱震，六时，又震一次，势较强，墙壁间有崩裂者。嗣后，震十余次，然均历两三秒即停止。下午四时后，震动加重，至九时，三次，九时三十分，城乡各地同时烈震，历十秒，继复震复止，此一夜间约数十次。震时如万鼓齐鸣，自北而南，未几墙崩屋覆，泥瓦乱飞，尘土迷空，星斗莫辨，满城皆然。

作者在结论中明确告诉读者，云南实属地震多发地带。考说地震问题的主要目的，并非只是为了某种"学问"，而是让更多人明白云南地震的来龙去脉，好进一步提高预防地震发生的警惕性和认知水平。

刘曼卿《康藏轺征》
一册不分卷

铅印直排本，商务印书馆代印，民国二十二年（1933）

刘曼卿像

近·刘曼卿著。据本书所收蒋唯心《记刘曼卿女士》载，刘曼卿，祖上原本汉族，清中叶迁入西藏。刘曼卿生于拉萨，自幼熟悉藏俗藏语。九岁时随父母迁居印度大吉岭，开设汉式馄饨饼店，课余帮助父母打理店务。三年之后，又离开大吉岭来到北京，"遂尽毁旧时裳，学习汉语"，先后就读于北平某小学、通州女子师范学校、道济医学院。民国十七年（1928），北京成立"蒙藏委员会"，她因熟悉藏语而成为该会翻译。一次，为西藏活佛罗桑巴桑与蒋介石做翻译，其才能甚得蒋氏称许，遂聘为"国府书吏"。

民国十八年（1929），她自请进藏考察，同时中央政府也希望借此联络中断已久的西藏关系，于是她以政府"文官"身份，被正式派遣前往西藏考察。民国二十年（1931），她将第一次从四川西康进藏的经历写成《康藏轺征》一书，由商务印书馆代印，次年此书不幸部分残损于火灾。同年夏天，她又第二次经云南滇西进入西藏。完成考察后，再作《续记》，进一步补充了有关滇藏之行的诸多史事，再由商务印书馆重印。时间当在民国二十二年（1933）左右。

立目式综合类笔记，用浅近文言文写成。据《自序》和《补记》得知，此书初版即颇有"轰动效应"，蒋介石等名流曾为之题签。但再版仅保有林森、汪精卫、石青阳三人题字。戴传贤、蒋唯心、黄警顽依次为之作序、传，附其两次进藏所摄照片若干。作者第二次"取海道经越南而达滇西"，再至西藏，所记内容和图片，涉及作者所经昆明、丽江、中甸等地之见闻和感受，对于研究上世纪30年代滇、川、藏边区社会，颇多史料价值。

例如，其照片反映当时昆明滇池、大观楼、东西寺塔、虚凌庵、铁峰庵的实际状况，其中如"昆明郊区明代的烟墩""陈圆圆梳妆台遗址"等古迹，今已不存，弥足珍贵。文字记载多涉滇西风景、社会、市镇、物产和少数民族民风习俗等。记丽江、中甸之商业活动、市场布局、衣饰打扮、婚姻习俗等最为详细，纪实白描之中亦间有评论。如《续记·丽江》，记说当时丽江的教育情况曰：

丽江有小学和高小数所、省立中学一所，办理颇称完善。中学校舍宏敞，风景清丽。彼处近年对于地方之教育运动极为提倡汉语，凡学生在校不准说土语，若说土语一句则罚钱若干。其成绩实不亚于内地南方各校之提倡国语也。又有"边地师资讲习所"一所，盖专为造就滇、康边境各县藏族儿童师资之设也。闻该所并已由蒙藏委员会呈准中央，每年补助经费，将来扩广边地教育，其效果当非浅鲜也。丽江在昔为府时，乃滇西学子会试之所，至今尚有"雪山书院"岿然独存。今科举虽废，然以丽江位于藏、滇交通之枢纽，将欲推广康、藏教育，必于此地设立大规模之边事学校，以培植边地人才。

作者明确记载当时丽江学校"不准说土语"，即少数民族语。据笔者所知，同时大理地区的学校也有"禁止说民家（白族）话"的规定。后来有人将其解释为旧中国欺负少数民族的文化政策，故今天我们在少数民族地区就要推行少数民族语言或所谓"双语"教学。窃以为语言主要是人际交流的工具，人们之所以选择掌握汉语、英语等，是因为它们能在更大的人际环境中使用，有利于扩大我们的生存和活动范围。反之，在周边多为汉族的少数民族地区非要推行少数民族语言课堂教学，是否会加重少数民族学生的负担？

此外，该书虽因采用文言文，难免略显行文别扭，但亦不乏精彩生动之处。如《续记·中甸》，描摹中甸妇女汲水一段文字曰：

中甸全城无井，然城中有泉水一处，供全城饮料、洗涤之用。妇人汲水用木桶，系以皮带，置于臀下，行动迅捷。天色黎明或夕阳西下，满街尽背水之人。取水之瓢用树皮折叠而成，质轻而容量大。泉源之畔，取水者麇集如蚁，欲睹全城妇女之风采者则薄暮观之，妍媸弗遗矣。妇女取水时，口唱歌曲，娇喉婉转，虽不尽叶宫商之律，亦藉此以忘疲也。

古纯仁《川滇之藏边》一册不分卷

中译稿本，云南省图书馆藏书

古纯仁像

近·[法国]古纯仁著，李思纯译。据卷首《译者弁言》，此书为法兰西天主教国外布道会教士、盐井县（今属西藏芒康县）天主堂司铎古纯仁撰，其生平事迹不详。民国十二年（1923）此书首刊于巴黎。民国二十五年（1936）西康设省，委员会自雅安移至康定，委员长刘文辉邀李思纯入康定小游，同时，与西康建省委员、著名康藏学者任乃强先生相遇于西康。任乃强知李思纯曾游学巴黎，精通法语，遂将得之于法国传教士的此书法文版请其译为中文。卷首李撰《译者弁言》称其译书之目的有二：一是希望加强西康建省，以防外人觊觎；二是"近年来国人著书言边事者甚众，然稗贩转抄者多，目验身历者少"，而此书作者于民国十年（1921）左右曾亲历滇藏地区考察研究，内容丰富翔实。

立目式专题类笔记。译稿用文言文译出，毛笔书写，红笔标点，间有夺误刊改之处，尚属未定手稿。全书由《川边》《滇边》《察哇龙之巡行》和《康藏民族杂写》四部分构成。凡地名、人名之后一律用法语夹注。其中第二和第四部分涉及云南迪庆、丽江等地的地理环境，以及川、滇地区藏民之社会生活、城乡道里、语言变化、风俗习惯等。例如《阿墩子》条，记今云南德钦县之阿墩子（今升平镇）曰：

阿墩子（今云南德钦县）

阿墩子，藏名"尼底"，正如"维西"之例。其阿墩子之名盖由汉人采自摩些语也。阿墩子之城市在维西之北二百基罗米突（公里）。计有居民二百至三百户。包括摩些人、汉人及康藏人。其中摩些人来自丽江（自注：摩些语自称"纳施"，西藏语称之为"麦的"）；汉人大多来自云南和四川；西藏人亦如四川汉人。对此，蛮夷之民加以轻蔑，称之曰"古宗"。汉人则采用其原名曰"摩些"。其名称之本义自甚尊贵。

现今之阿墩子城市，即旧时之喇嘛寺名"德肯林寺"基址而建。此喇嘛寺自一千九百零五年（自注：光绪三十一年）之叛乱后，即重建于邻近之山上。阿墩子故城较低，为山洪暴涨所冲毁。阿墩子为一商业中心，康藏人挟其商货如药材、麝香、羊毛、皮革之类，以易云南之茶叶、糖类与布匹。由阿墩子出发，有二途经金沙江盆地：一向东南，经白马；一向东北，经曲拉。

《旅行》条记康藏民族野外露营曰：

康藏人喜欢野外社会，嗜旅行。商旅与服差役者，牧人与朝山礼拜者，或乞丐等，每年均度其大部分时间于彼辈所居村舍之外。任何地址均可择为休息之所。有泉水之处，有嫩草之处，或有树荫，可延致行旅者休息。兽背之负载既除，一控骡者则从事燃火，以三石块支为灶脚，锅中作沸腾之声，众环灶而坐，各出木碗搦麦粉为食，为免除争执计，肉皆割切为块。约休息二三小时后，人与兽皆健腾，遂复登程前进。

《聚会》条记当时滇藏地区藏族家庭聚会云：

每晚家族聚会，少女与妇人则织理羊毛，男子则讲述其旅行之事，且报告新闻，并叙述雷同不变之故事。及作舞蹈姿势，乱奏其乐器，随心而跳跃。少女则坐屋隅，缚羊毛为球，且加入环走舞蹈。无论何处，当收获时，晚间聚会极为兴奋。厨灶中之火焰与树脂所燃之火把，照耀于庖厨中。楼板亦被舞蹈者之长靴蹋踏不已。

《丧葬》条记康藏民族丧葬形式曰：

丧葬之礼，随死者之境遇各异。原则上其家族必须解除尸骸之服装束缚。或投尸于河中；或火化；或陈尸于大山之上，任秃鹫或野犬来食其尸。则可使死者魂魄能速入轮回而往生也。贫家大率于死后数小时即投之河中，其所投之地址、方位与时刻，由喇嘛所决定指示。富家大多用火葬，为助其燃烧迅速计，则倾酥油于积薪之上，焚后烟幕既散，喇嘛据烟之形即能预示死者之来世情形如何。凡喇嘛死后皆用火葬。

此外，该书对滇藏地区的婚姻、婚礼，对喇嘛寺的建造方法、喇嘛教的组织结构、喇嘛的生活起居，对滇、藏、川的贸易交往等皆有记说。其内容对于了解民国初年云南迪庆、丽江地区社会历史和民族风俗等皆多可观之处。

尹明德《天南片羽》
一册不分卷

铅印直排本，印行时空不详

尹明德像

近·尹明德著。尹明德，著名边疆学者和外交官，云南腾冲人。一九一五年毕业于省立第一中学。一九一八年考入国立北京工业学校机织系，"五四"运动期间，以该校代表身份参加斗争。毕业后，于一九二四年春复入北工大研究班深造，并开始关注中缅边界问题。一九二九年春，被命为滇缅界务调查专员。此后两年，他组织调查组，深入中缅边地调查研究。解放前后，曾多次参与中缅边界的勘测和划界工作。一九七一年去世。还著有《滇缅界务交涉史》《滇缅界务北段调查报告》等。

该书自封面至正文有于右任、黄绍竑等民国名流题签。其中戴传贤题词曰："尹君明德以滇人调查滇缅界务，踪迹所至，随在摄影，并记以文字。汇编成帙以问世。不独可资卧游，而国家如何施治设教，以丕变其榛莽之风，亦于是乎在。尹君之精勤可感也。"自序作于民国二十三年（1934）七月，称其于（民国）十九年（1930）"奉中枢之命，调查滇缅界务。行踪所至，摄得影片数十帧，其中或关人种风俗，或系关隘古道，用特给附说明，汇印成册，名曰《天南片羽》。借供海内学者研究边疆人事之参考"。

立目式专题类笔记，内容涉及旧称"江心坡山官""大山野人""江心坡土人"，即今中缅边地之历史、民族、风俗、外交等，且以作者调查时所摄制的图片为主，图文并茂，相得益彰。其中不少内容，对于我们今天西南民族和边疆史地问题研究，仍然具有十分重要的史料价值和启发意义。

例如，明万历年间，岳凤据陇川煽动"边夷"叛乱。明廷以刘绖任"腾越游击将军"，合邓子龙等会剿之，追至阿瓦地区。缅酋莽体瑞弟猛勺等投降。刘乃接受各土司重归中国之誓。当时立有盟誓之碑。作者记其访读此碑的情况曰：

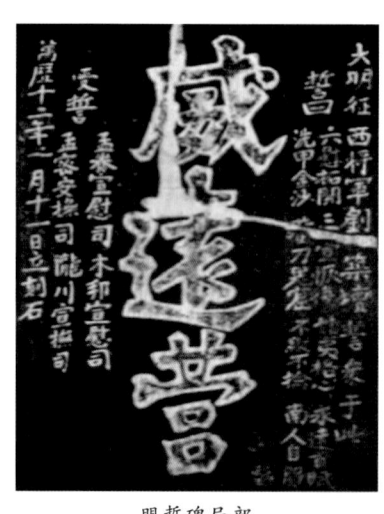

盟誓碑局部

此碑即于是时建立于老蛮幕，故址今名新店之瑞亨山（下注：在大盈江东岸，距八募二十四英里）。年久碑仆，掩埋土中，民国十八年（1929）冬，土人掘出，为腾冲商人李发昌所识。旋为瑞亨山寺僧移置寺中。明德于（民国）十九年亲履其地，见丰碑字迹宛然。中镌"威远营"三大字。右边小字曰："大明征西将军刘筑坛誓众于此。"誓曰："六慰拓开，三宣恢复，诸夷革心，永远贡赋，洗甲金沙，藏刀鬼窟，不纵不擒，南人自服。"左边："受誓孟养宣慰司、木邦宣慰司、孟密宣抚司、陇川宣抚司。万历十二年十一日立。"此碑不仅有关界务，且为南中瑰宝，当以手机（相机）摄下，并穷一日之力，躬拓数份，以为交涉界务佐证。碑长九尺余，宽五尺，厚八寸。惟石不甚坚，已破为三。久置缅域中，恐终不能垂久。

再如，记诸葛亮和王骥对景颇等少数民族的历史影响说："野人死后，尸身亦用木板装殓，然后择地深挖埋葬。上复泥土，泥土之上复以竹树茅草，如罩子。坟四周挖深壕。传言此孔明所教，壕越深，子孙越发达云。野人山一带所有蒲蛮、茶山、浪速各种野人，坟葬形式皆同。野人最信服诸葛亮武侯及王尚书骥二人，尊之为神。每祭祀，必先之，然后及于他神。崇奉武侯之心理尤甚，称之为'五辅德'。所有一切习俗，皆曰此'五辅德'所教也。武侯之威德深入边夷之心也如此！"记创造"蒲蛮"（景颇）文字的传教士说："光绪、宣统之际，美（国）传教士汉孙（Hanson）研究英文字母野人言语之音，编成蒲蛮文（原注：蒲蛮即大山野人，缅语曰"开钦"，土人自称"景颇"）。教各种野人学习，十年以来已风行。现野人已能用此种文字通信阅报。英人于滇缅沿边学校，早已采用此种文字教育野人儿童。我之边民，我不能启发之。民非我有，土亦随亡，可耻孰甚！"

又如，记当时缅甸玉石开采曰：

玉石厂，位于户拱之南；猛拱、甘板之西，雾露河上游沿岸。产玉区域纵横均百里。属蒲蛮干昔、赖赛两土目管辖。计已开挖者有六厂，东摩、格地模、蔴檬、帕甘、妈萨五厂归甘昔土目管；会卡（又名汇康）一厂归赖赛土目管。东摩称新厂，其余皆称老厂，老厂开采于明朝嘉靖年间。老厂系挖明洞，有二三人挖一洞者，有四五人挖一洞者。其法于山巅水涯将地选定，一竹或树插草为标，然后择日开挖。挖时先将上层泥土掘去，至石层，细心翻挖。玉石即产于此石层中。石层翻尽，在下为泥土，则无玉矣。故挖玉者多喜厚而密之石层，以此产玉较多也。然亦有石层疏薄而得玉，石层厚密而无玉者。又上层泥土中有时亦得玉者，称曰"草皮玉"。

挖玉者分为自挖和劳资合挖两种。自备吃费挖采者，得玉则自行享有。老板月给吃费、印洋卢比十元，小伙出力合挖者，得玉各半均分。如始终未挖获玉石，则老板贴吃费，小伙自出力，此种劳资办法亦甚公允。挖出玉石后，缴纳百分之十之税款于地主干昔或赖赛土目，此为"出地税"，又名"出山岗"；再缴纳百分之三十三于英政府包出之猛拱税岗，此为"国家

429

税"。上缴两种税后即无开销。老厂各地每年秋末争相购买,四月纷纷离厂。然亦有数千人未挖获玉石,穷困无计,在厂地度夏,谓之"打雨水"。"打雨水"者多染瘴而亡,雾露河畔之荒冢垒垒,殊可悯也!

尹明德《云南北界勘察记》一册八卷附二卷

铅印直排本，印行单位不详，民国二十二年（1933），云南师范大学图书馆藏书

近·尹明德著。该书封面由时任国民政府主席林森题写书名，并印有"密件"二字。作者自序作于"民国二十二年（1933）二月腾冲淡宁居"，追述了自清末英、法侵占缅、越以来，英人就不断向中国西南边境进犯蚕食的历史，从而造成云南与英属缅甸的所谓"未定"国界。民国十八年（1929）冬，政府委任作者为滇缅界务调查专员。作者返回腾冲，"遴选测绘人员及熟悉边情之士，先后组成六组，乔装商贩，分头密往北段未定界之茶山、里麻（江心坡）、孟养我旧土司地及丽（江）、维（西）所属之浪速、俅夷等地，详密探查"。他们冒着生命危险，克服种种困难，将调查情况，特别是"英人经营情实"等，以文字、照片、地图的形式，先行"呈之政府以为交涉之据"，然后将勘察经过充实完善，再著成此书。

不立目专题类笔记。按各调查组之人员和路径交叉分卷叙事。卷一、卷二记作者亲自率队，从腾冲出发，经南甸、干崖、蛮德勒、猛养、密支那、野人山至夏鸠各地。又从密支那渡大金沙江，经湾募、恩梅开江沿岸、越高良工山至拖角、班瓦丫口、滇滩等"抚夷地"。卷三记第一组调查员杨

431

斌铨、王继先负责,从下关出发,经丽江、维西,越碧罗雪山,渡潞江,越高黎贡山,经"俅夷"地各江到知子罗、泸水等地。卷四记第二组调查员张元钦、王玺负责,从腾冲出发,经滇滩、茨竹、小江、拖角,越高黎贡山,到片马丫口、泸水各地。卷五记第三组调查员王玺负责,从腾冲出发,经南甸、干崖、八莫、玉石厂、木梳足、昔董、古永各地。卷六记第四组调查员梁正中负责,从腾冲出发,经古永、瓦仑山、昔董坝,渡恩梅开江入里麻南部之无赛、杜包样、拱恩、多样各地。卷七记第五组调查员张元钦负责,从腾冲出发,经古永、昔董,渡大金沙江,经密支那、野人山等地,渡迈立开江进入里麻中上部之腾南、猛木、戛木、扁戛各地。卷八记第六组调查员狄寿榕负责,从腾冲出发,经滇滩之非河,越扒拉大山,渡小江,沿恩梅开江北上,经浪速等地,越高黎贡山,渡潞江到知子罗、泸水各地。

正文之后附作者等人所绘《滇缅界务北段地图》(彩色)一大张。图说称:"滇缅北段未定界区域,吾国舆图罕有详者。此图本实地调查所得,并参考英文图制成。"又简略注明英缅自清宣统三年(1911)迄民国十五年(1926),依次蚕食"经营"我小江流域之他戛(拖角)、片马、坎底、孙布、拉蚌、户拱、江心坡等地的四个主要过程,揭露了清末以来中国外交官薛福成、石鸿韶等人颟顸无能、丧权辱国的行径。通过调查研究,作者指出,虽然诸多边地被英人占据,但还并不能"据为定评"。他呼吁政府切实捍卫中国领土主权,特别是"户拱、江心坡两部及小江北面,英人尚未征收门户(税)。我如再事迁延,不速交涉、经营,恐将来无我插足之余地矣!"

附录:《云南外交问题》,近·张凤岐著,一册三编,铅印直排本,商务印书馆,民国二十六年(1937)

张凤岐,字翔生,昆明官渡人。一九三三年东陆大学毕业,旋考入北京大学研究院,一九三五年毕业回滇。历任云瑞中学校长、昆明师范学校校长。解放后,任云南省民委民族研究所研究员,先后受聘为五华文理学院教授、云南大学和云南民族学院教授。凤岐先生读研前后就曾长期研究云南边疆及中外关系问题，一九三五年参加中缅勘界，任翻译，又对"普思沿边、十二版纳及澜沧、孟连等地"实地调查一年，结合中外文献、条约及政府档案等，"五易其稿"，著成此书。

首序燕京大学政治系主任徐淑希撰，称该书以作者之硕士论文拓展而成，文献与实地考察相结合，"其纪事立论切中肯要，与泛论边情者不同"。次序张维翰撰，亦谓凤岐先生曾长期与他一起从事外交工作，因著此书，"匪特治边之箴规，亦学术之巨著也"。自序作于昆明，署民国二十五年（1936），希望对"西南边疆作一系统之论述，以历史之眼光作云南外交实际问题之探讨"。

《云南外交问题》

全书共三编二十一章，第一编从历史角度论述中越、中缅、中英关系之发展沿革，涉及云南边疆之地形、交通、民族、侨民等。第二编论述云南边疆、中缅边界的历史和现实问题，涉及滇缅已定边界之丧失，中缅南、北两段未定界线问题，片马、江心坡、班洪边事以及滇缅商务等。第三编论述中越边界条约，清末中、法、越三国商务条约，滇越铁路问题等。同时，配有《滇缅界线图》《滇缅界务北段图》《滇缅南段未定界图》《西南铁路系统图》等。书末附录《本书重要参考书目举要》、《清末及民国外交约章表》、《条约照会全文》（中英文）、《西南边地同地异名对正表》、《杂志论文六篇》。是一部资料丰厚、内容翔实的中国外交史和云南边疆学的经典著作。

甘汝棠《云南河口边情一瞥》一册

铅印直排本,云岭书店发行,民国二十二年(1933)

甘汝棠像

近·甘汝棠著。作者生平事迹不详,仅就该书序言知其为云南晋宁人,民国十九年(1930)任河口市立中学第二任校长,时年二十九岁。检新编《晋宁县志》,知其为该县上蒜乡西中营村人,家境贫寒。其父甘兆芳先农后商,曾在昆明宝善街做小买卖维持家庭生活。其弟名汝松,省立第一师范学校毕业,颇有文名,《晋宁县志》为之立传,却不及汝棠先生情况。云南省图书馆藏该书之封面,有作者亲笔题书"赠昆华图书馆"字样。

作者撰《小引》自述其著书宗旨曰:"民国十九年冬,余长教河口,以该地为滇越要冲,对边地情况尝时加考察。二十年春,复偕河口督办高振鸿君往所属各边地巡视,睹边民之庸蠢、风俗之奇异、边防之荒凉、法越之虎视,不胜悲凉太息! 尝撮入日记,备供警惕。二十一年秋,民教馆有心于边

434

疆研究，汇集于云南边疆文字多篇，出刊（专）集，索文于余，因就考察所及并参入旧时日记，稍加整理，撰为此篇。虽非河口边情之详实记载，特揭用供留心边疆问题者研究参考耳！"

立目式专题类笔记。袭自知题写书名。全书共立七目：《引言》《河口特别区概况》《新店对汛状况》《越南边境状况一般》《滇越边界坝洒对汛之概况》《那发对汛之概况》《河口边防之建议》，全面介绍了河口开埠设治的历史、当前的制度、河口地区中国和法属越南之对汛、界碑以及边民和各少数民族的生活情况等。此外，另附《河口边防地区域形势图》一幅，以及若干调查时所拍的河口市区全景、河口至老街的铁桥、河口炮台、南溪河、河口地区少数民族、中越边卡等图片。由此书知当时国民政府已将河口划为特区，内辖新店等地，但和对面法属越南地区相比，无论从军事设施、边政管理到社会经济、文化教育等方面都十分落后。有鉴于东北沦陷的历史教训，作者通过这次调查研究，从"保省保国"的角度，希望当局尽快加强河口边地的防卫和建设，以免有朝一日"沦为敌手"。具体提出以下七条建议：

一是充实边防军。包括加强边防炮台、乡团编练、防军人数、军火、边防运输等等。二是改革边地政治。包括改进边政制度；以边官兼任汛长，以督办兼县长，精简机构，实行一元化管理，避免互相推诿；慎选边官、严格考绩，边官最少要具备行政、外交和军事三种能力；提高边关人员的生活待遇，使足以养廉。三是实行"练军屯垦"。亦兵亦农，减少财政负担。四是推行边地教育。调查认为，当时边民文化素质太低，"受英法文化侵略，甘为人奴役而不自知"，建议加强以"民族主义为中心的自强自卫教育"，从而使得"边患侵来，边民必先合力以应之"。五是测绘边地详图。建议采用当时最先进的航测技术，绘为地图，使"边情明了，以利设防"等用。六是整顿边地交通。修筑出海铁道。论称因为法国人已经控制了滇越铁路，所以我们自己应当"修筑粤滇出海铁道，以抵制滇越铁路之操纵，谋滇省与中央之联合，在国防、省防上均极为重要"。七是整体规划，实行移民屯边。建议组织较大规模的调查研究，做好整体规划，再从内地移民边地，使河口边区"人民繁衍，力量强大，英法即无侵略可乘之隙"。上述建议不仅当时具有积极的意义，即便是今天，其建议如"修筑出海铁道"等也依然是云南乃至中国对外发展的重要战略思路之一。

李耀商《感想录》一册五卷

石印本，印行时空不详，云南省图书馆藏书

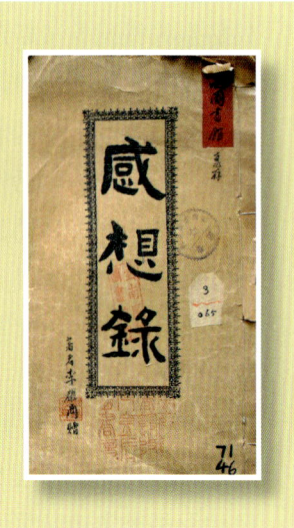

近·李耀商著。李耀商，字东明，云南丽江人，纳西族。曾留学日本和美国，先后任东陆大学、云南大学教授，兼省政府秘书，后来又曾任暨南大学、北京大学教授等。还有译著《云南回民革命见闻秘记》等。

立目式学术思想笔记，用白话文写成。卷首作者自撰《导言》，时间不详，就其思想内容观之，大约写成于第一次世界大战之后不久，表现出一个知识分子反对战争仇杀、希望匡时救世的社会良心。其文曰：

我记得德国的哲学家雪（叔）本华曾经说过，世界是一个混战场，人类是相杀相食的。这句话未免有点夸张。但是，我翻阅人类政治历史，并观察实际生活，未尝不欲痛哭流泣啊！人类的命运果真是要相杀相食，世界究竟只是一个混战场了么？抑或改造进步不无一线希望？还是我们大家出来努力么？商也不敏，愿以此《感想录》贡献于人类之前。

卷一题为《文学》，实则立有《诗之功能》《地球之分割》《夜与死》等目。卷二《社会》，包括《职业》《苦痛》等目。卷三《政治》，包括《自由与服从》《俄国与法国大革命的比较》等目。卷四《经济》，包括《消费的方法》《保险制度》《合作社》等。卷五《为世界人民指示正路》，包括《帝国主义十大罪恶》《社会主义的福音》等目。唯全书之观点多有前后矛盾之处，则可能不作于一时。

如作者曾明确表示反对"军国主义""帝国主义""专制主义""拜金主义"和"资本主义"，但又不反对"自由竞争"。既鼓吹"自由、平等、博爱"等西方价值观，又极力宣传"社会主义"的好处。唯作者所说的"社会主义"并非我们后来所熟悉的"以俄为师"的社会主义，而是适当限制私有财产的社会制度。作者认为"私有财产并不是全凭自己个人的力量得来的，是依赖于全社会的协同合作得来的。那么，各人使用、处置自己的财产时，应当顾虑顾虑社会全体的利益才好呀！"今天看来，作者关于"个人和全社会"共同创造出"私有财产"及其处理办法的论述，比我们过去曾把私有财产的拥有者一律视为"阶级敌人"而加以"剥夺"或"改造"的言行，无疑更符合事实和经济规律。

此外，作者对封建专制制度的批判和中国国民性的改造也颇有见地。如《专制帝王的恶魔》条曰：

自人类有历史以来，古今中外专制帝王之数不知有若干万人。语其罪恶罄竹难书。兹略举十端如右。一曰放弃责任，专擅独裁，不思尽义务。二曰宠用奸邪，屏弃正人君子，委任吮痈舐痔之徒。贪赃枉法，收受贿赂，破坏法规。四曰横征暴敛，用种种直接税、间接税拍卖公产，滥发纸币等手段搜刮民财。五曰挥霍公款，骄奢淫靡，费用无度，以国家之收入为一己之私产。政府财政既不公开，即使间或有所发表，亦不过遮盖愚民耳目。公款被其暗中挥霍者无从查考。六曰滥用刑法，专制政府动辄为暗探所操纵，肆意滥禁拘捕，不用何等正式公开审判，轻易挤陷良民于死地。七曰摧残民生，弊政繁苛，生灵涂炭，非其所知。八曰压迫民意，禁止、阻害一切集会结社；或用言语文字公表民意则动辄遭其毒手。九曰惹起战争，以一私人野心发作之故，对外开战。十曰养蓄祸害，与外国结冤仇，为后世之患。

毫无疑问，其所指"专制帝王"也自然包括日、德和中国等专制国家。就中国而言，作者认为，由于历史悠久的封建专制制度的影响，更形成了被扭曲的、颇具中国特色的"国民性"。他在《中国国民生活上的弊端及其补救方法》条中，以列表形式，将被扭曲的国民性的表现归纳为"依赖""虚伪""奢侈"等十二种，并进一步提出很有针对性的改变方法。如"以强制劳动改变依赖性"；"以提倡奖励发明改变因循守旧"；"以学校教育奖励诚实，提倡交易言不二价，改变虚伪性"；"以严禁吹烟、缠足，提倡体育锻炼，改变怯懦性"；"以提倡简易生活，革除恶劣风俗，改变奢侈性"；"提倡人格自由，改变因袭束缚"；"以奖励社团、制订累进的遗产税及财产税，促进参政运动，改变自私性和冷漠性"；"以扩大教育，改良文学，传播科学的分析法，改变思想糊涂性"；等等。

秦光玉《罗山楼杂俎》一册两卷

稿本，云南省图书馆藏书

秦光玉像

近·秦光玉著。秦光玉，云南著名学者、教育家和地方文献专家，字璞安，别号"罗藏山人"，呈贡人。前清举人，曾赴日本学习师范、考察教育，先后任云南高等学堂教习、两级师范学堂监督。民国时期，历任云南图书博物馆馆长、省教育厅厅长、辑刻《云南丛书》处总经理、云南文献委员会主任等，著述颇多。一九四八年去世。

作者生当清末社会大变革时代，弱冠习旧学，成举人，又东渡日本，学习西方文化，返归故乡，不图功名富贵，汲汲致力于地方教育和学术事业，不崇洋，不守旧，始终坚持"中西兼容"的治学之道。《七十四岁自述》条，作者自述其学术宗旨曰：

及至三十六岁，东瀛游学归来，更兼采国粹、欧化两主义。缘吾华为文化古邦，而伦理哲学、政治哲学尤有特殊之优点，吾辈亟宜保存之，且发扬而光大之，以贡献于世界，切不可妄自菲薄，数典而忘祖也。此国粹主义之说也。近世界科学昌明，愈演愈进，而自然科学、应用科学尤为泰西各国之特长，吾辈宜兼收而并蓄之，以补我物质之不足。又不可固步自封，贻井蛙夏虫之诮也。此欧化主义之说也。"国粹"与"欧化"并行，四十年来皆向鹄的以迈进。所以自修者在此，所以教人者亦在此。温故知新，孳孳弗息，盖不知老之将至云尔。

《新纂云南通志》

立目式综合类笔记，另附《演讲稿》五篇，分用朱丝栏罗山楼用纸和《云南丛书》稿纸写成，字迹工整不苟。内容计有《滇志弁言》十二篇，即今本《新纂云南通志》之《名宦传》《汉至元耆旧传》《实业传》之弁言；《滇志传赞》十一篇，即该志之《包见捷传·赞》《胡平表传·赞》《陆应谷传·赞》《马如龙传·赞》等。经笔者检对，皆出作者之手。其余为作者关于先秦儒学及理学心性之议论、云南地方文献之考证札记等，尤以《滇志弁言》和云南地方文献考证札记用力最深。作者曾先后担任《新纂云南通志》的筹备顾问、编纂和主审工作，故《滇志弁言》和《滇志传赞》对于研究民国时期成书的这部大型省志之体例和纂修过程关系甚大。

和大多数民国方志一样，《新纂云南通志》虽然修于上世纪三四十年代，但内容和体例却依然保持着封建旧志的框架。对此，作者曾提出过许多积极的改革意见。例如，建议新立《实业传》，"将乡先辈之长于农、矿、工、商者采入"，表彰"重公利而轻私利"的实业家。建议新立《义行传》，记下那些急公好义、修桥补路的小人物。建议《宦绩传》不能只按传统收录"供职中枢"之大官，也应收录"就职乡邦、负教育上之责任者"。他认为官吏和教职"虽阶级有尊卑，权责有广狭，而其为国家效忠、为民服务则一也"。这种提法，即便今天读来也使人觉得非常先进和亲切！再如，建议更订《艺术传》内容，先记医学，次为书画、算术、音乐、篆刻、国术。力主删去迷信职业者，"龟策、日者、麻衣，屏而不录"。又如，旧志往往分立《名宦》《循吏》二传，标准是凡得"入祠"者列为"名宦"。作者反对此例。他认为衡量官吏的标准应以其"政绩"为主，"入祠与否，亦有幸有不幸"，不能作为标准。建议按政绩立《名宦》一传，另附《忠烈》作为补充。为拓展《新纂云南通志》的内容，作者还建议仿正史之例，以立个人专传记载重要人物，以丛传（类传）记一般人物。改变旧志只有丛传的狭隘体例。建议补写汉朝至元朝云南《耆旧传》，存其"筚路蓝缕之艰，思推轮大略之议"。作者上述建议大多为《新纂云南通志》所遵从，甚至有的文字也与之基本相同。

书中关于云南地方文献的考证也很精当。其纠正前人之误，实事求是，持论公允，态度谦和，道德文章堪称后代师范！

例如，《滇志误采南中志语》条，驳正康熙《云南通志》"所采《南中志》语完全错误"，而"鄂《志》、阮《志》、岑《志》相沿不改，踵讹袭误，以迄于今"。《书目答问误以〈滇略〉为〈云南备征志〉本》条，称"浪穹王乐山先生纂《云南备征志》，网罗记载滇事之书甚多，而谢肇淛《滇略》十卷未曾收入。乃缪艺风氏代张香涛学政编《书目答问》。岂《备征志》一书艺风未之见耶？抑见之而论未确耶？所谓百密一疏也。近年余续《云南备征志》，将采《滇略》（浙江文澜阁本）以补其阙"。再如：《经世文编误张机为张机南》条云："永北张机撰《南金沙江源流考》及《北金沙江源流考》，已采入范制军承勋《云南通志·艺文志》。嗣师荔扉纂《滇系》，仅收《南金沙江源流考》一篇。后魏默生辑《经世文编》，根据《滇系》取录此文，遂将撰者姓名误为"张机南"。盖因《滇系》列题目于姓名下，魏氏不知张机有南、北金沙江两《考》，故有此误耳。"又如《苍雪塔铭非吴梅村作》条，据《南来堂集》载该《铭》署"虞山蒙叟海印弟子钱谦益和南拜撰"等本证，驳正师范《滇系》等书误为吴梅村所撰。并进一步指出，由于清初严禁钱谦益著作，师范在文网甚密的乾嘉时期，或有意托名"吴梅村"以保存其文。此外，作者关于天启《滇志》误以杨永言为"忠烈"（实祝发为僧）；范承勋"轻于出笔"不该题匾称安宁温泉为"域外华清"，并于一九二七年春为此致书云南当局，责令安宁县知事将此匾取消。皆言之成理，意义重大！

卷末之演讲稿也值得一读。讲演听众是当时"省立国语讲习所"的学员和其他公众，内容涉及风俗改良、学术与科学、语言与写作等。和作者学术札记所用文言文相比，演讲稿则纯用云南白话写成，自然风趣，别有韵味！兹录民国十三年（1924）三月七日，作者在云南风俗改良会上，题为《风俗改良和财力、日力、精力的关系》的一段演讲曰：

我们这些人，生在世界上，勿论做什么事，都要有银钱，才能够做得动，这就叫"财力"；勿论做什么事，都要有时间，才能够做得出，这就叫"日力"；勿论做什么事，都要有精神，才能够做得走，这就叫"精力"。照这样看来，财力、日力、精力三样，是人生最重要的问题，不消说了！

附录：《罗山楼日记》，秦光玉著，上下两卷，稿本，云南省图书馆藏书

用"罗山楼"用纸写成。卷上题《东游日记》，记光绪三十年甲辰（1904），云南"为兴学务"，选派"老成有学行者派赴日本，学速成师范"，共四十四人。作者与选，"于肄习师范之余，兼考察日本学务"。卷上大体按日程记说作者一行自四川乘船东下上海，再渡海至日本横滨，转东京巢鸭弘文学院之经过情形。卷下题为《南旋日记》，记光绪三十一年（1905）九月，作者一行毕业后，经越南一线返回昆明之情形。唯内容和行文过于简略，兹不赘述，识者自见。

秦光玉《滇谚》一册

稿本，云南省图书馆藏书

　　近·秦光玉辑著。不立目专题类笔记。用朱丝栏稿纸、以毛笔写成，辑录以昆明地区为主的云南民间谚语、俗语、格言、童谣、歇后语、谜语等。天头另用铅笔分注每条之分类意向，如"世故""家常""童谣""劝学""卫生""修德""交友"等，亦有注"删"字者。内容尚有重复，且有的谚俗之语也并非仅闻于云南，实属作者初辑、修订之稿。

　　全稿分条陈列，间附注释之语。如"若要小儿安，常带三分饥和寒"，下注曰："饥思食，寒思衣，人之常情也。然衣过暖，则易感冒；食过饱，则难消化，又人所最易犯者。此条谓'常带三分饥和寒'，盖防病于未然者也。不惟小儿如此，成人亦当如此"。再如"少吃多滋味，多吃打瞌睡"，下注曰："此即《论语·乡党》篇孔子不多食之意。盖多食过饱，则闷而思卧矣。伤身害德，废时荒业，切宜戒之！"同属此类保健性质的滇谚还有"越吃越馋，越闲越懒"；"好吃不过茶泡饭，好看不过素打扮"；"吃药不忌嘴，跑断太医腿"等等。又如"肥不过雨，大不过理"，下注曰："人之所以能超然于万物者，理而已矣。盖人为有理性之动物，故无论对于一

443

己、对于家族、对于社会、对于国家、对于世界，皆以公理为标准。'大不过理'，诚有味乎其言之也！"同属此类普适价值的滇谚还有"行行出状元，行行出化元（乞丐）"；"胶多不黏，话多不甜"；"吃人嘴短，接人手短"；"父母养我小，我养父母老"；"好狗不咬鸡，好汉不打妻"；"吃不穷，穿不穷，不会打算一生穷"等等。

地方谚俗之语，有助于了解和研究该地之生活状态、民俗风情和语言特点等；且作为人类深层文化结构之一，其变化较慢，因此，《滇谚》一稿的诸多内容，对于研究云南方言习俗具有一定学术价值，对于今天的现实生活也具有某些积极的参考价值。

周钟岳《惺庵日记》
四册不分卷

稿本，云南省图书馆藏书

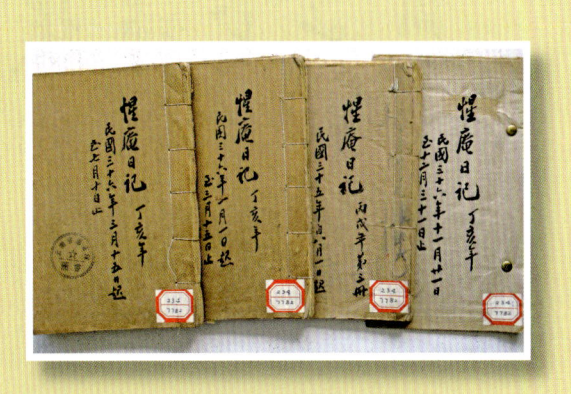

周钟岳像

近·周钟岳著。周钟岳，云南著名民主革命家、教育家、学者和书法家，字生甫，号惺庵，云南剑川人，白族。光绪二十九年（1903）云南乡试最后一位"解元"，旋即留学日本，先后就读于东京弘文学院、日本早稻田大学，学习师范和法政。一九〇七年回滇，参加云南重九起义。此后，先后任云南教育、军政、民政方面要职，如云南省代省长、省长、民政厅厅长等。一九三九年至一九四七年，先后任南京国民政府内政部长、考试院副院长等。南京"总统府"三个大字为周钟岳手书。解放后，任全国政协委员、云南省文史馆馆员等。先后主持修成《新纂云南通志》《续云南通志长编》。一九五五年去世。还著有《云南光复史》《惺庵诗稿》等。

作者手书日记。如同近代诸多著名人物一样，作者有每日坚持记日记

敌机肆虐
毒通神州
挥戈抗日
歼此竟首
周钟嶽题

周钟岳墨迹

的好习惯。第一册卷首《惺庵日记略例》称："每日于就寝前回思一日所言所行，详书日记。"全稿毛笔行楷，字迹娟秀。记事起自"庚戌年正月"，即清宣统二年（1910），迄于民国四年（1915）四月。考这段时期，作者先后任清朝云南省学务公署普通课课长兼两级师范学堂教务长。云南光复后，又先后任云南军政部参事、军都督秘书长、省教育司司长、滇中观察使等职。

《略例》称内容分为"省身、应事、接人、读书、著录、杂载"六大类。或因作者工作太忙，另有一整理过的副本，故此稿内容并未完全按《略例》所言分类详记，甚至有缺日和后补之文。虽然如此，日记稿对于研究作者行年和这一重要时期云南军政和文教历史仍具有重要史料价值。例如，两级师范学堂是清末云南的最高学府。作者在担任该学堂的教务长时，为自己制订了一周的工作、学习和生活日程。日记记曰：

周一至周六——

上午6～7时：晨起，盥漱。

7～8时：早餐。

8～9时：读英语。

9～10时：阅公牍。

10～11时：进学堂。

11～12时：办事。

中午12～1时：午餐。

下午1～2时：议事。

2～3时：学算（学）。

3～4时：写英文。

4～5时：读中外政书、文学。

5～6时：读中国政书、外国政书、教育。

6～7时：返公所晚餐。

7～9时：办公牍。

9～10时：阅报、写日记。

星期天——

上午：阅公牍、会议。

下午：野外散步、访友。

晚上：办公牍、阅报、写日记。

由此可见作者紧张而有序的作息时间。早起；没有午休和星期天全休时间；在单位吃工作餐。作为教育官员和学贯中西的学者，他仍然安排了不少读书学习的时间，尤其重在学习外语、中外政治和教育。其淡定从容、重视学习的为官方式，也值得我们借鉴和学习。

周钟岳《惺庵随笔》
一册不分卷
稿本，云南省图书馆藏书

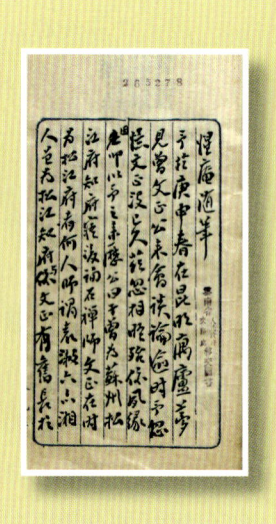

近·周钟岳著。不立目专题类笔记。原稿封面初题《滇南事物诗抄》，后即改《滇侨诗话》，最后于正文卷首题为《惺庵随笔》。全稿用毛笔写成，行草，多有涂乙刊改之处，可见为作者未定之稿。内容主要记与云南有关的诗人、诗作，且侧重于明清时期宦游云南者。如记清初状元彭启丰典试云南及其诗作云：

长洲彭芝庭启丰，雍正五年丁未会试、殿试皆第一。（雍正）十年壬子，与赵学斋大鲸同典云南乡试。旋又视学浙江、江西。仕至兵部尚书，著有《芝庭诗稿》。其典滇试时有《滇南秋兴》四首云："岩疆天辟古梁州，迤坦邮亭照石虬。偶遇象奴通译贡，遥听牧犊起蛮讴。乌龙箐里樵封径，白爨村中稻满沟。营

周钟岳题书昆一中校训

垒已平山寨靖,元勋独谈颍川侯"。又,"秋露多霜暖翠匀,五华台畔草如茵。花光竞发千枝绝,天气常留二月春。石笋排空昙树植,螳川倒泻钵莲新。雕题此日繁华满,却恐登临怆客神"(下略)。

又如,考说清中叶名流王昶与云南之关系曰:

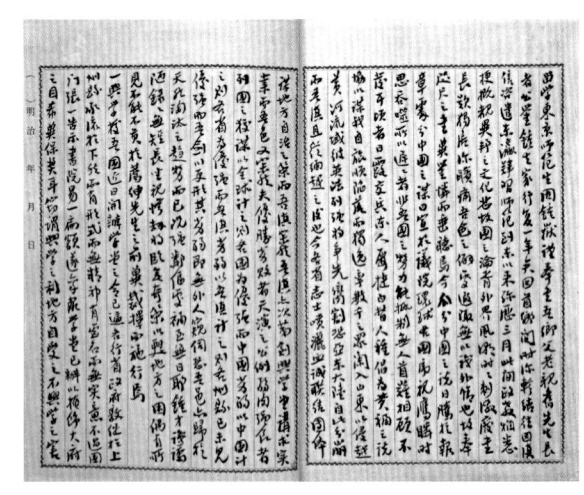

青浦王兰泉少司寇(自注:名昶,字德甫,号述庵,因有兰泉书屋,亦号兰泉),两次入滇。第一次为乾隆三十三年,先生年四十五岁。因两淮盐使提引事发,先生与赵君升之坐言语不密罢职。时缅甸未靖,诏以伊犁将军阿公桂为兵部尚书、定边右副将军,总督云南、

周钟岳墨迹

贵州。阿素知先生学问干赡,由是请以从,诏许之。十月初十日发京师,十二月二十四日入滇境。先生遂历大理、永昌、腾越及诸土司地,乘间游鸡足山诸胜。著有《滇行日录》三卷、《征缅纪闻》三卷。第二次以陕西布政使调云南布政使,于乾隆五十二年二月入滇。时先生年六十四岁。至次年三月调江西布政使,六月十二日启行,计在滇年余。著《重游滇轺纪程》一卷、《铜政全书》五十卷。所著《春融堂全集》,诗文多有关滇事之作(下略)。

除此之外,记清代名流赵翼、汪如洋、阮元、林绍年等名人宦滇行迹及诗文之作,亦可供参观。该书虽无序跋及撰著时间可证,但开篇记自己"于庚申春在昆明寓庐梦见曾文正公来会,谈论逾时"云云,则可推其撰写时间大约应在民国九年(1920)前后。

449

侯鸿鉴《西南漫游记》上下二册

铅印直排本，无锡锡成印刷公司，民国二十四年（1935）

侯鸿鉴像

近·侯鸿鉴著。侯鸿鉴，江苏无锡人，江苏近代教育的开拓者之一，南社成员，终生从事教育实践和著述。一九〇二年留学日本弘文学院，师范科毕业。回国后，创办竞志女子学校、模范小学、速成师范学校等。又历任江西等省视学、集美学校校长、江苏省教育厅秘书等。解放后，任无锡市人大代表和政协委员等。曾游历全国和世界许多国家，还著有《西北漫游记》《南洋旅行记》《环球旅行记》等。

不立目综合类笔记。据其《绪言》得知，一九三三年，受江苏省教育厅委派，作者外出考察教育，漫游江西、湖广、四川、云南诸省，因撰此书。著名书法家孙揆均（寒厓）题写书名，配有时任江苏省教育厅厅长周佛海和主任黄绍鸿题字及作者小照、旅行照片、画作若干。涉及云南的照片不多且质量不佳。按游历所至，上册不涉及云南；下册题为《续西南漫游记》，记自滇越铁路进入云南后的考察情况。考察的主要内容是教育、行政及中小学之实施情况、云贵民族特点、沿途自然风景和名胜古迹等，并要求将"考察所得，随时作函报告，发表于《江苏教育》"。可见当时教育发达的江苏也十分重视了解和学习外地经验。据此，作者对云南、主要是昆明地区教育文化及名胜古迹多有记载。

如记参观东陆大学，当时校长为何瑶，学校有"三院五系。学生总数二百八十人，图书馆藏书二万一千余册。以至公堂为礼堂，可容七八百人之坐"。参观私立南菁中、小学，时任校长张家栋，该校学生"无论年龄大小，一律寄宿，每星期可回家一次"。参观昆华女子中学，时任校长杨楷。该校集附小、幼稚园一体，学生一千八百多人。参观省立农业学校，时任校长周栗斋。直言该校并云南职业教育当时还比较落后。参观省立图书馆，时任馆长秦光玉。馆内附设"云南通志馆"，周钟岳任馆长。"通志馆又附设一学社，研究诗文，每月有（考）课，由教育厅派员评定甲、乙，有旧时书院制度。名列前茅者，有花红奖金。所以嘉惠寒士及保持古诗文学，含有深意者焉。"经周钟岳推荐，作者还拜访了袁嘉谷、由云龙等云南社会名流。

东陆大学大门

该书最值得注意的是，参观位于昆明文庙的"省立昆华民众教育馆"，记录了当时陈列在"古物书画陈列室"中的珍稀文物。特归纳、列示如下：

一、西藏铜瓴，藏语曰"寨铎"，译意为金顶。

二、安宁曹溪寺塔砖，及藏文塔砖、符字砖。

三、宋拓《圣教序》。

四、李含章诗稿。亲笔书写及刊改。

五、陈圆圆画像二：一为少年时像；一为晚年遁入空门之像（自注：后者为同治十二年山阴陈鸥重摹。昆明西关外三圣庵即为其出家处）。

451

六、杨升庵先生画像及竹杖。有铭文及跋语。铭文为赵藩撰,曰:"贵公子,名状元,老成客,旧史官,死留一杖未赐还。挂者忠孝,击者奸藏。图书府,金碧间。太乙下照光烛天。"

七、明户部张侍郎之象(牙)笏。

八、杜文秀之龙袍及衣冠玉带、帅冠、龙椅等。

九、绣品《出猎图》十二幅,工细绝伦。

十、潘荣贵王帽。

十一、《大般涅槃经》四十二册,装一木匣。

十二、户部仓斗。康熙四十二年十月造。高三寸八分,纵六寸,横七寸,铁质。

十三、杨文襄公行书手卷。

十四、各种铜质及铁质官印百余颗。

十五、泷州"白夷布告",其文字别为之种,与普通"蛮夷"(文)不同。

十六、苗夷服装及用具、武器。以弓箭为最精良。

十七、古代祭器:两樽、一觚、一觥、一垆。均铜质。

十八、隋俑二。

十九、明谭氏墓志铭(谭汝昶,字喜子,南安人)。

二十、诸葛铜鼓二。(汉)宣、光时战利品。

二十一、显州中台军印,铁质。

二十二、(元)至正大圆垆。

二十三、(明)永历帝碧玉玺。文:"敕命之宝"四字。高一寸四,周各三寸二分。上有纽,龙形,已碎一角。馆长赠朱拓一纸。

据作者所记,他当时因为有事离开,还未能全部参观记录所有珍稀展品。以上不过70年前的宝物,就中如杨升庵竹杖、"泷州白夷布告"等等,我们后来好像并未再见于某博物馆或展览馆。记录在案,不过是立此存照而已。

陈一得《云南气象谚语集》一册不分卷

铅印横排本，原载《教育与科学》第五集，教育与科学编辑委员会重印单行，民国二十八年（1939）

陈一得像

近·陈一得著。陈一得，云南著名气象学、天文学、地震学研究的开创人，字彝德，云南盐津人。清末先后就读于云南省高等学堂、两级师范学校，学习法文和数理化等，毕业后，一方面执教于昆明多所中学；另一方面努力钻研天文学、气象学，自创"测候所"，绘制出第一张精准的"昆明恒星图"。一九二六年，自费赴南京气象台进修，又到上海、北京和东京等东亚各著名天文、气象台参观，购置观测仪器回昆。一九三六年，云南在西山设立气象台，陈一得被任为台长。一九五八年病逝。曾参编民国《新纂云南通志》之《天文考》《气象考》。还著有《近三十年昆明气象观测记录》《云南气象要素之分布》等。

此书虽名《谚语集》，实为作者搜集有关云南气象谚语之史料笔记。卷首《弁言》曰:"云南气候变化急速,特异于全国。云南各县气象谚语,编者搜集调查多年,得各同事学友之力,供给条目最多者为张明真、饶继昌、褚守庄三同事。此编汇辑凡三百条,字句皆照原录,不加修饰,以存本真,音义注明,亦循原稿,略加解释。每条附记流行地区及调查者姓名,语音完全相同者,合并列入,以免重复。"全书按当时气象学分类立为七类:风雨类、云雾类、光象类、时节类、物候类、农事类、不分类(即综合杂类),覆盖云南全省,注释简明扼要。因出自气象专家之手,诸多谚语今天亦不无科学价值。

例如,"三月西风四月雨,五月西风干河底",下注:"昆明福联乡,张明真、李长宝(提供)"。"北风冷,晚娘狠",下注:"昭通县,迟正鸿(提供),昭通北风至为寒烈,故以比之恶妇为后娘者。石屏县同"。"三月三,风上山",下注:"石屏县,云(南)中(部)言,此后不会常起大的春风了"。"早出霞,雨嘀嗒;晚出霞,晒皮塌",下注:"石屏县,云(南)中(部)"。"冬在头,卖米买牛;冬在中,两头空;冬在尾,卖牛买水",下注:"鹤庆、弥渡、安宁、缅宁皆有此说。言'冬至节'在冬月初旬最好;如在冬月下旬,来年必旱"。"晴久腰痛必阴雨,雨久腰痛必天晴",下注:"各县老人同有此语,或说:'晴腰痛主雨,雨腰痛主晴'"。"谷要雨,麦要风,姑娘大了要老公",下注:"乃'麦风谷雨之义'"。又如"四季无寒暑,一雨便成冬"以及"春雷打得早,今年收成好"等,下注:"云南各县多有此言"。

由云龙《桂堂余录》一册二卷

铅印直排本,云南省财政厅印刷局,民国二十一年(1931)

由云龙像

近·由云龙著。由云龙,字夔举,号定庵,云南姚安县人。清末举人,就读于京师大学堂,先后游学日本和美国。宣统年间,曾先后任云南教育总会副会长、迤西道督学等职。云南光复后,任迤西自治机关总部协理、永昌府知府、云南教育司长、省参议长、云南通志馆编纂等职。曾应邀参与北京清史馆工作。解放后,为省人大代表,历任第一、二两届省政协副主席。一九六一年去世。作者经历了清末、民国和新中国三个不同时代,博闻强记,还著有《姚安县志》《定庵诗话》《护国史稿》等若干种,其现存著作种类居近代云南名流之冠!

云南省图书馆藏此书为方树梅先生捐赠,故卷末钤有"晋宁县人民政府移交方氏学山楼藏书"蓝色小长印一方。移交时间为一九五五年三月十一日。作者《自叙》曰："自庚戌至辛未二十余年间，读书得间或闻之友人有足裨助文献、辨正书史者，辄札记之，约为八卷，名曰《桂堂脞录》，以付商务印书馆排印。桂堂，庚戌至辛亥间，督学迤西，居前大理西云书院山长旧室，额曰：桂堂。所录以得于是中者为多，故以名焉。"但作者又称"不意书未出版而遽构倭祸"，书亦被毁。后搜寻旧稿，得十之四，遂印行此书，自署时间为"共和二十一年"，即一九三二年。前称"庚戌至辛未"，即清宣统二年（1910）至民国二十年（1931）。

不立目综合类笔记。杂记清末至民国期间滇事佚闻，所录有前人笔记、正史、方志等，皆能悉心考据，务求翔实。所记云南地方历史人物、军政大事、文章联语等，堪称博洽，多有参考价值。如卷一，记八国联军侵占北京，滇人李武亭威武不屈、忠于职守之事曰：

> 昆明人李武亭服役崇厚家。庚子之役，崇为津海关道。派武亭在关司会计事。联军入关，至税务司，搜刮存款。武亭卧于门槛前，以手指项谓来军曰："斫吾头，钱方可得也！"联军义之，相戒勿伤而去。迨议和约，外（国）人至谓非李某画押不可，由是名闻一时。历保至四品衔，积蓄亦极厚。然李质直扪谦如故。

再如，同卷记昆明土主庙曰：

> 滇省城有大小土主庙。庙中像三头六臂，状极狞恶。相传为"观自在（佛）"悯夷人不知耕作，变像示教。滇人感之，以其有功德在土，故尊之为"土主"。或又谓系楚庄蹻略地至滇，闻楚亡，遂王滇。故滇人祀之，即今之"土主"。语极有据。考川

云南土主庙

中所祀川主，土人相传为杨姓，而青浦吴建猷太守辨之，谓秦时蜀郡守李公筑堤瀼邑，利济农田，遂成沃野千里，后世仿效其法，通省皆收堰堤之益，故川人祀之，遍及州郡，则神为李姓，非杨姓也。滇之祀土主亦其意欤？惟事久失传，遂指为"观自在（佛）"，则殊杳茫矣。

又如，卷二据杨留坨《雪桥诗话》，考说吴三桂藏书之归宿曰：

杨留坨《雪桥诗话》云，吴三桂败后，其图书半归通海县阚氏祯兆者，康熙间处士有《大渔集》版存秀山寺，见于庭赠阚吾三文学自省诗注。按祯兆，字东白，书法二王，极飞动天矫之妙。三桂败后，范承勋、王继文辈办滇善后事，修复远近名胜，所有题署皆系东白代笔，今多存者。想尔时当道诸善举多由东白翊助其间，固不仅代笔书写也。

此外，记云南赵文敏手书《妙法莲华经》七册，初为康熙宫中收藏，"相传清康熙间兰谷和尚游滇，清圣祖赐以此经，藏在圆通寺中。民国初，仅存二册，价值一百三十金"。记大理杨高德（竹溪）记忆力很强，多年改过的文章"尚能记往某段之误"。他手抄《康熙字典》，精勤不懈，又好下象棋和打锣。记大姚刘渠堂善书法，"在京时常代刘石庵、成亲王作字，人多莫辨"。记曲靖喻怀信（仲孚）写作《人鉴》一书八十卷，原拟刻入《云南丛书》，后因"卷帙浩繁"而未果。记昆明释·湛富（介庵）之书法篆刻，记钱南园之佚文遗事，记赵光（蓉舫）家事，记潘铎镇压回民起义的经过等等，皆可供研究滇事者参考。

457

由云龙《东游日记》一册

铅印直排本，刊印时空不详，
云南省图书馆藏书

近·由云龙著，本书卷首《小序》称，光绪三十三年（1907），日本在东京上野公园召开"劝业博览会"。正值作者从京师大学堂毕业，"以中书用"，实为散官无事，于是申请学部获准，前往日本参会、游览。作者一行由京师大学堂外聘日籍教授服部宇之吉等人陪同，乘船前往日本，来去历时三个多月，遂有此书之作。

立目式综合类笔记。据其旅日时序和参观单位立目。先后参观了日本蚕业讲习所、水族馆、帝国大学、帝国教育会、东京府师范学校、富士见小学校、植物园、动物园等。以简洁文笔记下了参观内容，亦间附感想评说之语。如《盲哑学校》条后曰：

教育施及盲哑残疾，文明程度已达高潮。夫一人自食其力，则不至累及他人。此生利、分利、比利之定理，而生活程度亦随之而上升。吾今百废未举，欲求跻日本而犹难，矧欲望欧美肩背乎？然而事在人为，诚恐不知，及知而不为。若遽然一觉，竭心力以图之，先以国民教育普及全国，又举废疾孤独之人，一一纳之于教育，俾皆能以自全其生。以中国人口之众，图富图强，将必有盛于他国者。吾辈有教育之责者，其知所勉力也夫！

又如，作者深切认识到日本的进步兴自教育，而日本教育的内容又与中国古代传入该国的儒家文化有关，故日本国民一直十分尊重孔子。《圣堂展览会》条，记作者当时所见日本祭孔之典礼曰：

孔子庙在本乡。自德川幕府倒后殆三十年未行祀典。今年阳历四月二十八日，举行祭典，命从五位勋男爵某君主祭，其余则高等师范学校长嘉纳治五郎君并与焉。礼毕演说，略谓孔子为东方伟人，负古今之硕望，其教泽宏远，被及吾人今日之社会者良非浅少。吾人为之崇祀顶礼者，正以酬其厚德大教也。且以今日学术例之，则孔子之于知、情、意三者，殆已发达圆满。可断言者，如修身以"齐家治国"，格物以"诚意正心"，其知之学也；悲天悯人，乐以忘忧，其情之学也；志士仁人，无求生以害人，有杀身以成仁，其意之学也，云云。至其祭文，则全仿俳俪体，亦有"德配天地，功侔日月"之语。

我们今天不难看到中国汉唐文化和传统礼节对日本的深层影响，但众所周知，明治维新之后，尤其是二战之后，日本又坚决抛弃了东方专制制度，"脱亚入欧"，走上了富强之路。美国著名人类学家本尼迪克特研究认为，其实日本人并不长于"原创"，而是善于学习之民族（说见本尼迪克特：《菊与刀》）。取长补短、为我所用、中西兼备，恐怕也是我们应当向别人学习的地方。

由云龙《游美笔谈》一册不分卷

铅印直排本，云南崇文印书馆，民国九年（1920）

近·由云龙著，立目式综合类笔记。卷首有作者参观访问美国白宫、国会等地的纪实性照片若干。《弁言》作于民国九年（1920）七月，称民国八年（1919）作者奉"会泽唐公"即唐继尧之命，搭乘太平洋公司轮船"日本皇后号"由上海出发，先抵温哥华，再经加拿大转至纽约，先后参观了华盛顿、波士顿、哈佛尔、芝加哥、加利福尼亚等地，最后经日本横滨回国。一路上有云南留美学生任嗣达、姚光裕等人陪同翻译。考察参观以美国实业、工厂和学校为主，也同时游历了诸多名胜古迹。如洼森钟表公司、美国总电公司、老可罐头厂、考迭士飞机厂，以及多所大学和中小学、图书馆和博物馆、华盛顿纪念馆、费城独立堂等等。每到一处多有诗作记之，回国后应邀举行汇报演

由云龙部分著作

讲一次。

全书将访美历程立为《政事谈》《实业谈》《教育谈》《名胜谈》《风俗谈》《旅行谈》六目。另附《上唐联帅之条陈》和《回滇后在青年会上演说》两文以及《旅行杂咏》若干诗作。后者被作者收入其诗集《漫游百咏》之中。全书除如实记录作者旅美见闻之外，更为重要的是通过上书唐继尧，向云南当局和滇人提出了加快地方建设的七个"注重"。这也是作者出国考察之后结合云南实际所提出的改革思路：

一曰注重道路交通。作者呼吁"集群策群力以图之，视为（云南）生死存亡之问题，不成一（交通）干线不止！"并且提到"至于飞机，虽不能多载重量，而输送消息、侦察状况，较为便捷，亦宜同时举办，以其费轻而事易举也"。这一条对云南当局颇有影响。唐继尧本人面对云南多大山激流、修路特难，就早有发展云南航空事业的设想。

二曰注重发展实业。建议"大机器工厂，（云南）或可暂缓，如农业、畜牧之改良，男女工艺之扩充，为万不可缓之举也！"其实质是希望首先尽快改良云南的农牧业，然后发展云南的轻工业和手工业，扩大男女职业技术队伍。

三曰注重发展商业。论称"中国之商业窳败极矣。以纽约之大，而中国商家除'华昌'一家外，竟少有与日本人抗衡者。大多是劳动及小本营生而已，可叹孰甚！"继而指出，云南矿产品、农产品众多，具有发展振兴商业的物质条件。"将来懋迁事业，与各国日相接近，若不亟培养此项人才，兴办各业，即有供不给求之苦。三年蓄艾，十年树木，似未可漠然置之也！"作者充分考虑到今后必定会"与各国日相接近"，所以，云南应当尽早培养自己的商贸人才，特别是外贸人才。

四曰注重体育卫生。论称"美国体育之法无微不至"，举凡学校皆多器械、泳场、球场等体育设施，故其国人身体多康强。而作者称"自太平洋到上海，即见华人莫不黄病奄奄，气弱体衰，精神不振。内地亦然，无论科学器械之竞争不逮，即以人之精力相竞，亦断然不逮"。作者认为，国民身体之强弱，"关乎种族之盛衰存亡"，故建议中国及云南当局，要充分关注"公私之卫生、结婚之迟早"等体育、卫生事业，"庶几收效于十年、二十

461

年后也"。

五曰注重外语教学。作者认为"世界交通日辟，往来益频。苟非熟悉其国语言文字，则不能交换知识，获种种之裨益"，故建议加强以英语为主的外语和文化教育。他特别强调"滇省亟宜注重此项学问也"！作者此议并非无的放矢，云南自清末开办各级新式学堂以来，由于师资缺乏和重视不够等因，云南中小学外语教学水平一直偏低，乃至大学升学率也一直很低。

六曰注重"切音字母"教学。即今之汉语拼音教学。作者认为汉语应走拼音发展方向，论称实行"拼音教育"不过数月即可通晓（汉语）。"举凡中年失学及贫民无力求学之辈，皆可读书报，而政教、号令之明晓，社会教育之普及，各省语言之统一，皆可于此基之，效力甚大！"事实证明，语言文字的统一，实有利于民族团结和国家统一。

七曰注重社会教育。作者针对云南当时民众教育落后等情况，建议云南当局仿学美国、日本，以及中国业已发达的江浙、北京等地，"先从通俗社会教育入手，其他之国民教育、职业教育、专门人才教育，皆应切实计画（划），实力举行"。希望以此提高滇人的整体素质。

作者生活在军阀割据、社会动乱、民不聊生的时代。作为一介书生，他旅美一趟，以其敏锐的洞察力和发展的眼光，为云南，乃至中国，提出了诸多今天也很有价值的建议。更为可贵的是，作者虽然是用"联帅"唐公之钱出国考察，但是，七条"注重"中并无一条"注重"发展滇军武力之类的建议！反之，作者回滇后，对青年发表演说，反而明确指出，一个国家或地区的强盛，并不在于"穷兵黩武"，而在于教育的发达、人民的富足、国家的民主和秩序：

我们要赶快觉悟！从实业、教育上积极进行，务使家给人足，个个有衣穿、有饭吃。并且有了国民的常识、世界的眼光。彻上彻下，对内对外，都有秩序、有条理，人家自然佩服。不然，练些海陆军队，徒耗国力，拿出去对付外国，我敢说仍是无济于事。

卷末诗作亦不乏触景生情、有感而发之佳作。如参观美国独立纪念碑，思中国"独立民主"遥遥无期，因叹曰："血战惟争自主权，七人义气薄云天。终成灿烂光华国，碑碣摩挲一怅然！"又如，《返国二首》之一云："历尽惊涛百险余，一朝祖国庆归与。哪知人海风波恶，比较沧溟反不如。"之二云："买得西原一片山，诛茅结屋两三间。读书养我平生拙，一任潮流日往还。"当远航的轮船渐渐靠近祖国平静的海岸，作者反而躁动和不安起来，他深感中国特色的"窝里斗"实在比惊涛骇浪更加难防和可怕。

据笔者所知，不独由云龙先生上述建议并未在云南一一实现，护国运动之后，作者与唐继尧等云南政要的关系也日益恶化。作为一个资深的云南学者和政治家，他曾为包括护国运动在内的革命和进步事业作出过积极的贡献，但是，他宏远的政治抱负却并未得到应有的施展，只好转而多从事学术研究和诗歌、戏剧创作，乃至醉心佛理，成为近代云南著述最为宽泛的一位政府官员！

由云龙《滇录》一册八卷

铅印直排本，云南省教育会印行，民国二十二年（1933），云南省图书馆藏书

近·由云龙辑著。立目式专题类笔记。封面题"云南问题研究资料之一"。卷首《弁言》署"民国二十二年八月云南省教育会第一届理/监事同识"，文称自从日本占领东北，民族危亡，边疆危机加深，云南省教育会在其图书馆设立"云南问题参考室"，决定从"搜求图籍入手，进而择要编译，藉供关心滇事者之参考"，于是作者率先辑成此书。

《弁言》又称，这一研究滇边之举，还得到了国立北平图书馆、浙江省立图书馆和美国滇学专家洛克博士的支持。"北图"还专门为其开列了有关云南问题之书目，计有中文46种、西文133种；"浙图"为其开列了中文图书83种；"其他省内外人士及各机关之惠赠启示者，亦复不少，以先后搜罗购至，妥为庋藏"。

该书分类辑录、考释云南史料。作者称"远仿沈思孝

由云龙墨迹

《晋录》、朱竹垞《禾录》之体,近与《滇略》《滇系》《滇绎》之例相同"。时间和研究内容多以云南近现代问题为主,意在供"究心时局者有所取材"。全书分《边务类》《交通类》《矿产类》《史略类》四大部分。每类之下,又分立若干子目。资料内容多来自政府文书等,所引材料皆一一简要考释其作者等项。

由云龙《人生六大问题》一册

铅印直排本，略残，印行时空不详，云南省图书馆藏书

由云龙墨迹：芳草留人意自闲　林花经雨香犹在
文光一兄先生清雅　弟姚安由云龙

近·由云龙著。不立目专题类笔记。开卷即曰："人之一身，如何而来？如何而去？其过去如何？未来若何？"是作者通过数年对佛学研究的思想体会，称"谨述所知，以质世之明达君子"。其主要观点依次为：

一、人之身从何而生？作者杂糅佛学理论，称"前世因缘，托父母之体而生"。

二、人生之结果如何？据前世之"业"与"因"，成人各异，祸福不同。"同为人生，而贫富贵贱各不相同，各立门户，而灾劫祸吉各不相同，乃以因而验果。"

三、何谓"中有生"？即关于死后的灵魂问题。

四、何谓"扶乩放阴"？即所谓死后仪式问题。作者皆据佛教理论而言之。

五、释、儒、道区别何在？作者论称"儒、道有儒、道之至理名言，佛门有佛门之精思奥义。不必强而同之。佛为出世间法，儒为世间法，道则在出世入世之间。故佛之修持，必先饬戒律，明心性，超出世间。然后行菩萨道，然后救世。儒则专谈政治，即心性亦少言（自注：宋儒之谈性理，实窃取佛家绪余）。道家亦谈心性，亦谈政治。不过主自然，尚无为，究非中道。儒家溯人受生之初，禀之于气，归之于天命；道家归之于混元。佛教则谓各生命皆无始而恒转，值相当之机会，集多能力，随缘所成，现为生物"。

六、吾人宜早信佛，自度度人。

作者最后明确表示，自己已然信佛，曰："若一涉佛法之门，诵其微言，绎其大义，自然心悦诚服。不佞即过来之人也。自诚心研究佛法以来，不但从前之种种疑惑豁然开解，且遵信佛菩萨之应验，已非一端。皆此尚欲将佛法精神尽力阐扬"。

由云龙《定庵题跋》一册

铅印直排本，印制单位不详，民国二十七年（1938）

近·由云龙著。立目式专题类笔记。作者自序作于民国二十七年秋（1938），称"壬戌（民国十一年，1922），友人张君靖民自太原来，靖民固习为金石学者，尽出其所藏……乃择留精拓北魏碑数十种……不时展观……迄岁端，居多暇，爰出旧藏汉唐诸碑并靖民所贻，逐一为之跋识。为其足以补史传之阙失，证古籍之讹误，而文辞古雅、书法精良犹其后也。"又曰："滇中向少谈碑之家，又古籍寥落，即搜罗考证亦属匪易。"故该书以其所藏云南之外的碑铭、墓志、摩崖石刻之考释为主，亦兼有云南原有的重要金石碑铭之研究题识。

全书总计一百三十四通。属云南者计有汉《孟孝琚碑》（在昭通）、刘宋《爨龙颜碑》和晋《爨宝子碑》（在曲靖）、汉《王仁求碑》（在安宁）、唐《豆沙关袁滋题名摩崖》（在大关）、《高量成德运碑赞》（在楚雄）、《南诏德化碑》、《元世祖平云南碑》（在大理）、《段氏会盟碑》（在曲靖）、《兴宝寺碑》（在姚安）、清《启文楼修城碑记》（在昆明）等十四通。其余则为作者搜集原藏于云南之外的金石。

每通皆考释其出处、作者、内容、史料及书法价值等。其中尤以汉《孟孝琚碑》之考证用力最深，称此碑清光绪二十七年（1901）在云南"昭通城南十里白泥井马氏舍旁，为滇石之最古者"。而清代金石研究大家王昶、阮元和桂馥等并未亲见原碑；近贤罗振玉、吴绚斋等"虽得见（原碑）而考证概未精审。惟杨心吾氏所见金石既多，主张较为近是，而亦惝怳其辞（自注：杨心吾谓在和、桓之间），未确断其为何代所立。滇人好古诸家或主西汉河平（袁嘉谷等），或主东汉建武（方树梅等）究皆根据失当，决不可从"。作者进一步博引广征，一一推翻前人之说，力主此碑为"后汉桓帝永寿二年（公元156年）所立，不可易也！"

附录：《石鼓文汇考》，由云龙著，一册二编，上海天娥誊印社承印，1956年

专题考证类笔记。此书先有民国二十二年（1933）石印本，上、下二册，扉页署"长乐黄葆戊题耑"，作者自序作于涵翠楼。此本据原石印本增补而成，装为一册，内分上、下二编。扉页改杜福堃题写书名。新撰自序署一九五六年八月，语亦有"方今百家争鸣，科学日加邃密，运用辩证法，反复讨究，真理自见"云云。前后两序皆称其夙喜石鼓文"文辞淳古，曾屡至国子监摩挲其器，慨然有思古怀旧之感"。唯新序进一步划定所录石鼓文研究文献之范围曰："余以石鼓文唐以前罕见论及，故录自唐人时始，而终于清末近世好古者。平心察之，当知其确有所归矣。"

全书汇集历代考释石鼓文名家之文，随附石鼓文图形。上编始于《古文苑》引宋人王厚斋释《石鼓文》，终于近人马衡撰《石鼓为秦刻石考》。下编始自宋人宋巖肖撰《庚溪诗话·岐阳石鼓文》，终于清人叶昌炽撰《三代古刻·论石鼓》、张燕昌撰《石鼓文释存·第一鼓》。就其文字而言，作者比较赞同清人俞正燮以为石鼓诗文乃北魏太平真君七年（446）所刻。据笔者所知，难能可贵的是，云南研究石鼓文仅有此专著。

由云龙《清故胜录》
一册八卷
石印本，民国三十八年（1949）

近·由云龙著。不立目专题类笔记。该书扉页署"坚白"题签曰："民国三十八年十一月十三日己丑九月二十三日补抄"。次为作者自序，署"民国二十四年秋于涵翠楼"，是知先撰于一九三五年前，此后又曾陆续增补，乃至卷二末作者自注曰："卅八年十二月二十七日，由云龙补抄于劫后之十二印斋"。涵翠楼和十二印斋皆为作者书斋，地在昆明小吉坡。

由《略例》知，该书卷一、卷二专应北京清史馆之请而作，其"正本"曾录入清史馆。乃因作者曾于民国四年（1915）被该馆"聘为名誉协修"，故对《清史稿》修纂之缘起、史馆建置、史官职名人数、拟稿分工、史稿得失等多有详尽评说。其余各卷也广泛涉及清代典章制度、历史得失、

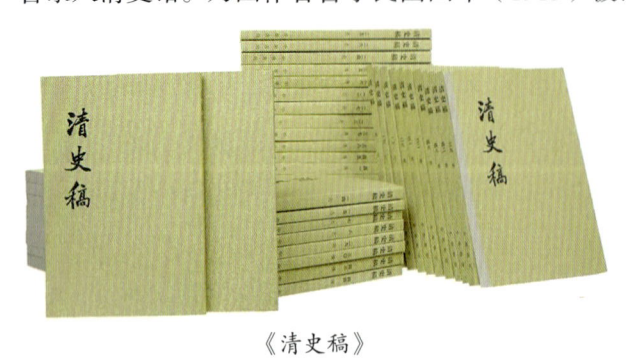

《清史稿》

人物轶事等。作者以滇人参修"国史"，似特别关心"正史"中对云南的记载，故又多涉及云南内容。

如卷三，分类统计《清史稿》中滇籍人物。指出有清一代入"正史"之滇人"寥寥可数，不及《明史》之盛多。岂人才至清而衰退耶？抑求之不及也？"他说事实并非如此，主要是此前"滇人任纂修者漠不在意"所致！唯其如此，此书对清代滇人滇事多有补遗。如增补滇籍名臣何桂珍、陆维瀚、毕金科、王国才四人事迹；补遗昆明赵光（文恪）为尚书时上《安民莫如察吏》一疏、通海朱嶟（文端）为尚书时上《详论钱法》一疏，称两疏皆为清代名臣奏议。尤其是详尽地补记了昆明杨永斌（寿廷）帮助鄂尔泰策划"改土归流"一事。据作者考述，杨永斌以武举任知县，雍正初官贵州威宁知府。他深谙乌蒙一带土司情形。鄂氏督云贵，寿廷绘制滇东北土司地形等图上鄂，并提出解决土司问题的具体办法。"改土归流"成功，世人皆归功于鄂氏，"而不知策划出于永斌也！"

此外，作者还对一些滇史问题进行考辨，如卷四，对章太炎"'昆明'在今四川盐源县"一说提出商榷；对诸葛亮所渡泸水之今地、张允随修浚金沙江之水道、杨应琚（松门）征缅等，亦自有其考说或补正。总之，该书对于《清史稿》修纂问题、清代史地以及云南地方史研究，皆具有较高的学术价值。

由云龙《滇故琐录》一册四卷

石印本，印刷单位不详，1950年，云南省图书馆藏书

　　近·由云龙著。立目式综合类笔记。无序跋，末页有"《写竟题后》诗二首云：'怀铅握椠几星霜，蟫蠹生涯有底忙。种竹栽花吾事了，前因后果付黄粱。''妄想逍遥百氏篇，妙思周孔亦徒然。从今收拾千毛颖，不结谟觞梦里缘。'庚寅三月八日定庵书于劫后之十二印斋。"庚寅，即一九五〇年，时云南刚刚解放。由诗意看出，经历了无数动乱变幻的作者，不免有种竹栽花、归隐田园之想。该书内容丰厚，涉猎广博。大体可分为以下三类。

　　其一，据不同史料考证云南史事。如《楚庄蹻入滇分两路说》《孟孝琚碑文孝经二篇说》《吴兰雪题钱通副遗诗后》《寯昆明》《土主》等条，即属此类。如卷一《土主》条，据方国瑜先生引元人王昇撰《土主圣德碑》等条，驳斥前人以为昆明之土主庙所供神祇为庄蹻，即云贵两地供奉之"黑神"。而另据冯承钧译法国列维氏《药义名录》等，证此神实为佛教之"摩诃迦罗大黑天神"，可备一说。又如，关于保山语言学家吴树声，该书共有《吴树声小学》《吴树声之经解》《吴树声之著作》等四条考证文，不但详尽地考证了吴著《歌麻古韵考》等七种著作之学术价值，而且还进一步揭出

河北苗夔其人，抑或是《畿辅丛书》的编者，确有抄袭《歌麻古韵考》之嫌云：

> 《歌麻古韵考》，此吴树声所著，其自序及后之跋语甚明。乃河北苗先麓夔亦有名曰《歌麻古韵考》，不过取原书稍为增损字句，并无新义发明。海内遂公认《歌麻古韵考》为苗夔著书，几不识吴树声之姓字。余未见苗之专刊，而《畿辅丛书》内固明明列《歌麻古韵考》为苗书矣。查吴书后序末有云"编内援据遗漏者甚多，望同志有以匡其不逮"云云。此本吴君自谦之语。或者苗君读之遂欲掇补其遗漏而又无新义创解，仅添列所引书名或增补一二字，于文义无大出入，有心影射盗名欤？抑辑《畿辅丛书》编者欲增重乡邦文献，见苗初稿，因而强署为苗书欤？

吴树声著《歌麻古韵考》

其二，据前人著述钩沉滇人滇事。其中据历代诗话、诗文评等著作，辑出有关云南的诗作或诗人最为精粹可宝者。如《樊魏诗》条，据明人蒋一葵（名石原）《长安客话》，辑出滇人良乡县令樊魏所作长诗《良乡行》。据《升庵诗话》等，辑出其弟姚安太守杨慆（未庵）《洒边诵》及其轶事。据朱彝尊《明诗综》等，稽考有关昆明归化寺茶花诗作若干，类皆咏及此地原有大茶花一本，"往来游宦羁客饯别"之地。据《众香集》（不记作者）、俞樾《右台仙馆笔记》、刘健《庭闻录》等，辑录《陈圆圆诗作》《陈圆圆文词》和《陈圆圆轶事》《八面观音》等条轶事。据江阴人李诩著作，辑出《武淡男传》《爱铁道人传》，记明末流寓云南的两位奇人。据姜绍书《韵石斋笔谈》等辑录《杨文襄公辑事》《扬文襄书石壁题名》等条。他如《李秀才传》《李卓吾传》《赵文恪轶事》《檀默斋与桂未谷》《李含章与茅季玉》《尹楚珍阁学之女》《张月槎诗》《月槎遗爱》《钱允湘轶诗》等条皆属此类。

473

应当指出，其所辑内容大多并不见载于云南地方文献，亦非只是抄自某种文献。实为作者博览群书、长期悉心关注云南研究所致，故其搜寻之功和史料价值皆不可低估。如卷四《孙见龙》条，记清初状元孙在丰之侄孙见龙任五华书院山长之事云：

（孙）见龙，字叶飞，号潜村，晚号眷斋，归安人，（孙）在丰侄孙也。康熙癸巳会元、庶吉士。散馆，知洪洞县。乾隆丙辰举博学宏词，复荐充咸安宫总裁。有《潜村诗稿》。素嗜饮，其祖作《止酒歌》以诫。终以酒后忤上官罢去。（云南）当道聘充五华书院山长。故事，此席多为滇人。而见龙主之十五年不易，成就甚众。费学士南英《癸卯使滇感怀》云："五华山院郁苍苍，十五年中化雨长。册府别开吴下版，酒糟争压会稽香。门墙已遍青云彦，教授犹仍白发郎。顾我昔曾呼小友，不辞凝咽问蛮荒！"

其三，据亲见亲历记晚清云南史事人物。如《中法越兵事始末》《杜文秀据滇西始末》《姚安回汉兵事始末》等，即属此类。这一部分对于研究云南清末民初社会历史无疑更具实证意义。如卷三《唐鄂生诗》条，记清末云南地方大员唐炯及官场腐败有云：

鄂生名炯，鄂藩唐子方树义之子。子方殉难，谥威恪公。鄂生以举人军功保知县，分发四川时，丁文诚公宝桢在川督任，甚赏拔之，洊至建昌道。光绪八年，权云南布政使。中法战起，擢云南巡抚，慷慨言兵，遂奉命率师出关，一战而败，逃回昆明，奉旨革职处斩。两次勾决，墨衣赴市曹。举家哭送。临时有谕旨释回，面如死灰，后得更生，故有"唐半命"之诨号。张之洞上疏力救之也（下注：唐炯为张之洞妻兄。又详考其与当局大员皆有种种关系，略），俗云"朝中无人莫做官"，信夫！唐后复赏二品顶戴，充云南矿务大臣以终。在任时争出入鸣枪以示威，未免有觍面目！予丙申年（光绪二十二年，1896）在省，犹及见之。有示其《成山庐诗稿》者，择录数首于此（下引唐炯诗，略）。诗只平平。

由云龙《搜幽阐奇录》
一册不分卷

油印本，云南省图书馆藏书

近·由云龙著，杜福堃题签。《弁言》署"一九五三年十二月一日于昆明翠湖别墅"，则很可能是作者最后一部著作。其文曰：

鲁迅先生有《故事新编》，马叙伦先生有《啸天庐披幽访奇录》。我也不揣固陋，效法两先生，把书籍上、社会上少闻罕道的人物。或系实业家，或是艺术家，或有科学的知识，或行谊足以资鉴戒的，选择几个介绍出来，与文化界的同志商讨商讨，希望得到帮助。

毛主席不是指示过我们吗？中国现实的新政治、新经济是从古代的旧政治、旧经济发展而来的，中国现实的新文化也是从古代的旧文化发展而来的。因此，我们必须尊重自己的历史，决不能割断历史。但是，这种尊重是给历史以一定的科学的地位，是尊重历史的辩证法的发展，我们或读书，或交友谈论，都要本着这个宗旨来叙述。我写这本小册子也是如此。其中有几人几事是很少有人知道的，阅此书者如果有批评指教，我是十二分诚意接受的。

立目式专题类笔记。历史人物特写，以云南地方实业人物为主。立目依次为《赵老人赵天爵》《吴马脚宫里雁》《二郎神李冰、李涛》《李说书李觏》《了一道人王徵》《李卓吾》《万表蒋、陈二生》《黄袍》《吴老人》《杨娥》《铁邱坟》《两解元》，其材料或来自史志，或根据民间传说。用浅近文言写成，夹叙带论，笔调轻松，通俗易懂。其中确有一些人物的事迹颇具教育意义。

赵老人塑像

例如《赵老人》条记个旧锡矿的开创者赵老人，不知其名，清代临安府通海县人，富家子弟。中年时父母去世，留下大笔财产。经专家指点，赵老人到个旧去投资开矿，可最初，一而再，再而三，都挖不到矿。有人劝他放弃此事，但赵老人依然坚定不移地继续投资挖矿，家财耗尽，妻室儿女靠纺织针线为生，最后"只剩下老母亲留下的一挂珠子"。

赵老人平时一贯善待为他挖矿的工人，自己节衣缩食、省吃俭用，但从不克扣工人的工钱和生活待遇。当时有谚语说："赵老人真可夸，工人吃得饱，自己吃的豆腐渣！"这回赵老人把母亲的珠子"售之，得数十金"，并把所有的钱交给一位工人，叫他分给大家作为散伙费，自己却悄悄地远走他乡，出家为僧了。工人们不愿散伙，他们自发组织起来继续挖矿，终于挖出了大锡矿。

他们非常高兴地到庙里找到了赵老人，请他回去做矿主。赵老人笑道："果如诸君所说，我一生的大志总算完成了！不枉活了六十年，也不辜负诸君多年的辛苦。但我已经为僧，今又返俗，狐埋狐骨，何以对人？厂事请诸君回去自己料理吧，不必需要我了。"众人坚请不就，后来只好为他盖了一座大庙，令其事迹一直传颂人口。

作者对赵老人的故事发表评论说，首先，赵老人不惜散尽家财坚持开矿，表现了实业家的自信和科学精神；其次，赵老人善待工人，见利而不为，"这种'劳工神圣'的精神已造端于百年前的赵老人！"其三，赵老人

"名不见经传"是由于中国从来不看重这类事情，"要有高科显宦方够得上传记。我们中国实业不发达，这也是提倡不力的缘故！"

此外，如《两解元》条，记清代彝族解元那文凤事迹说："那文凤，距城三十华里车家壁之少数民族也。生而颖悟，入邑庠后在五华书院读书。同学数辈常常戏言，吾几人中谁配做解元？文凤毅然曰：'解元舍我其谁？'众哗然，谓汝乃彝族，得一庠生已属天幸，焉配做解元？文凤不服，每值考课点名，辄排众而前曰：'让开，解元来了！'众益揶揄之，相谓曰：'吾曹谨记，那文凤如不作解元，当当众殴辱之'。已而，乾隆甲寅（五十九年，1794）科秋闱，榜发，榜首第一名解元赫然那文凤也！其文雍容雅度，涵养于平日者深"。同时录其"窗课制艺文"，即平时作业一篇，题为《礼之用和为贵先王之道斯为美》。另一位解元杨高德，字竹溪，原籍大理，寄籍玉溪。他中解元后并不稀罕释褐为官，而是喜欢唱戏，常常"浸居于戏院之中"，敢于彰显自己的爱好和个性。但他的文章写得很好，常常有人跑到戏院里请他改文章。他是云南著名翰林李坤的老师，曾为李著《思亭诗文抄》作序。

再如《黄袍》条，记明代云南世袭将军黄袍，字彤庭，一名黄谷，字松石。他长期流寓江浙一带，所以云南反而不太了解他。黄袍为人武艺高强、行侠仗义，还特别善于画关公像。他因为替人报仇"被逮治入狱，无生活望，衣食不济，乃卖画以得食"。后来浙右指挥使朱某购得"将军狱中所画关公像"，甚怜其才，将其营救出狱。此后黄袍帮助朱某平息叛乱，因功获得自由，但他仍然靠卖"关公像"为生，"求画者踵接于门，月可致千金"。他常常资助穷人，好饮酒，性豪放，去世之后，海盐（今属浙江嘉兴市）吴番昌为他撰写了《墓志铭》。

477

何秉智《滇事拾遗》
八册八卷

稿本，云南省图书馆藏书

何秉智像

近·何秉智著。何秉智，云南著名学者、地方文献专家，字筱泉，昆明人，北京大学专修科毕业。曾任云南省政府秘书、内政部主任秘书。一九三〇年云南成立通志馆筹备处时，他即参与其事。通志馆成立后，担任干事，负责总务工作，分纂《官制·文官制》，又与由云龙同纂《盐务志》，一九三九年离职。解放后，任云南省文史研究馆首届馆员等。一九六四年去世。还著有《解放前云南艺文辑略》和《解放前云南医药辑略》两种稿本，赠藏原北京图书馆。

立目式综合类笔记，用钢笔或圆珠笔抄成。卷首有吴江金天羽序，作于民国十七年（1928），称八卷，是知其初辑当在此年左右。扉页有吕超亲笔题词一帧，篆章，署时民国戊子，即一九四八年。吕超，四川宜宾人，著名民主主义革命家，早年投身辛亥革命，一九四五年后历任国民政府参议院参议、中央监委等职。一九四九年策动四川起义。新中国成立后历任西南军政委员。书稿又经云南名人赵藩、周钟岳、袁嘉谷、李根源鉴定增补；稿内有朱墨圈改之处，多类方树梅字迹，是知该稿颇受云南学界重视。不知何故，惜未刊刻。

  作者自订《例言》曰："旧贤及近人著作中记载滇事文字，如《云南通志》、各府州县志、《云南备征志》、《滇系》、《滇小记》、《滇中琐记》、《滇绎》诸书，所收者均采录之，名曰《滇事拾遗》。"为避免与前人重复，故作者锐意开拓新史源，取材特别广泛。据笔者初步统计，其引书多达一百二十四种！尤以明清笔记、文集、杂著为主，旁及近代报刊。其中许多笔记如《万松堂笔记》《求年山人曹之骐笔记》《尾蔗丛谈》等，或为云南地方文人稿本，今已难觅，史料价值弥足珍贵。全书所引资料大体按原书题目，也有自定新目，凡直引材料一律注明出处，著作态度严谨。

  通览全书，其主要内容可归纳为：云南各地风土人情及物产；明清云南政治、军事史料（尤多南明及吴三桂史料）；明清云南名人传记轶事、怪异现象；清末云南社会经济史料（尤多铁路、街市史料）；云南历代碑刻金石资料；云南对外交通史料；云南少数民族风情；云南地方文献及诗话。尽管所辑资料详略不一，但用功之勤、涵盖之广，堪称云南史料笔记之集大成者！爰就其资料来源和内容，归纳举例如下。

  其一，据群书、报刊等钩稽罕见云南史料。这当是此书最大的成就，为研究云南提供了大量难得的史料信息。例如，据《文渊阁书目》，辑出云南书目，使人们知道明代云南究竟有哪些著作达于禁中。据师范《缅事述略》及《皇朝通考》等，辑出清人吴尚贤、黄耀祖等开辟茂隆银厂史事，以及黄氏如何由汉人变为"掸人大山土司"之经过。据《古芬阁书画记》，辑出有关钱南园、赵士麟、担当、张三丰、明惠帝（建文）等人的绘事轶闻。据《吴三桂筹时要略》，辑出吴三桂王滇时期的《奏疏》四通。据《包世臣安吴四种》，辑出清代云南名臣谷际岐关于改革云南盐政之弊的措施。据《粟香随笔》，辑出清末滇籍谏官窦垿弹劾投降派大臣穆彰阿、琦善的事实及其所题岳阳楼长联；辑出有关大理石开采、滇盐熬制、中法战争以及滇人朱庭珍遗诗等。据《见龙壁山房文集》，辑出清代楚雄池生春《庙碑》中记其视学广西，课士督学，积劳病卒，年仅三十九岁。据民国初年报刊，辑出一九〇六年美国安德罗夫妇以"考察"为名，疯狂搜集我省珍奇动物标本一千三百多种，装为四十箱，运往美国亚美利加博物院之详情。据《国粹学报》等报刊，辑出清末滇籍大员赵光关于处死肃顺、载垣等人的奏折，孙髯翁吊沐天波死节义士伍杰诗，以及释大错、九龙池、安阜园轶事等。类皆几乎不见于云南其他研究者所载。

其二，据各种史料、见闻考说云南掌故。除直接钩稽、条陈云南笔记史料之外，该书还有据多种史料综合改写、增补，考辨云南掌故轶闻者。凡综合改写之条目，并不一一标注出处，但自立标题，叙事首尾可稽，文笔洗练生动。例如，《周老人》条，据清末留日学生口传，记当时云南年龄最大的留学生大理周霞之轶事曰：

老人姓周名霞，字国华，籍滇西太和县，近世称"东亚老人"者是也。老人躯雄伟，额宽，颧高，颊丰，目炯炯如电，长眉美须髯。强饭健步，壮者不之及。年六十二游学日本，发秃。服西式学生冠服，气益豪。日人咸颂之曰："丈夫！丈夫！"强健之意也。日本明治天皇自信老而壮，异其名，延见之，谢不如也，曰："此真亚东仅有之老人也。而万里越国求学，难哉！"于是，报章艳传老人名，东西学子争得其小影以策其后进。光绪甲辰，日人胜俄军，东京市大祝捷，观者如堵。老人有《感事诗》，其一联云："十五万人齐祝捷，他人含笑我吞声！"外人因见老人亦不敢以"病夫"目我，此老人之声名所以啧啧人口也。

又如，结合亲见，考释昆明消失的"金碧公园"和"近日楼"的历史沿革曰：

金碧公园，前清光绪末锡良督滇时所建。规模与吉林公园相仿佛，而面积较小。地址在今南门外。清嘉庆间名"缪思诚巷"，又名"小泽口"，为"恤贫会"公所。兵燹后均为茂草。此其近代之历史也。其在前明系蓟辽总督、兵部尚书傅忠壮公住宅。公讳宗龙，昆明人。

近日公园，在滇省南城。广德初，凤伽异筑拓东城时，斯城尚未建筑。明洪武间始筑砖城，初名门曰"崇政楼"。曰"近日"则当沐英来滇驱逐元胡之际，沐氏大本营即基于此，因其地高旷可以指挥全局也。梁王出走，殉难滇池，平章观音保开城以降，滇南遂平，历史上最有关系地点也。迨到清康熙年间，吴藩事起，守备尤严。清兵到达，争战最力焉。咸丰丁巳年之变，妇孺皆任守城，亦以近日楼为重要之点。

辛亥革命，架巨炮攻督署，此地之高旷，亦与有力焉。民国十二年八月，市政公所成立后，议折南门小鼓楼，收买民产，建"循环市场"，保存一部古迹。昔之近日楼葺而新之，金碧辉煌，顿改旧观。（民国）十三年被灾，附近忠爱坊毁。此楼岿然独存。沐昭靖之灵爽，想亦呵护此楼也。

凡考订史事，必博引广征，折中于是。例如，据赵明诚《金石录》稽出汉朝立于昆阳的《街弹碑》，并进一步穿凿群籍，考说所谓"街弹"即"里宰治所"，相当于今天的街道办事处。又如《黑水之源》条，引诸书考辨《禹贡》"华阳黑水惟梁州"之"黑水"与"黑水祠"之关系；据《通典》等证"黑水"即云南之泸水；称"黑水祠"在今天昆明官渡，又名"黑杀天神土主庙"。皆可聊备一说。

遗憾的是，全书主要以辑录为多，上述考辨之文甚少，且由不同字迹可知，该书系由书吏按作者之意抄录而成，未经作者最后悉心整理定稿，故全书谬误不少，体例未严，内容重复乃至荒诞不经者亦间或有之。例如，卷一《永历帝》条，全抄《南天恨》，长达数十页，有乖笔记之例。记吴三桂事屡有重出，多达数条，并无剪裁。又如，引《觚賸》记云南僰僳族"不省人事，但知炊卧，而遍体生绿毛为苔"云云，又岂科学时代所敢信之事？但瑕不掩瑜，此书究属稿本，且搜罗非常宏富，如能将其认真整理刊布，对于"滇学"研究自有其重要参考价值。

李根源　吕志伊《滇粹》一册

铅印直排本，日本"云南杂志社"印行，宣统元年（1909），云南省图书馆藏书

李根源像　　吕志伊像

近·李根源、吕志伊辑。李根源，民国元老、著名学者、云南地方文献专家，字印泉，号曲石等，云南腾冲县人。早年留学日本，加入同盟会，回国任云南讲武堂总办等。先后参加云南起义、二次革命、护国和护法运动等。抗战期间任云贵监察使，积极协同滇西抗战。解放后定居北京，历任西南军政、行政委员会委员以及全国政协委员等。一九六五年去世。

吕志伊，民国元老、著名学者，字天民，号"金马"，云南思茅（今普

洱）人，光绪朝举人。留学日本宏文学院、早稻田大学，加入同盟会，任云南支部长，先后创办《云南杂志》《滇话报》《光华日报》等，宣传革命。云南光复后，任云南都督府参议、南京临时政府司法部次长、民国新闻社总编辑等。一九一六年，回滇参加护国讨袁运动。次年，随孙中山参加护法斗争，任司法部次长。一九二八年之后，历任国民政府立法委员等。一九四〇年去世。

立目式专题类笔记。侧重于南明史料，辑自中、日稀见文献和有关著作。作为云南留日学生所办《云南杂志》周年纪念刊，在东京印刷。所辑文献依次为：佚名《求野录》；佚名（邓凯）《也是录》；日本石村贞一《永历帝纪》附《永历帝贻吴三桂书》；佚名《云南世守黔宁王沐英传》附《后嗣事略》；师范《征南将军颍国公傅友德传》；佚名《云南总兵刘綎》；佚名《腾冲参将邓子龙传》；李天秩《金沧副使杨畏知传》；佚名《明华盖殿大学士谥文襄杨一清传》；佚名《三宝太监郑和传》；庞垲《山西巡抚孙继鲁传》；佚名《兵部尚书蓟辽总督傅宗龙传》；刘彬《晋王李定国列传》；佚名《卫国公胡一青传》；佚名《南宁侯张先璧传》；宋潜虚（戴名世）：《诸生薛大观传》；汪琬《明京营副总兵申甫传》；赵元祚《林启俊传》；方咸亨《武风子传》；佚名《明季忠烈录》（其中录《大学士王锡衮》《户部尚书龚彝》《沅江土知府那嵩》《王来义》《无为州正堂张化枢》《李小六、王二发》《绥宁伯蒲缨附蒲纶》《李玉奎》《刀定边附子镇国》等小传）。

附录：又一种《滇粹》，一册，铅印直排本，编印时空不详，方树梅先生学山楼藏书

原书封面残损，方树梅重题书名。汤增璧撰序，称其曾参与此书校阅。次为吕志伊、李根源合订《凡例》，称此书"各篇或得之滇中藏书，或北京旧书肆，或日本图书馆，或滇、黔、蜀、湘、浙、赣人士抄录惠寄者，汇集而成"，署"戊申（光绪三十四年，1908）三月十八日"。检对目录，此本较前者新增以下六种：佚名《文贞道传》；《乌私泣集序》；李思撰《丁亥

纪略》；王思训《熊元仲传》；《李孝子传》；佚名《旅滇闻见随笔》（云南省图书馆别藏一抄本，内容更详）。李根源、吕志伊等人在清末锐意辑录明末清初史料，自有其阐扬推翻清朝封建统治的革命宗旨，同时也为南明史、云南地方史研究提供了不少鲜为人知的史料。此书中如《求野录》《也是录》等，已著录于方国瑜先生主编《云南史料丛刊》，但大部分内容并未整理再版。

李根源《镇扬游记》
一册不分卷

苏州曲石精庐木刻本，刊刻时间不详

    近·李根源著。不立目综合类笔记。袁嘉谷、邓尔疋先后题写封面及扉页之书名。首序陈荣昌，民国十五年（1926）九月撰于昆明"翠湖旧庐"，称作者这次游镇江、扬州，"记览其山川，观其风俗，摩挲其碑碣，于杨文襄、史忠正（可法）两先正三致意焉"。次为梅县李维源题诗四章。作者开卷称，自己曾有计划游历镇江、扬州，访杨一清、史可法遗迹，未能成行。民国十五年（1926）七八月，应友人冷遹等人之邀而如愿以偿。由于作者此次访寻目的较为明确，故对杨一清、史可法，特别是有关杨一清之历史遗迹的考释最为精准：

    文襄父（杨）景，官化州（今属广东茂名市）同知，致仕，侨寓巴陵，文襄随侍，年十九，登成化壬辰（成化八年，1472）进士。逾岁，父景殁，贫不能归葬（云南）。以姊夫胡德延家京口，乃葬丹徒，遂侨居焉。

    余昔过安宁，从赵介庵师谒公太保山祖茔。考康熙《镇江府志》"大学士杨文襄公宅第在黄祐街钱家山下。石淙精舍在城南三十里丁卯桥，有李梦阳《石淙精舍记》。文襄父景墓在诈输岗，文襄墓在城西大岘山，文襄祠在观音桥巷圆通庵旁"。考证既得，访求自易。出虎距门，经天子塔，达丁卯桥。村民十余户，村西端三茅观奉栗主二：曰唐诗人许丁卯先生神主；曰明杨文襄公神位。石淙精舍遗址在村东端，广约十四五亩，播种棉麻，肥美青葱，正莳花。四周墙基隐约可辨。村西古名杨家垱，稻田百亩，旧为文襄置产，今虽易主，名犹存焉也。南行二里，至诈输岗，再东北行里余，达卢湾村，民二十余户。墓在卢湾左约百余丈之岗峦上，左为文襄父景墓。距十余丈，为文襄墓。与冷君肃衣冠祭之。全墓地广二十余亩，守冢人卢玉锦。问玉锦山何名？答：卢湾大山。与《志》载"诈输岗""岘山"之名皆异。余意当以土人言为准名之，雅俗无碍也。

　　检近人谭祖安等撰《杨一清评传》、新编《安宁县志》等，皆不详此记，则《镇扬游记》或可补其所阙略。

李根源《吴郡西山访古记》四册五卷

苏州曲石精庐刻本，时间不详

近·李根源著。立目式综合类笔记。卷首由民国元老于右任、丁佛言题写书名。卷一别题为《虎阜金石经眼录》，卷二以下为访古日记。据卷四所录《苏州府中峰山苍雪法师塔铭》文末，同游张一麐记这次活动说："民国十七年（1928）十月自云南来，偕腾冲李根源、李学诗、尹明德，建水杨晋，楚雄沈沅，昆明何秉智，呈贡华封歌，登支硎中峰，瞻礼公塔。剑川周钟岳补书刊石，张一麐篆额"。其所游访之"吴郡西山"即今太湖西岸一带，主要目的是寻找与云南相关的历史文化遗迹，特别是名人墓碑。作者按时日立目，每目之下标明"预定"访寻目标，然后，再详记其访寻过程和结果。

如卷二，访黄向坚墓曰："入寒山寺，再访黄孝子墓。孝子即万里寻亲至吾乡大姚之黄向坚也。于寺内及寺后桑园遍寻不获，乃至宁远堂前得一仆地卧碑，刻黄氏墓道，道光十五年孟冬毛鼎亨书"。卷四记访钱荣墓："云南学政钱荣墓，在胥口香山嘴。墓志铭彭启丰撰。"考钱荣是清代唯一的两位"三元"之一[①]，嘉庆元年（1796）放云南学政，勤政积劳，病死昆明。其墓志铭作者彭启丰也是清朝状元。同卷记访郝太极墓曰："吾师赵介庵（赵藩）先生自昆明示书，命访郝将军墓及其卖药处。十月初十日，驱车出阊门，至上津桥。碑石在桥之南堍，高五尺，楷书，深刻，中镌大字曰：'明郝将军卖药处'，左、右各三行。跋曰：'郝将军讳太极，云南晋宁州人，天启间奢安之乱，守沾益有功。国变后流寓吴中，以医隐于上津桥。顾亭林（炎武）先生赠以诗。然苏州郡邑皆不之载。"

又如，同卷记访李因培墓及其后人曰："介庵师书再命访李鹤峰先生墓。为聚侨苏滇人寻鹤峰后裔。得鹤峰第七世孙（李）嘉谷者，今才十三耳。孺母贵筑赵氏佣工抚之，状至奇贫。询以李氏累代茔域，云均在七子山西麓九龙坞中，并云家虽贫，历岁祭扫不缺。余心焉敬之！十月十六日，与（李）嘉谷母子暨阚健功、陈尉承、马振之入山访李氏诸墓。出胥门，经横塘至西跨塘。先至潜龙坞仑上，谒鹤峰墓，墓碣题：'皇清诰命封光禄大夫显考鹤峰府君墓，乾隆四十一年□月□日，孝男翙立石'。陈牲醴、肴馔、香花礼祭之"。考李因培，字其材，号鹤峰，云南晋宁人，乾隆朝名臣。因文字触讳，被乾隆皇帝借故"赐自尽"，实属冤枉。

常言道："读万卷书，行万里路"，云南老一辈学人如李根源、方树梅、由云龙等先生很好地践行了这一读书治学之道。他们不辞劳苦，汲汲访寻古代滇贤遗迹和著作，为"滇学"研究奠定了坚实的基础。

[①]"三元"，指省考乡试第一名"解元"；国考会试第一名"会元"和殿试第一名"状元"。

李根源《景邃堂题跋》一册三卷

铅印直排本，印行单位不详，民国二十二年（1933）

近·李根源著。立目式专题类笔记。封面及扉页由章太炎题写书名。所谓"景邃"，取"景仰邃庵"之意（杨一清，号邃庵），李先生室名，地在苏州。据首尾各条所列干支，其写作时间大体在光绪二十五年（1899）迄民国二十二年（1933）之间。主要内容如下：

一、云南历代金石、古物、书画、文献题跋。其所题跋之重要历史文物，如记明杨慎之竹杖、明永历帝玉玺、明王骥《誓江碑》（在大金沙江东岸）、明沐天波题榜书——"璧光楼"（在昆明小东门城楼）、"太虚阁"（在昆明南门外三元宫）；记日本东京同盟会各省支部长姓名（云南省支部长为吕志伊）等等。

二、记作者自己的金石题书活动。如《英雄冢》条，记

李根源题书抗日英雄冢

作者为十九路军抗日阵亡将士题碑曰:"中华民国二十年九月十八日,日本陷我辽东三省。明年一月二十八日,复犯我上海。我十九路军与之浴血鏖战。至三月一日,援兵不至,日寇潜渡浏河,我军腹背受敌。二日,全军退昆山。是役也,战死者万余人,舁葬苏州善人桥马岗山者七十八人,著姓氏于碑,题曰:英雄冢。中华民国二十二年四月吉日,腾冲李根源题书"(碑阴姓名,略)。

三、记说当代云南地方文献及其他有关滇文化之事。如《滇人书画集目》条,记说民国十四年(1925),赵藩、陈荣昌、袁嘉谷等名流在云南召开"滇中书画展览会",就中选出精品"得二十集,用西法影印寄自沪上"。请作者与商务印书馆张元济等谈好,"为之印行,方开印中,倭人犯上海,商务印书馆为飞机炸毁,是《集》同付一炬!"只存方树梅、何秉智所编《目录》。又如《滇绎》条,称袁嘉谷著《滇绎》四卷,"征辑宏富,滇中故实实赖以传者多"。特别指出其中《爨世家》一文"尤为精心结撰,《滇系》《备征志》无其文,必传之作!"云云。

李根源《云南金石目略初稿》一册四卷

铅印直排本，曲石精庐印行，民国二十四年（1935），云南省图书馆藏书

　　近·李根源著。不立目专题类笔记，原为方树梅藏书，于右任、章太炎题写封面及扉页书名。卷首李根源撰《告滇人再事搜集金石拓片书》，文称"吾滇金石前无专著"，清人王昶《金石萃编》只附《南诏大理》一卷，而阮福《滇南古金石录》一卷又"皆略而不详"。前因作者负责新修省志之金石部分，曾"检点各县寄到拓片及采访册，仅得七八百种"，故再次呼吁大家努力搜集寄来金石拓片，并提出十条搜集方法。此书即根据云南各地所寄和作者从省外访得的云南金石拓片编成。每目著录其名称、时代、作者及所在地等，并附简略考释之语等。若因袭前人，则注明拓片出处。全书金石拓片之总时段，起自两汉，迄于民国时期。正文之中略有作者墨笔添改之处。

　　卷一起自"汉王尊坂石刻，见《阮志》"，终于"《重修阳派兴宝寺续置常住记》，元僧·用源撰，在姚安县兴宝寺，见拓片"。

　　卷二起自"明乌撒卫前千户所百户铜印，洪武十四年十二月制，见宣威县采访册"，终于"永历、大顺、利用、昭武、洪化五币，各十枚，共五十枚，光绪间临安知府贺宗章集藏，今归腾冲李氏"。

卷三起自"盘龙寺建立《郡守谢公德政碑》，清郡人唐绩巍撰，顺治己亥孟秋，今在晋宁县，见拓片。太守名（谢）桢，石屏贡生"，终于"鸿濛室丛刻，广南方玉润刻，今在陇州"。

卷四起自"民国《杨振鸿诔文》，蔡锷、李根源、殷承瓛、韩建铎（以上撰文）；欧阳渠书（丹），在保山县城内太保山，见拓片"。又，"滇贤遗像石刻"计有杨一清、唐尧官、高奣映、张汉、钱沣、许印芳等二十人，"每石高一尺二寸，广二尺，每两像合刻一石，共十石，袁嘉谷有《跋》，在昆华图书馆"。又，"滇贤遗墨石刻"，计有文祖尧、担当、朱昂、虞世璎、刘大绅、戴絅孙等二十人之不同书体。每石高一尺二寸，广二尺，共二十石。袁嘉谷有《跋》，在昆华图书馆"。下注："以上两种《云南丛书》处刻石，民国十四年（1925）起工，迄二十三年（1934）止，刻竣此数"。又称，方树梅历年访寻所得杨南金、木公、赵藩、李坤、杨增新等二十八人图像及墨迹数十百家，"均待赓续刊石"。

李根源《云南金石目略补编》一册四卷

稿本，云南省图书馆藏书

近·李根源著。体例同前书。扉页作者自书曰："民国二十六年十一月五日编竣。时倭机轰炸苏（州）城二十余次矣。雪生记。"另有张在川先生书粘条曰："此稿花费精力不少，且有参考价值，但编辑范围仅限于云南，且多系近人之作。拟收入（善本）乙编。"全稿用朱丝栏"曲石精庐"稿纸写成。主要内容如下：

卷一起自《汉昭通梁堆新出土器物》，下注："在昭通县图书馆，见拓片，有张希鲁、黄仲琴、邓尔疋、容希白、浦汉英《跋》《记》"；终于《佛顶罗藏文石刻》，下注："高一尺六寸，广二尺，横书十三行，行十八字，侧刻'佛顶罗'等字一行。在保山县，见拓片"。

卷二起《明普贤寺碑》，下注："洪武年（立），在昆明县城西高峣村杨升庵祠左侧普贤寺内，见昆明县采访册"，终于《诰封荣禄大夫上柱国兼太子太保咸阳侯晋上公祁公墓碑》，下注："在蒙化县西山降龙寺之左，见拓片。祁公讳三升，号凤川，陕西西安泾阳县人，国变不能归，占籍蒙化。"

493

昭通梁堆出土文物

卷三、卷四为清朝至民国金石，而以民国金石最多。起自《清平西亲王重建龙川江桥碑记》，下注："在腾冲县龙川江桥，见拓片"；终于许印芳、张舜琴、袁嘉谷手书各一石，下注："许评袁诗，张自挽联，袁《滇贤墨刻跋》。高一尺，广二尺，二十行，行二十字，行书。"该稿显为初稿之补续未定稿，故粘条刊改之处更多。除作者采访所得之外，还注明引有袁嘉谷《屏山袁氏校补》等著作之金石文字。

李根源《凤翅园石刻录》一册不分卷

石印本，"曲石丛书"之一

近·李根源著。封面书名署"己丑五月张德溶题"，"己丑"当为1949年。卷首同邑刘楚湘撰《李氏凤翅园石刻录序》称："老友李叠翁于民国三十五年（1946）解云贵监察使之职，就（腾冲）叠水河上先人旧居重筑住宅，名曰'凤翅园'，盖取（徐）霞客'来凤腾翅而出'之意也。自为榜书，以纪其先人之嘉言懿训及李氏碑志画像、而旧作之堪垂后人者，咸自为书之。搜刻海内古今名贤，自庄烈帝而下及乡先辈与师友题赠之叙记、榜书、联语，多勾摹上石，嵌之四壁。又邀约乡间耆宿唱酬，集刻其诗于石壁。"

立目式专题类笔记。分四部分，每石刻简注其作者、内容、大小等。第一部分题《凤翅园石刻》，为全书之重。录庄烈帝（崇祯帝）一石，文曰："崇祯御笔：'松风水月'，民国

崇祯皇帝墨迹

二十八年十二月李根源刻于腾越，草书，七行，行一字，高一尺二寸，广二尺六寸"。以下有邓子龙、翁同龢、黄兴、于右任等作品，共四十六石。最大为赵藩手书《滇粹叙》，"行书，十三行，行三十三字，高二尺五寸，广一尺四寸"。其中，包括作者自书"叠园"和"凤翅园"二石，以及民国三十四年（1945）九月十日作者手书诗作《日本投降电请解职》一石云：

大难戡平海宇安，收帆急返子陵滩。
余生幸遂还乡愿，愿乐渔樵不做官。
雷雨风云百劫身，问心尚是读书人。
从兹曲石归耕去，犹可逍遥几十春。

第二部分题为《槃阿摩崖集》，录腾冲秀才蓝益芳、尹永清等，时贤章士钊、袁嘉谷、周钟岳等，故贤朱熹、陈荣昌、李坤等人的作品。第三部分题为《和顺感旧诗》和第四部分题为《和顺乡居吟》，录作者诗作及腾冲其亲友唱和之作，大多作于一九四九年前后，但未言是否一一上石。

李根源《叠园集刻录》一册四卷

写刻石印本，腾冲图书馆、修志馆印行，民国三十七年（1948）

　　近·李根源著。扉页张问德题写书名。首序亦张问德，称"己丑之秋八月，曲石公《叠园集刻》既成，出示为序，爰而读之。知网罗得乡先生及滇中海内时贤遗墨凡一百七十二件。揩揩然用力两寒暑，双钩上石，为一百七十四石，嵌诸县图书馆壁，楷、行、篆、隶无不备，婉若游龙惊鸿，壁间旋舞，大壮馆色！"次序刘楚湘，称李根源解任回乡，"乃搜集腾贤胡二峰诸公书四十七件、宦游及备边来腾名贤邓式桥诸公书五十二件、滇贤钱南园诸公书二十四件、海内名贤陈白沙诸公书五十件，皆勾摹上石，题曰《叠园集刻》，分嵌腾冲图书馆壁；并博考书者《传》《状》，为《集刻》录之，以资后学观摩考镜"。

　　立目式专题类笔记。作者自序作于"民国三十七年（1948）五月"，称"甲申（民国三十三年，1944）收复腾冲，余归自重庆善后，余暇搜集前人余墨，（中略，余墨作者，共173件）劫灰遗珍，重双钩上之贞石，题曰《叠园集刻》，分嵌腾冲图书馆壁，历时二年乃竣。遗迹光显于世，爰识其缘起，俾后之人知所珍重云。采集者刘梦泽、王少诘、王绍武（下略，共

18人），钩摹者王廷用、旷希培，刻工彭伟武、李象升"。

分为四卷：卷一《腾人》，录吴璋、吴宗尧父子各一石，李曰垓一石，胡璇一石等。卷二《宦游及备边来腾名人》，录邓子龙二石、王文治一石、释·太虚一石、赵藩三石等。卷三《滇贤》，录钱沣一石、尹壮图一石、顾品珍一石等。卷四《海内名人》，录王守仁一石、岑春煊一石、张继一石等。每石内容或为墓铭，或为诗章，或为题款，或为书法片段，皆简要考说其书体、石体大小、原藏地及作者小传。卷末另附《历代古钱》。题记称原为友人邓燮坤所藏古钱币，转赠作者，作者"不敢受，归之腾冲图书馆保存，仅录其钱名"。计有秦半两一文、汉五铢二文以及明清稀见古钱币等，总一百文。

此书编著时间、所记内容，似略与李根源先生所著《凤翅园石刻录》相同，是否同书异名，或欲分编二书之未定稿，皆有待进一步研究。

腾冲叠园石刻墙

李根源《叠翁行踪录》
一册二集

油印本，云南省图书馆藏书

近·李根源著。书前小序署"丁酉春"，即一九五七年。后记为其哲嗣希泌先生所撰，署一九七五年六月，略曰："先君因不良于行，经常坐沙发中，每忆向年行踪，辄笔之于片纸。置座垫下，久之，积数百余条，命希泌整理就"，再由其侄婿宋善生先生刻写、油印而成。完成之后，寄赠云南省图书馆一册，附李夫人致函一纸曰：

云南省图书馆：

先夫李根源于一九六五年在北京病故。生前著作甚多，大部分均已付印。尚有遗稿《曲石诗录》卷十三至十六、《叠翁行踪录》两种未印。现刻印完毕，装帧成册，特寄赠各一种，计二册。请查收入藏为荷。

此致，敬礼。

北京市文史馆馆员马树兰敬上。
一九七九年二月廿八日

据以上及此书卷末附于乃义先生诗《读〈叠翁行踪录〉敬题卷尾》得知，此稿为根源先生晚年于北京寓所之最后著述，弥足珍贵！属不立目专题类笔记。第一集主要记作者所经云南境内之地；第二集主要记所经云南省外之地。尽管文字非常简括，但因属作者亲身经历、亲笔写定，故对于研究根源先生行年，深入了解今天业已消失或被人淡忘的名胜古迹、名人故居等，皆具有重要的实证价值。特就作者原文，录出一二与其行迹和重要历史事件有关者，条陈如下：

盘龙山，在今腾冲九保后山，余家祖茔在此，根源有刻石。

曲石，在今腾冲北面，距城六十里，高黎贡山下，根源祖宅。

叠园，在腾冲叠水河左岸，根源祖宅。有《叠园石刻录》一卷。

九保，在今腾冲，根源生长之乡。根源有《九保金石文存》一卷。自光绪癸卯外出以后，归九保四次：一庚戌冬、二壬子春、三庚辰春、四甲申冬。至壬午，日寇陷腾龙，则仅归至永昌，未至腾越也。逾二年，驱逐倭寇，腾龙恢复，再还腾冲乡，住有数年。

李根源题叠园石刻

火烧庵，在今昆明城内。明亡，十八僧尼自焚尽节于此。光绪庚子，根源与革就三、黄绮襄应乡试，同住此二三月。

买闲林，在今剑川，民国壬子，根源陪樾村师（赵藩）曾游宿之，题有字。

北校场、巫家坝，在昆明城北、城南，辛亥重九革命，滇军在此起义。

霜镜堂，在昆明滇池右岸普坪村。民国二十八年，余曾住此近七八年，撰写同盟会杨秋帆、秦力山、张文光、罗佩金、彭蓂、李学诗、赵伸、吕志伊、叶荃、张耀曾诸友传记，并撰成《永昌府文征》一百三十六卷，又有《霜镜堂集》一卷。

鸡足山，在宾川。民（国）元（年），根源侍先师樾村先生及杨过楼、张绍三、张贤楼、赵潋甫,并小儿希牧住山半月。成《鸡足山志补》一卷,并摩崖多处。

伊洛瓦底江,即大金沙江,旧中缅公界。又称"禄斗江"及"戛鸠江"等名。族叔李恩周有《长歌》。

王骥誓江碑,在大金沙江边。光绪庚子(1900)为英人毁沉江中,见族叔雨农先生诗。

杉木笼,在腾冲,王骥曾驻军于此,根源有刻石。

刘綎《威远营誓众碑》,在我旧蛮莫宣抚司地瑞亨达山,民(国)十六年出土。

潜龙庵,在今浪穹,相传明建文帝在过。根源曾宿此,题有字。

磨盘石,在高黎贡山,龙陵、腾越交界处。晋王李定国与清兵血战处。根源屡经过,刻有碑。

永历宫,在腾冲,即今之"玄天宫"。吴三桂自缅甸押解永历帝回昆明宿于此,故名。根源有刻石。

宁西寺,在永平,永历帝、李定国遗址。根源补修,刻有石。

猛卯三角地,在腾越,猛卯土司管地。光绪间英人强迫租借。

猛乌、乌得,原属车里,今属老挝。

石淙,在安宁温泉杨阁村,明杨文襄公一清故居所。民(国)元(年)到着。根源刻有字。

木府万卷楼,在丽江,明木增建,今毁。民(国)元(年),根源至丽江,曾访其遗址。

绒线胡同,在北京。一九五一年,余扶病由川入京,寓所所在。住此已将十年,庭中海棠、杨柳各一株,为余手栽。

学山楼,在今晋宁,方腥仙树梅所居,有诗集。

知希堂,在昆明,王惕山灿斋名,有诗文集。

据笔者所知,云南,尤其是号称"历史文化名城"的昆明,诸多名胜古迹,特别是名人故居,消失得特别厉害。即如紧靠云大大门右边的"靛花巷",抗战时曾为"中央研究院语言历史研究所",一条住过陈寅恪、罗常

501

培、老舍等名家的宁静小巷，就在几年前，被万丈高楼永远地挤出了昆明！城市重要的历史文化遗迹每消失一处，我们就丧失一份独特的记忆和自尊！昆明如果再不注意保护自己的历史文物，恐怕最后只会剩下遍街味道雷同的米线和饵块了。

附录：《滇事资料杂抄》，一册不分卷，清抄本，云南省图书馆藏书

未著作者或抄录者姓氏。云南省图书馆整理者题称"此书系一九五六年李印泉（根源）先生在北京厂肆购得，寄赠本馆"，认为该书为宦滇者分类摘录云南资料以备参考之用者。审是。又据其内容断为清"乾隆二十三年抄本"，则有待进一步斟酌。立目式史料笔记。该书按《江河》《气候》《土宜》《粮储》《盐法》《铜务》《钱法》《锡厂》《人才》《士习》《民风》《夷情》《厂课》《文官俸银》《养廉银》《田地》《钱粮》《税课》等目杂录云南史料。卷末附鄂尔泰撰《慎时哉轩会约》一文，疑是为修列云南地方志而为之。所录资料并不一一注明出处，但大体反映的是云南清中叶以前的社会历史情况，且涉及面较广，有一定参考价值。如《士习民风》条，记当时云南文化习俗之差异有云：

文风之盛，自省会而外，以临安府为最，大理之太和、赵州，澂江之河阳，永昌之保山次之。其余各郡亦能安于诵书。通省士子，类皆循谨自守，半耕半读，无浮嚣标榜之习。惟武生偶有持符滋事，经大宪严饬创惩，近亦颇多收敛。至于边氓多属淳愚，专于稼穑，而逐末者少。惮于讦讼而作奸者鲜。兼以边方物产艰贵，婚丧衣饰，多从简朴，文不足而质有余。故犹称善治。只缘渐染"夷风"，崇巫信鬼，殆未能尽治焉。

材料较为正确地指出了自明代以来，中原儒家文化不断传入云南后，云南全省所谓"文风"发达的几个地区。与此相反，所谓"渐染夷风"，则说明在当时官吏看来，少数民族文化习俗的存在或影响也同样不可低估。此外，该书还提供了不少可能来自官方的统计数字和研究信息，如"通省城垣计九十一座"，"滇省共（有）兵四万八千三百九十名"，当时地方大员一年的养廉银是"总督二万两：（由）盐规内送一万五千六百两，藩司送四千四百两；巡抚一万两：（由）藩库送一千六百两，盐规内送八千四百两"。作者认为这是一个"难支"的数字！

张希鲁《考古小记》
一册不分卷

石印本,印行时空不详,云南省社科院图书馆藏书

张希鲁像

　　近·张希鲁编著。张希鲁,号西楼,云南昭通市人,著名地方文化史专家、考古学家、文物收藏家。早年毕业于东陆大学文史专业,返回故乡,先后执教于省立二中、昭通女师、楚雄中学等。新中国成立后,任云南省政协委员、昭通县政协常委等。一九七九年去世。希鲁先生品行高洁,淡泊名利,对云南文物的搜集研究多有创获,且将自己收藏的众多珍贵文物无私捐给国家。曾为《新纂云南通志·金石考》提供考古资料。还著有《西楼文选》等。

　　不立目专题类笔记。无序跋,文尾署"民国二十三年十二月二十三日,张希鲁记于北平(京)宣外旅平学会寓中"。内容主要记此前五年,作者等在云南昭通地区考古调查的经过和成就。开卷论云南滇东北考古之重要

性曰：

我在云南省会教育界服务，见北平、广州各学术团赴云南考察，多半为的是民族、地质，对于古物尚少人注意。国内考古之风颇盛，大都在黄河流域和西北一带。或许是说云南开化较晚，无甚古物，不知如光绪年间出土的汉《孟琰碑》也就是一件惊人之事，其实又何足奇？原来云南分为迤东、迤西、迤南三部分，三部分要以迤东昭通附近开化为最早。因为，该地区是个气候适宜的高原，又比较接近内地。可想古代汉族迁居其地的必多，故汉晋间的古迹随处可指。因交通不便，少与国内人士通声息，故无数宝藏也就等闲视之。如果有人来提倡考古，还要惹人非笑。可是，国内考古的风气天天打在我的心目中！

昭通梁堆考古遗址

怀着对故乡历史文化的深知与热爱，作者记载了他多次从事昭通地区以"梁堆"为主的考古调查过程及重大发现。

民国十八年（1929）冬，作者多次去访问"梁堆"的一切古迹，探明汉晋间室与墓的痕迹，发现大量"五铢钱"，乡人以为"瑶（族）钱"，还有"花砖"十多种。民国十九年（1930）作者任昭通省立中学教席，又进行"梁堆"的考古。次年，作者负"昭通民众教育馆图书股责任"，正式提议"发掘梁堆，获该县通过"。同年春夏之交，作者指导发掘工作两周，"发现人马花鸟的浮雕、石刻共三件，有文字的石刻两件。余外，还有陶片、花砖和无文字的方石等百余件"，断为汉晋时文物。"去年（1932）暑假期间，于铜工家发现汉顺帝时阳嘉二年（公元133年）的两洗——一个底上饰有双鱼，中为篆书：'阳嘉二年邛都造'七字。"作者考订"邛都"原作"堂狼"。一个题款为："永元五年堂狼"六字。作者在柜子洞附近又发现一个题款为"建初八年□造作"八字，□是

505

朱、提二字合文[①]。两款均为篆书,"足证滇东北史也"。"今年(1934)我要离乡前一月,西区洒渔河又发现两个'梁堆'。我不避风寒、不嫌路远去考察。发现一个是石砌成的,颇与前次发现的那个相仿佛,没有文字和图画;一个是砖甃成的,甃得很好。砖上刻的花纹十分美丽,有的还刻成兽类的,是我从前所未见,内中可站立十余人,初发现就有二三十枚五铢钱,并有一个陶土鸡头。"

毫无疑问,张希鲁先生是云南最早热心考古且卓有成效的名家!他关于滇东北"开化最早"的论断和锐意考古研究,也是颇具学术价值和值得称道的。遗憾的是,今天一提到"滇东北",人们大多只会想到龙云、卢汉、唐继尧等军政名流,却很少提及滇东北还有张希鲁、姜亮夫、李士厚等学术大家。这无疑是对滇东北历史文化研究和宣传不应有的缺失。

[①] □,原文"朱""是"二字合为一字。因电脑输入法无此字,故代以□。作者释为:"朱、提二字之合文",审是。"永元五年",即东汉和帝元年,公元89年。"建初八年",即东汉章帝八年,公元83年。

张希鲁《滇东金石记》一册

石印直排本，印行单位不详，民国二十二年（1933），云南省图书馆藏书

　　近·张希鲁等著，立目式专题类笔记。录存张希鲁、万治平等有关"梁堆"文物考古的几篇杂文。卷首《昭通研究第一期编后——代序》（不著撰人），文称"张希鲁、万治平两君关于'梁堆'的两篇文字，在东昭以至云南或中国的历史价值上是很关重要的"，强调他们以考古实物确证了中原文化首先经四川、滇东北传入云南。据此书，张希鲁撰《昭通后海子梁堆发掘记》条，早在民国二十年（1931），作者任昭通县民众教育馆筹备处图书股主任即根据有关线索，奉命主持过这一重大考古发掘工作。其释"梁堆"及其形制曰：

　　夫所谓"梁堆"，乃昭通、鲁甸两县间独有者。坡陇上往往一二或五六据之。其大几与丘陵等，或视坟垒倍蓰，土质极细。传自何代？"梁"字何解？具无左券。问之乡里父老，皆曰未修城前瑶人土室也，故又称"瑶堆"。闻农家言，发掘者花砖最多，五铢钱次之。间有刀剑、铜器、石器各物。问其内状，皆曰用砖砌成，坐北向南，如城门洞然；或空之为窗，高之

507

为床，数堆相近，通以隧道。又有掘者砖甃如椁，下见遗骸。然则后海子所发现既在低地，形又与此略异。在城西北隅十五里后海子发掘"梁堆"，掘至底，深过人顶，四面沙石甃成，俨然石室，前狭后广，纵丈余，横四尺许，可容七八人。虽已圮，以门楣及后壁考之，知为圆顶。室形适类古之铲币然。

昭通梁堆出土文物

这当是关于"梁堆"最早的记载。又卷首张希鲁、万治平合撰《后海子梁堆正面略图》条，记录当时发掘所见"梁堆"石刻的主要种类有：龙随凤石、人逐马石、花鸟石、风神石、月三石，图像皆作者手绘。此外，张希鲁撰《汉洗记》（附图）及《书汉洗记》一、二两文，考释昭通出土之汉洗的产地、年代等。张希鲁撰《古物记》附《滇东古物表》（一、二）、《滇东古迹表》，归纳列示昭通地区出土和地表文物，一一注明其名称、来源、收藏者。录存杨在高撰《昭通城东访古记》条，记民国十七年（1928），张希鲁老师率同学七人在该城白沙井考察访寻历史文物之事。张希鲁撰《与学生访诸葛营》条，记民国二十二年（1933），作者等人的其他几次历史考察活动。最后，张希鲁撰《与昭通旅省会书——代跋》，建议将杨在高同学《昭通城东访古记》一文"编入研究刊物，供全国学界参考"。

张希鲁《西南古物目略》一册

油印本，印行单位不详，民国二十七年（1938），云南省图书馆藏书

近·张希鲁著。卷首自撰序曰："昭通自改土归流至今，过去史实暗而弗彰。苟无古物佐证，虽知开发已在西汉间，距今已有二千年，恍惚迷离，其谁信乎？余从乡中搜罗金石将近十年，耗余心血诚多。今综核汉物约十之七，有文字可凭者又仅十之一。旅蜀所见、各地目睹者列入，互证吾乡史迹也。夫史迹非惟关系于一隅，洵足以推知西南文化之演进。苟西南人士咸同吾之致力，将来古物出土，或不仅此区区而已。"

昭通梁堆出土文物

立目式专题类笔记。全书以昭通出土文物为主，兼及楚雄、四川、西安、洛阳等地所得文物，共计昭通出土文物如石斧、五铢钱、（王）莽货币、汉虫鱼（纹）器、汉鱼（纹）洗、晋太康砖砚、唐国通宝钱、宋大理国高氏

墓志、贝叶经、明洪武年砖等六十九种。每种简记其形制、出土地质，略考其大体年代，以及出土、收藏之所等等。如《南夷长史印》曰："铜质，径七分，上镌'南夷长史'四字，篆书，阴文。为仲谟从兄遗物"；又如《汉安朱提洗》曰："款为'汉安元年朱提造'七字，篆书，阳文。东汉顺帝时物。原器高营造，尺五寸三分，深五寸一分，口径一尺一寸，腹围三尺，重一百二十一两。清光绪二十五年谢崇基得于典肆，现藏其家"……如前人已有著录者，则注明考释人或有关著作，是一部简明扼要的地方性金石目录著作。

伯希和《郑和下西洋考》
一册不分卷

铅印直排本，商务印书馆，1935年

保罗·伯希和像

近·[法国]伯希和著，冯承钧译。保罗·伯希和（Paul Pelliot），法国著名汉学家、探险家。先后在巴黎大学、法国汉学中心学习英语和汉语，又入国立东方语言学校专攻东方各国语言、历史。师从法国权威汉学家 E.E·沙婉等人，致力"中国学"研究，曾往敦煌石窟"探险"，将大批文物带回法国，藏于法国国家图书馆博物馆。冯承钧，武汉人，早年留学比利时、法国，主修法律。曾在法兰西学院师从伯希和，归国后，先后任北京大学、北京师范大学历史系教授。通晓多种外语，且精通中国史籍，毕生研究中外交通史和边疆史，著译等身，是民国时期重要的中外交通史家。

立目式专题类笔记。卷首冯承钧先生撰序，简要言及郑和下西洋研究概况,称"西方史书言新地之发现者,莫不称达·伽马(Vascoda Gama)、哥伦布(Columbus),就是我们中国人编的世界史也是如此说法。很少有人提到中国航海家郑和,这真是数典而忘祖也!"称反倒是西方自一八七四年从麦耶尔思(Mayers)到一九三三年本书作者伯希和,一直有人关注、研究郑和。尽管对郑和下西洋"原先的汉学家在地理名物方面的研究固然有不少发现,但是寻究史源、勘对版本的只有伯希和一人"。又谢称翻译此书时,北京大学向达教授将自己民国十八年(1929)所撰《关于三宝太监下西洋的几种资料》慷慨提供。

考此书原名《十五世纪初中国的伟大海上旅行》,一九三三年曾先以书评杂记发表。此译著首先备列《大明会典》《明史》《明实录》和该耶(Gaillard)撰《南京史略》等古今中外有关著述、碑文等,然后分条主要考察《瀛涯胜览》《星槎胜览》《西洋番国志》《西洋朝贡典录》四部专著有关郑和下西洋的史实。参酌中外记载,对其版本流传、史料真伪等进行考辨。尤详于郑和下西洋之年代、航海用语、所经之海域和地区等十五世纪初中外交通问题。

例如,考释诸书所记"大䑸宝船",证"䑸"原为"爪哇语之Jong,此言大船也"。中国沿海渔民亦流行此语。而"宝船"又称"宝石船","乃取宝物贸易之船也"。由此指出,永乐帝之所以派亲信宦官"赍敕赏赐而同时并为宫中求奇珍异宝",故航海伟业固大,但也"颇耗费国库钱财"。再如,考爪哇有"革儿昔"(Geresik),又记为"新村"或"涸村",实为中国名称,"因中国人来此创居,遂名'新村'"。郑和下西洋时所见该村有千余家,"以二头目为主,多为汀(州)、漳(州)人也"。

又如,众所周知,明朝天启之前云南曾普遍以"海𧴦"(Cauries)为货币,这些"海𧴦"从何而来?如何制造?该书考"海𧴦",首先驳斥明人马欢所记:"海𧴦,彼人采集如山,罨烂,亦卖贩他处,名曰'海溜鱼'而卖之";而张升本所记曰:"海采而鬻于暹罗葛剌(榜葛剌,今孟加拉国),用与钱同;鲛鱼鬻之邻国,曰'溜鱼'"。作者历引众多证据,指出马欢和张升本并没有分清"溜鱼"和"鲛鱼"。虽然它们都同产于溜山(Maldivesyd,今马尔代夫)一带海域,但是,溜鱼,亦名"海溜鱼",腌

512

制后只能作为食品出售；而"鲛鱼"，又称"马鲛鱼"，实为一种小型海贝，"必指 Bonite，干死后可当钱用"，符于清人吴弥远所辑《胜朝遗事》所记——"海采集如山，俟其肉烂，转卖暹罗等国，当钱使用"。说明海肥可能经东南亚传贩入云南。

李士厚《郑和家谱考释》一册

铅印直排本，云南崇文印书馆代印，1937年

李士厚像

近·李士厚著。李士厚，字如坤，号载庵，云南鲁甸县人，回族。东陆大学毕业，先后执教于云南省立一中、女子师范学校等，又曾任明德中学校长、《新纂云南通志》助理编辑、《云南日报》副刊编辑、省政府秘书及姚安和安宁等四县县长，多有惠政。解放后，受聘为云南省文史研究馆馆员。一九八五年去世。作者为郑和研究名家，还著有《郑和新传》及诸多相关学术论文。

不立目专题类笔记。周钟岳题写书名。袁嘉谷撰序，称自己"授学生十数辈，数十年，而李生士厚之《郑和家谱考释》最确而精"。卷首插附与郑和有关的昆阳老城、马哈只墓、《马哈只墓志铭》拓片、《天妃灵应碑》、作者小照共五幅图片。其书虽名为"家谱考释"，实则侧重于郑和下西洋史事疏证和补遗，称其所据《郑和家谱》乃其

师袁嘉谷"得之玉溪李仪廷将军"。

全书广引正史群籍、地方文献、私家记闻，结合自己实地调查所得相关事实，逐条考释郑和之家世，下西洋之社会政治背景，所经国家、路径、收获及意义等。正文之后附录袁嘉谷撰《昆阳马哈只碑跋》《明史·郑和传》，梁启超著《郑和传》《西洋诸国回教汇览》所列爪哇国、哑鲁、苏门答腊岛、锡兰、古里、阿丹和天方等。《集说》摘录黄省曾撰《西洋朝贡录》、伍崇曜撰《西洋朝贡录跋》、师范撰《滇系》有关郑和之文章。该书为云南有关郑和研究的第一部标志性学术力作，其诸多史料和论点多为后学称引。

范文涛《郑和航海图考》一册

铅印直排本，商务印书馆，民国三十二年（1943）

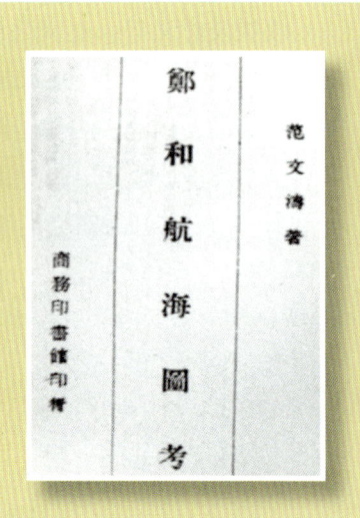

近·范文涛著。范文涛，女，著名史学家。早年毕业于浙江大学，曾任重庆南洋研究所助理研究员，其余生平事迹待考。还有译著《马来半岛与欧洲的政治关系》等。立目式专题类笔记。卷首张礼千先生撰序，高度评价此书之重要意义曰：

近百年来，西人势力深入中华以后，洋化之风，因而大盛，于是自尊之心日渐消失，道德观念为之丕变。揆其原因，厥由国人重视洋人航海之故耳。实则郑和之西航，不但为时更早于西人，且其丰功伟业，亦非哥伦布辈所能及也。凡（郑）和每至一地，或除暴安良，或宣扬德意。若西人到处图霸，仇视土著，（郑）和无有也。麦哲伦之死于非命，可深长思焉。今观文涛之文，不难恍然大悟。故此文之作，既可发扬民族精神，又可唤起自尊之心。其关系之巨，岂浅鲜哉？

作者考称所谓《郑和航海图》原出明末茅元仪《武备志》一书。而茅元仪的祖父茅坤曾参与胡宗宪等在沿海抗倭,且其离郑和最后一次航海时间较近。他熟悉海洋地理,撰有《筹海图编》一书,故此图虽未必即是郑和原用航海之图,也未必成于一时一人,乃至其蓝本部分内容可能源自元朝。考称可能是茅、胡当时搜集的海图资料之一,但结合有关记载,其可信程度最高。西方和日本学者对其虽早有研究,但尚有诸多地理问题有待进一步考证。

作者根据英国学者乔治·菲力浦斯(George Phillips)、布莱顿(Blagden)等转载的《郑和航海图》,结合中外有关史料,运用多种语言,对其第二图,及"苏门答腊至中国"一段之航线、地名、港口等进行详尽考释。其下又按具体航程分为三小段:第一段自"古力由不洞(ButangIslands)至吉利门(KerimunIslands),即由苏门答腊进入马六甲海峡;第二段自吉利门至白礁(PedraBranca),即"船自吉利门,即转入新嘉(加)坡海峡",在众多岛礁和风浪中航行。第三段自白礁至孙姑那(Singora,中国古籍称"宋卡"),即"船过新嘉(加)坡海峡,转北而折向马来半岛西岸",再从孙姑那向北进入暹罗湾,再经曼谷、昆仑山(岛)等地回到中国。

通过以上考证,作者得出几点重要结论:其一,此图虽简单,"然不蔽其真",其航线及所经地名大多"历历可考"。其二,郑和等最早"履险波、蹈洪浪",航经新嘉(加)坡海峡,比葡萄牙

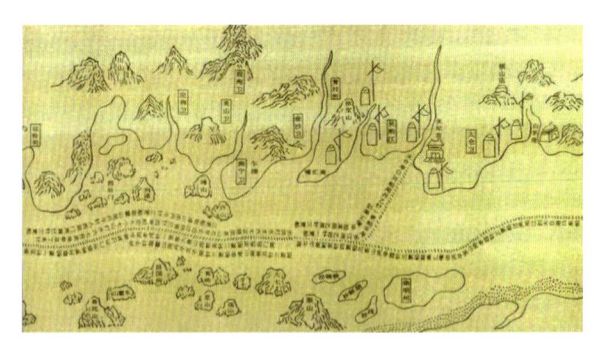

作者手绘郑和航海图

人早两百多年。当时西方航海家或者不知此航路,或者知道,也因其非常危险而不敢前行。其三,由此可见,当时"航行工具简陋不备,郑和之宝船可谓系以划时代之开路先锋!非但工程艰巨浩大,且留下永存之历史价值!"卷末还附作者手绘以上航海示意图,可供参考。

517

附录：《郑和遗事汇编》，郑鹤声著，一册，铅印直排本，中华书局印行，民国三十七年（1948）

郑鹤声，著名历史学家、文献学家，浙江诸暨市人。民国十四年（1925）毕业于东南大学，曾在云南高等师范、东陆大学任教，兼任国民政府教育部编审处编审、编译馆专任编译等。解放后，任中国科学院近代史研究所研究员、山东大学历史系教授等。一九八九年去世。还著有《中国史部目录学》等。

章节体郑和研究专著。卷首《自序》及《编辑凡例》作于民国三十三年（1944），称此书继其著《郑和传》后，再据有关资料辑而成，但"体例取材，互有不同"，惟不涉及"郑和航海路线及故迹影片"。全书正文依次为《郑和之世系与里邸》《郑和之品性与时代》《郑和之生卒与年表》《郑和经历之地方与港口》《郑和出使之年岁与大事》《诸国朝贡之事略》《郑和之遗事》。正文之后，附录《诸书所载诸国之数目》和《诸国名称之异同》。作者虽谦称"遗事汇编"，实则是一部关于郑和研究内容丰富、考述翔实的力作。

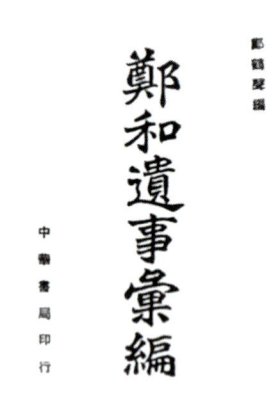

关于郑和家世，作者较多采用了云南地方文献。如李至刚撰郑和父亲《故马哈只墓志铭》、李群杰《马哈只墓碑跋》、彭嘉霖《马哈只墓碑亭诗》。结合古今中外有关史料，考称郑和可能是元朝赛典赤之后裔，明初十岁左右在云南被阉入宫，体貌伟岸，声音洪亮。永乐元年（1403）受姚广孝影响，"为一回教徒而兼崇信释典者也，法名'福善'"。三十六岁左右第一次出使，六十五岁左右去世。关于郑和所到之国家，整合《明史》、马欢、梁启超等考证，计有马来半岛以东十五国、满剌加地区四国、苏门答腊地区七国、印度地区六国、阿拉伯地区五国、阿非利加沿岸三国，共四十国。关于朝贡，作者考证自郑和出使之后，新来中国朝贡之国计有浡泥国（今属文莱）、满剌加国（今属马来西亚）、苏禄、古麻剌朗国（今皆属菲律宾）。同时，原来和中国互有外交关系的国家之间，来往也更加频繁友好。

谢彬《云南游记》一册

谢晓钟先生遗著本，中华书局，1924年，云南师范大学图书馆藏书

谢彬像

近·谢彬著。据谢昆明《复印先君遗著赘言》，谢彬，民国元老，字晓钟，湖南衡阳人。中学毕业后，东渡日本早稻田大学，学习政治经济。加入同盟会，与黄兴、蔡锷过从甚密。民国四年（1915）返国，参加护国之役，曾任中华书局编辑、湖南省政府秘书长、军法执行总监部及军事参议院秘书长等职。还著有《新疆旅行记》等。此书由其子女谢昆明等捐赠云南师范大学图书馆。

不立目综合类笔记。一九二四年，由上海中华书局出版，收入《新世纪丛书》，次年再版。此后又收入台湾沈云龙主编《近代中国史料丛刊》第九辑（文海出版社）。作者称，因参加护国之役曾到过云南，但时间不长，以"未能泛舟昆明湖为恨"。民国十二年（1923），全国教育联合会在昆明开会。作者应邀参会，故得来滇旅游考

察。这次重点考察了昆明及滇越铁路沿线，结合有关文献资料，写成此书。其内容侧重于云南教育文化方面，对于研究民国初年云南社会历史也颇多参考价值。

例如，据作者调查分析，云南自光复以后，地方政府便积极发展现代教育，十年来，先后实施两期小学义务教育，云南特别是昆明初等学校教育成绩尤为显著，乃至走在全国其他省份的前列：

昆明市学龄儿童，经民国十一年十一月调查，应就学者为一万一千七百十一人（原注：实尚不只此数，俟另详之），恰当全市总人口十分之一。在未实施义务教育以前，就省立四小学、男女两师范之附属小学、县立、城立、私立各小学统计，仅得学

昆明市立第六小学学生

生三千三百七十六人，约占全人口百分之二十九。自市政公所成立，筹措经费，力谋推广，除原有各校班数外，计第一期已添设第五至第十四市立小学（原注：原有省立四校，现改市立第一至第四）十校，共设六十余班，收容学童三千六百余人。本年秋季，赓续实施第二期义务教育，又新设七校，添办二十五班，收容学童一千四百三十余人。共计原有新设市立小学二十一校，一百二十一班，六千四百七十八人。加省立男师、女师附小三校、城立九校、县立十二校、私立四校、义务补习夜学三校，在学人数四千三百五十余人。总计全市现有小学五十二校，就学人数一万零八百三十七人，已得学龄儿童全额百分之九十二而强。昆明市教育能如是普及，在各省中殆首屈一指。

作者到达昆明，正值东陆大学初步建成，作者即往参观考察，为我们勾勒出这所"油漆未干"的大学的早期轮廓。这段不可多得的史料，对于研究云南高等教育和云南大学校史也无疑具有一定的参考价值：

赴东陆大学校参观。校就城北山顶贡院旧址改建，前临翠湖，后枕城垣，拾级登览，眼界甚宽。头门以内，腾蛟、起凤两坊间之旷地，预备筑为实习工厂，中夹校园。二门新建讲堂一所，上下共二十四间，工仅及半。其左隔离数十武，有物理与化学教室上下四间，工程亦未完竣。此项建筑费用共约三十万元。新讲堂后即旧"明远楼"。董（泽）校长安排将此全栋建筑移置他处，用作亭榭，藉保古物，就其地基，改建图书室。穿丹墀再进，即旧"至公堂"，新添团龙花板，重加油漆，共费四千余金，作为礼堂及讲演之处，庄严美丽，实堪代表东方建筑物之特色。徘徊其间，令余发生无穷感想！

自此折右为校务处。其应接室即就旧监临房而加以修葺者。中悬康有为、吴昌硕书联及章太炎书屏，康联句云："号令风雨肃，声名草木知"，推崇唐省长亦云极矣。此校为唐省长独捐五十万元创办，故校名即用唐氏别号"东大陆主人"之缩语。而礼堂以至各处，亦无不高悬唐氏肖像及诸名流赠唐联屏。校务处之右端，为食堂及炊爨、烹调两室，其左有各科办公室、讲堂、自修室、寝室、厕屋、浴堂等等建筑。办公室处、浴室、厕屋、皆新建而西式；讲堂、自修室、寝室，则就农校旧有者而加以刷新。不过讲堂周悬黑板多块，仿美国式而已。

学生现有预科四班，共计九十余人，并有女生八人，试行男女同校。经费一项已筹定者，除取得省城至可保村运煤铁路建筑权并专利外，计有唐氏捐助五十万元、东川铜矿官股十万元、第二工校开办费约一万元、军饷委员会拨提二十四万元、富滇银行及各商号捐助约十五万元，共约一百万元。预备再筹二百万元，以百万作建筑设备诸费，以二百万作基金生息，益以学费收入，每年可得十六七万元，以为经常支出。现行学制，定为预科两年，本科四年。预科毕业，即拟开办文、理、法、工、农各本科。现有教授二十余人，留美学生居多，欧洲各国及日本留学者合计未达半数。学科特设"军事"一门，且定为必修，聘保定军官学生胡学如君专任教练，预备养成战时尉官人才。

作者看到，和相对发达的教育尤其是基础教育相比，民国初期云南社会生产则比较落后。尽管滇越铁路早已通车，但滇人从事新式生产的观念和动作始终比不断涌入云南的外地人要落后一些。作者记曰："云南各项工业，多操安南人及广东人之手。缝纫业，粤人占十分之三，安南人占十分之七；家具业，粤人占十分之一，安南人居十分之九。对此两项日用工业，本省人皆绝无仅有。甚至自来水公司安设水道铁管，非用安南工人不能成功。"

但是，作者也注意到，尽管工业生产相对滞后，但商业贸易却非常繁荣。滇越铁路通车以后，尤其是辛亥革命后十多年的发展，促使省外商人、东西方各国商人来滇经营工商业者日益增多，昆明、腾越、蒙自、蛮耗、河口诸地，无处不居有其人。作者据昆明市政公署一九二三年调查材料记载，当时仅寓居昆明的外国人就有二百六十三人，"其国籍，则英国三十七人，美国七人，日本三十四人，法国四十六人，俄国四人，璐（挪）威二人，希腊八人，葡萄牙一人，法属安南一百二十四人；别其职业，则工业三十人，商业四十八人，传教二十二人，医士十四人，公务员十四人；教员二十二人，保险业一人，无职业一百二十三人"。我们注意到，这一时期"保险业"已在云南出现了。

钟天石《西南六省印象杂写》一册

载"近代中国史料丛刊"第九十二辑

　　近·钟天石等著，初版时间和单位不详。黄炎培题签书名。据此书卷首江恒源撰序得知，民国二十三年（1934）春，"中华职业教育社农学团国内农村考察团向尚、李涛、钟天石、汪本仁、姚惠滋五人，共赴粤、桂、黔、滇、康、川、鄂、皖诸省考察，行程万余里，费时十阅月"。此后，由钟天石执笔写成此书，记其考察见闻等。执笔者钟天石生平事迹待考。而同行李涛，著名医学史专家，著有《医学史纲》等。其余成员不详。

　　不立目综合类笔记。考察团由滇东北行至滇中地区，重点考察了昆明社会民风。对于研究抗日战争之前云南及昆明社会历史有一定参考价值。此外，该书还附有考察团当时拍摄的昆明和云南其他地区的若干建筑和风情照片，尚清晰可观。由该书文字和图片得知，战前云南城乡之间、大城市和小城镇之间的差别很大。或由于滇越铁路早通，故铁路沿线如昆明、蒙自等地社会经济之发达、民众文明之程度，实不亚于内地。如作者记当时的昆明有云：

近日楼一带，俨然北平的前门。大街小巷多有类似北平的。尤以各胡同里的民房，简直与北平的民房装饰一模一样。偶然走进胡同里，几有置身北平之感！关于行，昆明除新辟的马路用"三和土"（混凝土）外，其余大小街巷，都是用长条石板铺成，整齐光滑。比柏油路热天软化、雨天湿滑似乎别有价值。街道宽敞，两面为行人道，中间为车道。来往人马，毋论士农工商、男女老幼，均各自动一律靠左[①]，秩序井然。在我们旅行以来第一次见到的，以西南几省看来，可说是有一无二的好现象。

除此，昆明尚有十大特点：第一，商店以洋杂货店居多数，而大都为广东人所经营。第二，市内有金马、碧鸡、天开云瑞等大牌坊，是西南各省都会没有的。第三，寺庙古迹极多，都一律改为公园。第四，城郭附近，碉堡林立。第五，街上墙报架触目皆是，都是各报馆自己建设的。第六，公共厕所非常多，而且非常整洁。第七，药店遍街都有，并代人开方诊治，生意比西药店兴旺十倍。第八，糍粑多，味道非常好。第九，币制紊乱，有"富滇银行"所出的新、旧滇票，法国票，中央票，滇洋，镍币，

大清铜币　　　　民国老滇币

铜元票等若干种。旧滇票五元当新滇票一元，新滇票两元当中央票一元，当法国票一元二角。滇洋有半圆、二角之分，与新滇票价值同。镍币有一角、二角、三角数种，铜元有十仙、二十仙、五十仙三种。住一天旅馆房价动辄十五元或二十元，其实还不到中央票两块钱，"说大话，使小钱。"这里正用得着这句形容词。第十，妇女喜欢游街，每天晚晌，街上满是脂粉香，好象（像）走进了女儿国。

与此相反，近在咫尺的富民县则相对非常落后。尽管早已进入"民国时

[①] 旧中国城市交规不统一，北方多靠右行，南方多靠左行。一九三四年，政府推行所谓"新生活运动"，参照英联邦国家交规，统一规定车、人皆靠左行。抗战以来，美国汽车增多，一九四六年，又改定"靠右行"。

代",但富民县县长的办公地方还公然悬挂着比封建衙门还要陈旧的标语。政治和经济的落后,使"富民"抱愧其名!官吏贪黩,玩忽职守;民穷争斗,命案不绝;学校教育更是混乱无序。作者写道:

　　过富民,是云南三等县。远看俨然大村庄,城角各筑一碉堡,颇与北方屯集形式相类似。全县人口祇(只)三万余人,城内仅占二百余户。无所谓商店,惟马店(原注:住驼马者)与零星摊贩而已。耕地面积,约六万零八十余亩,三分之一为旱地,平均每人可摊两亩。但大部属佃农,自耕农还不到十分之五。县府经费,每月仅滇币一千六百元,职员则有三十余人,每人平均各得五十余元,合国币当不足五元之数。

　　县署布置,一如旧式,毫未改善,祇(只)大堂勉强可观,余如县长室及各科办公室,俱简陋不堪,比之穷庙堂相差无几。大堂之上,尚贴有三种标语,一曰"上任大吉";一曰"加官晋爵",一曰"禄位高升"。司法由县长兼理,秘书兼承官员,每案收银币四元二角钱,差捕费除外,两房录事费,并无规定。现每月仅有一两案。人民因费用背(负)不起,虽有冤事,也不敢上衙门,大多愿自行解决,反较官管便当。但解决方法非常简便,也非常残酷。先之以议和,议和无效,即起械斗。每因一平常争案,而惹起流血惨剧,以致争案愈积愈多者,几成常事。

　　县有初小九十余所,完全小学三所,乡师一所。但听地方人士说,俱徒有其名,且数量也须打折扣;所谓完全小学者,反不逮旧式私塾设施完全,乡师亦祇(只)是挂个牌子。其所以如此者,或即因经费不济,例以教育局长月薪而言,每月滇币百余元,合国币不过十元左右,其穷困可知。

　　在城内,参观一所县立高级小学校,时正下午五点钟。踏进校门,绕了一圈,却不见一位先生,只看见拥来拥去穿著(着)粗布短裤、赤足的一群年岁已不小的小伙子。起先以为他们是来玩玩的乡下佬,岂知竟是本校的学生。问他们年龄多少?答称二十几岁以下的很少,有的竟高到三十一二岁!家里已经娶妻生子,而儿子在读书的也不少。

　　除了记下不少沉重的社会问题之外,该书作者也格外关注云南淳朴自然的民间文艺。例如，他们对当时昆明地区"唱山歌"的习俗进行了仔细调查。据作者称，当时昆明农村"唱山歌"之风十分盛行，"所唱的歌词，毋论男女，尤其是女人，都能够随编随唱，这话并非虚语。即如以我们一行五人来说，穿的旅行服、橡胶鞋，她们都一一唱出来，而且形容得非常得当！"该书还记录了不少当时流行的情歌：

小小蜜蜂翅膀长，九日九夜不归家，归家又怕爷娘打，生死只贪这朵花。

百里路上栽棵花，千里路上挑泥巴，北京城里挑挑水，妹妹唉！为生为死为棵花。

一棵栀子一棵梅，昨晚挨打因为你，每回挨打都为你，哥哥唉！永远不敢想起你。

月亮出来月亮红，时时找哥时时哭，找哥模样多多有，找哥心肠世上无。

小小扇子九条槽，慢慢打开慢慢瞧，只要郎心合妹意，铜丝也有铁丝牢。

彭桂萼《双江一瞥》
一册不分卷

双江县府、省立双师印行，民国二十五年（1936）

近·彭桂萼著。彭桂萼，缅宁（今属云南临沧市）人，自幼聪明好学。民国初年，云南省立第一中学毕业，考入东陆大学预科，结业后返回故乡，立志从事边疆教育。先后任缅宁中学校长、省立双江简易师范学校教师兼编辑主任、省立缅云师范学校校长等。主编多种学校刊物、丛书等，创作发表不少反映边疆生活的诗文。特别是抗战前后，领导学生开展各种抗日宣传活动；发表众多唤醒民众反抗日本侵略、捍卫边疆的优秀作品，得到老舍、闻一多、臧克家、郭沫若等高度评价。一九五〇年无辜被害，一九八三年平反。还编著有《西南边城缅宁》《震声》《边寨的军笳》等。

立目式专题类笔记。《云南边疆史地丛书》之一，时任省教育厅厅长龚自知题此书名为《双江》，并手书序文称，"彭君桂萼任教省立双江师校，能以三月之力，本诸参稽故纸，亲历实地之所得，著此书。条贯分明，记述翔实，使吾人身在内地者，手此一编，对于当地风土人情恍如目睹，其有贡献于政教设施，与夫学术研究者诚不少也"。作者在《绪言》中强调其著书目的乃因中国东北沦于敌手，云南之片马、江心坡也相继失控，边疆危机不断加深。希望以此书等唤起民众，特别是不太了解边疆的内地民众，奋起"知边、建边、保边"。作者此前曾领导省立"双江简师"的师生深入双江调查研究，在调查报告、地方志和自己亲身经历的基础上写成此书。

全书分立《绪言》《舆地鸟瞰》《民族检讨》《社会设施》《地方展望》《结语》六章，详述双江历史沿革、地理风物、民族关系、文化教育、边境现状等，插附《双江位置》《双江县略图》二帧（彩印），并记有汉、摆夷、蒙、黑卡、濮人常用重要语音文字对照表。

通过调查研究，作者在《结语》中提出几点建设性意见：一是"行政须特定标准"，即改进旧有县制。二是各民族"相处应精诚团结"。三是"促使局、所健全"，即推进县属各机构改革。四是"边疆武备充实"，如在该县"那赛"及沿江要隘建设碉堡、炮台、营垒，以资守备；在"勐勐"平原修建机场，"平时借以游息，遇有国际战争亦可就便利用"。五是"奠定省县教育"，即健全省立和县立两级学校教育。六是"扫除库勐瘴毒"。七是"开发天然资源"。八是"完成各地交通"。九是"改进生产方法"。十是"革新生活方式"。

彭桂萼《边地之边地》一册

云南开智公司印行，民国二十八年（1939）

近·彭桂萼著。立目式专题类笔记。杂记作者参加一九三七年中、英（缅）勘界活动之见闻和感受等。全书分上、中、下三篇，上篇题为《照相机》，记出发前后之原因、主要经历等；中篇题为《意见箱》，记录作者通过勘界活动后所撰写和提交的报告和建议等；下篇题为《闲话匣》，录勘界期间作者的日记、书信等。每篇之下又各立子目。

民国二十六年（1937）春，中国和英属缅甸，就双方一直存在争议的所谓"南段未定界，指镇康（县）属孟定土司地西，南帕河流入南定河处起，至澜沧（县）属勐阿近旁的南马河流入南卡处止一段"进行勘定谈判，因作者熟悉边疆，故受命以代表资格参与这次活动。双方勘议的结果，虽然并未最后定案，但经过努力，中方争回了不少原本属于中国的地方。其间，作者深入调查了双江、澜沧、耿马、沧源、镇康等沿边地区民族风情、教育状况等，撰写了《勘定滇缅南段界务后整理云南西南边务建议书》和《双澜耿沧镇五县教育调查报告书》。前者针对英缅不断蚕食中国边地，以及当时边地的落后状态，提出以下建议：

一、增设殖边大员。即提升边地管理权限。

二、提高沧源政治地位。因其地处西南极边，直接英缅，建议设县筑城。

三、划西南边县为特区，提升其省府乃至中央的管控级别。

四、驻重兵于沧源，随时保卫边界。

五、在勐勐、孟定、勐董、孟连辟建飞机场。平时可作"民众体育场。一旦边庭有警，国家兵力可以朝发夕至，呼应灵活"。

六、充实各县局军备。包括增加军事装备和"认真训练民团"。

七、表彰拓边诸先贤，树立爱国爱边文化。

八、增设省立学校，提高边区教育级别和水平。

九、设立电台，扩充邮路，"变滞塞之边荒为息息相通之世界"。

十、开辟十字线公路。纵向以缅宁为中心；横向以耿马为中心，外接缅甸，内达腾冲、大理、昆明等地。

十一、兴办各地矿产。"或听由私人兴办，照章纳税；或转由公家经营，以裕收入；或作为官商合办，使事简易行。均应即行着手，不再停延！"

十二、移民垦荒。建议宣传、动员、鼓励云南内地和省外移民来边地，种植粮食或经济作物。

后者则根据双江、澜沧、耿马、沧源、镇康的教育现状，逐一提出改进和发展建议。即便今天看来，以上某些意见和建议都具有积极的参考价值。

郑子健《滇游一月记》一册不分卷

铅印直排本，中华书局，民国二十六年（1937）

近·郑子健著。作者生平事迹待考。其所著尚有《桂游一月记》《南洋三月记》等。该书卷首《自序》作于民国二十五年（1936），称"今夏因有事于昆明，爰绕道越南而行，循滇越铁路，经越之老街，滇之河口、开远而达昆明。历程八千里，为时三十日。耳之所闻、目之所见，按日记录，涂抹成书"。

立目式综合类笔记。全书立七十目，除记中国香港、广东和越南旅程外，重在云南见闻。如《云南概况》《昆明概况》《云南教育》《周惺甫家训》《唐继尧墓》及昆明诸景点等，并附有相关图片若干。其所记上世纪三十年代云南教育情况可能来自官方材料，故多有数据可按。如《云南教育》条，记当时云南大学师生规模云："据（民国）二十三年调查，有教职员六十八人；文法学院学生一百二十一人；理工学院学生四十六人，医学专修学生二十九人。合共学生一百九十六人。各院已毕业学生二百零九人"。记当时云南中、小、幼教育情况云：

据（民国）二十三年调查，计省立高级中学八校、初级中学八校，共十六校，学级九十七个（班），教职员总数三百五十八人，学生五千二百十九人。县、市私立初级中学共四十校，学级一百零九个（班），教职员六百三十三人，学生五千二百五十八人。省立师范学校四校、简易师范学校三校，共七校，学级二十九个（班），教职员一百二十二人，学生一千四百六十九人。县立简易师范学校二十一校、乡村师范学校二十二校，共四十三校，学级七十个（班），教职员四百八十人，学生三千零五十三人。省立职业学校三校，学级十一个（班），教职员九十人，学生四百四十三人。省立小学十校，学级六十五个（班），学生三千五百七十五人。县立小学一万零六百八十四校，学生四十六万二千六百三十二人。私立小学三百三十五所，学生一万二千零九人。幼稚园（幼儿园）共三十所，（入学）儿童一千九百四十人。

如记载数据不误，则证明当时云南中小学教育的发展规模相当可观，而高等教育发展规模则相对滞后。此外，该书记当时昆明诸景点之碑铭、联语亦有可观之处。如《玉案山》条，记筇竹寺联语有云："山门有联，为光绪十年舒藻补刊钱南园旧句，文曰：'锡驻即前因，地拥花宫，劫历百千万亿；竹生含佛性，尘空梵境，欢同人鬼龙天'。原联为南园先生撰书。咸丰丁巳兵燹，毁其前只，仅余后只。访其后裔钱寿朋者，能继家学，嘱其摹书其前只，补刻配对。盖以乡前辈一字一句足为后世法也"。再如《黑龙潭》条，记薛尔望墓当时颇具规模，建有"薛氏祠堂"，祠堂内塑有薛尔望神主。其堂额为民国三年（1914）唐继尧所题，并撰有对联一副曰："斯志与日月增光，允宜血食千秋，昭回云汉；举目有山河之异，遥奉心香一瓣，克服神州"。墓名为道光二十六年（1846）云南学政吴存义所题，并立有滇贤陈荣昌撰《谒薛尔望先

薛尔望墓

533

生墓》碑文等。又如，记黑龙潭当时正在修建的宾川李光炳墓云：

后山之上有巨墓，全为石建，占地甚广，颇为壮观。近视墓碑，其文曰："宾川乡贤享耄寿李先生光炳国民政府主席海陆空军总司令蒋中正题，云南省政府主席陆军第二路总指挥子婿龙云书"。乃民国十八年（1929）所建，迄今犹未竣工。想见其耗资不少矣！

考李光炳，宾川宾居人。其女李培莲，一九二二年嫁给时任第五军军长龙云，故龙云自称"子婿"。由于有此特殊关系，李光炳的两个儿子李培炎、李培天兄弟皆居官显要。李培炎曾任云南富滇银行行长、国民党中央监委等职；李培天曾任云南省民政厅厅长、云南省政府驻南京办事处处长等职。据有关记载，李光炳去世后一年，即民国十九年（1930），李培炎兄弟曾要求将其父列入"乡贤祠"，但遭到当地民众的反对。不言而喻，宾川李光炳之所以能远葬昆明名胜之地，并得蒋介石"题墓"，除因其为"云南王"龙云的老丈人外，也显然与当时蒋介石希望拉拢地方军阀有关。我们不知道这区豪华的阴宅后来命运如何，但无论如何，它不过是专制社会权势要人利用"裙带关系"强占"风水宝地"的一个并不光彩的历史见证而已。

陈碧笙《滇边散忆》
一册不分卷

铅印直排本，商务印书馆，1941年

近·陈碧笙著。陈碧笙，福建福州人，一九三二年毕业于日本早稻田大学政治学部，旋执教于暨南大学。解放后，任厦门大学历史系主任、台湾研究所所长、中国华侨历史学会副会长、东南亚研究会副理事长等职。一九九八年去世。还著有《滇边经营论》《台湾地方史》等。

立目式专题类笔记。此所谓"滇边"，特指今思茅、普洱和西双版纳等沿边地区。民国二十五年（1936）四月十四日，作者等奉命考察"滇边"，从昆明出发，乘车至玉溪。玉溪以南，则几乎全靠骑马和步行，一路艰难行至车里（今属西双版纳）。归而先撰成《滇边经营论》，共三编，依次为《滇边垦殖之意义和前途》《经营滇西南边区之政治军事国防交通计划》和《滇西南行日记》。此后又撰成《滇边散忆》，列《滇边概说》《自南诏至暹罗》《回回马帮》《澜沧江探流记》等十八目。

《滇边经营论》

两书先后写于抗战初期。通观全书，知作者来滇之前对云南的社会历史和现状已有很深的了解和研究，故非同一般走马观花之作，今天读来依然具有不少思想的启迪。例如，今天被传媒炒得火爆的所谓建设"大云南"和"国际大通道"的战略思想，其实作者早于该书中就已经明确提出来了：

在建设大西南当中，云南又占着一个特殊重要的地位。这是因为：第一，云南蕴藏着甲于全国的金属矿产；第二，云南在地势上足以控制长江和西江的上游，比较感不到敌人的威协；第三，西南各省的物资必定要经过云南，才能够找到安全而便捷的出海口。由这几点上说，云南在西南经济建设中所占的重要性，实远超过于四川。所以，在这战事方在积极进行的时期中，我特别提出建设"大云南"的口号，是有重大的含义的。建设"大云南"，在今日，不单为了充实战时生产的后方，而且为了确立百年抗战的基础；不单为了开辟国际交通的新路线，而且为了创造百年建设的新中心。

接下来，作者分析指出建设"大云南"的可能性。其一，只要有计划、有办法，资金筹措不成问题；其二，依托各大学和研究院，技术与人才组织不成问题；其三，交通的开发有了基础，滇缅公路的开通，滇缅、叙昆两大铁路的即将修筑，以及国际航空线的开辟等，使云南逐渐走向世界，也不成问题。非但如此，作者还特别强调指出，建设"大云南"，重点不是"靠内区"和原有的大城市，而首先要建设"伟大富厚的云南边区"。其主要理由如下：

第一，建设"大云南"离不了土地，而滇边正是一块广大未开辟的处女地。以土地的总面积论，滇边约为云南全省三分之一；以荒地比例论，则几占全省百分之八十。仅仅滇边一区，在江南已超过江苏或浙江的一省，在欧洲可等于荷兰、比利时合成的一国。

第二，建设"大云南"离不了原料，而滇边正是一块唯一可以大量供给热带半热带农产原料的地方。密集的盆地、畅旺的河流、肥沃的土壤、丰沛的雨量和常暖的气候，构成了未来西南农业大仓库的条件。

第三，建设"大云南"离不了交通，而滇边正是未来中外交通的枢纽。

无论已成的滇缅公路或未成的滇缅铁路，一一须通过滇边而达到出海口。如果说云南是西南各省的咽喉，那末滇边更是这咽喉的咽喉。

第四，建设"大云南"离不了资本，而滇边正是一个最适宜于吸收华侨资本的区域。有史以来，华侨与祖国在大陆发生密切而频繁的关系，当以今日为第一次。交通的开发，一方面缩短了南洋与内地的距离，同时也就开辟了侨胞内向的门户。

作者早在抗战初期就提出把建设云南边疆作为支持抗战、进而发展中国的"一种神圣重要的任务"，并慨然呼吁说："如果我们还担负不起这最低限度的工作，非但对不起前线浴血抗战的将士，也对不起后一代中华民族的儿孙！"同时，他对持续建设"大云南"还提出了今天也值得重视的四点战略性建议：

第一，建设"大云南"的工作，应该是百年性的，而不是一时性的；应该是永久性的，而不是投机性的。在战事进行当中，我们要建设"大云南"，在战事结束以后，我们更要继续不断地建设"大云南"。

第二，建设"大云南"的工作，应该是国防性的，而不是商业性的；应该着重在基本（础）工业，而不应该专门竞逐于赢利事业。所以短期内可以收利的生产事业，固然值得提倡；短期内不能收利的国防基本建设，更应该努力推行。

第三，建设"大云南"的工作应该是统一性的，而不是多头性的；应该集中在一个能够完全独立负责的机关，而不应该分散于许多叠床架屋的组织。政出多门和责无专负是今日后方建设最大的通病。我们希望在今后百年建设大计中永远看不见这些不合理的现象。

第四，建设"大云南"的工作，应该是有计划性的，而不是无政府性的；应该是整体解决，通盘筹划，而不应该是东凑西补的零碎应付。所以我们绝不能以现在东来一个工厂、西开一个矿山为满足。而不得不进一步地要求最近能够举行一次全省矿产、水利的总调查，并且能够制成一个精密、完备的三年计划或五年计划之类，作为今后经济建设的根据。

又如，作者通过考察和研究，明确提出，要建设和发展云南边疆，必须优先发展有区位优势、有潜在能力的中小城市。作者预言道："滇边未来的发展是不可限量的。唐宋的江南、宋元的两广、十九世纪的南洋正是今日滇边的缩照。交通开发、人口增加后，将来一定有许多荒凉破败的村落能够发展成为新兴繁荣的都市。"作者还具体建议首先开发以下五座中小城市：

第一个是位于江城县东四十里滇越交界上的"坝溜"。因为从此顺把边江可直航猛莱、河内、海防，途中仅"左铺"附近有一个滩险，"如果设法打平了，常年可以通行五十吨以上的小轮船"。比当时思普边区经海防、中国香港，绕道昆明或石屏搭滇越火车出国，"至少要节省二星期以上的路程"。此外，"坝溜区内交通亦可分东、北、西三个方向，等距离连接镇越、思茅、普洱、磨黑、墨江、元江、石屏、建水、旧猛丁、金河各地"。

第二个是思茅。云南三大商埠之一，是当时内外交通的门户，贸易的繁荣冠于南防各属。

第三个是景洪。位于思普沿边坝子的中心。"坝子周围百里，大江中贯，形势极为雄壮（原注：云南境内有大江的坝子是很少见的），澜沧江水流又很有开通到缅甸、暹罗（泰国）、越南的希望。将来发展起来，对内固然是一个重镇，对外应该是我国经营南洋群岛，尤其是暹罗的前哨。"

第四个是孟定。作者认为它是滇西南"最有希望的都市"，因为它位于南定河的中流，是将来滇缅铁路西段的终点。"如果铁路开通后，短时期内，可以使孟定发展为一个近现代化的都市。"作者预言，孟定的发展比河口看好，除地方广拓平坦、能单独构成一个产业单位外，更重要的是"滇越铁路的交通意义和经济价值远不及滇缅铁路的重要"。

第五个是芒市。作者认为，"芒市是傣族盆地中最进步、最富裕的地区。滇缅公路通车以来，这里事实上已经向现代都市发展"。

此外，鉴于云南许多城镇"自有其局部的重要性"，譬如佛海为茶叶制造输出的中心，孟连是澜沧全属的出口；西盟足以担负卡瓦山的经营；猛遮、耿马、南甸等地势高敞平坦，宜于移民居住。作者也建议将它们逐渐发展为"未来的都市"。

封维德《种茶浅说》一册

铅印直排本,印行单位不详,民国三十年(1941)

近·封维德著。封维德,字少藩,云南腾冲人,著名茶叶种植专家。民国初,其父封佩藩任小猛统巡检司时,引种猛库茶于腾冲之窜龙等地,初获成功。维德继承父业,民国十二年(1923),又继续在龙江、蒲窝等地扩大种茶,改良技术,培养人才,使腾冲茶质精进,茶业兴盛,号称"封家茶"。民国三十一年(1942),维德任梁河设治局局长,大力推广种茶,热心公益事业。解放后,曾任职于德宏州政府。

立目式专题类笔记。封面由绥江邱天培题写书名。时任中国茶叶公司技术专员、江苏武进人陆溁撰序,表彰了封氏父子为发展腾冲茶叶生产所做出的努力和功劳,称民国二十九年(1940)十月,封维德并李根源等特邀陆溁到腾冲"创办茶校、茶园",同时将该书送其审定。陆氏认为该书"浅显明了,切合实际",建议推广各地,促进腾冲茶叶生产和出口。该书虽然以腾冲、顺宁(今凤庆)茶事为主,实则涉及滇茶栽培和制作的基本原理、技术、方法等。全书正文依次为《自然环境与茶叶之关系》《茶树之繁殖》《茶树之管理》《茶叶之采摘》《茶之制造》五章。第六章为《附录》,载

腾冲封老爷茶

《李总长根源咏甯龙村茶事》诗一首、李根源致谷运生、尚月卿等请求派员到腾冲指导茶叶生产的信函、作者与陆溁之间关于茶叶生产的通信等。

值得注意的是，书后有刘楚湘亲笔批注曰："此书已请县府分发各乡镇公所、乡中心小学校，负责讲演宣传，并令各乡镇高小学校列为正课，实现生产教育"。刘楚湘，腾冲人，曾任腾冲县中学校长、国民政府众议员、云南省执法委员等。可见该书当时影响不小，同时李根源、刘楚湘等人对地方经济事业的关心也令人感佩。

胡嘉《滇越游记》一册二编

铅印直排本，商务印书馆，民国二十八年（1939）

近·胡嘉编著。胡嘉，江苏无锡人，早年毕业于清华大学历史系，历任上海光华大学、安徽大学等校教授，兼开明书店等出版单位编委。解放后，曾任职于中国科学院历史所、中国大百科全书出版社上海分社编委会等。还著有《中国古代印刷术史》《中国古代天文书目》等。又锐意收集研究北京地方史资料，著有《北京的今天和昨天》等书。

立目式综合类笔记。二〇〇四年，笔者曾访读于日本国会图书馆。卷首附《云南全省公路路线图》《昆明市全图》二帧，以及作者所摄越南河内、海防、老街和云南个旧、蒙自、昆明等地照片若干。全书分为上、下两编，分记云南和越南两地旅游见闻。编内立目记事，独立成篇。云南部分又以昆明和蒙自为主。编后据有关资料立有《附录》五章。或由于该书印数较少，故国内传本亦稀。近来笔者由网上得知，该书已列为民国时期出版的"稀见旧籍"拍卖。

一九三九年前后，作者受寓滇著名教授钱穆等人的鼓励，旅次云南。这时，云南作为抗战"大后方"尚属宁静有序。例如《市街新气象》条，记昆明的街道、交通和推行"新生活运动"有云：

  昆明没有柏油马路。因为西山出产青石，所以，最讲究的路面都用石块铺成。由于多年来积极的建设，这里也有宽至五六十尺的大道。主要的市街都能保持清洁整齐，因为公用和自备的汽车极少（原注：据民国二十五年全省公路总局登记的自用车只有四十辆，内龙云主席有福特车三辆），所以，不像别的城市充满着车马的喧闹。除了南京和南昌以外，恐怕没有会比昆明更加严厉实行"新生活运动"的城市：走路一定要靠左边，纽扣要扣好，男女不得携手同行，穿了军服要戴军帽，而且勿好坐人力车。

  我们注意到，当时昆明人走路，仍然"靠左边"，而不是"靠右"走，这和迄今为止，日本、泰国、新加坡等国家和中国香港一样，据说是源于"英联邦"的交通规则。又如《昆明食的问题》条，记昆明的饮食习惯有云：

  食的问题简单极了。早上九点吃米线当点心。他们叫米线的就是江浙的米粉。店家有烧好了卖的，很便宜。劳动家都是吃这早餐的。最考究的一家是"人和"馆。每碗国币一角。他不用味精而用鸡㙡熬汤。鸡㙡如鲜菌一样，上面是雨伞形，很名贵。午饭要在下午五时吃。昆明的钟点比上海要迟一点钟，其实已是旁（傍）晚了。夜饭是不吃的，如果迟眠，顺便吃些点心。

  由该书得知，作者与当时已经迁滇的西南联大教授们有所接触，故亦间记其轶事。如《安阜园》条，记蒋梦麟先生之幽默云："昆明城北商山麓'浙江义园'一带，人迹罕至的荒坟野地间，现在国立西南联合大学正在那里动工修建校舍（今一二一大街云师大老校区）。"国立北京大学校长蒋梦麟先生对联大师生说："我们的新校舍，说起来是有着韵事的，那里便是陈圆圆的梳妆台！"此外，该书附录《云南省的币制》《昆明的生活状况》《滇越交通状况》《越南海关检查情形》等，多据官方材料写成，亦可供相关研究者参证。

彭舜吾　王凤章等《六十军在抗战里》第一集，一册不分卷

铅印直排本，必胜出版社，民国二十七年（1938）

近·彭舜吾、王凤章等编著。主要编著者生平事迹待考。其他作者或为随军记者，或为六十军文职官佐。可考者如刀进德，云南元江傣族世袭土司之后，黄埔军校第五分校毕业，曾任六十军少校营长。施公猛，曾任第一集团军总司令部少将秘书长，而第一集团军的前身即是第六十军。

立目式专题类笔记。彭舜吾撰《卷首语》称"谁也知道六十军是云南出来的队伍。这支队伍被国人关切着，也为云南父老们关切着，并且付给了最大的期许和希望，以护国、靖国革命精神，充分地应用和发扬在抗战里。因此，在初度参加了鲁南大会战后，应该向国人和云南父老们报道它的经历，虽则它的经历才刚刚开始"，强调此书的内容，一是记载事实，没有粉饰，通俗易懂；二是让人们进一步了解六十军，"怎样兢兢业业地走向为国家民族争解放的道路，并不敢有负国人的厚望"。并解释之所以编为"第一集"，是因为"抗战不是短期结束的事，所以还有第二、第三，乃至若干集"。

全书录王凤章《踏上了征程》《到了抗敌的战场》、罗树清《鲁南会

战中的六十军》（文末署：民国二十七年六月二十四日）、锦琳《血战李庄》、周正坤《血战辛庄》、刀进德《李家圩及房庄》、施公猛《徐州突围记——从台儿庄到武汉》、洪明《突过铁佛寺》（文末署：二十七年六月二十日写于湖北黄陂军次）、华斯特《六十军的片断》（文末署：一九三八年六月十一日于黄陂军次）。扉页附新书预告：《六十军在抗战里》第二集、《六十军抗战照片集》，后来是否公开出版，有待进一步访寻。

全书以不同作者自己的亲身经历，用短文笔札的形式，记叙了六十军鲁南大会前后，初征台儿庄的若干军事活动。如王凤章《踏上了征程·中国永远不会亡》，记六十军从昆明出发，民众送别，万人空巷；自滇黔到湖南，标语口号，不绝于路。又如，华斯特《六十军的片断·纪律甚好，秋毫不犯》《拿给公家去买子弹》《背着哥哥的尸灰再去杀敌》等条，从不同角度，记叙了六十军严明的军纪、血战台儿庄英勇杀敌的壮烈场面和奋不顾身的牺牲精神等。该书无疑是报道六十军抗战事迹最早、最直接的文献之一，弥足珍贵。

> **附录：《追悼六十军抗战阵亡将士特刊》，一册，铅印直排本，滇黔绥靖公署政治训练处编印，民国二十七年（1938）**

以云南将士为主体的第六十军赴鲁南台儿庄抗战之后，云南各界在昆明隆重召开"追悼六十军抗战阵亡将士大会"，此书即为大会之文献汇编。

扉页为时任云南省主席龙云题书"正气长存"四字。此外，书中还插附云南政要名流如李根源、周钟岳、胡瑛、丁兆冠、张邦翰、卢濬泉等以及滇黔绥靖公署军训处、云南陆军医院、云南省教育机构、各级学校、社会民众团体等单位所献悼词、挽联、诗歌，以及六十军在台儿庄缴获日军的战利品等照片。

卷首刊出云南各界《追悼六十军抗战阵亡将士告云南民众书》，文章高度赞扬了六十军将士

龙云题书"正气长存"

英勇抗击日本侵略军的战功和牺牲精神，号召大家永远纪念阵亡将士的事迹，以实际行动弘扬其精神，共赴国难，抗战到底。同时公布了当时云南政府对阵亡将士的抚恤政策："筹定遗族（指阵亡将士家属）恤金；制发'表忠牌飞鹰旗'；发给恤赏；遗族子女免费入学；捐税劳役一概豁免"，规定将"表忠牌用于悬挂在烈士家大门之右方易见之处"等等。刊出《陆军第六十军鲁南阵亡官佐名职表》，列示六十军一八二师、一八三师牺牲之将士名字、队号、职级、籍贯，总计一百七十八名。

此后，刊出王绍猷辑《第六十军鲁南抗敌阵亡将士节略》，介绍陈钟书旅长，严家训、龙云阶、董文英三位团长，尹国华、何起龙二位营长，董人钦连长之生平及英勇牺牲事迹，每人有照片一帧；刊发许良安撰《关于我所知道的几个烈士》，介绍了云县董文英、保山陈宝祥、安宁魏开泰等十三位阵亡将士的简历和个性；刊发锦琳撰《血战李庄——尹营长壮烈牺牲经过》、卢瀞泉撰《阵亡烈士歌》、马子华撰《血染的军旗》、徐茂先撰《以行动追悼六十军阵亡将士》等纪实性文学作品。

六十军远征鲁南，血战台儿庄，沉重地打击了日寇，提振了全国人民的抗敌勇气，是抗日战争的重要战役之一，是云南军民的骄傲！本书充分表达了云南民众对阵亡将士的崇敬和抚慰。正如龙云之挽联所云："五千年战史空前，国运复兴，诸君不死；一万里征程迈进，忠魂永壮，此日其归。"

吴致皋《滇西作战实录》一册

铅印直排本,印行单位不详,民国三十七年(1948),云南省图书馆藏书

近·吴致皋编著。吴致皋,字士明,湖南人,黄埔军校第六期步兵第一中队学员,曾任陆军大学教官,随军到滇西观战,因著此书。其余生平事迹待考。

立目式专题类笔记。记中国远征军滇西抗战史事。远征军长官卫立煌题写书名,并书"抗战史料"四字。卷首为远征军第十一集团军总司令黄杰撰《启》和《序》,称作者"观战滇西,凡所亲历目睹者辄详记之,近日辑为《滇西作战实录》一书。于克敌制胜之大要,能撷其肯綮。余如地形、战况、天时、人事,亦复畅叙始末,纤细靡遗,弥足珍贵。其精湛独到处,以为《兵略》一书读之,异日国防军事家必多取材于是"。次为远征军长官卫立煌、远征军第十一集团军前任总司令宋希濂、黄杰、陈明仁等其他高级将领照片,以及远征军进军、攻克龙陵等地照片若干。

全书主要章节依次为《总论》(章下子目略,下同)、《作战地之状态》、《敌人防御设施之概要》、《怒江东岸之防守》、《龙陵之战》、《遮放之战》、《畹町之战》、《战役中之检讨》、《结论》。记事起自民

国三十三年（1944）五月十一日，远征军第二十集团军抢渡怒江打击日军，迄民国三十四年（1945）一月二十七日，远征军与驻印度盟军会师芒友（Mongyu），前后历时八个多月。主要涉及第十一集团军主导的红木树、平戛牵制战，松山围攻战，龙陵、芒市和畹町之战等。据该书统计，全役敌人死伤一万七千二百二十九人，我军牺牲和受伤四万八千五百九十八人。正文之后附录《敌工事构筑之一例》、《第十一集团军滇西怒江东岸配备要图》、《新第三十九师加强团红木树之进出战斗经过要图》、《第十一集团军畹町战斗经过要图》（中英文），以及《第十一集团军滇西龙、芒、遮、畹作战上校以上参战人员表》《敌第五十六师团之编制系统表》《敌军番号代字指挥官姓名及兵力判断表》等图表若干。该书出自军事专家之手，其身临其境，内容翔实，多为研究远征军和滇西抗战史者所称引。

中国远征军纪念碑

王璧岑《烽火滇西话征程》一册

铅印直排本，大观出版社，民国三十四年（1945）

近·王璧岑著。据该书得知，作者曾以《民国日报》记者居滇多年，还著有《县银行与地方经济》《永远的抗战》等。其余生平事迹不详。

立目式专题类笔记。为大观出版社编印的《大观小丛书》之三。大观出版社位于当时昆明市青年路小雅巷5号。由于战时物资条件太差，故其书印制粗放，夺误甚多。内容记中国远征军将日寇赶出怒江之后，作者及《中央日报》《正义报》等新闻记者组成"慰问团"，一行十余人，以陈秀山为总领队，前往保山慰问、采访前线将士。一九四四年七月十一日，乘汽车从昆明出发，走滇缅公路，于同月十六日抵达保山。这时的滇缅公路路况太差，沿途还有男女民工正在陡峭的公路上不断维修。作者在《只有云南人才能完成的公路》条中，引美国前驻华大使詹森赞扬云南人民对滇缅公路的杰出贡献说：

记得五年前，前美国驻华大使詹森先生从缅甸经由滇缅公路行抵昆明，在和笔者谈话时，他首先就说："滇缅公路的工程和巴拿马运河同样艰险。

这样艰险的工程，我们却没有用一部机器，而全部用人力完成的。所以，伦敦《泰晤士报》的旅行记者曾说："滇缅公路的工程只有中国人才能完成！"这次走过滇缅公路之后，我却要进一步说："这条公路也只有云南人才能完成！"

到达保山后，卫立煌将军、肖参谋长接受了记者的采访。《诗意的驮牛队》条，记说保山人民对怒江反击战的支持说：

这一次的渡江反攻，保山民众对人力物力的贡献极大。卫（立煌）长官说："没有保山的民众，这一次的反攻就没法进行"。肖参谋长也说："这次渡江反攻的胜利，应把三分之一的功劳归之于保山的民众。"原因是从发动反攻以来，保山动员的民夫经常保持一万人；马匹八千，协助运输。这数目在其他各战场，简直一向不会看到过。后来，据当地一位老先生对我说："过去动员的力量还不够理想。如果能把保山一带的驮牛队动员起来，那力量一定会超过以往的几十倍。"

七月二十三日下午四时，军民共同在保山举行了盛大的"慰劳大会"，中国远征军和盟军将官、民众代表及作者等四百多人参加。这时，松山尚未攻克，腾冲尚未收复。肖参谋长代表远征军信心百倍地对大家说："十天以后，请你们到松山上演戏；二十天后，请你们到腾冲唱歌！"该书还记叙了这次往返二十六天所经一平浪、楚雄、永平、大理等地的自然风物、名特产品和特殊见闻等。

美国新闻处编印《怒江战役述要》一册不分卷

铅印直排本，印制时间不详

美国新闻处编印。立目式专题类笔记。无序跋。扉页附《滇西战役图解》一帧，分别标示："第二十集团军三路横渡怒江"；"第十一集团军分两路渡怒江"；"南路在此（指缅甸滚弄萨尔温江下游）渡江，牵制日军不能向北增援"。正文依次为《开路的战争》《怒江战场的地形》《参战部队》《战斗要旨》《战斗的经过》和《结论》。其中《战斗的经过》之下，又分立《腾冲攻城战》《松山争夺战》《龙陵、芒市作战》，为全书之重点所在，几乎按日详记从一九四四年五月十日我军分三路强渡怒江进攻日军，直到一九四五年一月二十日夜我军收复畹町的全部过程。

作者指出，怒江战役旨在重新打通因日军占据缅甸后被其阻断的滇缅陆路通道，好与登陆中国海岸的盟军协同作战。由于日军早有准备，以坚固之工事重兵防守，我军对此"正面攻坚之战"必然要付出巨大的牺牲。在美军顾问、空军和通信联络的配合下，经过长达十个多月的血战，我军终于胜利地实现了这一战略目标。作者最后总结说：

怒江战役的胜利，在于完成滇缅路的打通。史迪威（公）路从印度直达昆明。盟国的供应品可由陆路运到中国，加强中国的力量，准备在大陆上击溃日本。在心理上，怒江战役是七年来中国在抗战中第一次主动的攻击。怒江战役的胜利，证明了中国军队的攻击作战能力，在精神上可以鼓舞所有其他的中国军队。在物质上，由于供应品经由史迪威公路运入中国，加强中国的作战能力，准备迎接盟军在中国海岸的登陆，共同击溃日军。它的贡献至为巨大！

杨大纯《旅行日志》一册

铅印直排本,印行单位不详,
民国二十七年(1938)

杨大纯像

近·杨大纯撰。杨大纯,字粹楼,云南腾冲人,著名医师,经营"崇仁堂"药房,兼通中西医学,医术高明,热心公益事业,先后任腾冲救济院医员、院长,牛痘局局长,县商会委员等。还著有《杨大纯指南》《崇仁指迷》等。

立目式专题类笔记。卷首署"云南公路总局"题赠作者之《嘉奖词》曰:"杨大纯先生精通医理,救济为怀。此次本总局奉令与修滇缅公路。其间保(山)龙(陵)路一段,地居边陲,气候恶劣,在路员工染患瘴疠者甚众。先生输款制药,不辞劳瘁,躬亲施诊,全活甚众。滇缅公路之能短期内完成者,先生亦与有力焉。爰题斯语,用是褒扬。民国二十七年十月十日。"此书用诗歌附小序的形式,以记咏这次亲送医药、救治滇缅公路患病员工之事为主。其诗序记其送医活动曰：

由保（山）龙（陵）一带，为泸（怒）江芒市之境，多属瘴雨蛮烟、人迹罕至之地。腾（冲）、永（平）、龙（陵）、镇（康）以数万之众，修此浩大工程，且无医药之地，人民到此倘染疾病，何以为生？纯有鉴于此，以倾囊购入大批药材，率领门生漏夜工作，赶造药品，运付猛腊，亲往救治。每日抱疾求医者均百数人，服药后均霍然而起。余意务使民无延工，国路早日完成，以期达到我国取得最后胜利之目的。

日志按时序记咏其送医活动。诗句质朴，清新可读。如《腾龙行》云：

日本三岛蛇，久谋吞象策。入寇到上海，垂涎侵中国。
忽报倭奴至，战事生激烈。南京既失守，九龙道阻隔。
政府颁命令，滇缅公路测。积极派民伕，修路不可辍。
腾越出工者，三万另数百。开往怒江边，天气更时节。
蛮烟和瘴雨，感受无休歇。民病共期延，束手无良策。
纯经早计及，药材均备切。制造丸散丹，治病刊细则。
大量运猛腊，普救民伕厄。纯再亲往治，畛域无区别。
四月初三日，登舆出门宅。辞我老父灵，有方留不得。
离我妻与儿，出行天已白（下略）

除此之外，日志还收有作者旅行其他地方的诗作、见闻，以及抄录所经名胜古迹之楹联、匾额等。此书可从一个医师的视角提供滇缅公路修筑的某些真实镜头。

> **附录：《滇缅公路》，一册，［美］Nicol Smith 著，亢德、云玖译，亢德书屋初版，民国三十年（1941），南开大学藏书**

　　作者生平事迹不详。译者之一亢德，即陶亢德，号哲庵，浙江绍兴人，民国时期著名的出版人和编辑，先后任《生活》周刊编辑、《论语》杂志主编等。一九三五年，与林语堂共同创办《宇宙风》半月刊，影响很大。译者云玖，生平事迹待考。

　　不立目专题类笔记。记述滇缅公路初通之后，作者和朋友保罗并一个中国人驾驶一辆小型汽车从昆明出发，沿滇缅公路直达缅甸的一路见闻，比较客观地反映了当时滇缅公路的路况、运输情况、路工生活和沿途加油、维修等事实。

　　如据作者目击，一九三八年初通的滇缅公路主要服务于军事，民间和商业运输甚少。"公路经过之处，都是荒凉的乡野，公路本身全无运输来往。我们曾路遇不少货车，上载士兵，分明自前面数里外的驻扎所归来。"又"从昆明到楚雄那一段路上，在第一天的行程中，我们只遇到两辆（车），今天在下关的途中，所遇到的也不过四五辆罢了"。记昆明至下关一带的路况说："这一段的路，显然比以上各段来得优良。事实上，从楚雄到下关这一百四十里的一段，即转向南直达缅甸这一段，确是全程七百里中最佳的部分。我们从昆明出发，路面上有很深的车辙和窟窿，使车行之际颠簸得厉害，但这时则已较为平坦。"又说，"在到下关的半途中，在大佛寺和天顺塘两个小村的中间，这条路已走上山岭，将达最高之处，其高度据估计大约八千六百尺到九千尺之间。这是滇缅公路全程中最高之点"。记澜沧江一带公路云："次日清晨，我们又向前出发，再过去就是澜沧江了。这条江是这公路所须经过的两条大江之一。路面先是斜着向上，直到五千三百尺的高度，然后向下渐渐低落到四千五百尺，即已到了澜沧江的江边。全程只需一小时。"（指从永平到桥头）

　　又如，记当时还在修路的工人说："在这一段路上，我们首次看到修路队。这一队约有十余个工人。他们的身上，其情形实在是凄惨得很。他们所穿的衣服简直是褴褛不堪。他们的蓝布短褂和短裤都已是拖一爿挂一块的，没有完整的地方。工人中年龄最大的大约在四十岁左右,最轻的则在十六岁左右。其中至少有三分之一都患有很重的颈腺病症,喉间的颈部都凸起着一个大瘤,其目光呆滞,差不多竟如牛马一样"。此外,书中还记述了当时滇缅公路沿线城镇和乡村风物,中缅边界的军火交易以及侨居云南的传教士和其他外国人的生活等,对于研究云南公路交通史和当时的社会问题也有一定参考价值。

聂肇灵《完成西南铁路系统之刍议》一册

晒蓝本，民国二十八年（1939），云南省图书馆藏书

近·聂肇灵著。作者生平事迹待考。封面自题"印老先生教正"，是作者亲赠李根源先生之书。

立目式专题类笔记。其要目为：第一，西南形势之概述；第二，铁路与抗战建国之关系；第三，西南铁路网之商榷；第四，轨制问题之平议；第五，施工计划之策进。其所谓"西南"盖指云、贵、川、桂和当时的西康五省。作者指出，其地"处蚕丛扼胜之区，蕴藏资源，亟待积极开发，以供抗战建国之需。同时，国际通道可将物资分由仰光、海防输入，避免敌人之封锁。惟目前最急之图，首应开发交通，俾输入物资能速达内地"。为此，他根据交通部一九三六年所订"五年铁路计

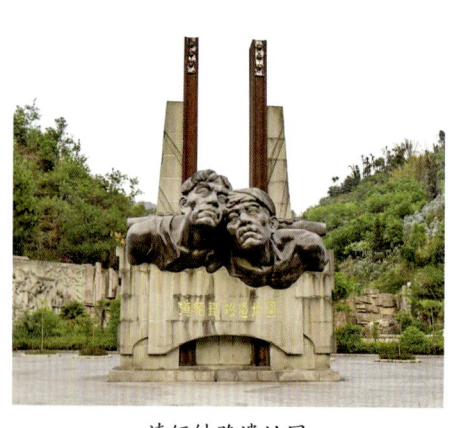

滇缅铁路遗址园

划"，提出分三期五年完成西南铁路网建设（包括在建铁路）：

第一期完成滇缅（昆明至缅甸，773公里）、川滇（昆明至宜宾，774公里）、湘桂（桂林至镇南关，730公里）、湘黔（株洲至辰溪，440公里）四条铁路。第二期完成桂黔（柳州至贵阳，600公里）、黔滇（贵阳至威宁，400公里）、湘黔（辰溪至贵阳，560公里）、川滇（宜宾至内江，150公里）、滇康（杨林至西昌，450公里）、成渝（成都至重庆，523公里）六条铁路。第三期完成川康（成都至康定，300公里）、滇康（祥云至西昌，450公里）、川康（成都至西昌，500公里）、宝成（宝鸡至成都，720公里，为西南外接线）四条铁路。由于经费短缺、运输和施工困难，作者建议先采用窄轨，今后再改准轨。同时还提出了组织机构、施工方法。建议选择有信誉、技术强的承包单位施工，各省也可以组织各种修路专业队伍，承担土石方、铺轨等辅助工作。

李芷谷《滇缅铁路西段应采北线说》一册

铅印直排本，印行单位不详，民国二十八年（1939）

近·李芷谷著。李芷谷，云南腾冲人，艾思奇的叔父，云南讲武堂肄业，参加云南重九起义，后赴日本留学，归国后曾任中将参议。善操琴。其他生平事迹待详。

立目式专题类笔记。扉页附《滇缅铁路南北两线比较略图》一帧。作者称，自李根源先生上书蒋委员长提出"北线说"，"社会人士亦多就此有所论列。最高当局已令交通部勘测北线，而铁道当局虽未能公开讨论，然亦制为《理由书》，密呈政府机关，述其意见，以答复印泉先生及有关此问题之人士"。作者悉知《理由书》后，就南、北线之优劣一一比对，进一步提出十一条理由，再申"北线说"，所论较李根源等更为具体。其重要理由如下。

第一，《理由书》称北线要通过高黎贡山，"舍开凿二十公里左右之隧道不能贯通，其建筑费用及时间恐须数倍于南线"。作者驳称即如高黎贡山之直径"亦不足二十公里"。同时提出两条通过该山之建议：其一，"可从保山沿公路至平场子，过龙洞，出惠通桥以达龙陵之镇安所，高黎贡山至此已山势散缓，失其雄峻"；其二，"可从保山到卧狮窝，经下冷水菁达蒲缥，由放马场出柳湾，过惠人桥，上老寨（原注：或上大蛇腰丫口），下龙江北，绕龙文桥，折抵甘露寺以达腾冲西北，至古永之黑泥塘出境，均甚平坦"。

第二，《理由书》称"本路修筑其意义有二：接通缅甸铁路以达出海路线；开发西南富源，繁荣沿线经济。南线各地矿产资源丰富。李根源等指南线须经瘴毒甚烈之盆地，以河口开发后观之，'瘴毒'二字在近代医学上已不复存在。且北线早为中缅交通要道，近已完成（指滇缅公路），运输已较便利，即不筑铁路，繁荣仍自可期。为平均发展滇西经济计，亦应取南线而舍北线"。作者驳称，南线"自云县以下，除森林、银矿外，更无重要矿产。而北线之区域数十倍于南线，且各种富源、土地蕴藏，南线远不能比。南线数百里之瘴毒较滇越铁路为烈，即便医学可解瘴毒，但在建筑过程中，一无难免。工人之死亡，实无法避免也"。南、北两线虽各有利弊，但争议的共同目的是，两线所经地区的士绅民众都希望铁路交通给自己家乡带来新的发展机遇。

附录：《滇缅铁道路线商榷文汇》，云南道路研究委员会编辑，一册，铅印直排本，云南崇文印书馆承印，民国二十八年（1939）

日军逐渐占领中国沿海之后，为解决西南地区国际交通，一九三八年，政府同时开始修筑滇缅、叙昆两条铁路。滇缅铁路分为东段（昆明至祥云清华洞）和西段（祥云至缅甸）。东段路线不存在任何争议。西段则出现"南线"和"北线"之争。交通部通过勘测，原定走"南线"，即从祥云出发，经弥渡、镇康、猛浪、滚弄直通缅甸南部海岸的腊戍。主要理由是线路较短、修筑较易，以便能尽快接运英美援华物资。计划公布后，立即遭到以腾冲为主的官绅士人的反对。他们力主采用"北线"，

《滇缅铁道路线商榷文汇》

即从祥云出发,经大理、保山、腾冲出境,以接缅甸密支那铁路干线和伊洛瓦底江水道。

立目式专题类笔记。汇集腾冲李根源《上蒋委员长书》《上孔院长书》《致张主任岳军书》《致交通部张部长函》;云南旅省同乡会《云南公民请愿书》;李生庄《滇缅交通线问题》;《腾冲日报》、腾冲商会、腾冲各民众团体《开发西南与滇缅交通问题》;顾颉刚《滇缅路线问题专号引言》等信函、议案、通信、电文、论文以及诸多报刊短文,基本上一致主张"北线"说。

其中尤以李根源先生的观点最有影响和代表性。其主要理由是:第一,"北线"可成为"贯通欧亚之大干道",经阿萨密、加尔各答、巴格达直达欧洲;且南通仰光海口,与伊洛瓦底江平行出海,可收"水陆联运"之利。第二,"南线"施工受瘴毒影响,每年只能作业三四个月,而"北线"则一年四季均可施工。第三,"南线"须通过中英未定边界区,外交麻烦大,而"北线"不存在这一问题。第四,"北线"所经乃"滇中政治、商业之大动脉,资源丰富,人口众多",经济价值很大。而"南线"虽短,所经多荒凉之地,经济价值不大。第五,"北线"施工虽有高黎贡山等高山之阻,但可由镇安等地绕道而行。第六,"北线"所经缅甸一路也是中国华侨生聚之地,故有益于进一步联系华侨经济。

黄声远《壮志千秋》一册

铅印直排精装本，上海汉文正楷印书局承印，民国三十七年（1948）

近·黄声远著。黄声远，黟县（今属安徽省黄山市）人，抗战时曾任《前方日报》战地记者。一九三九年左右，在江西结识云南鲁道源将军，后加入第五十八军，曾任鲁道源将军秘书，其余生平事迹待详。

立目式专题类笔记。于右任先生题写书名，扉页又特注"陆军第五十八军抗日战史"，署"民国三十六年"。全书附当时之全国地图，蒋介石、孙渡、鲁道源、薛岳、罗卓英、余程万、方先觉等军政领导的画像或照片；五十八军出征行军、战地形势、作战、生活、战利品以及日本战俘、投降仪式等众多照片。文字简洁，结构灵巧，是一部图文并茂、通俗易懂的抗战史书。

作者撰《卷首语》称："第五十八军这一支坚强抗日的队伍奋斗的历史，是足以显示民族解放战争的过程的。从这一支军队作战的英勇、牺牲的惨烈、意志的坚韧，可以窥知中国抗战精神的全豹。"全书记第五十八军自民国二十七年（1938）八月一日从昆明出发抗战，经历武汉外围战、崇阳、三次长沙会战、南昌外围扫荡战、赣江追击战等，直到民国三十四年

（1945）九月十四日在南昌光荣接受日军投降为止。正文之后附许啸天撰读后感和褚问鹃撰跋。通过先后由孙渡和鲁道源将军统帅的第五十八军为时八年的抗战历程，典型、生动地揭示了云南军民抗击日寇侵略的悲壮历史。如《万众欢呼送出征》条，记昆明人民欢送第五十八军出征曰：

昆明五华山在民国二十七年（1938）八月一日这一天，集合了群雄赳赳的壮士，在聆听着龙云主席的训话。接着，出发的军号激昂而尖锐的（地）响起，在数万民众的热情欢呼下，一支铁流的队伍出发着，音调激越是军乐伴着雄壮的歌声："我们万众一心，冒着敌人的炮火，前进！前进！"整个昆明市的空气变得格外愉快起来，市民们充沛与兴奋的情绪，欢送着出发的队伍，也增多了一分对抗战必胜的心。

又如《南昌受降》条记曰：

司仪以洪亮的嗓音道："呈递《投降书》！"会场空气骤转紧张。每个人都把目光凝聚于笠原幸雄的呈递降书，笠原幸雄提起崭新的白色毛笔，开笔签字盖印。当他双手捧着《投降书》面向受降官、在案前立正鞠躬时，脸色情不自禁的（地）渐渐转变。坐在下边的六个日本军官也跟着笠原幸雄起立而起立，鞠躬而鞠躬，脸上跟着变色而变色。每个人的头也不约而同的（地）低下来了。笠原幸雄把《降书》递给受降官鲁道源将军后，直廷（挺）地立在案前，双手紧贴裤缝，等待着鲁将军的签字许可。《投降书》是中、日文各一份。鲁将军阅毕，满意地提起笔签字，并用红色的印轻轻地盖下了。他向笠原点点头，表示接受他诚意的投降。

附录：《铁峰集·诗词类》，鲁道源著，二册，刻本，刊刻时空不详，云南省图书馆藏书

鲁道源，抗日名将，云南昌宁人，一九一一年随兄赴昆明求学，就读于成德中学。一九一九年毕业于云南讲武堂步兵科。抗战期间，历任国民革命

军第五十八军新编第十一师师长、第五十八军副军长及军长，先后参加两次长沙会战、收复常德等，战功卓著。抗战胜利，代表中国在南昌接受日军投降。一九五二年赴台湾，一九八五年病逝。将军治军之余，读书习画，堪称文武双全。

　　作者诗集。自释其集名何为"铁峰"曰："一则自幼常游于昆明北郊巍峨之铁峰山麓，感其巍峨雄峻，壁坚如铁！"二则自领军以来，"力主铁血救国之旨，如铁峰巍峨雄峻之不阿，坚壁峭石之不变。任敌之残暴凶猛，而我当之仍岿然矗立而不动！"

　　诗作虽未严格按时间编次，但大体从抗战开始，作者率军从昆明出发，经贵州奔赴前线，迄于一九四五年作者奉命在南昌接受日军投降，较为全面、系统地记咏了作者所经历的重大战事及其感触。诗题下多有小序，内容真实，情感充沛，音节铿锵有力，洋溢着抗敌救国的英雄气概！

　　如《出发日》二首题下小序曰："余所部之师，奉命于八月一日由昆明出发。秋高气爽，士饱马肥。倭奴之处心积虑，欲乘隙以亡我，无如我全国万众一心，敌忾同仇，共张天讨，终使倭奴徒心劳日拙也。"对打败日寇充满必胜之心！其诗曰：

师干总领出垌郊，秋水腰横杀敌刀。
尝胆卧薪雪国耻，岛夷蠢尔慢狂骄！

倭寇逞兵何为乎？爰申正义张天诛。
东瀛痛饮黄龙酒，解甲归农复我初。

　　又如《受降》题下小序曰："余率部由吉安追击敌人至樟树后，会日本投降。奉命入南昌主持全战区受降事宜，敌方代表为日军第十一兵团中将团长笠原幸雄。"深感八年浴血奋战，终于赢来昔日不可一世的敌酋乖乖呈上降表和佩剑，胜利之豪情溢于言表！其诗曰：

八年黩武何疯狂，决策行兵两自戕。九月洪都十四日，笠原向我递降章！

值得注意的是，该书为鲁道源将军亲笔题签赠周钟岳先生之书，一九五二年由周先生转赠云南省图书馆收藏。但不无遗憾的是，此书一直未列为抗战文献，也未收入有关云南抗战丛书或史料汇编集。

> 附录：《第一方面军抗战暨在越北受降交防纪实》，杨家杰编制，三册，稿本，民国三十六年（1947），云南省图书馆藏书

作者生平事迹不详，唯据该稿《弁言》得知，作者时任第一方面军第三处处长，负责"承办作战与部队调动、区分各部队接受任务解除日军武装"等事。在入越受降完成撤军九个月后开始编绘此稿，作为军事文件上报，经国防部核实后发回。第一方面军总司令官卢汉将军认为，此乃"吾滇一千三百万人民之人力、

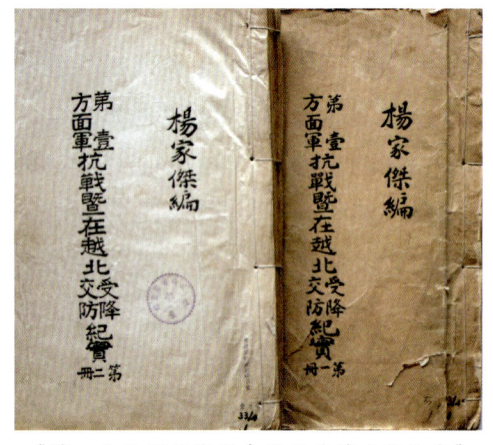

《第一方面军抗战暨在越北受降交防纪实》

财力及三迤健儿万里远征、保卫国土所表现之光荣史绩"，特致书云南通志续编委员会，希望将其载入史册。云南通志续编委员会遂将该稿之主要内容编入《续云南通志长编》，原稿则藏在云南省图书馆。

此稿按章节体编绘，资料由第一方面军政治部、军法处、卫生处等单位提供。全稿附存当时绘制的《第一方面军驻防越北地区配置要图》《日军投降前在越南兵力部署概况要图》《第一方面军入越受降战斗序列及各单位编成系统主官姓名表》等图表十六帧，以及《受降典礼摄（摄）影》《日军

投降代表在受降典礼中撮（摄）影》《受降典礼中来宾撮（摄）影》《参加受降典礼中美军官合影》等珍贵照片。从第一章《受降前敌我状况》，到第二十一章《自我军防守滇南迄受降交防之总检讨》，非常完整、详尽地记述了整个受降过程、意义和经验教训等。

　　据载，民国二十九年（1940），日寇占领越南，"似有进犯昆明，截断我国家联络线之企图。我最高统帅部为巩固西南边防"，令第六十军（俗称滇军）调赴滇南，组成集团军总司令部，指挥第一、二两路军等防守越北之敌，并不断主动出击日寇，有力地打击和阻止了敌人北犯滇南的阴谋。一九四五年，第一方面军奉命入越受降。九月二十八日十时，受降典礼在河内我军部大礼堂隆重举行。中、美、法、越军事长官、华侨代表及新闻记者五百多人与会。典礼开始，越北日军投降代表第八十军司令官土桥勇逸中将等三人，被带到主席台前站立，向端坐台上的我军总司令官卢汉将军、马锳参谋长、尹继勋副参谋长鞠躬行礼。卢汉将军向其下达汉字第一号《训令》，再由翻译用英、日语当众宣读。宣读完毕，令土桥勇逸在《受领证》上签字，领受投降，然后将其带出大厅。此后，作者详细记载了接收日军军械、逮捕战犯和汉奸、教育和遣返日军并日侨、中法军队换防等。作者正确指出：滇军入越受降"乃为我国军队到外国受降之唯一区域，亦为历史上首次创举！"审是。

565

郑崇贤《滇声》一册

铅印直排本，香港有利印务公司承印，民国三十五年（1946），云南省图书馆藏书

近·郑崇贤著。郑崇贤，号嵘庐，云南石屏人，生平事迹不详。成书于抗战胜利之后，旨在全面总结云南军民对抗战所做的贡献和牺牲，驳斥当时国民党反动派污蔑抗战数年"云南安处后方，割据自雄"等无耻谰言。开卷作者有诗云：

> 抗战艰苦已备尝，后方重镇又前方。
> 大军内外须支应，边境西南待布防。
> 出力出钱兼出物，征兵征马又征粮。
> 只今痛定还思痛，劫话昆明吊夕阳！

立目式专题类笔记。《例言》称，此书编著于陪都（重庆），"因参考资料缺乏，关于所叙事实未能表以精确数字，且事实经过亦全凭记忆所及，述其大凡"。后经周钟岳先生等为之订正，希望"分送各界，俾人人咸知吾滇人对国家抗战大业之贡献与牺牲，不至使人民所流之血汗与输出之财物，

归于湮没！"全书分为《绪论》《抗战前之准备》《抗战时之应付》（此"应付"为当时用语，即今之"应对"）和《结论》四章。重在一、二两章。作者归纳战前云南的准备，主要是"修筑滇缅公路""加紧增填积谷"和"为国充实军备"。战时的应对主要是"军队的出动与补充"（指包括第六十军等云南抗日军队，总计约三十五万人）、"驻军之供应及补贴"（指云南对中央军、远征军的经济支持等）、"征实之重负"（指云南出动民夫，上交军粮等）、"征工之浩大"（指云南修筑公路、机场、架设军用电信设备劳作等）、"运输之繁重"、"器材之征调"、"美军之供应"、"空袭之损失"等等。

腾冲国殇陵园局部

最后，以一九四五年五月十七日，云南省主席龙云在重庆接受《大公晚报》记者敏之采访时的一段话作为结束语：

抗战开始后，云南出粮出力，于国家可告无愧！云南军队的装备，是云南人用自己的力量办的，但云南的军队首先服从统帅部的运调而出滇作战，并且已成"国家化"。近几年来，大军驻防滇境，供应大军的一草一木，云南人民都尽了大力！不过"有些人"不顾人民的死活[①]，企图藉权势予取予夺。我承认，我曾给这些人以不愉快的答复！因此，也就难免造成不愉快的关系。

龙主席实事求是、掷地有声地总结了抗战中云南军民为之付出的巨大牺牲和建立的伟大功勋，也坚强不屈地表达了云南当局敢于反抗国民党反动派污蔑云南、企图打压云南军民的决心和勇气。

---

① 文中所谓"国家化"，即"军队国家化"，指抗战前后，蒋介石企图掌控共产党领导的军队，所提出的口号。"有些人"，指以蒋介石为首的国民党中央政府。

张寄谦《联大长征》
一册

新星出版社，2010 年

近·张寄谦编著。张寄谦，中国近现代史专家，祖籍贵州安顺，生于北京，一九四五年考入西南联大历史系，毕业后，先后执教于清华大学、北京大学历史系。二〇一二年逝世。还编著有《中国通史讲稿·近代部分》《国立西南联合大学校史——一九三七至一九四六年的北大、清华、南开》等。

立目和不立目专题类笔记。据张先生《中国教育史上的一次创举——西南联合大学湘黔滇旅行团纪实》一书，选取当时联大学生王乃梁、陆智常、林薄、向长青、钱能欣、刘重来、邹鸣鸣、董奋、余道南、杨式德所撰有关这次从湖南到昆明的日记、杂记和照片。七七事变之后，北大、清华、南开三校先迁湖南，组成"临大"。一九三七年底，南京失守，武汉危急，"临大"师生又分三路迁滇。其中一路三百多人，组成"湘黔滇旅行团"，从湖南经贵州步行来滇。"旅行团"由黄钰生、闻一多、李继侗、袁复礼、曾昭抡等十一位教师设立辅导团；国民政府指派黄师岳中将为领队；学生一律着军装，编成大、中、小队列。师生们克服重重困难，一边行军，一边从事社会调查。或深入村寨采风，访贫问苦；或与少数民族群众座谈联欢；或搜集民间歌谣；或记录古代碑刻；或写生、拍照，留下了诸多研究西南联大和战时西南地区社会历史的珍贵资料。

如刘重来、邹鸣鸣撰《三千五百里采风记——记著名心理学家刘兆吉》。刘兆吉当时是"临大"哲学心理学教育学系三年级学生，在闻一多先生的鼓励下，他一路坚持采集少数民族民歌超过两千首，撰成《西南采风录》一书，一九四六年由商务印书馆首版发行，闻一多、黄钰生两位教授作序，给予高度评价。在语言难通、民族隔阂、条件艰苦的情况下，刘兆吉"要比一起步行的师生付出更多的心血和汗水"。黄钰生教授如实记载了刘兆吉采风时的片段说：

一群人，围着一个异乡的青年，有时面面相觑，有时哄然大笑，是笑语言不通、手指脚画；面面相觑，是要窥测真意。本来，一个穿黄制服的外乡人，既不是兵，又不一定是学生，跑来问长问短，是稀有的事、是可疑的事——稀有，所以舍不得让他走；可疑，所以对他又不肯说话。

历时两个多月，联大师生基本上靠双脚跋涉三千五百里，最后到达昆明。余道南《三校西迁日记》记载了"旅行团"到达昆明前后的情况。早在"旅行团"抵达曲靖时，先期来到昆明的学校领导就安排了接待。"由（北大）蒋梦麟校长夫人陶曾谷女士领头，诸位教授夫人和女同学任招待员，殷勤款待。"作者接着写道：

自板桥往昆明市，师生整队入城。许多市民伫足围观，道途拥塞。一会儿，由海道先来的男女同学举着横幅，高呼欢迎口号来到街尾，引导我们向联大办事处前进。不久达到作为办事处的"迤西会馆"，学校诸常委都在门前等候。黄团长指挥我等列队听候常委检阅。我等均作黄色制服、草鞋，服饰整齐。团长亲自报告人数，交上团员名单。诸常委检阅后，认为此行功德圆满，表示慰劳。然后由蒋校长代表常委讲话，称此次跋涉数千里，经历了三个省区，备尝艰苦，其效果是锻炼了体魄、增长了见闻，同时也向全世界表明，我国青年并非文弱书生、东亚病夫，其吃苦耐劳精神恐非外国青年所能及。在今天国难严重关头，为增强抗战意志、振奋民族精神也做出了贡献。对湘黔滇三省当局的爱护和黄团长艰苦卓绝的领导表示感谢。

西南联大除夕副刊《联大八年》一册

西南联大学生出版社初版，民国三十五年（1946）；新星出版社再版，2010年

近·西南联大除夕副刊主编，闻一多先生题写书名。立目式专题类杂文、杂记。或出于安全考虑，当时该书除著名教授如闻一多、冯友兰等之外，其余作者皆为化名或署"资料室"，但无疑皆为联大师生或当事者。全书分为《历史回顾》《联大生活》和《联大教授》三部分，而以《联大生活》为主体。每部分之下有各立子目，从不同角度真实地记写了联大在滇八年的史实和精神。

如《历史回顾》中，署闻一多谈话、际戡笔记；《八年来的回忆与感想》，署资料室。《三十三年"五四"在联大》《三十四年"五四"在联大》，先后记载了联大师生坚决捍卫"五四"革命精神的言行。据闻一多先生记，自蒋介石在《中国之命运》一书中"公开向'五四'宣战"，国民党政府公然于民国三十三年（1944）将"五四青年节"改在三月二十九日，即引起联大"教授和同学们的愤慨！"大家非但不从此改，反而于民国三十三年和三十四年连续两年照旧举行纪念"五四运动"的各种活动，闻一多、朱自清、沈从文、李广田等著名教授纷纷登台演讲。尤其是一九四五年，

"在全国政治局势窒息的情况下"，联大师生毅然组织了声势浩大的"五四游行"，并"带动了昆明学生、工人和市民的参与和觉醒"。《三十四年"五四"在联大》记当时游行情况说：

队伍出发了，六七千人的队伍！从青云街经武成路、福照街、光华街、正义路、金碧路、护国路、正义路、华山南路，回到云大。群众举着手，高呼："立即停止一党专政""组织联合政府""取消特务组织""取消审查制度""爱国青年走进来吧！""民众走进来吧！"暴烈的声音、沉痛的声音激动了市民、公务员、工人……参加进来了。队伍在壮大、在加长，人数由七千至八千、九千、一万、一万二千！"起来，不愿做奴隶的人们！起来，不愿做奴隶的人们！！"雄壮的歌声撕破了初夏的沉闷。

游行之后向全国发出了《国立西南联合大学全体学生对国是的意见》，提出：立即停止一党专政，组织联合政府；立即取消一切特务活动，确保人民集会、结社、身体等自由；立即以断然手段没收因人民的饥饿死亡而发国难财者的财产，停止通货膨胀，改善人民生活；立即成立联合统帅部，平等提高全国抗日军队待遇；立即根绝党化教育，实施战时教育，确保公教人员生活；加强与各盟国合作，目前尤应从速敦睦中苏邦交等六条意见。

再如《联大生活》中，费孝通《疏散》、资料室《蒙自生活点滴》、周辛田《我住在新校舍》、永年《师院生活》《从军生活》《兼差在联大》《联大的团体生活》等条，真实、生动地反映了联大学习、生活的方方面面。其中冷眉《我是联大一年级生》，从一个新生的角度阐释了什么是"联大精神"：

你想知道联大精神吗？这里没有升旗和早操，更没有纪念周训话；也不像别的大学，一进去有一个月的新生训练，灌输你什么校史和"总裁言论"。你空了，走到"民主墙"下读壁报，你就会知道这里的在国内还没有一个杂志和报纸能登得出来。在这里，你可看到中国的黑暗面，贪官们怎样肥了自己，而把中国人民赶进了坟场。你也可以随时去听演讲，不论是学术的或是时事的。从听讲当中，可以得到更多的智识，更坚定你对民主自由的信心。慢慢的（地），你把许多事实、故事、演讲和自己的经验混在一起，你会发现真理样的联大精神：永远不断的（地）追求真理。

西南联大校徽

又如《联大教授》中，除了介绍闻一多先生最后一次讲演、死难经过和生平事略的三篇专文外，还为我们画出了一百〇二位联大著名教授真实、生动的素描——

汤用彤先生，联大哲学心理学主任、海内佛学大师。在家庭的重担之下，汤先生远在一九四二年就卖去了皮氅，家里经常吃稀饭过活，然而对同学仍然教诲不倦，而且面色毫无忧容。在学校附近，你常常可以看见汤先生和两位十岁左右读附小的小弟弟捉迷藏。

曾昭抡先生，北大化学系主任。他很能和同学接近，同学举办的各种活动，他常是很慷慨的（地）接受邀请，这一点不像旁的教授，而且贯穿始终的（地）跟同学一道吃、玩、闹。曾先生不修边幅，有时一只脚穿袜，另一只却没有；衣服的纽扣老是不齐全，而鞋子老是拖在脚上。

沈有鼎先生，哲学系一位年轻教授，抗战以后才从德国回来。在联大任教的时候，他的足迹遍文林街、青云街的各茶馆及学生服务处，对于小吃尤有兴趣，上至米线，下至通心糕、馍馍之类，沈先生都光顾。

查良钊先生，我们有名的"查菩萨"。查先生主持联大训导真是煞费苦

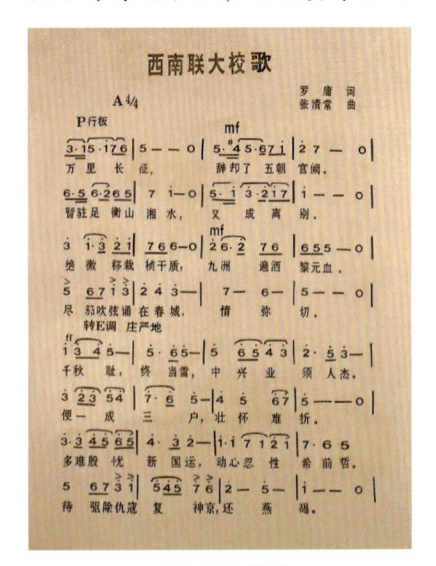

西南联大校歌

心，最了解同学的苦衷，常为同学的衣食住行忙。从前吃公米的时候，他曾亲自跑到玉溪去弄米；有时遍跑昆明各公私机关，为同学借米。

温得先生，美籍，在清华任教已二十余年，在校担任"英诗""现代诗""Forster"三课。温德先生年逾六旬，而活泼仍如少年，讲英诗时，或模仿尼姑，或假作魔鬼，唱作俱绝，时常哄堂！……

梅贻琦《梅贻琦日记一九四一——一九四六》一册不分卷

清华大学出版社，2001年

近·梅贻琦著，黄延复、王小宁整理。梅贻琦，字月涵，天津人，出身清贫。一九〇八年毕业于南开中学，以优异成绩保送保定高等学堂。次年，考取"庚子赔款"首批留美学生，一九一四年，毕业于美国吴斯特理工学院电机工程系，归国在清华学堂工作。又赴美国芝加哥大学学习物理，获硕士学位。一九二五年，清华学堂改制增办大学，梅先生任教授兼教务长。一九三一年任校长。一九三八年至一九四六年任西南联大"三常委"之一，实际主持校务。一九四九年，任中国常驻联合国教科文会代表。一九五六年前后，在台湾新竹创办新"清华大学"，任校长。一九六二年病逝。还著有《抗战前后之清华》《梅贻琦谈教育》《梅贻琦自述》等。整理者生平事迹待详。

不立目综合类笔记。开卷插有梅先生有关照片若干，次为《整理说明》、梅先生哲嗣梅祖彦撰《写在本书出版前的几句话》，卷末梅祖彦撰《西南联大与梅贻琦校长》。记事起于一九四一年一月一日，终于一九四六年十月十九日，其后整理者注曰："以下原件断缺"，卷首梅祖彦先生亦称："其中有些间断和佚失"，这也是旧时其他日记普遍存在的情况。作为西南联大校务主持人，记事主要涉及联大校务，如常委及校务会议、教授会活动，作者与联大教师、学生的约谈，与云南各界有关人士之交往及其个人和家庭生活等。众所周知，梅先生在当时艰难困苦、内忧外患的条件下，团结三校师生坚持办学，付出了巨大的牺牲和努力。对此，日记亦略有记涉。如一九四三年三月四日，得知其老母病逝，梅先生因公务不能离昆返乡致吊，因记曰：

梅贻琦题联大师院碑

吾兄弟四人皆远在川、滇，未能亲侍左右，易箦之时，逝者亦或难瞑目耳，哀哉！十弟有登报代讣之提议，吾复谓"无须"，盖当兹乱离之世，人多救生之不暇，何暇哀死者？故近亲至友之外，皆不必通知。况处今日之情况，难言礼制，故吾于校事亦不拟请假，惟冀以工作之努力，邀吾亲之灵鉴而以告慰耳！下午五点开联大常委会，会前诸君上楼致唁。有提议会可不开者，吾因要事待商，仍下楼主持，不敢以吾之戚戚，影响众人问题也！三月七日，天气晴朗，午前十一点，在余住室为先母设灵位，略陈花果，率家人致祭，聊寄哀思！

梅先生从不隐瞒自己"政治中立"和自由知识分子的立场，他继承、发扬蔡元培先生"兼容并包"的办学理念，敢于和善于团结、保护持不同政治或学术观点的联大师生，这无疑是西南联大人才辈出的先决条件之一。例如，一九四五年十一月五日日记写道：

余对政治无深研究，于共产主义亦无大认识，但颇怀疑。对于校局，则以为应追随蔡孑民先生"兼容并包"之态度,以克尽学术自由之使命。昔日之所谓新、旧,今之所谓左、右,其在学校应均予以自由探讨之机会,情况正同,此昔日北大之所以为北大。而将来清华之为清华,正应于此注意也。

再如,据日记载,一九四五年"一二·一"惨案发生时,梅先生不在昆明。十二月十二日五时,他迫不及待地"乘一货机"从重庆赶回昆明。十三日下午四时,即"至云大医院慰问受伤未痊之学生四人"。十六日上午十时,他又"至(联大)图书馆向死者四人(即'四烈士')致祭",并积极与云南军政要员、学校教师、学生沟通恳谈,以避免发生更大混乱和牺牲。又如,梅先生一贯反对"激进"的革命活动,然而,一九四六年七月十五日,当国民党特务公开杀害了"拍案而起"的闻一多先生,梅先生在日记中写道:"此何等仇恨?何等阴谋!殊使人痛惜而更为来日惧尔!"他立即安排人到警备司令部要求保护"同人之安全";布置将潘光旦夫妇、张奚若、费孝通等进步教授送往美国领事馆暂住;十六日十时,他又"往云大医院看闻夫人及(闻)立鹤伤势",并积极安排闻一多先生治丧及抚恤事宜。

郑天挺《郑天挺西南联大日记》一册不分卷

中华书局，2018年

郑天挺昆明旧照

近·郑天挺著。郑天挺，中国近现代著名历史学家、教育家，字毅生，福建长乐（今属福州市）人。一九二〇年毕业于北京大学，一九二二年入北京大学研究所国学门。一九二四年毕业，任教于北京大学、浙江大学。抗日战争爆发，任西南联大教授、总务长（一九四〇年以后），北大文科研究所副所长。一九四九年后，任南开大学历史系主任、副校长，为第三、五届全国人大代表，"民进"中央委员，中国史学会主席团主席等。一九八一年去世。还著有《探微集》《清史简述》，总编《中国历史大词典》等。

不立目综合类笔记。其部分内容曾由作者之哲嗣郑克晟先生整理，刊于《大理文化》一九九一年第二期至第三期，后经中华书局俞国林进一步点校全帙，因其主要记涉西南联大之事，故题此书名。日记记事起自一九三八年一月，迄一九四六年七月，虽略有少量内容缺失，但记长沙"临大"至"联大"三校从昆明复员之历史，大体连贯可按。具体内容多侧重于作者的生活、工作、交游和科研等，也自然涉及联大八年以昆明为主的社会生活。

例如，作者从长沙来滇时，其友人就建议他"留意南诏史料"，因地制宜地研究与云南相关的历史。这也是众多迁滇学者共同的学术拓展。据日记载，作者到滇之后，便努力搜集、研读《云南备征志》《蛮书》《南诏野史》等云南地方文献，先后撰有《历史上入滇通道》《关于夷民译名问题》等学术论文。一九四四年的大理之行，则是作者所记其从事"滇学"研究最为丰富的内容。

是年暑期，作者和联大蒋梦麟、罗常培、游国恩，云南大学徐嘉瑞、吴乾就等教授，并两校少数助教、学生，如王玉哲、田汝康、吴征镒等，应大理士绅严燮成、杨克成等邀请，前往大理访古考察，搜集史料，助修大理地方志。同时，也为办在大理的"干训团"讲学等。是年七月二十日晨，从昆明乘"卡车改成的旅行车"出发，自带行李，人物混装，十分拥挤。车行三日，始抵大理，住县立一中。此后，在罗常培先生的总领导下，分为八个组开展工作，作者在"文史组"。随时冒着敌机轰炸的危险，在当地人士的指引下，先后非常详尽地考察了下关、大理、喜洲以及苍山洱海之历史遗迹；搜集到大理地方志书、族谱家乘，考识碑刻，访问故老。八月二十日，从大理启程，二十四日，经祥云返昆。日记按时日记录了这次大理之行的生活、工作以及见闻等，诸多内容对于研究云南地方史、大理历史遗迹等，仍颇具学术价值。例如，七月二十六日，作者并蒋梦麟、吴乾就等十五人游苍山中峰，考察《元世祖平云南碑》。作者记当时此

元世祖平云南碑亭

碑的位置等，并提出自己的看法说：

《元世祖平云南碑》，碑东向，旁无村社，惟西南稍远有财神庙。碑甚雄巍，以石环其缘，无亭盖，碑阳刻"世祖皇帝平云南碑"八篆字，分二行；额阴刻三佛像。碑阴字已泐，无一可辨。碑阳字甚清晰，分二段。程文海撰文。此碑余甚疑之。立碑时日，有年月无年号，一也；碑题与撰文分列上、下二段第一行，二也；《康熙府志》谓"《碑》今无存"（原注：卷二十三《古迹》）三也；立碑处四无庐舍，亦非平野，不似驻驿之所，四也；碑立面城，后无所凭，五也；《碑》额刻佛像，六也。岂后人重立之欤？又，碑立处有无移动？均待详考。

再如，作者在大理搜集、阅读了董氏、张氏、段氏、尹氏、杨氏、杜氏、谭氏等著名家族的族谱、家谱等。他特别关注其族源变流和婚配历史，基于云南学者陈荣昌等人的研究，进一步提出自己关于民家（白族）与汉族历史关系的思考说：

自到迤西，得读诸家族谱，颇有愚妄之推测：一、纯粹之"民家"为汉化最早之土著民族，其姓氏如"哀牢九姓"之属，乃汉化后所加；二、同姓者未必同族，故同姓多相婚嫁，及汉化更深，或与汉人交往久，嫌其不宜，乃微易其字以示别，如"杨"之于"阳""羊"；"张"之为"章"之类。"阳""扬"姓甚稀，而世家族谱诰封中反常见。至于平民之墓碑，则"杨扬氏"之称到处皆是。抑或土著本俗系母系制度，不禁同族之婚，则待考矣。三、上门之风甚盛，血系辗轇混淆。四、此间社会传统，初期盛夸南诏，其后则推朱明，故诸家族谱于两者均不肯放弃，亦不顾其矛盾。如董氏称"始祖南诏董成自金陵迁滇"，其例甚多。此种假设乃一时想象，尚无学术根据。

关于联大八年所经历的艰苦生活，作者也多有真实的记录和切身的体会，特别是非常频繁的敌机轰炸，给昆明人民带来无尽的痛苦和巨大的损失。据作者所载，一九四〇年至一九四二年，空袭最为惨烈，"跑警报"已成妇孺皆知的常识，乃至昆明儿歌有云："预行警报，穿衣戴帽；空袭警报，出门就跑；紧急警报，心惊肉跳；解除警报，哈哈大笑"。作者记一九四〇年十月十六日所见云大、联大等地被炸情况曰："云大会泽楼中弹未毁；至公堂正中中弹，惟余四壁；农学院中弹，屋倒甚多。出云大，至文化巷，诸屋均毁，南端尤甚，一穴较西仓坡为大。更南至钱局街造币厂一带并毁。更转至翠湖南路，亦有弹裂处。在（联大）师范学院，操场中有弹穴最大，或曰在千五百磅也。呜呼，惨矣！"又引《昆明朝报》载，一九四一年一月三十一日，二十七架日机先后对昆明市区狂轰滥炸，"文庙中弹四枚，大成殿全毁"，其他被毁屋舍不可计数，炸死平民数十人。尤其令人发指的是，一九四五年九月，日本已宣布无条件投降，日机还依然对昆明偶有轰炸！

曾昭抡《缅边日记》
一册不分卷

"文化丛书"本，1941年；
"新世纪万有文库"本，1998年

曾昭抡像

近·曾昭抡著。曾昭抡，我国化学科学的开拓者之一，字叔伟，湖南湘乡人。一九二〇年，清华学校高等科毕业，赴美留学。一九二六年，获麻省理工学院博士学位。归国后，先后任中央大学（今南京大学）、北京大学化学系教授兼系主任。一九三二年，发起并创组"中国化学会"，主编《中国化学会志》长达二十多年。抗战时期，随北大迁滇，任西南联大教授。一九五七年和"文革"期间，两遭迫害，含冤而死。还著有《元素有机化学》《原子与原子能》等。

立目式综合类笔记，作者执教西南联大时期之旅行日记。按日记述从昆明至遮放往返之详细里程、见闻和感触等，文笔真实流畅，多佐以相关数据。除记其亲身经历外，也适当运用了一些地方文献材料。故该书对于研究抗战时期西南联大师生生活、滇缅公路以及当时滇西一线的社会民风等不乏参考价值。

由日记得知，作者一行乘当时比较新款的 Dodge 牌汽车[①]，从昆明出发，经滇缅公路先到遮放，然后返程绕经大理、下庄（今属祥云县）、镇南（今属南华县）等地回昆明。据《我的行程》条所列路程和时间，当时从昆明到遮放滇缅公路的里程是九百二十六公里，单程所需六天。第一天只能到楚雄，行程为一百九十一公里。该书详细列有《滇缅公路上的重要地名和海拔高度》一表，可供研究云南公路史者参考。

大理老城墙

曾先生虽为化学大家，却对历史也很感兴趣。从昆明出发，他一路特别细心地记下所见滇西古城墙的存亡，虽然文字不多，但所经必记，资料完整。古代城墙主要用于军事防御和保护相对稳定的城市经济和文化，随着防御功能的降减和经济文化的交融发展，囿于一区的城墙也必然要退出历史舞台。因此，云南古代城市、城墙的兴废和云南独特的历史进程很有关系。自秦汉以来（可能更早），随着中央王朝对西南的开发，云南始有筑城之记。几经岁月风雨，迄于明初，除了昆明、大理等重要城市外，大多数城镇业已老化消亡，明清文献称之为"老城""旧城"或"土城"。

昆明老城墙

明代大规模屯田戍边，使云南城镇又以军事"卫城"（新建）和行政府、州、县城（扩建或改建）两种形式迅速发展，同时，又有将过去的"土城"改建为"砖城"的。中经清代的维修和更新，大体奠定了今天云南全境城镇的格局。或由于时间不算太远，故大多城镇的城墙尚保存完好；又由于明代屯戍的

———
[①]Dodge，曾先生译为"道治"，滇人多称"道旗"车，解放初期昆明还有这种汽车。

范围主要限于所谓"靠内区"，故就滇西而言，永昌府以西的边疆地区原本就没有筑城。我们据《禄丰》《芒市》等条之原文，将作者亲见之城墙存亡情况，备列如下，或可为研究云南城市史提供一些佐证：

昆明	有城门和城墙（残）。
安宁	城墙却是用土砖砌成的。
禄丰	那城墙，站在村外可以看见。
楚雄	城墙是用青砖砌成，在夕阳中露出苍老的颜色。
镇南	城墙是用土砖砌成的。（今属南华县）
下庄	四面全有土砖砌成的墙围住，只有南面可以出入。（今属祥云县）
祥云	这城并不在（滇缅）公路上，而在公路之北约三公里，隔田可以望见城墙。
凤仪	城墙是用土砖砌成。
下关	有类似简单城门的大门，有"玉龙关""龙尾城"。
大理	南诏王的旧城，可见残留在山坡上的城墙遗迹。
漾濞	城墙似乎是用青砖砌成。
永平	已经没有城墙，原有的后来倒了。
保山	城墙是用青砖砌成，至今仍然保留着。
龙陵	没有城墙。
芒市	没有城墙。

关于抗战时期的物价和生活问题，尽管距今时间并不太长，却有不同的记评。常见的教科书往往不别年月，开口即称昆明"物价飞涨，人民生活在水深火热之中"。每言联大教授薪水不足养家活口，故诸如闻一多先生等著名教授不得不靠"治印""兼差"补贴生活云云。笔者认为，经济研究必须以定时、定量分析为依据，而收入和支出必须放在业已成交的实际消费中方能看出贵贱。

曾先生等赴滇边旅游的时间大约是一九三九年或一九四〇年（按：原

书无确切纪年，但书初版于一九四一年）。从日记中无意提供的经济史料看来，当时昆明的生活倍高于禄丰至保山，而保山以远的边疆城市，其生活又倍高于昆明。就薪水而言，联大和云大教授的薪水，平均不低于国币三百元，这就远远高于日记零星记载的其他社会成员的薪水！我们仍据日记原文，将作者一行沿途实际消费情况和相关记载备列于下，或可为有关研究者提供一点真实的见证：

禄丰　我们拿国币三角五分就买了一把很好的大剪刀，这价钱比昆明不止便宜一半。我们在街上"裕兴客栈"吃饭，八人一桌，六菜一汤，每客收费二角五分。

楚雄　拿国币一元以下，把两三个人吃得酒足饭饱。

下庄　有一家火腿店，买国币四角一斤的火腿。

下关　黄果，国币一角一斤。

大理　最上等的旅馆，一天只要国币一元。一块很大的（大理石）屏，开口只要国币七元。

龙陵　旅馆内的宿费，是每人一夜国币六角，连一顿早饭在内。

遮放　买一筒米要国币五角，理一次发也要五角。（景颇族）"同酬"（挎包）一只的价格，大约是国币二元左右。

畹町　四个煮鸡蛋，费去国币六角。（傣族）银扣一副（五颗），国币一元三角。

大理　县教育局长的薪俸，现在一月不过国币二十元。

龙陵　邮差代办（兼职），某月国币三元左右。

遮放　修路工，每人一日给付工资国币四角，伙食在内。

畹町　边防检查站缅方班长，月薪差不多合国币一百多块。比中方要高好几倍。

除以上内容外，日记还记叙了作者关于云南芒市、遮放一带考察见闻，如傣族、景颇族、崩龙族的风情，土司制度和衙门，滇西混乱的币制等。同时，曾先生还针对当时的社会问题提出了一些建议，如建议增加滇缅公路的车辆投入，以改变"有路无车"的浪费；建议政府开设傣语等少数民族语的无线电广播等等，表现出书生报国和忧国忧民的情怀。

> **附录：《边区行——滇康道上》，曾昭抡著，一册，1943年文友书店印行**

用毛边纸印刷，质量极差，反映当时印制技术太差。立目式旅行笔记。《弁言》曰："（民国）三十年（1941）夏，昆明国立西南联合大学师生趁暑假之便，组织川康科学考察团。经康（西）省步行入（四）川，作实地考察。参加此团者，除作者本人外，有裘立群、黎国彬（下略，学生名）等十人，皆系西南联大二、三、四年级学生，共十一位团员。遂推作者担任考察团团长，策划考察事宜。此次参加人选，包括政治、社会、地质、地理、物理、化学、生物各系学生，范围至为广大。"考察地区为西昌、凉山、昭觉、雷波、屏山、宜宾等地，此书记其考察一路见闻。由于从昆明出发，往返都必须经过云南诸多地方，故其内容亦略涉云南。如《富民速写》条，记离昆明不远的富民县当时无电，还非常落后：

富民和昆明，距离上下不过一个马站（原注：一天的路），在文化上却相隔不啻一个世纪。从二十世纪的昆明城来到此地，仿佛又回到十八世纪的生活一般。夜间此处几乎完全陷入黑暗世界，在微弱的清油灯下摸索，令我们不禁想起昆明有电灯的种种好处。尤甚麻烦的一件事是，街上不但没有一盏路灯，连各家店铺的门前都很少悬上灯笼，给行路人行个方便。来此没有别的话说，只有一个"惨"字。街上店铺本来不多，种类尤不丰富，一到天黑，几乎一齐关门，差不多什么东西都买不到。这样真有点出乎我的意料之外。

又如《虔诚的基督徒》条，记云南禄劝县一位基督教老牧师曰：

这位教士是英国人，名字叫做H.H.Weller，自己取了一个中国名字叫

"卫守义"。他在中国很久,许多方面已经相当中国化,甚至名片也完全用中文的,特别问他之后,方才将外国名字注上。他说,来到中国业已三十多年,是前清宣统三年(1911)到的中国。最初在甘肃传道,后来到河北、浙江、安徽等省都工作过。中间虽然回过几次国,但是,近八年未曾回去过。来此传道已经三年,本地人都叫他"卫牧师"。卫牧师的中国话说得很好,说起禄劝话来带有很重的土音,比我们要好得多。攀谈的时候,他宁愿说中文,我却情愿说英文。这样半中半西,我们恳谈了好一会儿。我真佩服一个外国人,居然能在这穷乡僻壤的地方一住三年。

沈从文《云南看云集》一册不分卷

铅印本，重庆国民图书出版社印，民国三十二年（1943）

沈从文像

近·沈从文著。沈从文，中国著名作家、历史文物研究者，湖南凤凰县人。少年投身行伍，浪迹湘川黔地区。一九二四年开始文学创作，出版《长河》《边城》等小说，影响很大。一九三一年至一九三三年在青岛大学任教。抗战爆发后，先后在西南联大、北京大学任教。一九四九年以后，在中国历史博物馆和中国社会科学院历史研究所工作。一九八八年去世。还著有《长河》《边城》《中国古代服饰研究》等。

立目式综合类笔记，共三组：第一组由《文艺政策检讨》《文学运动的重建》《小说与社会》构成；第二组《新废邮存底》，共十六小则；第三组《废邮底存》，共十三小则。后两组多为作者任教西南联大时发表在《大公报》副刊、《战国策》半月刊等刊物上的短文或书信，内容涉关文学写作、社会问题、读书为人等。凡书信皆隐去通信者姓名。

其中《云南看云》一文是关于卢锡麟摄影展览的观感。文称卢锡麟从纯自然和艺术的角度，摄下了云南之云的变幻和奇美，由此论及人的愿景和民族国家应有的坚毅理想，鼓励大家虽处在艰苦抗战之时，但"要树立庄严的理想和必胜的信念"。《给一个在芒市服务的小学教员》，是作者写给芒市文学青年季豪的一封信，记涉战时联大生活。语有"昆明市区虽一再被炸，城中房屋毁去很多，但读书、教书的熟人精神还好。上次学校被炸，有几个同事险些被活埋，有些同学的住处全毁掉，第二天还是照样上课！"同时，作者以此鼓励季豪说："你们过的日子也一定相当艰难沉闷，虽然艰难沉闷，可并不颓唐。这就正是中国新生的一闪光！"此书诸多文章后来收入作者之全集或选集，其内容对于研究作者文艺思想、西南联大和战时云南社会生活等，皆有参考价值。

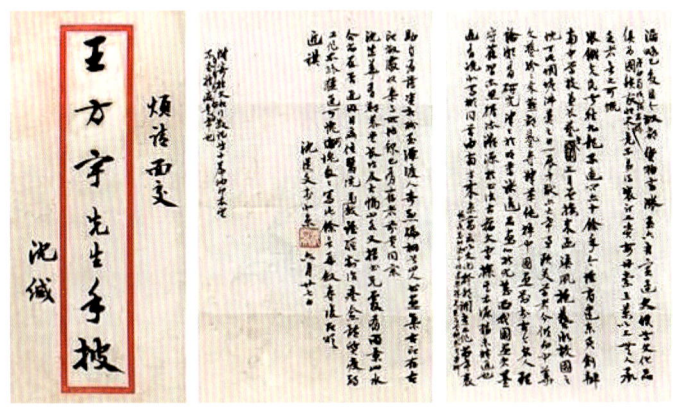

沈从文墨迹

罗常培《苍洱之间》
一册不分卷

原载《生活导报》，1943 年；
辽宁教育出版社再版，1996 年

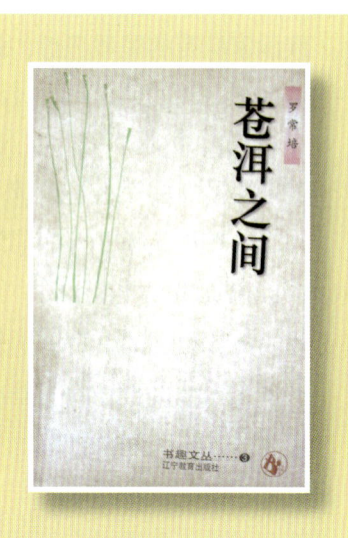

罗常培像

近·罗常培著。罗常培，我国著名语言学家、文学家，字莘田，北京人，满族。一九一九年北大中国文学系毕业，先后任西北大学、西南联大教授。新中国成立后，曾任中国科学院语言研究所所长等。一九五八年去世。还著有《唐五代西北方音》《莲山摆彝语文初探》《语言与文化》等。

一九四二年一月，作者应友人顾一樵、游国恩之约，与顾一樵、梅贻琦、潘光旦等同游大理。二月，顾、梅、潘等人返回昆明，作者独留大理一月多，搜集、研究大理各民族语言。一九四三年一月，应李根源先生之请，作者并潘光旦、费孝通、杨振声等十一位联大、云大的教授，并联大地学系、化学系几名助教和学生，再次前往大理讲学和考察并登览鸡足山等。于是，将前后两次游历、考察和研究大理历史文化的见闻和心得，先撰成散篇文章，原刊文有同游者杨振声、潘光旦二序。此后，曾收入《罗常培散文集》。二〇〇九年，黄山书社增入罗著《蜀道难》《中国人与中国文》，再次出版。

立目式综合类笔记。全书立《从滇池到洱海》《苍洱之间》《清碧溪游记》《大理的几种民间传说》《五华楼》《鸡足巡礼》《记鸡足悉檀寺的木氏宦谱》七目，文笔优美典雅，写实抒情，有山有水；考史证俗，有典有据。不但生动翔实地记录了当时游览大理的活动，而且诸多考证和思路今天也很有参考价值。

在纪实活动方面，作者生动地记录了自己如何登临苍山中峰、鸡足金顶，如何抄校崇圣寺、大理城西观音寺等地的断碣残碑，采集云龙、泸水、剑川等地"民家语音"，与国立大理师范学校和私立大理民族文化书院师生交流等情况。时逢美术大师徐悲鸿因到保山举办"劳军画展"归来，至大理无为寺写生。作者与悲鸿大师是故交，难得邂逅于千里之外的大理山寺。作者对其认真作画发表评论曰："（在无为寺），悲鸿正在替三棵唐杉写生。他先用木炭起稿，再用铅笔、墨笔勾勒。对于光线的背向、树纹的稀疏，丝毫都不肯草率。从前听见一位朋友说，没有成名的人卖力，成了名的人卖名。照我自己的经验，再参证许多当真成名的人的实例，处处都可以证明这句话是自暴自弃的。"

于历史和民俗考证方面尤为本书重点所在，引经据典，有备而来。例如，作者逐字校勘了《元世祖平云南碑》；从大理外国传教士处借来一九四一年伦敦出版 C.P.Fitzgerald 新著《五华楼》一书，连夜挑灯点读，订正了该书关于民家语记音的许多错误；据杨玉科字号等证"西云书院"得名之由来；据白语和史乘，证大理喜州即南诏之"大厘城"，又因隋朝史万岁曾驻军于此而称"史城"，符于白语所呼 hachie 和《蛮书》所记之"史赕"。记叙和考证最为详备的是鸡足山悉檀寺所见《木氏宦谱》：

《木氏宦谱》长约一尺六寸，宽半之。装裱甚为讲究。前有嘉靖二十四年杨慎所作序文。底下自第一世"爷爷"起，至第二十四世"木钟"止，各有图像和世系说明。自第九世以下，装裱次序稍有凌乱，且缺第十。木氏属

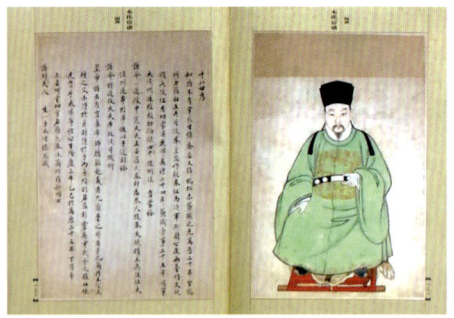

木氏宦谱

藏缅系么些族（原注：自称纳西）。第一世"爷爷"宋徽宗时来雪山，第三世"阿棕阿良"入元，第七世"阿甲阿得"入明。洪武十五年赐姓木氏，改名"木得"。第二十四世"木懿"，顺治十六年降清。此《谱》修至第二十四世"木钟"，时当清雍正间。

　　作者考称与此相关的有四个版本，返回昆明之后，取其一种与之对照研究，详列其世系名字，证明其族属与贵州水西"倮倮"和缅甸"茶山人"一样，同属"藏缅语族"，故有"父子连名"的习惯。而这一文化特征意在"帮助没有文字的部族、乃至于有文字的部族，记忆他们自己的世系"。此文最后写成于作者寓所昆明市靛花巷"青园"。

费孝通《鸡足朝山记》

原载《生活导报》，1943年；收入《费孝通全集》，内蒙古人民出版社，2010年

费孝通像

近·费孝通著。费孝通，江苏苏州人，著名社会学家、社会活动家。一九三五年毕业于清华大学研究院，先后留学俄国和英国。一九三八年，从英国返回中国，任教于云南大学。成立"社会研究室"，在云南开展调查研究。因其研究室多在呈贡文庙，后人将其所创立的以"重视田野调查和理论研究相结合"为特点的社会学派，称为"魁阁学派"。新中国成立后，任中央民族学院副院长、学部委员等。一九五七年，错划为"右派"。平反后，任中央民族学院、北京大学教授。一九八八年当选为全国人大常委会副委员长。二〇〇五年去世。费孝通先生是中国社会学的奠基人之一。还著有《乡土中国》《生育制度——中国的家庭与社会》《论小城镇及其他》等。

立目式综合类笔记。原载一九四三年《生活导报》，后收入《费孝通全

集》第三卷。大体按这次大理、宾川之行，依次立为《洱海船的黄昏》《入山迷路》《金顶香火》《灵鹫花底》《舍身前的一餐》《长命鸡》《桃园校劫》七目，内容并不重在地方见闻和历史考据，而以优美、轻松乃至幽默的笔调，抒写自己考察鸡足山佛寺的感觉和思考。

例如《舍身前的一餐》，从神话学角度，面对华首门、舍身崖，对鸡山古老的民间传说进行了全新的阐发：释迦牟尼大弟子伽叶遵从师命，在此等待"真诚完人"，乘其所传的袈裟升天。一日，两个历尽千辛万苦且饿得只剩一口饭的和尚来到此地，准备饭后继续"入山觅渡西天"。这时，又来了一个更是饿得垂死挣扎的老人，请求他俩以慈悲为怀，给一点吃的，以利他"觅渡西天"。面对老人和他们出于同一目的的请求，两个和尚先是"不作声"。后来，拒绝了老人绝望的请求，两人"相对的（地）摇了摇头。比雪还冷、比冰还坚的心肠，使他们能坚定地守着经济打算中最合理的结论"，殊不知老人正是伽叶大师的化身！他点开了升天的石门，"向两个惊住了的和尚点了点头，退入石门，门又闭上了"。这时，两个只差一步就要登天的和尚，悔恨绝望，纵身跳下了百丈深渊！作者告诉我们，好高而又自私的凡人是很难逾越"经济打算中最合理的结论"的，所以，释迦牟尼留给伽叶"渡人升天"的袈裟，也许只好永远闲着！

一九五六年十一月，作者因参加民族社会历史调查研究工作，又复来滇，与李家瑞、李义夫等友人再次前往大理地区，调查征集有关白族社会历史资料，撰成《大理历史文物的初步察访》一文，分为"地下文物""地上文物""民间文物"三部分介绍、评说大理历史资料，并附作者临摹剑川石宝山石刻画像二帧。该文也载于《费孝通全集》第七卷，可供参考。

潘光旦《苍洱鸡足行程日记》上下篇

原载《自由论坛》，1943年；又载《潘光旦日记》，群言出版社，2014年

近·潘光旦著。潘光旦，字仲昂，江苏宝山（今属上海市）人。早年留学美国哥伦比亚大学等，归国后历任清华大学教授、西南联大教授兼教务长等。解放后任中央民族学院教授、全国政协委员等。一九五七年，被错划为"右派"，"文革"中被迫害致死。潘光旦从十六岁时因体育锻炼受伤，不幸截去一腿，但却以超凡的毅力，拄杖游学海外，归国后又常常深入少数民族地区从事调查研究。他不仅是我国学贯中西、著述等身的社会学家、民族学家和教育学家，而且以其"刚毅坚卓"的人格深受后人景仰。一九六七年去世。还著有《中国家庭之问题》《优生概论》并译著《性心理学》等。

一九四三年一月，应李根源先生等滇西学人之请，作者并联大和云大罗常培、费孝通、蔡维藩、陶云逵、张印堂、张文渊等教授前往大理讲学，并于讲学间歇，游历、考察苍山和鸡足山，于是产生了三种游记：罗常培先生撰《苍洱之间》，费孝通先生撰《鸡足朝山记》（载是年《生活导报》），潘光旦先生撰《苍洱鸡足行程日记》。原载《自由论坛》1943年第一卷第

三、四、五期，后收入《潘光旦日记》一书。

据《潘光旦日记》卷首《编者说明》称，日记共四种，其一曰《图南日记》，记抗战爆发作者留守清华园至南迁长沙为止；其二为作者在昆明西南联大时期所写日记，"但已毁于'文革'"，惟存此《苍洱鸡足行程日记》；其三曰《存人书屋日记》，记"联大"复员至一九五〇年止；其四《晚期日记》，记时为一九六一年至一九六五年止。其中，《苍洱鸡足行程日记》涉及抗战时期西南联大学术活动及当时云南社会生活等。

不立目专题类游记，按日记录这次讲学和游览的经过，重在鸡足山之行。作者一行从昆明出发，经滇缅公路乘汽车前往，颠簸三天，始达大理。得到李根源先生、"永昌祥"商行严老板等地方人士的热情接待。住大理女子中学，讲学亦在此校。讲学安排白天由作者等教授依次讲学，晚上听众集体讨论。内容主要围绕抗战以来的各种社会和文化问题，也间涉人口、历史、语言等学术问题。作者先后讲过《抗战建国与民族》《自立与自强》等专题，听众为学校师生、边区青年、当地士绅等。有时超过三千人，气氛十分热烈。

讲学结束后，由宾川绅士张某等陪同，作者一行登览鸡足山。他们从后山攀登金顶，有马匹、滑竿、士兵相从。作者先被安排坐滑竿，因"舆人（轿夫）不力，遂改步行"，则自然与前行队伍脱节。天黑行至半山，只好露宿一夜。次日，始攀近金顶。朋友们看见，要派人去背他上顶。作者记曰："余力辞之。意谓'为山九仞，所亏一篑'。匍匐而赴，亦所甘心！"坚持步行登上了金顶！下山之日，作者在向导的帮助下，第一次学会了骑马，虽几经摔倒，最后终于策马回到了宾川。作者一行离开大理时，李根源等又热情相送。根源先生亲书墨宝赠之，所书对联曰："苟利国家生死以，不因祸福趋避之"，横幅曰："中和位育"，用以勉励大家坚持抗战、复兴中华民族。

上述三种游记，是当时西南联大著名教授写在云南的众多著作之一。抗战时，不少教育文化名人避寇来滇，这对于云南和他们都是一种难得的机缘。一方面，原本落后的云南，意外得到众多一流学人的"耳提面命"，长达八年，其影响自不可低估！另一方面，云南人民不但为中国呵护保存了这一文教火种，而且，还以其独特的自然环境和人文历史，为来滇的学者拓展了前所未有的研究领域，取得了不少新的成果。因此，我们格外珍惜这些著作，它们对于研究西南联大学人的学术活动以及云南历史文化，皆具有双重参考价值。

浦江清《清华园日记》《西行日记》一册不分卷

增补本，三联书店，1999年

近·浦江清著，浦汉明整理。浦江清，江苏松江人。一九二六年东南大学外文系毕业，经吴宓推荐，到清华国学研究院任陈寅恪助教，研究西方的"东方学"文献。他精通多门外语，以学识渊博著称。一九三三年与冯友兰同赴意大利、法国、英国访学。一九三四年回清华大学任教。一九三七年随校南迁，任长沙临时大学中文系教授。一九三八年来滇，任西南联大中文系教授，与朱自清等创办《国文月刊》，一度担任主编。一九四〇年，送母回乡，一度滞留上海，闭门著述。一九四二年，又取道闽广七省，只身历险，重返西南联大任教。一九四六年随校离滇北返，先后任清华、北大教授。一九五七年去世。还著有《浦江清文录》《屈原》等。

整理者为浦江清先生哲嗣。其后记称日记初版据家藏原稿，经浦江清先生好友吕叔湘先生选定，"尽量保持原貌，不作整段删节"，惟日记原非完整，虽经再版增补，但整理者认为也有部分内容"因为涉及一些人和事，目前还不宜发表"。

不立目综合类笔记。按时序分为三部分：《清华园日记》（上）记事起自一九二八年，终于一九三六年；《清华园日记》（下）起自一九四八年，终于一九四九年；中间插入《西行日记》，记事时间起自一九四二年五月二十八日，终于一九四三年二月九日。对于研究作者第二次从上海返滇之历程、作者等联大教授在云南的工作与生活以及当时昆明等地的社会状况等，提供了不少真实的见证。如记一九四二年清华文科研究所之生活曰：

清华文科研究所在龙泉镇（龙头村），在（昆明）城之东北约二十里许。与佩公（朱自清）十时出发，午刻到。见（闻）一多、俊斋（许维遹）长谈。又见冯芝生（友兰）先生，冯有家在彼，离所址不足半里，（陈）梦家亦有家在彼。

所址仅一乡间屋，土墙，有楼。中间一间极宽敞，作为研究室，有书十余架，皆清华南运之旧物，先提至滇，未遭川中被毁之劫。书桌八，闻、朱、许、何善周（助教）、朱兆祥（助教）、范宁（研究生）、刘功高（助教，女）、另一哲学系研究生。余来，刘功高搬至楼下。卧室则在两厢房。闻及其眷属占其一，朱、许、何占其一，余来乃在室中加一铺。研究所由一本地服役并做饭。七八人但吃两样菜，一炒萝卜，一豆豉，外一汤而已，极清苦。据云每月包饭费四百元，且由校中贴些茶水费，否则要五百元云。

日记反映，尽管生活条件非常艰苦，作者并联大师生并未丧失以教育和学术救国的职责，教学和科研照常进行。如作者一直坚持在此撰写其名著《花蕊夫人宫词考证》，与陶光等学者在昆明为研究和发扬昆曲而努力，先后接待牛津大学希腊文学教授 Dodds 和中国文学讲师 Hugheos 的访学等。同时，他们也从未丧失对生活的热爱，团结互助，工作之余也常在一起聚餐、看电影、打桥牌、赶乡街子，始终洋溢着乐观主义的精神。

吴宓《吴宓日记（1910～1948）》十册不分卷

三联书店，1998年

吴宓塑像

近·吴宓著，吴学昭整理注释。吴宓，字雨僧，泾阳（今属陕西咸阳市）人。一九一六年毕业于清华学校，先后留学美国弗吉尼亚大学、哈佛大学、英国牛津大学。一九二一年回国，先后执教于南京东南大学、清华大学、北京大学等。一九三七年，随清华大学南移长沙、昆明，任西南联大外语系教授兼清华研究院外语研究部主任、教育部学术审议委员等。一九四四年九月，休假离滇，先后执教于迁在遵义的浙江大学、广州中山大学等。一九五〇年之后，任教西南师范学院。"文革"中惨遭迫害，含冤去世。吴宓先生学贯中西，尤精于中外语言文学。还著有《吴宓诗集》《文学与人生》等。整理、注释者为吴宓先生女儿。

不立目综合类笔记。卷首《整理说明》称日记一律按作者原稿整理，

"不作删改",惟日记多有散亡残缺。次为钱钟书先生一九九三年撰序言,尊吴宓为"先师",自称"白头门生"。他评价此书"纯笃敦厚,于《日记》文学足以自开生面,不特一代文献之资而已"。据作者行年,其所记西南联大及云南之事,仅限于一九三八年三月至一九四四年九月。每册皆附有作者不同时期相关照片,作者与友人唱和诗作,作者自己读书、教学手绘的示意图。卷末有整理者编制的本书中外人名索引,颇便检读。

诚如钱钟书先生所云,吴宓先生是一位感情"纯笃敦厚"的读书人。日记主要以自己的个人生活、情感体验、读书学习、教学科研为记述内容,并不刻意记说社会和政治大事。每以真实细腻的笔触讲述他个人私密的爱情经历、喜怒哀乐,使我们分明看到吴宓先生既有学者的严谨,也有诗人的浪漫,更是一位真诚的学者,而并非后人无端捧上神坛的"怪人"。例如,日记的确反映吴宓先生深谙《红楼梦》,且素有仗义执言的脾气,但并无一字提到他不准昆明一家馆子名叫"潇湘馆"的坊间之说!

作者对日机轰炸昆明有切肤之痛,日记记载亦详。据日记所载,一九三八年九月二十八日早晨是敌机对昆明的第一次轰炸。当时,"九架敌机轰炸昆明。联大教职员、学生所居住之西门外昆华师范,落弹最多。一楼全毁。幸教授皆逃出,仅损书物。死学生二人,校役三人,又教职眷属二三人"。此后就是不断的"跑警报"。如一九三九年九月三十日,"敌机投弹,黑黄烟起,久久团生。事后知落弹于金碧路、南屏街、大小东门等处,死伤不少"。再如,一九四〇年十月十三日,"入小西门,至城门口,众忽传警报,纷逃至玉龙堆寓所,则见院中一片瓦砾,盖十余丈外若园巷即落一弹,毁数宅。宓室中之窗洞开,玻扇已毁。念此次轰炸以云大、联大为目标,惨烈如此,闻死者约百人"。所幸作者外出,躲过一劫。因有《昆明今况》一诗曰:

> 三年好景盛昆明,劫后人稀市况清。
> 入夜盲鸡栖密架,凌晨队蚁涌空城。
> 梦疑警笛鸣锣响,途践土堆瓦砾行。
> 缘会难期生死迅,归依佛理意安平。

日记反映，吴宓先生喜欢交友，热爱生活，由此记载了联大和云南诸多著名人物的居所、当时昆明的物价变化、著名餐馆、名特小吃等。例如，据日记所载，他自己一直住联大宿舍，最初在玉龙堆，后迁至北门街，都非常简陋。梅贻琦先生、张奚若先生等住西仓坡，梅先生常常在家里招待联大教授。冯友兰先生住小东城角；郑天挺先生住靛花巷；林同济先生住青云街；叶企孙先生住财盛巷；毛子水先生租住圆通山；金岳霖先生住巡津街；赵元任先生住拓东路；钱钟书先生住文化巷；袁同礼先生随北平图书馆（中国国家图书馆前身）迁住柿花巷等等。日记反映，一九四四年前昆明物价并不高，联大教授的月工资约在二百五十元至三百五十元左右，应当说生活是优越的。一九四四年以后，物价渐涨，教授的月工资也随着虚高为三千元至五千元，但通货膨胀也开始出现，大家的生活才开始难过起来。

顾颉刚《浪口村随笔》一册

"新世纪万有文库"本，辽宁教育出版社，1998年

顾颉刚像

近·顾颉刚著。早闻顾颉刚先生有《浪口村随笔》一种，写于昆明，但一直未获拜读，心常向往。访书天津图书馆，得见顾先生哲嗣顾洪整理的《顾颉刚读书笔记》十八巨册，由台湾联经出版社推出。书印得非常豪华，或出于防伪与防盗版，每页皆加有一水印花纹，实属罕见。从笔记卷八检得《浪口村随笔》，此后，又从新世纪万有文库中检得此书，内容也大体相同。

顾颉刚，中国现代著名历史学家、民俗学家，"古史辨派"创始人，中国现代历史地理学和民俗学的开拓者、奠基人之一，字铭坚，江苏苏州人。一九二〇年，毕业于北京大学，历任厦门大学、中山大学、燕京大学、北京大学、云南大学等高校教授。新中国成立后，任中国科学院历史研究所研究员、中国民间文艺研究会副主席、民主促进会中央委员等职。一九八〇年去世。还著有《古史

辨》（多卷本）、《中国疆域沿革史》、《汉代学术史略》等。

卷首有顾先生《题记》一段，说一九三八年末"由渝飞滇，任云南大学教职。先寄居（昆明）白果巷吴辰伯（晗）家"，后因敌机轰炸昆明，乃移家浪口村。浪口村位于昆明城北郊二十里地处，"友朋非必要则不来，颇得闲静读书之乐"。此后因事而离滇之成都，居一年，又之重庆。随笔即写于这段时间，或因主要成于昆明浪口村，故名。

立目式综合类笔记，并非专门为研究云南而作，而是写在昆明浪口村的读书笔记。就中可见这位著名"古史辨派"大师读书治学的许多特点。也有不少涉及云南的内容。本世纪初期，顾先生在北大师从胡适，"用科学的方法整理国故"，以清人崔述（东壁）《考信录》为榜样，树起考辨先秦文献真伪的新学派。恰因崔述的学生陈履和是云南石屏人，他曾以毕生精力和财力校刻《考信录》，才使之流传后世。顾先生到滇，不可能不留心这位与"古史辨运动"直接相关的滇人。随笔中《崔述与陈履和遗物》一条，记述了顾先生在昆明向滇学前辈方树梅、袁嘉谷、周钟岳、夏光南等人访寻崔、陈遗物之事。顾从夏嗣尧处访得其先人致陈履和的信札若干通，并记下了一段周钟岳先生的有关题跋云：

> 海楼先生（陈履和）于吾滇文献亦搜茸至勤，先是南丰李又川抚滇，以滇中先贤遗著捆载而归。海楼先生随宦南昌，得《石淙类稿》等书于又川家，携之还滇。滇中自是始得见杨文襄公（一清）全集。文襄遗著之不漂没，不可谓非海楼之功。

这段笔记无疑是关于陈履和研究的一个重要补充。因为，一则关于陈履和锐意访寻云南文献之事不见于他书所记；二则顾先生已明确交代，上述信札已毁于抗战辗转迁徙中了，故其史料价值也就值得特别重视了。

顾先生从看戏开始"疑古"，自来就十分重视民俗民风研究，注重以民俗证古史的方法。故随笔中有不少关于云南民俗的思索碎片，颇富启示。例如《云南方言》条，引蔡希陶先生（浙江人）言"云南保山人完全说南京话"。又据作者自己调查，云南陆良一带的铜匠"说一种行话，按之则实苏州话，唯已变原样耳"。又如《云南姚陵》条，顾先生注意到云南多有以"姚"为地名者，且禄丰有"姚陵"一地。顾先生思考说："'姚'字从何而来？葬于陵中者为谁？可注意也。姚弋仲，为羌族而姓姚，云南之姚得无亦由羌族来乎？"这一推测与后来学术界公认云南少数民族有氐羌族源之结论相吻合。又如，《云南湖南丧服》条，顾先生注意到云南与湖南丧服制度相同，"丧母服三年，丧父服二年半"，并呼吁说"服制即将消灭，当趁现在调查！"这些见解虽一时未遑深入确证，却闪烁着一个严肃学者"大胆地假说"和"厚积而薄发"的智慧之光，"小心求证"自然有待后人。

通览《浪口村随笔》，依然以作者所治先秦文献为主，并未因易地而易学，来赶"滇学"之潮。但云南独特的区位和民风民俗也给作者以重要的启迪，相互补益，使作者的思想境界更加开阔。这也是此书给我们在方法论上留下的一点启示。

王力《龙虫并雕斋琐语》一册不分卷

增订本，中国社会科学出版社，1993年

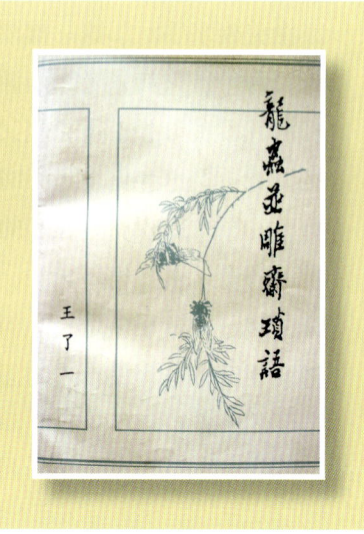

王力塑像

近·王力著。王力，著名语言学家，字了一，博白县（今属广西玉林市）人。早年考入清华大学国学研究院，师从语言学大师赵元任先生，旋赴法国巴黎大学留学，专攻语言学。回国后，历任清华大学、西南联大教授。新中国成立后，先后任中山大学、北京大学教授和中国文字改革委员会副主任、学部委员等。一九八六年去世。还著有《古代汉语》《中国汉语史》等。

立目式综合类笔记。卷首有作者一九八一年撰《新序》，称此书之主要文章，是一九四二年至一九四六年执教于西南联大时所撰，曾刊于《自由论坛》《生活导报》等期刊，此后，又曾多次结集再版，不断增入抗战之后直到一九八三年所撰小品、杂文等。一九九三年，最后由北大张双棣等汇集出版。文章虽主要侧重语言文字学方面的杂感和知识小品，但也不乏反映抗战时期西南联大的教学科研、师生活动，以及当时昆明社会生活的某些内容。

如《领薪水》《清苦》《战时的物价》《公共汽车》《疏散》《寡与不均》等条，以略带幽默的笔调，直陈当时西南联大教职员工，特别是诸多著名教授（包括作者一家）清贫的生活、刚毅的人格和坚卓的治学精神！如发表于一九四四年《生活导报》第六十一期的《领薪水》一文写道：

薪水用完之后，天天盼望发薪的日期到来，度日如年，在今日的公教人员并非过度的形容词。从前是差人去代领薪水，现在非但自己去，而且靠近月底就天天到出纳组去打听。忽然噩耗传来，本月的薪水不能准于月终发出。于是凄惶终日，咄咄书空！幸而机关主管人知道事关全体同人的性命，终于借了一笔款子来，大家才吐了一口气，残喘仍能苟延。

好容易把薪水领到手，马上开家庭会议，讨论支配的方案。太太在三年前就想做一件冬天的大衣，那时衣价占月薪的一半，当然做不成；大小姐提议去看一次电影《忠勇之家》，她的妈妈反对，理由是饥寒之家没有看《忠勇之家》的资格！经过一场剧烈的辩论，结果依旧照老办法，本月的薪水，除了付房租之外，全部拿去买柴米油盐酱醋茶，先度过十天再说。二少爷憋着一肚子气，暗暗发誓不再用功念书，因为像爸爸那样读书破万卷终成何用？小弟弟的脑筋比较简单，只恨不生于街头小贩之家。

是的，也难怪他恨不生于街头小贩之家。这七年来，多少原来领薪水的人转入了别的地方去分红利；又有多少人利用他们的职权，获得比薪水高出千万倍的"油水"。只有一部分的公教人员，在贞节牌坊的奖励下，规规矩矩地按月去领那一份不够买薪买水的薪水！

文章发表后影响很大。会泽县一位名叫张开一的读者致诗《生活导报》说："自从读了《领薪水》，瞒人流去多少泪！所悲非为俸微事，惟叹国×良心昧！"[①]并随信寄赠王力先生二百元国币。王力先生深情地拒绝了开一先生的馈赠，并回信说："《领薪水》说的是实话，我说的只是一般公教

---

① ×号原文如此。

人员而不是我个人。你读了《领薪水》而感动，我读了你的信更感动。也许公教人员比街头小贩值得骄傲的就在于有这一种安慰！"这就是"联大精神"！面对清贫的生活和腐败的现实，他们不粉饰事实，不伪装清高，敢于为自己和民众的苦难发出抗议！同时，国难当头，他们也不轻易接受任何公私捐助。史载，当时教育部要资助联大一笔特殊经费，梅贻琦先生却毅然拒绝说："不独我们，当前中国所有大学都很困难，我们学校不能接受这笔特殊资助！"

《今日评论》

面对艰难困苦，王力先生和众多著名教授依然兢兢业业地读书治学、教书育人。如发表于一九三九年《今日评论》的《谈用字不当》《谈意义不明》等文，较为具体地记载了联大全校"共同应修"课"大一国文"[①]的教学情况。

据王力先生介绍，"大一国文"课学生要写作文。"作文卷子，先由教师指出错误或毛病，叫学生拿回去自己改一遍，再交教师详细批改。学校刻了几个小印，印上有'层次不清''意思不明''文法错误''用字不当''别字''误字'等字样"，教师针对这些错误，在其作文上盖上不同的小印。如在《谈用字不当》一文中，王力先生针对学生普遍存在用字不当的毛病，分析指出主要是因为：其一，误用古语。包括误用典故、不明古典字义、擅改成语等；其二，误用外来语；其三，滥用新词语。并进一步提出"补救的办法，最平稳、最容易做得到的，就是在没有熟悉古语或西洋语言以前，尽可能地不用古语或欧化词汇，专用自己的族语去表达思想"。

再如《谈意义不明》一文，作者首先指出，造成文章"意义不明"主要出于：第一，疏忽大意；第二，"意多话少"，想说的太多，而能说的太少；第三，不顾对象，语义不确，如说："呈贡的果子园是很著名的"，昆明人懂，外地人未必懂；四，太重雕琢，流于晦涩。作者认为"意义明确的

[①] 西南联大的"共同应修"课，包括"大一国文""体育""中国通史""地学概论"等，全校必修。

最高峰是不含糊，不令人误会，而且不令人能有断章取义以资攻击的口实。这种地步是很难达到的"。为此，作者进一步提出三点建议：第一，每用一词必须有其一定的涵义；第二，语句处处求其分寸，即尽可能精准，例如"相同"不等于"类似"，例外不能不提，笼统必须避免等等；第三，"勉强通俗虽可不必，而深入浅出却值得提倡"，即根据不同受众说话和写文章，不可能也不必处处"通俗"，但要尽可能写出深入浅出、雅俗共赏的好文章。

我们今天也有类似"大一国文"的课程，如"大学语文""写作"等，但我们的教授能有几人像联大教授这样为学生修改文章？又能有几人像王力先生这样为学生一一指出错误呢？！

陈达《浪迹十年》一册不分卷

"民国丛书"本;"近代中国史料丛刊"本

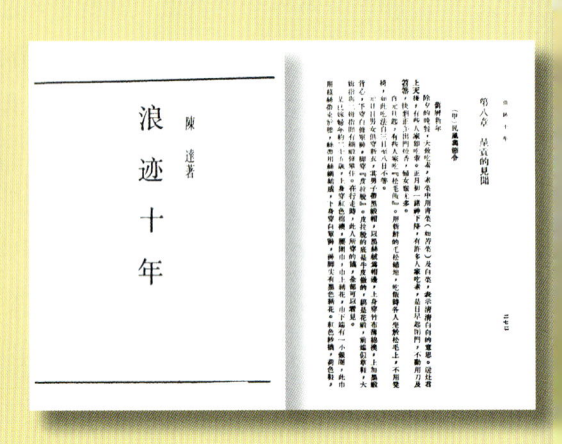

陈达像

近·陈达著。陈达,字通夫,浙江余杭人。一九一六年赴美留学,一九二三年获哥伦比亚大学博士学位。返回祖国,历任清华大学教授兼社会学系主任、内政部户政司司长等。一九三四年曾先后赴南洋和苏联访学。抗战期间,他先后任长沙临大和联大、云大教授。新中国成立后,历任中央财经学院、中国人民大学等高校教授。一九五七年被错划为"右派",一九七五年病逝。陈达先生是我国社会学奠基者和国际知名学人。还著有《现代中国人口》《中国劳工问题》《人口问题》等。

立目式综合类笔记,杀青于昆明呈贡县(今呈贡区)文庙内。自序作于一九四六年八月十四日。作者叙此书体例说:"仿佛一种小品文的著作,为散文笔记,细察其内容精神,是叙述我的见闻、我的观感、我的工作、我的思想。用随便的文字、松懈的组织，说些我要讲的话，记些我认为有趣或值得注意的事物。"其书之第七章《战时的云南》和第八章《呈贡见闻》等涉及云南，对于抗战期间云南尤其是昆明的社会问题、战时云南教育尤其是西南联大校史等，皆具有重要的参考价值。

据此书得知，作者于民国二十七年（1938）到昆，任联大社会学系主任兼清华大学国情普查研究所所长，先后执教于蒙自联大文法学院和昆明联大本部。因研究所设在呈贡，且作者曾在此组织"人口普查"课题，便长期住在呈贡，每周都要往返于呈贡和昆明之间。随笔主要反映了以下三方面的内容。

第一，联大社会学系的教学与科研。如记当时联大文法学院曾借地滇南蒙自，尽管各方面条件较差，但师生的教学热情仍然很高。《蒙自课务》条记曰：

自五月五日起，文法学院开始上课，即继续长沙的工作。余仍在晚间上课，"人口"与"劳工"两课连接，至七月三十日完毕。图书馆藏书较长沙更少，大部分即从长沙运来者，但有的期刊与新闻纸（报纸）系在昆明订购。惟学生读书精神颇佳，距图书馆开门前半小时，门外站立者人数甚多，门开拥入争坐（座）位，每夜如此！蒙自是一个小县，市内无娱乐场所足以消遣。图书馆容量甚小，仅有坐（座）位七十，所以不敷分配。

清华社会学系迁滇之后，陆续招生上课，唯每届毕业人数较少。学生毕业论文大多转向就地取材，对昆明社会问题进行研究，反映出当时大学师生忧国忧民、经世致用的好学风。例如，据作者记载，一九三八年社会学系

呈贡文庙原清华大学国情普查研究所

毕业十三人，研究生一人。其毕业论文如游凌霄撰《昆明妇女消闲生活之调查》、梁树权撰《昆明招贴广告之研究》、周颜玉撰《一个关于使女（即保姆）的研究》、张征东撰《大学男生的婚姻生活研究》、邝文宝撰《妇女婚姻生活调查》、李仲民撰《联大男生婚姻态度的研究》、徐泽杨撰《空袭与昆明社会》、袁方撰《昆明市之都市化》等等。

一九四三年社会学系毕业十人，其论文如陈誉撰《茨厂劳工》（茨厂即当时的茨坝中央机器厂，后改为昆明机床厂）、沈瑶华撰《昆明纱厂与劳工》、陈道良撰《云南纺纱厂劳工调查》、肖远浚撰《昆明二十一个商业同业公会的研究》、虞佩曹撰《昆明市离婚案件之分析》、刘懋修撰《联大同学消闲生活调查》、赖才澄撰《大普吉农村社会实况及其问题》、徐先伟撰《尾则夷族之生活概况》等等。身为系主任的陈达先生对上述毕业论文皆一一写出评语，对其内容和研究方法提出中肯的批评。

第二，关于作者寓滇期间的生活。在国难当头、生计日艰的情况下，联大诸多教师和学生，首先出于对学术的执着追求、对教育神圣职责的履行，不惜含辛茹苦、一如既往地坚持从事科研和教学，令人仰佩！陈达教授先住在呈贡县城三台小学内，后来家属由上海迁来，又因该校增加班次，房屋不够，只好迁至旧文庙崇圣祠内（可不交房租）。乡亲们为他家在祠旁用土坯茅顶搭成一间厨房，不料每逢雨季，厨房便不堪雨漏之苦。《厨房漏雨》条记曰：

昨日晨六时起，天昏黑，但阶前各桶、盆、缸俱未接着雨水。因前一夜并未下雨。余入厨房，预备烧洗脸水。甫点着松毛，听雨声，接着就是崇圣祠前檐滴水声，接着就是厨房草披（顶）漏雨声。余用饭碗接漏，灶上共摆五碗，各碗很容易漏满，余忙于倒水，辗转倒换，周而复始。此外有一漏甚大，另用铝饭锅接之。如是者一小时半。雨渐小，余才开始煮稀饭。厨房长十步，宽七步，今日有漏十四处。余杭有谚描写贫人的住房云："晴天十八个日头，雨天十八个缸头"，我们的厨房离此标准不远。

尽管面临"茅屋为秋风所破"的困境，但陈达先生及其同仁依然坚持科学研究。据该书得知，他同时在呈贡指导"人口"和"人事调查"两个课题，说："所中每举行大规模调查时，我必亲赴各地指导"。他的足迹踏遍了呈贡的山山水水，该书收有他所撰《呈贡人事登记》《呈贡安江人事登记的规定》《龙街乡人事登记检查会》《海晏人事登记视察》《大古城人事登记检讨会》《战时国内移民运动及社会变迁》《中国人口问题专题研究》等笔札。笔者曾见云南省图书馆、云南师范大学图书馆还藏有陈达教授等当年关于呈贡人口调查的原始资料，可供参考。

第三，作者眼中的云南及昆明社会民风。这一部分内容丰富驳杂，对于研究抗战时期的云南历史也颇多参考价值。陈达教授曾以一个社会学家锐利的眼光注视过自己身边的各种社会问题，随笔所至，有对呈贡婚丧礼俗的考释，有对云南兵匪之害的控诉，有对官场贪污腐化的揭露，有对麻木不仁的国民性的批判等等。例如，作者告诉我们，抗战以来，中国知识分子的经济收入相对战前的确逐渐下降了许多，乃至后来低得不能再低。但一般官吏却不在此列，反而利用战时混乱，大发"国难财"。一个教授与一个处长生活开销的差别竟大得骇人！《战时知识分子的生活》条记曰：

> 知识分子的生活，在战争期内降低到难以想象的程度。和其他社会阶级相比，困苦特甚。某大学教授（实指作者本人）近因事赴重庆与某省社会处长同往。有一次，该处长得着自家中汇来款项，其数为国币十万元，供其处长应酬及旅中支用。处长对某大学教授曰："君在此旅费恐亦须数万元？"某教授答曰："数万元不须，数千元是不可少的"。处长不信，以为这是不可能的。其实教授们对于多种用费的减省，实已到最后地步。清苦的生活，大致由他们忍受，发国难财者，固然比他们好。即一般的公务人员亦大概较优。

由此观之，国民党宣扬"共赴国难"不过是欺人之谈。在当时"官本位"的中国，永远是易于中饱私囊的官吏们的天下。再如，陈达先生笔下的滇人确有其淳朴老实的一面，但也具有一般中国人麻木不仁的共性。他在《笑与哭》条，对此有过极其中肯的批评：

我国人民对于笑与哭往往不能表示适当的感情。譬如有人挑水一担，绳断，水流溢于外，旁人见之，应表同情，抱不安之状，但吾人所习见者是旁人对挑夫大笑。此之谓笑之不适的表现。最近，余在呈贡县中上课，摇铃后约半小时，某生才入讲堂，余因其扰乱他人，命其退出讲堂，此生非特不觉害羞，且大笑，此又是一例。

陈达先生所观察和思考到的问题，当然不仅限于云南呈贡。应当深思的是，历史又前进了半个多世纪，这种把"邻人的不幸当做自己幸福"（鲁讯语）的情感错位，我们又究竟根除了多少呢？！

夏济安《夏济安日记》一册不分卷

人民文学出版社，2011年

夏济安像

近·夏济安著，夏志清校注。夏济安，著名现代文学家、翻译家，吴县（今属江苏省苏州市）人。上海光华大学英文系毕业，先后任教于西南联大、北大、香港新亚书院、台湾大学外文系，在台主编《文学杂志》。一九五九年赴美国，任教于华盛顿大学、加州大学。一九六五年病逝，年仅四十九岁。还著有《Gate of Darkness》《现代英文选评注》等。校注者为作者胞弟。日记内容曾在台湾《中国时报·人间副刊》连载，此后结集成书，有新世纪万有文库等新版。

不立目综合类笔记。记事起于一九四六年元月一日，终于同年九月二十九日，主体内容是记作者和西南联大历史系一位女学生真实的爱情过程。此日记本为作者"心声的存留，无意公开"，因其具有真实感人的文学价值，校注者认为是作者"真诚痴情面的明证。可当恋爱史读"，故付梓与读者分享。作者当时三十岁左右，任西南联大全校共同应修课"英文作文"教师。他深深地爱上了历史系一年级二十岁的女生李彦（原注：因涉个人隐私，特用化名）。最初，李彦毫无所知，而作者则朝思暮想，越陷越深，却碍于"生性懦弱"、师生关系和"世人议论"等因，也一直不敢向对方表露，乃至酿成凄婉的相思病！时至四月二十二日星期一，李彦和一位女生到作者处交作文，作者才将李彦可能喜欢的一本书送给她。四月二十五日星期四，李彦和那位女生又到作者处"问书"，双方约定四月二十七日星期六，作者再到李彦宿舍发还作文。届时，作者记道："写了一天信，长达七千字以上！晚饭后去践约，竟然会吵架！我真该死！"此后，作者不断去信道歉，李彦则表示不愿再见作者了。日记无一字言及两人究竟为何吵架。此后，作者更是怀着悔恨和复杂的心情离开昆明。不久，李彦也随学校北返。直到作者去世，两人再也没有见面。

除记说这段凄婉的爱情，日记也自然涉及西南联大后期诸多史事，如联大的选课制度、当时师生的某些学习和生活情况、教师的收入和昆明的物价、联大三校北返的准备工作等。但笔者认为，这些在其他有关著作中也能看到的"史料"并不重要，重要的是日记为我们提供了联大师生一段真实的情感"史料"，这在别的书中并不多见。无论"师生恋"是否应该，但它在联大师生中确实存在，也非常自然、正常，因为联大师生同样是真人而不是神怪！

我们因此注意到，所谓西南联大"研究"的某些"八卦"性倾向，如喜欢把联大教授塑造成不食人间烟火的怪人，说什么刘文典先生敢与蒋介石当众对打；说什么闻一多先生上课，自己抽烟，还问学生要不要抽烟；说什么吴宓先生不准昆明一家馆子名叫"潇湘馆"，等等。窃以为，这些毫无"本证"的故事，揆之以常理，不过是耸人纵听的道听途说。

邢公畹《红河日记》一册

云南人民出版社，2020年

近·邢公畹著。邢公畹，著名语言学家，安徽省安庆市人。一九三七年考入"中央研究院"历史语言研究所。一九四二年，南开大学在昆明创办"边疆人文研究室"，特聘其参与研究工作，并在联大中文系任教。他先后师从李方桂、罗常培先生学习汉语上古音、侗台系语言、音韵学、汉藏系语言调查等。后随南开大学回天津，曾赴苏联莫斯科东方学院、莫斯科大学任教。归国后任南开大学中文系主任、汉语侗台语研究室主任、中国语言学会副会长。二〇〇四年去世。还著有《三江侗语》《红江河上游傣雅语》《邢公畹语言学论文集》等。

不立目专题类笔记。日记经邢先生哲嗣邢沅、邢凯整理注释。卷首有邢凯撰《代序》，卷末附录邢先生夫妇一九八四年同撰《抗战时期的南开大学边疆人文研究室——兼记关心边疆人文研究的几位师友》一文，同时还介绍了他们当时在联大创办《边疆人文》杂志的情况等。日记记民国三十二年（1943）二月十六日至七月九日，作者并同事黎国彬先生等受"南开大学边疆人文研究室"派遣，分头前往云南玉溪、元江、西双版纳等少数民族地区进行文化人类学田野调查研究。日记主要记述的是邢先生在红河元江、新平等地之村寨进行傣族、彝族的语言、文字、民俗、社会方面的调查和少数民族文献、文物征集，以民族语言调查、搜集为主。

民族语言调查研究的方法大体是，先确定一位兼通汉语的少数民族"发音合作者"，一方面让其讲述本民族典型的民间故事、传说或经典，如傣族民间故事《花子姑爷》、彝族的《洪水经》等，用当时先进的国际音标记音；一方面将古代典型的汉族神话、传说或经典，如《庄子》《搜神记》等，讲给"发音合作者"，让其用本民族语言再说出来，同样用国际音标记音，成为"长篇语料"。经对比分析整理，从中研究两种不同民族语言、词汇乃至族源、族系之间的共同处。如他们发现，傣雅语族的《罗三与娥娘的故事》和汉族《梁山伯与祝英台》的情节就颇多共同之处[①]。这种研究无疑具有语言学和人类学的多重学术价值。

日记表明，邢先生从四月初到达边疆开始，就身患疟疾等病，但他坚持一边吃药，一边继续工作。当时红河少数民族地区非常落后，而且还存在盗匪、"打冤家"等危险。村寨基本无电，晚上只有用油灯照明。他先后在元江漫漾寨、新平磨沙乡蹲点调查，每天抱病工作十几个小时，记录了傣族、哈尼族和彝族的语言，搜集到丰富多彩的调查材料，制作了数千张语音卡片。但同时分在车里调查的黎国彬先生情况就更惨，他被国民党军队无端抓捕，诬为"特务"，准备枪杀，幸亏及时营救才算死里逃生！这次滇边调查，不仅使他们取得了诸多学术成果，而且使他们目睹了旧中国云南边疆地区种种黑暗的现实。邢先生后来回忆说：

红河之行，差不多用了五个多月的工夫。从地区上，走进了另一种文化圈子；在时间上，几乎走回了好几个世纪。看到了许多古老陈旧的生产工具和生产方式，也看到了许多离奇的风俗习惯，颇为真切地认识到了人类生活原始的式样，红河两岸人民的辛酸苦难。特别是反动派、官僚、恶霸、封建势力对兄弟民族穷凶极恶的欺凌压榨，也完全呈现于眼前。

[①] 参见该书19页、101页注释。

汪曾祺《自得其乐》一册不分卷

精装本，中国友谊出版公司，2018年

汪曾祺像

近·汪曾祺著。汪曾祺，著名散文家、戏剧家，江苏高邮人。一九三九年夏，从上海经香港、越南来到昆明，考入西南联大中文系。毕业后，当过中学教员、历史博物馆职员等。新中国成立后，先后任《北京文艺》编辑、中国作家协会顾问等。还著有《晚饭花集》《晚翠文谈》等。此外，"文革"中曾参与样板戏《沙家浜》的修订。一九九七年去世。

不立目综合类笔记，卷首插附作者自绘彩色花草画数帧，下分《人间有味》《故人情事》和《闲话春秋》三章，每章之下又由若干短文、札记组成。内容多涉西南联大和战时昆明，而以自己亲历联大的人和事为主。如记联大中文系教学情况最为翔实、生动，值得今天认真研究。据载，当时联大开设"大一国文"课，全校共选。该课分为"课文"和"作文"两部分。"课文"由教授、副教授主讲；"作文"由讲师、教员、助教辅导。"课文"内容也有不同于其他大学的特点。作者记评曰：

《楚辞》选《九歌》，不选《离骚》，大概因为《离骚》太长了。《论语》选《子路、曾皙、冉有、公西华侍坐》。"莫（暮）春者，春服既成，冠者五六人，童子六七人，浴乎沂，风乎舞雩，咏而归。"这不仅是训练学生的文字表达能力，这种重个性、轻利禄，潇洒自如的人生态度，对于联大学生的思想素质的形成，有很大的关系。魏晋不选庾信、鲍照，除了陶渊明，用相当多篇选了《世说新语》，这和选《子路、曾皙、冉有、公西华侍坐》，其用意有相通之处。唐人文选柳宗元《永州八记》而舍韩愈。宋文突出地全录了李易安的《金石录后序》，这实在是一篇极好的文章，声情并茂。鲁迅选的不是《阿Q正传》，而是《示众》，可谓独具只眼！选了林徽因的《窗子以外》、丁西林的《一只马蜂》（原注：也许是《压迫》）。林徽因的小说选入大学国文课本，不但当时有人议论纷纷，直到今天，接近二十一世纪了，恐怕仍为一些铁杆"左派"所反对、所不容，但我却从这一篇小说知道小说有这种写法，知道什么是"意识流"，扩大了我的文学视野。

汪曾祺书画

作者记"联大教授讲课从来无人干涉，想讲什么就讲什么，想怎么讲就怎么讲"，但基础课则要求较严，选修课各具特色、各显神通。如朱自清先生讲宋诗，"一首一首地讲，要求学生记笔记、背，还要定期考试，小考，大考"。罗庸先生讲杜诗，"不带片纸，不但杜诗能背写在黑板上，连仇《注》都能背出来"。唐兰先生主讲古文字学，有一年突然开了一门词选，讲《花间词》。不讲，有时只是用无锡腔调念（原注：实是吟唱）一遍：

"'双鬟隔香红，玉钗头上风——好！真好！'这首词就pass了"。刘文典先生讲了一年《庄子》，我只记得开头一句："《庄子》，嘿，我是不懂喽，也没有人懂！"①沈从文先生教写作，写的比说的多。他常常在学生的作业后面写很长的读后感，有时会比原文还长，大都是看了学生的作业，就这些作业讲一些问题。沈先生读书很多，但从不引经据典，他总是凭自己的直觉说话，从不说亚里士多德怎么说，福楼拜怎么说，托尔斯泰怎么说，高尔基怎么说。闻一多先生讲《楚辞》，一开头总是"痛饮酒，熟读《离骚》，方称名士！"讲唐诗，不蹈袭前人之语。讲晚唐诗和后印象派的画一起讲，特别讲到'点画派'。中国用比较文学方法讲唐诗的，闻先生当为第一人。讲《古代神话与传说》非常"叫座"，上课时，连工学院的同学都穿过昆明城，从拓东路赶来听，那真是"满坑满谷"！②

正如作者在书中自己说"我是一个吊儿郎当的学生，不爱上课"，"从不记笔记"，实属有才气而不愿"规范性"读书、考试的学生③。但他却习于努力在图书馆刻苦自学，勤奋写作，积极向有真才实学的先生们请教，所以，在名师云集的联大，"在自由、宽容、坦荡、率真的教学氛围中"，遵规守纪的学生，特别是理工科学生，自然能成才，但是，像汪先生这样的学生，也会同样得到"爱才"如闻一多、沈从文等先生的关注和提携，最终也能"修成正果"。所以，汪先生在《西南联大中文系》一文中真诚地说："我要不是读了西南联大，也许不会成为一个作家，至少不会成为一个像现在这样的作家"。审是。

---

① 此处作者提到并赞成刘文典先生批评某些"搞校勘的人"，只会说"某本作某"，却没有自己的观点；某些教授讲古文，自己用注释本，发给学生却是无标点的"白文本"。但并没有刘文典先生说自己和某个教授应得多少多少工资，也没有骂什么人不该跑警报，反之，作者却记称："联大教授之间，一般是不互论长短的"。

② 此处作者提到闻一多先生讲课，师生可以自己抽烟，但并没有说闻先生发烟给同学抽。

③ 按，笔者大学《世界近代史》教师梁国维先生与汪曾祺先生前后同学。他回忆说，汪先生当时确实因为没有通过西南联大某门考试，按制未取得毕业文凭。识此备考。

许渊冲《绮年琐忆》一册不分卷

精装本，海天出版社，2018年

近·许渊冲著。许渊冲，著名翻译家。一九二一年出生于江西南昌，先后毕业于西南联大外文系、清华大学外国文学研究所、巴黎大学。新中国成立后，先后在张家口、洛阳等地外国语学院任英文、法文教授，一九八三年起，任北京大学国际文化学院教授。汉译著作有《包法利夫人》等，英译著作有《诗经》《楚辞》《唐诗三百首》《西厢记》和《毛泽东诗词选》等。二〇一八年，以九十七岁高龄来到昆明，参加"西南联大建校80周年校庆"活动，发表演说，实属难能可贵！

立目式综合类笔记。"绮年"，即青少年之意，共三辑十九篇，涉及西南联大和昆明之文约十篇。作者曾在西南联大读本科、研究生，同时又在昆明天祥中学（今昆明第十一中学）教书、任职（主教务），历时七年，故其所记内容细致具体，对于研究西南联大和抗战时期昆明的社会生活等，特别是西南联大历史，提供了诸多珍贵的史料。如《追忆逝水年华》一文，记西南联大"大一国文课"强大的教授阵容曰：

一九三八年,"大一国文"是空前绝后的精彩:中国文学系的教授,每人授课两个星期。我这一组上课的时间是每星期二、四、六上午十一时到十二时,地点在昆华农校的三楼。清华、北大、南开的名教授,八仙过海,各显神通。如闻一多讲《诗经》,陈梦家讲《论语》,许骏斋讲《左传》,刘文典讲《文选》,罗庸讲唐诗,浦江清讲宋词,鲁迅的学生魏建功讲《狂人日记》。还有罗常培、唐兰等教授也都各展所长,学生大饱眼福。

此外,《名师风采》《西南联大的师生》《闻一多先生讲唐诗》《钱钟书先生和我》《我所知道的柳无忌教授》等篇章,还具体记载了诸多教授讲课的特点与风采、师生互动的精彩瞬间。据载,当时西南联大除了拥有超一流的教师团队外,还常常邀请来滇的文化名流到学校讲学、交流。如《再忆逝水年华》一文记曰:

联大不但校内名师云集,校外文化名人来演讲的也不算少。一九三九年一月二日,茅盾就在朱自清的陪同下,讲过《一个问题的两面观》,结论是看问题的角度越多,就越接近真理。老舍曾做过两次谈写作的报告;巴金则同文学青年举行了座谈会;沈从文和萧乾也喜欢座谈。曹禺一九三九年七月二十八日来谈写戏剧的经验,他说剧中人物不能太典型化,太好太坏都不容易引起共鸣。他并且在八月二十六日,和联大师生同台演出他和宋之的合编的抗日戏剧《黑字二十八》。就是在这种浓厚的文化氛围中,培育了一代风华正茂的联大青年。

众所周知,西南联大辉煌的教育成就,并非是在今天这种一个比一个豪华的"大学"里取得的,而是在极其简陋的校园里产生的。如作者在《往事如烟忆图书馆》一文中,记一九三九年秋天落成的联大新校园及图书馆(在今云南师范大学老校区内)曰:

图书馆是主要建筑,是新校舍唯一的瓦顶房屋。学生宿舍是草顶,天雨漏水，天晴漏光。教室是洋铁皮顶的，下起雨来叮咚叮咚，仿佛是有配乐伴奏。图书馆左右宽约一百米，深约五十米，摆了一百多张漆黑的长方形桌子，左右各五十多张，排成十几行，中间空出过道。借书台正对着图书馆大门，后面是书库。书库和阅览室之间有两个小房间，是图书馆员住的。外文系同学吴琼（原注：现为清华大学退休英文教授）因为经济困难，大二时在图书馆半工半读，大三时休学当馆员，就住在小房间里，两人一室。对于我们这些四十个人住一大间茅屋的同学说来，简直是豪华别墅了。阅览大厅内没有书架，只在借书台前摆了个小架子，上面放了一本《韦氏国际英文大辞典》，供联大全校师生参考之用。至于报纸，只在图书馆外墙上贴了一份《朝报》。联大设备如此简陋，但今天制造"两弹一星"的科学家，却有很多是联大人，真可以说是个奇迹！

附录：《往事新编》，一册不分卷，许渊冲著，精装版，海天出版社，2012年

立目式综合类笔记，由《青春之歌》和《逝水年华》两部分若干短文组成，内容与《绮年琐忆》略有重复，多涉联大史事。但《青春之歌》中记联大教授讲学内容，也有不见载于《绮年琐忆》者。如《冯友兰教授谈哲学》，作者据当时笔记，忆冯友兰教授解释"中和之道"曰："一个人可以吃四碗饭，只吃一碗半，大家就说他'中'，其实要吃三碗才算'中'。'中'就是恰好的份量。四碗太多，两碗太少。'和'与'同'的区别是：'同'中无'异'；'和'中却有'异'。使每件事物成为恰好的分量就是'和'"。"中和之道"就是"中庸之道"，冯友兰先生释"中庸"为"恰好"，又以"和而不同"强调了"中庸"的基本原则，可谓深入浅出，言简意赅！

《逝水年华》大体按日记体裁记作者自联大毕业后，任教昆明天祥中学、在驻昆美国空军中任翻译、考取并留学法国及留学生活，直到一九五〇年回国。天祥中学是当时由作者等西南联大的江西籍师生创办的完全中学，校名取意"文天祥"（江西人）之名，教学质量高，且多有进步师生，培养出众多杰出的人才,是西南联大在滇八年促进云南中等教育发展值得研究的典型之一。作者较多地记载了天祥中学当时的教学组织、师生关系、人才培养、课外活动,还插有若干真实的照片等。

石钟《大理喜洲访碑记》一册

油印直排本，云南省立龙渊中学中国边疆问题研究会编印，民国三十一年（1942）

近·石钟著。石钟即石钟健，著名的民族史学家，浙江诸暨市人。一九三九年先就读于武汉大学历史系，后因不适气候，一九四一年转学于西南联大历史系。毕业后，曾在昆明市多所中学任历史课教师。解放后，先后任四川师范学院和中央民族学院教授、中国百越民族历史研究会副会长兼秘书长等。一九九一年病逝。作者在西南联大读书时即开始从事云南考古和民族史研究。还著有《段氏世系考》等。

立目式专题类笔记，白话文写成。卷首《鸣谢》称，此次大理之行，经费上得北大文科研究所、云大中国文化研究所和李根源先生"多所惠助"，又蒙迁寓大理喜洲的华中大学包渔庄、刘信芳先生的指导，以及第十一集团军安排乘车。《原起》述作者在向觉明（达）先生的鼓励下，利用学校放假，与哲学系同学徐衍前往大理喜洲访寻古代碑刻。行前先认真学习了《蛮书校注》等有关南诏大理的史志。车抵喜洲，住华中大学。在喜洲访碑三周，手抄件系，描摹碑形，自制拓本，共录得碑铭一百五十一通，称"其中完好无缺的也有百余通。就碑文中所涉及的时间，当从唐代迄于明代；所涉及的空间除中原外，北至吐蕃，西北至印度伽陀（Magadha），西至缅甸，西南至越南，所涉及的史实，多是正史所不载的"。

作者又进一步据此具体归纳为以下重要内容：其一是"秘密教"（或称"阿拶哩"或"阿吒力"）。包括其来源（初步考订为印度传来）、元明时期的"秘密教"等。其二是白史《白古通玄峰年运志》与白文，包括白史、白文等。其三是"哀牢九隆"与"白蛮"，据其所见碑文提出"民家"可能存在三种不同族源：本土说；印度说；密教与本土结合说。其四是梵咒与梵文。据其所见碑头皆有"梵咒"符号，提出"秘密教"与"民家族"的复杂关系。作者最后通过《检讨》，对这次访碑结果提出总的看法和建议：第一，碑文反映其独特的、比较规范的格式与体例，乃"完整无缺的史料"；第二，"民家先民"受中原文化和印度（宗教）文化的影响，形成了自己的"独体（特）文化"；第三，建议今后组织更大力量对其进行全面、深入的清理和研究。《附录》即重要碑铭原文选录，如《大理阿拶哩杨嵩墓铭》《处士赵公同妻杜氏墓志铭》《三灵庙记》《词记山花（碑）》等六通。

附录：《滇西考古报告》，石钟著，一册，油印直排本，云南省立龙渊中学印，民国三十三年（1944）

此本由《邓川访碑记》和《段氏世系考》两部分组成。编为《中国边疆问题研究会省立龙渊中学支会专刊》之二。卷首《原起》称，继上次大理喜洲访碑之后，此为第二次大理考古之行。这次往返三十五天，在邓川工作计十二天，收获颇丰。

《邓川访碑记》按日程记其在大理邓川县考古的经过、方法、收获等。主要访及大邑村土主庙、段思平庙，抄录其碑铭；访及元都元帅段苴宝（段宝）碑，并订正前人抄录之误，重拓其碑文；访及五佛山明代群墓（俗称"鞑子墓"，以杜、杨二姓为主），寻得不少"火葬罐"，并手绘其形制、纹饰；访及中所镇龙王庙，参观了当地祭奠龙王生日的活动；访及诸葛寨之水寨（传说诸葛亮驻兵处）、鸡鸣寺、诸葛洞、千龙洞、豹子洞、躲兵洞（传说有《孔明碑》）、银坑洞（传说诸葛亮擒孟获处）、腰龙潭（徐霞客到过，有记）等历史遗迹。作者总结说："共收录碑铭二十余通，在数量上并不算多，在质量上确有它的价值。"

《段氏世系考》依次考述大理蒙段世系的传承：一、《段氏始祖》，自唐朝段忠国迄段道超；二、《南诏时期的段氏》，自段俭魏（亦称段忠国）迄段思平；三、《大理国时期的段氏世系》，自段思平迄段兴智；四、《元大理总管府时期的段氏世系》，自段兴智迄段苴明；五、《明代段氏的后裔》，散见于碑文的有段明、信苴善、信苴宝、信苴日等。作者言其分布说："大概蒙氏子孙分布在蒙化一带；杨氏子孙分布较广，应以喜洲为中心；段氏子孙或应以邓川为中心；高氏子孙或应以鹤庆为中心；赵氏子孙或应以宾川为中心。"

卷末《附论》一《段氏与秘密教的关系》，作者考称，自段道超始将秘密教（阿拶哩）传于南诏国，其后"蒙、段子孙无不信奉"，其政权具有明显"政教合一"的特点。《附论》二《段氏与白文的关系》，考称"白文就是当时民家人所用的文字。这种文字十分之八九是借用汉字；新奇字不过十分之一二。在语法上则与汉文稍有不同，不过是借汉字来写他们的口语罢了"。《附录》收其访得的《大掾杨公墓志铭》《故老人段公墓志铭》等六通，并列出《本文参考书》。是一部科学严谨的学术调查记和考据著述。

> 附录：《云南苍洱境考古报告》，民国·吴金鼎、曾昭燏、王介忱合著，一册，铅印横排本，国立中央博物院筹备处印行，民国三十一年（1942）

吴金鼎，著名考古学家，山东安丘县人。早年毕业于齐鲁大学、清华大学国学研究院，毕业后任职于"中央研究院"考古组，曾参加河南安阳殷墟遗址的发掘。一九三三年赴英国留学，获博士学位。抗战胜利后，任齐鲁大学国学研究所主任等职。一九四八年病逝。曾昭燏，女，著名考古学家、博物学家，湘乡（今属湖南湘潭市）人，一九三五年留学英国，获硕士学位。一九三九年，任"国立中央博物院"筹备处专门设计委员等。解放后，任南京博物院副院长兼南京大学历史系教授等。一九六四年不幸身亡。王介忱，吴金鼎夫人，考古学家，生平事迹不详。

章节体考古报告。据第一章第二节《工作经过》称，民国二十七年（1938）十一月，作者等"奉中央博物馆筹备处主任李济先生之命，自昆明往大理调查古迹，特注重史前遗址之寻求"。同行者还有著名建筑史家刘敦桢先生。他们先以大理"太和城"遗址为主，此后，"又历邓川、洱源、剑川、丽江、鹤庆、宾川六县"，历时近两年。报告正文依次为《苍洱境古迹考察总报告》《马龙遗址发掘报告》《佛顶甲乙二址发掘报告》《龙泉遗址发掘报告》《白云甲址发掘报告》。每章记其地理环境、发现和发掘经过、文化层、遗物等，并插附手绘相关考古小草图。卷末附英文《提要》、考古绘图。作者总结说："在苍洱境内，凡发现遗址卅（三十）二处，勘定古迹六处（作者自注：指见于记载但已湮不可寻者）共三十八处。又发现古墓十七座，皆南诏及南诏以后物。"

根据这次考古发掘，作者认为，"苍洱境内新发现之史前文化，其本质颇异于华北仰韶、龙山两文化。虽与华北文化不无关系，但地方色彩甚重（如'断线压纹''半圆形石刀'等）。此种文化生长山地，进化迟滞，及迁至平原，乃大量接受汉族和印度文化"。并提出今后尚待深入解决的几个悬案：一、南诏民族是否为史前民族之苗裔？二、苍洱文化之来源与分布。三、苍洱境内史前期墓葬之所在。四、苍洱文化与川、康、缅、越及附近地域文化之关系。

以上三次考古工作及其《报告》，是我国第一次对滇西地区的科学考古工作，意义特别重大。

鞠孝铭《大理访古记》一册

铅印直排本，独立出版社，民国三十五年（1946）

近·鞠孝铭著。鞠孝铭，著名地理学家，字继武，笔名金戈、曼倩等，和县（今属安徽马鞍山市）人。中学毕业后，历任小学教员、校长等。一九三八年，考入西南联大。毕业后，历任云南大理喜洲师范学校教员、粤汉铁路沿线经济地理调查员等。解放后，任南京师范大学教授。还著有《滇西战略形势》《中国地理学发展史》等。

立目式综合类笔记。其所称"访古"并非科学考古，实为旅游。卷首引录清人黄元治《叶榆怀古》诗二章。作者《小引》称："春二月[1]，友人大理喜洲五台中学校长杨白崙君由昆明返校，特邀我游苍洱，访古揽胜，宿愿始得以偿。"作者一行乘"第某集团军的军车"从昆明至大理，旅游一月多，此书记其见闻和感受，如作者看到，自"滇缅公路"贯通之后，云南，尤其是滇西城镇的社会生活开始繁荣起来。《禄丰车站夜宿》条，记当时小县城禄丰某一"酒家"曰：

---

[1] 此"春二月"作者未言何年。但据作者最后所称，他们原准备继续旅行顺宁、保山等地，忽闻滇西战事又起，不得不立即返昆，则推知当为一九四二年二月。

我们宿在"全龙酒家",系广东人所开设,规模颇大。虽然是茅屋板壁,却也分为"中餐部""西餐部""咖啡室"三部。罐头、西点、鱼翅、海参,并陈玻璃橱中。所有菜单,中英文并列,CaffeeandHotel 的招牌,横跨马路,高悬街中。此恐非为"摩登""欧化",想是缘于实际上的需要也。盖自滇缅公路成为我西南唯一的国际交通线后,友邦人士来往我国,便不绝于途焉。

再如,《古战场今乐园》条,记当时繁荣的下关说:

滇缅公路通车以来,下关益趋繁荣,俨然成一小昆明矣。"中国""中央""交通""农民"以及云南之"富滇"新储银行,在此皆有分行。浴室、中西餐厅、咖啡馆、电影院,莫不具备。而新的街道正在开辟,新的建筑正在加多,街上行人拥挤,熙熙攘攘,盛况不减今日昆明华灯初放时分的正义路或南屏街。衣皮夹克、戴皮帽的美国空军战士,头缠黄布或白布的印度司机,身着色彩美丽衣裙的缅甸司机,三三两两,到处可见。今日之下关竟俨然成一国际之小都市矣!

交通的恢复很快使经济生产、文教建设也随之加速发展起来。《喜洲羁旅》条,记大理喜洲(五台镇)的学校教育说:

原华中大学旧址　　　　　　　　　今日五台中学

各级学校俱备，有大学一所，即有武昌迁来的私立"华中大学"，学生百余人；普通中学一所，即私立"五台中学"，系本镇富户所创立，学生四百余人；师范学校一所，即"喜洲师范学校"，名虽县立，然实系下关严氏一家所设立，有学生三十余人；小学一所，即"五台镇中心小学"，学生一千数百人。又有"苍逸图书馆"一所，亦系下关严氏捐立。内藏书籍颇不少。如影印之《四库全书》《四部丛刊》及《万有文库》皆有。最近之《抗战文艺》《东方杂志》《大公报》等亦均可见。

此外，该书还附录《路南的山水洞》《昆阳纪行》，记作者在西南联大读书时，和同学们旅行路南（石林县）并郑和故里昆阳的两次经历与见闻等。

邓之诚《邓之诚日记·滇语》八卷

稿本影印，北京图书馆出版社，2007年

邓之诚在昆明旧照

近·邓之诚著。邓之诚，中国近代著名史学家、文献学家，字文如，号明斋，祖籍江苏南京，生于成都。清末，其祖父、父亲宦游川、滇，故作者自光绪二十四年（1898）侍母来滇。此后，先承家学而饱读诗书，后考入云南两级师范学堂"选科"史地类，宣统元年（1909）以优秀成绩毕业。先后任《滇报》编辑、省立第一中学（今昆一中）史地教师等，前后寓滇几近二十年。可以说他是云南两级师范学堂培养的杰出人才之一。离开云南后，先后受聘在北京大学、国史馆、北平《新晨报》等教育和文化单位供职。解放后，任北京大学历史系教授。一九六〇年去世。还著有《中华二千年史》《骨董琐记》《护国军纪实》等。

立目式综合类笔记。作者自序作于民国三十二年（1943），言其与云南之关系和本书撰写情况曰：

丙申冬梢，侍母入滇，放棹锦江，驰驱西上。时先君子方客东川，自后踪迹所系，南及开广。比遭孤露，久滞昆明。丙辰出蜀，始返吴中。先后客滇几及廿载。山川能语，草木知名。见闻所及，常在胸臆。迩来二十有八年矣。村居辟世，枯寂自甘，回忆曩踪，遂成此录。故书雅记，颇异于今，力戒因袭，悉从刊落。诚以风景不殊，人事多改，后之视今，犹今视昔。即兹所志，断自光、宣。世变无穷，又有损益，姑以觇盛衰、识兴废而已。山河厄塞，驿程道里，布在方册，毋烦兼备。若彼耆旧，半是先友，追维旧好，言叙欢惊，事异权扬，何有褒贬？物但贵其所希；风则同乎寄慨。率为浅语，期于易知。偶涉虚夸，聊陈教诫。居兹土未免有情，如曰铺张，信非溢美。民国三十二年岁在癸未正月文如居士邓之诚识于海淀寓庐。

全书列《山川》、《郡县》、《人物》（上、下卷）、《风俗》、《物产》、《杂识》（上、下卷）八卷，卷下条札，不再立子目。内容广泛涉及云南史地、社会风物、建置沿革、人物轶事等，时间则侧重于云南近代。正如作者所说，笔记并不写成于一时，故全稿多有涂乙添改之处，个别条目还标有"删"字，足证其撰著态度谨严。观其记评，绝非抄摘志乘、人云亦云之作，特别是对自己所熟知敬重的故交或师友，亦能采取实事求是的书法。因作者曾亲历清末至民国云南的诸多要事，故该书对于研究云南近代社会历史、著名人物等，颇具特识别裁，提供了不少鲜为人知的史料。

例如卷四《人物》下，记其师陈荣昌先生，首先充分肯定这位翰林出身的云南名士"理学文章，素有盛名，淡薄功名，勤于著述"，称其"为诗文皆有法度，同时滇士无能及者！"但同时也指出，荣昌先生颇有"暗于知人，不习情伪"的弱点。记赵藩，"能文善诗，兼擅书法"，但时至晚年，"则诗亦颓唐，顿逊少作"。记李坤，虽然为翰林出身，但"颇（少）有诗笔，稍嫌语病"，尤其是晚年，"拓弛不羁，纵情酒色"；他曾以名翰林任云南高等学堂总教习，但遇学生闹事，"坤不能制"；后来又改行经商，

"营私殖货，亦复不利"。记唐继尧，"善于辑睦，颇事牢笼"，对于云南地方安靖和护国运动等多有贡献，但也同时指出其为人"外若恢阔，内实狙诈。好为善言，使人心喜，亦颇挥霍。同起诸人，多被摈逐。嫌隙稍深，鲜能免死"！

又如同卷下，记袁嘉谷兄弟与陈荣昌先生交恶之事。袁嘉谷在经正书院师从陈荣昌，陈"于诸弟子中最赏嘉谷，目为谨厚"。后来袁嘉谷中特科状元，其家族不免飘然。嘉谷之兄请陈荣昌为其写"三元及第"榜书，乃称嘉谷曾先后中优贡第一、举人第二（亚元）和特科第一。"荣昌难之，不从"，只同意据实为之书"经济第一"，遂致师生不和。后来，"袁往谒其师，竟不纳矣"。按制，只有乡试、会试和殿试的第一名才能称"元"，清代真正的"三元"只有两人符此标准。袁氏兄弟想借重陈荣昌，勉强将"优贡第一""举人第二"和当时还并不为社会广泛认可的"特元"合称"三元"，不过是为了夸耀自己的一种强词夺理和虚荣心态罢了！同时，作者认为袁状元的诗作其实也并不特佳，"律诗学急就章，一字一句，艰涩难解"。

尽管我们未必完全同意作者对上述历史人物的记评，但我们坚信"金无足赤，人无完人"的事实。据此，作者根据自己的亲见亲闻和独立判断记事写人、不刻意隐恶扬善的史学思想是值得钦佩和学习的。反观今天诸多地方人物传记，往往将传主"装修"成毫无瑕疵的完人，也无任何轶事可讲，则反倒令人难以信服了。

陈葆仁《明清两代滇籍谏官录》一册

铅印直排本，建新印刷局印，民国三十六年（1947）

　　近·陈葆仁著。陈葆仁，安徽全椒（今属滁州市）人。清末民国间曾为当地塾师，民国末，曾任昆明市立中学（今昆三中）校长。其余事迹不详。

　　不立目专题类笔记，为《新云南丛书》之一，时任昆明市市长张维翰为之作序。所谓"谏官"是中国古代"监察纪检"官的统称。在中国封建专制社会，"谏官"是唯一能依法监督行政运作的纠错官员。由于种种原因，明清两朝各类滇籍"谏官"人数之多，居全国前列，且其中未见有执法犯法者！民国时期，这一现象早已引起"滇学"研究者的特别关注，如何秉智等人曾汇录《明清两代滇籍谏官传》，秦光玉辑有《滇谏官传》。

　　此书并非人物传记，虽然过于简括，却是运用历史统计法研究滇籍谏官的第一部开创之作。作者开卷论曰："我国监察制度历史悠远，效绩久彰，虽经数千年君主专制，而未致行所无忌者，赖有此监察制度之存在。今'五权制度'，监察权居一，酌古准今，允称良制"，希望通过古代滇籍谏官的研究为现代监察制度提供历史借鉴。作者先据《明史》《清史稿》及多种云南地方文献，将滇籍"谏官"一一稽出，制为《明清两代滇籍谏官简表》，分列其姓名、籍贯、朝代、出身（指科名，即教育层次）、初任、别历（指改官情况）六项。其中，事迹突出者如明代杨一清，清代钱沣、尹壮图等，还略备其事迹。首先统计出明清两代共有各类滇籍"谏官"一百三十九人，然后，再按朝代、县别、出身、初任四项进行归纳和分析，进一步得出上述谏官的更多信息和特点。如明朝滇籍谏官多于清朝（八十八比五十一）；就其籍贯而言，最多为云南府（略相当于今昆明主城区和近郊县）三十六人；以下依次为建水县十四人，大理县十一人，弥勒、蒙化等县一二人不等。就科名出身而言，明清两朝滇籍谏官进士出身的为一百一十人，举人出身的二十人，用今天的话说，绝大多数"学历和文化水平很高"！

尹壮图画像

最后，再将明清两朝滇籍谏官的政绩风范归纳为九种类型：一是"直言献替者"，即直接针对皇帝提出意见，如明杨一清批评皇帝"视朝太迟"等。二是谏"郡国利病者"，针对中央或地方政策提出意见，如明王元翰谏云南"贡金、榷税之害"等。三是"纠举显要者"，即弹劾不法大官，如清钱南园弹劾陕甘总督毕沅等。四是"嘉惠士林者"，即提出文教方面的改革意见或建议，如清李发甲建议增加广西、云南、贵州会试名额等。五是"建立武功者"，指督练军队业绩，如明傅宗龙总督保定等。此后为"恪尽职守者""风采政绩者""卓行清望者""廉洁风世者"，指在不同岗位上忠于职守、敢于反腐倡廉、自己也作风正派者。

杨一清画像

附录：《滇谏官传》，秦光玉著，二册不分卷，抄本，云南省图书馆藏书

《滇谏官传》

此本以《云南丛书》用纸朱丝栏稿纸抄成，无作者序跋可考其编纂情况，有刊改涂乙之处，则是未定之稿。卷首袁嘉谷、周钟岳先后作序，皆署时"乙亥"，即民国二十四年（1935）。（周序手书原稿仍夹在此本中）。袁、周二序皆希望以此书之谏官为榜样，敢于仗义执言、反腐倡廉。如周序有曰："今国号共和，上下一体，时势之艰又百倍往昔。而直言极谏之士寥寥无几。下不陈其非，上不闻其过，窃为国家耻之！滇居僻远，诤臣之迹尚卓卓如此，秉国钧者能取是编以备乙夜之览，于以法前代之规、开直言之路，则是编之录即为谏鼓谤木可也！"全传共六十四人，其中明朝列方矩、杨南金等四十人；清朝列张汉、钱南园、尹壮图等二十四人。每传著录其姓名、字号、籍贯、宦迹和主要谏劾内容或为官风范等。

卷末附录民国监察院监察委员张华澜弹劾案三件。张华澜，昆明人，清末留日学习政法，民国期间为中央政府监察院监察委员，继承滇籍谏官风骨，敢于仗义执言。所录三案，一是弹劾典试委员柳诒徵、典试委员长王用宾案。指斥当时全国高等文官考试命题太陈旧，囿于经史，非但"不见于任何大学课本或讲义"，且故意诱导答案于典试者柳著《中国文化史》一书，指斥"所命之题出国人之不意、攻教育之不备，使考试与教育自相矛盾"，致使拔取不公，舆论哗然。提请政府对柳、王二人"移付惩戒！"二是弹劾四川剿匪军总司令刘湘案。三是弹劾专阃大员刘峙案。此事发生在抗战初期，刘峙不战而兵败琉璃河，张华澜对此提出弹劾，语有"琉璃河之溃，兵非不多，器非不利，徒以主将刘峙怯怯畏死，未经激战遽下令总退却，一溃遂至石家庄，致使全冀皆失，而豫、晋两省交受其害"，提请政府严惩刘峙，以儆效尤！

方树梅《北游搜访滇南文献日记》一册五卷

抄本，云南省图书馆藏书

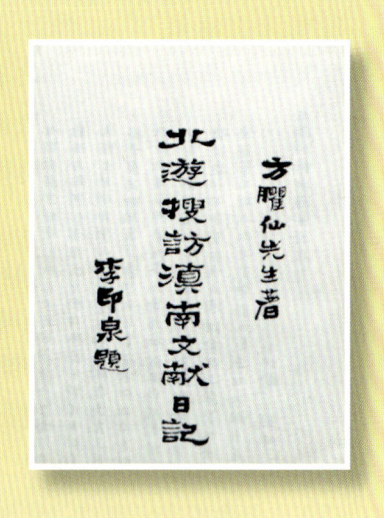

近·方树梅著。方树梅，云南著名学者、藏书家、地方文献研究专家，字臞仙，昆明晋宁人。清末毕业于云南优级师范，先后任云南省教育司劝学员、科长、省会中学教员、《云南丛书》处编校、省图书馆庶务长、省通志馆干事、云南大学教授等。解放后，任云南省政协委员、云南省文史研究馆首届馆员、昆明市志编委等。一九六八年去世。其著述之丰厚，冠于全滇！统称《盘龙山人丛书》《学山楼丛刊》和《未刊稿》。

方树梅像

不立目专题类笔记。记作者及张希鲁外出访寻云南地方文献的经历。据作者卷首言，他先后参编《云南丛书》和《新纂云南通志》《续云南通志长编》，熟悉云南地方文献，为进一步弥补当时正在修纂的省志所缺云南地方文献，民国二十三年（1934）秋，省志负责人周钟岳（惺庵）、省图书馆馆长秦光玉（璞安），特此"为余请于省府及教（育）厅，得补助费千二百元，派余为'各省搜访文献员'"，外出访购散佚云南地方文献。到北平（北京）后，作者又邀请张希鲁先生一同南下访书，经费则由作者负担。

方树梅著作

据日记所载，其访书的路线大体是从昆明出发，经滇越铁路至河口，改汽车经河内达广西龙州，乘船至南宁；舟车兼行至广州，乘火车至香港，坐海轮至上海；经京浦铁路过苏州，至北平，其间访书山西大同；再离京南下访书天津、山东济南、河南开封和洛阳、陕西西安；再南下湖北汉口和江西九江、南昌，转安徽安庆、望江；再由安庆经南京、镇江、扬州、苏州、杭州、上海至香港；最后由来路经滇越铁路返回昆明。全程历时七个多月。其主要任务，一是为云南通志馆、图书馆搜寻并购买云南地方文献；二是抄录只能借阅的文献（包括碑文）并撰写《提要》；三是访寻云南先贤和宦滇寓滇名人遗迹；四是拜访省外著名学人、藏书家，委托其代访、代购云南文献；五是与有关图书馆、个人互赠图书；六是专门请所遇名流为其带去的《龙池校书图》题赠诗文；七是游览名胜古迹。日记从一九三四年十二月十四日，至一九三五年七月十一日，基本按日有记，且多插有诗作。

访书的重点和获得成果最多的是北平、上海、苏州和广州。如作者在北平厂甸、隆福寺和琉璃厂的古旧书店，购得师范《二馀堂文集》等数十种云南地方文献；在国立图书馆、燕京大学图书馆，为杨一清《石淙汇稿》《遂庵集》以及杨慎多种著作写就《提要》；抄得

方树梅墨迹

明初平显《松雨轩诗集》涉滇诗文；访读《云贵乡试录》《明武宗实录》《世宗实录》《皇明疏抄》以及多种明清云南地方志。"在上海三马路千顷堂购书七种、中国书店购书五种。"又抄得清代晋宁李因培（鹤峰）撰《山东提学院题名记》、刘大绅传记等。在苏州李根源藏书中，抄得清人王芝《海客日谈》、王昶《春融堂诗集》中涉滇诗文。在广州文明路古书店，购得清朝张九钺《陶园全集》、王先谦《虚受堂文集》等多种宦滇名人著作。这些著作及零散诗文皆为当时云南失藏和未知者。作者一边不断访书，一边将访得的图书邮寄回滇，还一边将访寻情况撰文向云南报告并公开发表。一时无法购到的书，则请相关友人今后代为购寄。

对古代云南先贤遗集的访寻重在明清两朝滇籍名宦杨一清（邃庵）和师范（荔扉）。在扬州丁卯桥，作者等探访了杨一清墓；在望江，得当地友人热情帮助，遍访师范遗迹，收获甚多。作者特撰《望江访师荔扉先生著述记》一文，记望江县孔庙、弥勒殿等地师范撰书的碑刻和楹联等曰：

> 游孔庙，大成门旁有荔扉先生撰书《望江乡试题名碑》，旧考棚有"同登大雅"额。游青林寺，有题弥勒殿联云："一肚皮不合时宜，问尊者如何消纳？满面孔无非和气，请众生各去思量"。又佛龛联云："几人能出世？看我佛端坐莲台，竖指拈花，欢喜煞金刚罗汉；何处可传经？有禅师横担锡杖，搬柴运米，妆点就绀宇琳宫"。寺后"留经堂"有先生撰碑记。又城隍庙有先生挂"明镜台"额，（联）有："世上奸淫有时幸免，到头来总要一齐算账；冥中报应逐渐分明，亏心处何曾半点饶人"。

这次访书不但为正在修纂的云南省志获得了众多新史料，也对作者正在编著的《历代滇游诗抄》《滇南碑传集》等书稿多有助益。作者有《南北搜访文献归来》一诗云："南北遨游愿不违，半肩文献尽珠玑。平生第一快心事，多少先贤伴我归。"解放后，经先生访回的这些珍贵文献连同其自撰著作，全部被他无私地捐藏云南省图书馆、云南大学图书馆等单位，供后人研读，其功甚伟！正如一同访书的张希鲁先生在该书《后序》所说："今取阅读，对乡邦热爱，祖国关怀，有不油然动念、闻风而兴起者乎？！"

方树梅《师斋杂抄》
一册不分卷
《师斋随笔》三册三卷

抄本，云南省图书馆藏书；云南大学藏书

　　近·方树梅著。两稿同属立目式综合类笔记，成稿时间不详，且个别内容互有重复，无序跋、目录和著作时间可考。皆用"学山楼"稿纸写成，但字迹有出自作者本人者，多为行草；也有出自他人誊抄者，多为楷体，故云南大学图书馆整理《师斋随笔》时断为"誊清稿本"。审是。所记涉内容均以"滇学"为主，博杂宽泛，钩沉抉微，可资参考者甚多。通观两稿，又可大体分为以下内容。

　　其一，考说、条陈云南史地掌故和人物轶事。这一部分又可分为作者故乡晋宁和晋宁之外两个范围。其中有关晋宁史地人物的内容尤为深入、详尽。如卷一《庞遗》《姚岳》《天女城》《秦闰夫妻柴氏》《李定国屠晋宁》诸条，据汉晋史书和云南地方文献，钩稽条陈汉魏迄于明清有关晋宁的史事。《李鹤峰赠李北路诗》《李和》《李兰贞》《夏祖训》诸条，专门记写晋宁地方历史人物。他如《永历崩所》《师荔扉先生画》《顾梅花》《画鹤》诸条，则广泛涉及明清至近现代云南史事。上述不少内容鲜为他书所载，可广云南地方史志之不逮。再如《缪素筠》条，记光绪朝宫廷女画师、昆明人缪素筠曰："昆明缪素筠女史，工写花卉翎毛，德宗（光绪）朝供奉内廷。宫人以"缪先生"呼之。新建陶无梦农部裒有《宫词》百首，之一云：'八方无事畅皇情，机暇挥毫六法精。宸翰初成知得意，宫人传呼缪先生！'女史圣眷之隆可见矣。"又如《宋芷湾观察妙批》和《马子云》两条，记咸同年间著名回族诗人大理沙琛和丽江马子云，因惧避反动政府戕害而被迫表面宣布"改教"之事。《赵介庵挽唐蓂赓联》条，记唐继尧去世时，赵藩（介庵）直言送上挽联二副。其一曰："功罪分明，野史稗官，吾能直书十六年事；冤亲平等，夜台孽镜，君应怆对百数万人。"其二曰："思量君去尚佳，撒手径行，隐与众人消积愤；叹息吾言不纳，私心自用，甘为群小送长终。"同时，他还分别致书唐继尧之子和周钟岳，涉及当时如何处理唐氏后事和诸多民国历史问题。

缪素筠画作

其二，辑录、题跋有关云南之稀见史料。这在该书中占较多篇幅，且弥足珍贵。如卷二《敕赐报功祠奏议》条，辑录明朝云南巡抚何孟春关于在昆明建立祭祀明初功臣沐英等人的奏章。《赐书堂》条，不但考释清初滇籍名宦王思训（永斋）生平事迹，而且还据当时尚存于昆明官渡文明阁的"赐书堂"原匾，录出王思训自撰自书之跋文曰："廿年史馆，蒙两圣殊恩，赐书甚多。载之归里，俾于后学。其琅环之玉轴、石室之金章也。荣君之赐，因名斯堂。梁南史臣王思训题并书"。《山中逸趣》条，全文辑录唐泰（担当）、梁之翰、徐霞客等人有关木公《山中逸趣》一书的序跋文四篇。《邓和尚藿场老人诗序》条，辑录明末清初邓凯为昆阳诗人迟光启（藿场老人）所撰诗序，并据此考证这两位南明遗民的关系等。《大错遗文》条，题录得之于友

担当禅师画像

人的大错和尚（钱邦芑）所修《鸡足山志》稿本残卷，考称"大错与（徐）霞客亦两相晤面，而'癸未（崇祯十六年，1643）自滇归'句，又知霞客离滇之年"。《云程万里歌》条，辑录一位不知姓名的作者所撰长诗《云程万里歌》，该诗记咏明清以来，从昆明出发，经贵州、湖南、湖北、河南、河北至北京一线的水陆行程。不但具有一定的文学价值，而且对于考证古代云南交通道里也很有实证意义。

辑录内容最多的是晋宁诗人宋嘉俊的诗作，题为《落落轩诗抄补》。据方树梅《近代滇人著述书目提要》所记，宋嘉俊，字镜澄，一字净尘，晋宁人。光绪二十四年戊戌（1898）进士，先后官刑部主事、四川江津知县，为官清廉。辛亥革命后回滇，历任昆阳知县、磨黑、黑井盐场知事等，以不善奉承而辞官。能文工诗，为时人所钦重。其诗作题材广泛，不乏佳作。其中《武风子火笔箸歌》，咏及明末入滇的武风子，他善于用火笔作画，堪称一绝。《康诰抟泥砚歌》，咏及晚清昆明工匠康诰，他善于用某种泥土烧制佳砚，为时人珍爱。此外，据宋诗得知，嘉俊与作者也属莫逆之交，互有诗文唱和。他特别钦佩作者搜寻、研究地方文献的坚韧精神和杰出贡献。《赠臞仙》一诗云："文献一身系，吾乡仅见之。新潮惊泛滥，正学叹凌夷。词重先贤祀，诗掺故老遗。苦心谁共谅？只许古人知。"又《送方臞仙赴南北两地搜访乡人著述》云："搜辑滇云乘，劳君万里行。遗文征故老，远志快书生。湖海孤帆隐，关山匹马轻。归装歌得宝，端不负长征。"

方树梅《滇贤生卒考》一册

稿本，云南省图书馆藏书

近·方树梅著。不立目专题类笔记。与作者所著《滇南学者生卒考》内容大体相同。先后用学山楼稿纸和《云南丛书》用纸写成，则可初步确定为作者参修《云南丛书》前后所为，个别条目为解放后增改。《滇南学者生卒考》卷首《弁言》曰："余辑《滇南碑传》为一集，复将碑传中之学人而有生卒年月日者，依生年时代摘出；其无碑传之学者，亦力加搜访，得一百十人，分为三卷，颜曰《滇南学者生卒考》。"次为赵式铭《题词》，语有"独为滇贤识存没，去留亦足争青史"。

兰茂塑像

全稿起自明人兰茂、迄于周钟岳等解放初期去世的著名人物，而以清代人物最多。每条著录其籍贯、姓名、字号、简要生平，重在注明其生卒时间和享年数。生卒尽量精确到年月日，不确者，则据实空缺。凡有碑传可依者，则于文末注明出处，无则空缺。如"嵩明兰茂，字廷秀，号止庵，别号和光道人，（中略，简历）生于洪武丁丑，卒于成化丙申，年八十。李澄中有《祠堂记》"。又如"剑川周钟岳，号惺庵，（中略，简历）生于光绪丙子十月十七日，卒于一九五五年乙未三月初六日，年八十。方树梅有《周钟岳事略》"。

《滇贤生卒考》较《滇南学者生卒考》更为简括，看似前稿之未完改本。人物不限于"学者"，故扩大为"滇贤"，删去卒于解放后之人物，而总数却增为一百二十二人。体例和内容也有所调整，每条先抬格著录其籍贯、姓名和享年数，再低格注明其字号、生年、科第、职官、卒年、著作；整比划一，文末不注出处或有无碑传记录，更似工具书。如丽江木氏土司三代人物著录形式如下：

丽江木公，六十岁。

公字恕卿，世袭土知府，工诗，杨慎为录一百十有四首，曰《雪山诗选》，叙而传之。生弘治甲寅，卒嘉靖癸丑九月。

丽江木青，二十九岁。

青号松鹤，（木）公之曾孙也。能诗善书。殁后，子增刻其诗曰《玉水清音》。生隆庆己巳，卒于万历丁酉。

丽江木增，六十岁。

增字生白，土知府，著有《云薖集》。生万历丁亥八月十七日，卒顺治丙戌。

木公画像

众所周知，编著工具书，嘉惠后学，有益于提高科学研究的速度、深度和质量，然而，如今愿意埋头从事这一重要学术研究工作的人也越来越少，所谓科研评价的视角也无视或无知于这类著作的价值。反之，某些抄袭剽窃、耸人听闻和毫无意义的所谓"论著"却甚嚣尘上。长此以往，科学研究，特别是人文科学研究，只可能永远停留在低水平上互相重复了。

方树梅《云南地方文献杂抄》二册

稿本，云南省图书馆藏书

方树梅墨迹

近·方树梅辑著。立目式专题类笔记。书名为后人所题，无序跋可确考其辑著时空。全册用朱丝栏直行稿纸抄成，间用山东图书馆朱丝栏直行稿纸抄写，毛笔，行书，多有夺误不清之处，实属未经整理之杂录、草稿。有的或抄录于作者外出访书期间。其主要内容如下：

一、滇云佚文、逸诗辑存。此为主要部分，所辑诗文多有坊间罕见者。如《宋元丰八年石刻》，石在西山老君崖，事涉北宋侬智高与大理国历史。明罗钦顺撰《封征事郎南京吏科给事中毛公墓表》，墓主毛惊，字仕能，滇人。清初尹钧（尹壮图之父）撰《重修北馆记》，记云南官绅合力扩建北京"云南会馆"之事。清中叶师范、张褒光、张元弢等为《二馀堂丛书》所撰序文和目录，所记该《丛书》十册十二种，前八册为明清古文大家姚鼐、魏禧等人著作，后两册为《滇海虞衡志》和师范自撰《课余随笔》。诗作如清彭启丰《滇南秋兴》四首、《试院题壁》二首。彭启丰，江苏长洲人，雍正五年（1727）状元，雍正十年（1732）任云南乡试主考。

二、明清云南方志序文、目录辑存。计有崇祯《重修邓川州志》十五卷本、康熙《平彝县志》十卷本、康熙《昆阳州志》三册本、雍正《重修富民县志》上下卷本等十二种。每志抄录其修纂者、卷目，间附简要考证。除云南地方志外，也抄有滇人所修省外地方志，如嘉靖《（山东）泉河志》六卷本，张桥纂修。张桥，字衡如，云南右卫人，嘉靖三十九年（1560）任泉河县地方官。

三、杨慎及其友人文章辑存。包括杨慎为滇人撰文和滇人为杨慎撰文，以后者为多。如杨慎《张禹山戊己吟卷题辞》；滇人王廷表撰《（杨慎）古音骈字题辞》；滇人梁佐应撰《（杨慎）丹铅总录序》；滇人王廷表撰《（杨慎）南中续集序》；滇人张合、杨达之分撰《（杨慎）诗话补遗序》等等。

四、云南族谱、年谱辑佚。如据李翃朱卷履历辑出《晋宁锦川里李氏世系》；据古棠书屋丛书本《杨文宪公升庵先生全集》，辑出《杨升庵年谱》等等。

五、自撰要文一篇。为《历代滇游诗抄》征求序文小启。《诗抄》为作者所辑汉唐至晚近宦滇、游滇、寓滇之人咏滇之诗，称此时完成四十卷。特问序于天下有识之士，语有"乞赐序文，冠之篇首，以为边地光，则铭感无既。蒙赐鸿文，乞交云南昆明市云南通志馆"云云。由此也可推知，诗抄先后辑成于作者任职云南通志馆期间，为修纂云南地方志和云南地方史研究提供了许多资料信息。

方树梅《滇联丛录》
一册

油印本，印行时空不详，云南省图书馆藏书

　　近·方树梅辑著。立目式专题类笔记。原本藏云南大学图书馆，云南省图书馆有其复印件。自序作于一九五一年，作者在省政府文物保管委员会工作，称过去编辑《云南丛书》时未遑将楹联收入丛书，"今就资料辑得云南楹联三百多副，按作者分为"滇贤""宦滇"和"佚名"三种情况选编。时间起自明代，终于近代，是现存内容最丰富、作者最多的云南楹联类著作，且绝大多数实属悬挂于名胜古迹、寺庙楼宇、会馆书斋等处的楹联以及挽联，而非辑自古体诗的"联句"。两者的区别在于，前者具有很强的针对性和文物价值，触景生情，往往独具哲理和情趣；而后者从某诗中剥离出来，不过用其对仗而已，并不具有文物价值。

　　全书所录明代王元翰、许镕、陶珽、普荷（担当）等，清代王思训、刘大绅、师范等，近代赵藩、李根源、刘文典、周钟岳、由云龙等撰联，大多属于前者，且今天绝大多数已不得再见原联了。

　　如所录普荷（担当）为鸡足山各寺撰联甚多，格调高远，隽永潇洒。其禅门联曰：

649

双眼难瞒，到处花开花落；
一丝不乱，任他云去云来。

录张汉撰书斋联：

书不读古人糟粕；志在扫浊世秕糠。

又其厅堂联：

无富色，无贵色，无文章色，方成士品；
有书声，有机声，有小儿声，才是人家。

录周钟岳题省政府客厅联：

广益集思，愿诸君其勤攻吾阙；
奉公洁白，无一事不可对人言。

录王灿题西山华亭寺联：

收起闲愁，且听大海潮音与竹韵松声互答；
涵来妙相，试看中天日影映山光水色皆空。

录康有为撰联：

斯文在天地；至乐寄山林。

或由于湖光山色的浸润和影响，云南虽"远在天边"，却自古以来就赢得了"滇云多佳联""滇人擅楹联"的美誉！事实证明，无论历代名流悬在云南各地的名联，如陕西孙髯翁撰在昆明的大观楼长联，还是滇人撰在省外的名联，如赵藩撰在成都武侯祠的名联，其数量和水平都居全国前列。这些名联不仅具有独特的文学价值，而且对于云南名胜古迹的重建也有一定的实用价值。

> **附录：《师斋楹联》，方树梅著，一册，稿本，云南省图书馆藏书**

用"一本万利"朱丝栏稿纸手书，录作者及其友人如宋嘉俊、王灿、钱平阶等所撰楹联，大多用于方氏故居及晋宁县文化单位不同处所，亦有少数挽联等。如方树梅自撰住宅大门联曰："懒闭柴扉俗客少；爱藏书画遗民多。"方氏祠堂联曰："梅花万树栽三径；学士七峰拥一楼。"方树梅撰晋宁文献委员会联曰："晋乘又新修，笔则笔，削则削；乡贤弥景仰，步亦步，趋亦趋。"又如宋嘉俊赠方氏"学山楼"联曰："为学如为山，面对七峰独能闭户潜修，无亏一篑；藏书若藏宝，胸罗万卷早有等身著述，留播千秋。"再如方树梅挽陈荣昌联曰："问西山蕨薇，经沧海桑田几人去采？纂南滇碑传，收儒林列女拯集有光。"卷末附抄《刘焕云像赞》、张愚若和宋镜澄二人互相预作挽联若干。

康有为书联

方树梅《州县采访杂稿》
一册不分卷

稿本，云南省图书馆藏书

近·方树梅辑著。不立目专题类笔记。字迹潦草、不统一，且多有改削之处，故未必全出自方氏之手。所辑多为明清、民国诗文，内容亦多与晋宁等地有关。

如辑录宋述祖撰《晋宁州题名碑记》，为民国六年（1917）作者所见该县碑文。辑录乡人胡廷槐撰《地震》诗四章，地震时间不详，但危及晋宁、澄江等地。其四云："裂肤涂脑最堪怜，危急存亡势倒悬。瓦解土崩倾百屋，玉埋琴碎丧黄泉。十州同震难逃劫，一夜数惊只呼天。帝德好生应悯念，冀从此后庆安全。"（自注：石嘴龙潭水高数丈，大河沙堤中裂，有流出黑水者，有流出黄水者。大梁王山近往澄江大路崩裂十余丈。）辑录清嘉庆六年（1801）晋宁赵氏合族共立《赵氏止葬碑》，称赵氏祖坟在州城之西望鹤山，"历代祖宗之墓按次罗列"。后来，不断迁葬者日益增多，"见缝插椁，拥挤不堪。致使以少凌长则长者抑，以卑逾尊则尊者屈。令人黯然神伤！"于是经合族商议决定，"不许再为迁葬。如有违者，查实定行出首，治以欺祖乱宗之罪，而合族不以为齿"。同样的话题并见于所录咸丰元年（1851）何运泰撰《何氏止葬记》，亦称位于望鹤山的何氏祖茔因"人满为患"，经大家"相与约，厥后凡迁去者无禁；其有以棺入者，宗人皆得逐之"。足证清中叶该县就已经因土葬而引起山地的紧张。

再如，辑录光绪八年（1882）该县廪生陈其礼撰《陈氏宗祠序》，称陈氏原本江南人，明初沐英平云南，"随营数十年，勤于王事，屡著勋劳，荣应仕选而不受。全滇克服，解职卜居于晋邑石碑村，乐其山林叠翠，河源曲流。因筑室开基，以成村舍。后支繁派远，因成巨族"。辑录清朝晋宁知州舒运昌撰《募修象山书院小启》、李作梅撰《新修浦云桥碑记》、佚名撰《永济桥碑记》和《五里铺重修观音寺碑记》、李堂撰《三元桥引》、海廷玺撰《重修玉皇阁碑记》，以及不少与晋宁人物有关的墓志碑传等等。除文献辑录外，还有作者等当时所撰有关地方志的调查记录，如《晋宁东区下东三共计七村采访新旧古志逐一查实》条，记录该区所见古代寺观、碑版等地表文物。此书显然是作者为修纂家乡地志所辑，对于今后修纂和研究晋宁地方史志，皆具有重要参考价值。

附录：《滇会痕影录》，方树梅著，一册不分卷，稿本，云南大学藏书

立目式专题类笔记。经云南大学图书馆重新整理、制作而成。全稿无序跋，亦不详撰写时间。分别用云南通志馆稿纸和学山楼稿纸写成，行草，前后文字、体例并不统一，是知不成于一时之作。卷首目录虽题为：《山水》《城池》《街道》《衙署》《祠庙》《书院》《学堂》《会馆》《坊铺》《第宅》《冢墓》《慈善》《礼俗》《杂俎》共十四项，但并不全遵此例，实则杂记、杂抄有关云南会城昆明之历史、地理、民俗等资料而成。其中尤详于晚清昆明城市景观、历史掌故和名人逸事等。由于作者博闻强记，又生当其时其地，故所记多具史料价值。

如记清末民初尚存于昆明的名人故居及其轶事有云：

即园，在钱局街东，道光间昆明诗人李於阳之园也。於阳字即园。中多梅花。五华（书）院（山）长刘大绅、呈贡诗人戴淳等，当梅花开时，恒往赏之。

晚翠轩，呈贡诗人戴淳之别墅也。中有枇杷一树，大而古，淳因以"晚翠"名其轩，岭南宋湘为书其榜。

集翠轩，山阴陈太守鹍之别墅，在学院坡脚。鹍嗜金石书画，收藏甚富。清光绪初，太和杨德高，石屏朱庭珍，剑川赵藩，昆明张天船、李坤，泸西陈古逸，晋宁宋嘉俊，江西雷凤鼎等，结"莲湖吟社"于其间。

梅园，在五华山之阴，孙髯翁布衣隐于此。髯翁性嗜梅，园中种梅数十本，自刻小印："万树梅花一布衣"。后人名其巷曰：梅园。

味雪斋，昆明戴侍御䌽孙之宅，在小梅园（巷）南、八省会馆西。䌽孙官侍御十余年。与管同、黄爵滋、梅曾亮、何绍基辈为文字交。生平不名一钱，南归仅书麓，贫不能置宅。传此宅为同年罗饶典营赠，大门有"御史第"额。

虚斋，昆明陈太史荣昌之宅也。在翠湖西，倪太史第之北。荣昌官贵州提学，后以母春秋高告归，养母其中。所著诗文集亦以"虚斋"名之。大门联曰："彩云南现，紫气东来"。

雪园，昆明李太史坤园。在学院坡麓，龙门桥东巷底。中有心兰室、筱风阁、思亭。大门联"风雪有余韵，林园无俗情。"坤民国三年卒。民国十七年，火药爆灾，园中各亭阁俱荡平，后人无力重构。

严尚书清故宅，在世恩坊、端拱巷内。"世恩""端拱"皆因尚书而名也。尚书祖墓在小东门旧昆明县署后，无人为之保护。原有碑，为人所湮没。

李侍郎煌故宅，在南门金马坊前司马第巷内。巷因侍郎官兵部侍郎而名也。

又如，关于南明永历帝朱由榔在昆明的文物掌故也颇多考释。众所周知，永历帝朱由榔在昆明被吴三桂处死，今有关历史遗迹仅华山西路立有"明永历帝殉国处"碑一块。作者据资料和见闻考说，永历帝死后，被葬在离莲花池不远的地方，为防止清廷焚辱其尸骨，不封不树。后来吴三桂再反清朝，曾为之修葺祭奠，足证吴三桂也应当知道此事。"三藩之乱"平定之后，明朝云南遗民为了进一步保护"帝陵"，才对外谎称其地为陈圆圆的"梳妆台"。又称，永历帝原无庙祠。民国初年，据"地方人士之请"，将业已废祀的"文昌宫"改建为"永历帝庙"，内供永历帝和南明遗臣郑成功、李定国、何腾蛟、瞿式耜、沐天波并"滇中义烈"一百多位神主，规模不小。此地后来一改为"工业学校"，再改为"文林小学"。

我们固然不主张、也不可能恢复永历"帝陵"和庙宇，但如果知道永历帝葬在莲花池附近（晚清以来多有记载），从旅游的角度出发，也应当略加说明或标识。令人啼笑皆非的是，现在该公园某小山包上，竟有一永历帝被勒死卧地的雕塑，不但太丑陋，也不符历史事实，因为永历帝并非死于此地。南明永历朝迁滇一事的影响，毕竟比陈圆圆要大得多，而永历之死，则标志着整个明朝历史最终是在昆明降下帷幕的！

附录：《滇池杂谈》，方树梅著，一册不分卷，稿本，云南大学藏书

立目式专题类笔记。用学山楼稿纸写成。卷首书《滇池志目录》，共列《释滇》《名称》《位置》《面积》《源流》《物产》《农业》《渔业》《交通》《村庄》《祠庙》《名山》《胜迹》《名宦》《人物》《艺文》十六目，但全稿还并未按此皆有内容，实为作者欲编撰《滇池志》一书的提纲和部分史料杂录。不过由此可见作者希望围绕"滇池"撰为专题史志的基本思路和大体框架。这无疑是一个迄今为止尚无人问津的好选题！

此稿杂抄有关滇池史地、人文资料，间附考说。如辑录古今史料，考述滇池之名称来源、地理沿革、面积大小、环湖景观、周边人文等，已粗具著作端绪。又如《金马碧鸡》条，辑《汉书·地理志》、李贤《后汉书注》、司马彪《郡国志》、《水经注》、《魏书·常景传》、《艺文类聚》、《文苑英华》以及左思、梁简文帝、骆宾王等众多有关"金马"和"碧鸡"的历史记载及文学典故，丰富博洽，有益于深入解读"金马碧鸡"这一著名神话的源流变迁。又如，辑录张立道、方良曙、刘荫枢、陈金等与滇池治理相关的历史人物小传；辑录清代以来师范、钱南园、赵藩等记咏滇池之诗作；辑

录唐尧官《游海宝山记》、李至刚《马哈只墓志铭》；作者自撰《天女城》《金砂草湖》等涉及滇池沿岸历史、人物之碑文等，皆具有史料价值。

云南省图书馆别藏方树梅《学山楼丛书未刊稿》中有《滇池咏录》一种，不分卷，或当与此稿有关。笔者未曾寓目，有待访读。

附录：《翠湖小纪》，方树梅著，一册不分卷，稿本，云南大学藏书

用学山楼稿纸写成。首页题为"翠湖诗纪前言"，文末书："一九六四年甲辰九月二十九更古重阳节，晋宁红豆老人方树梅臞仙书于文史馆之'诗境轩'，时年八十有四"。文称作者已辑有关于翠湖之诗二百三十多首、文三篇，则知此稿或为其《翠湖诗纪》而著，有待考证。

但目前此稿仍属有关翠湖的史料笔记，例同《滇池杂谈》，不立目。分条记说昆明翠湖的历史沿革、湖周地理、建筑设施、人物掌故等，且尤详于环湖周边历史文物。由于翠湖位于城市之中，累遭"改造"，昔日之湖光山色、文物古迹早已荡然无存。今天的翠湖，如果没有海鸥来翔，真不过是死水一潭！作者据史料和目验告诉我们，昔日的翠湖有诸多令人神往的故事和美景，如作者眼前的翠湖乃是——

湖心四面，春来绿柳盈堤，夏至红莲满地。草木丰茂，烟水苍茫，黄鹂、白鹭与秧鸡、谷雀飞鸣其际，而对对鸳鸯相宿于绿荷之下，鱼儿泼泼游于白波之间。其野趣有非丹青家所能描写于万一。全湖四时翠色堪掬，此湖所由名。湖心出水者九，故又名"九龙池"。其四面较高地，居民种菜，又名"菜海"。

又如，作者考说翠湖四周原有的历史风物曰：

翠湖，明代北岗建贡院，今之云南大学也。南畔建"皇华馆"，秋闱，正、副主考进省，未入闱及放榜后居之。西北有大生庵，东北有禹门寺，东南有海潮庵，南有轩辕宫，西南有金莲庵。西则北半部高，为沐氏历代别

墅；南半部洼，为营兵蓄马所，谓"柳营洗马"也。湖水由此出，后人呼为"洗马河"。洗马河南，有曹姓凉米线铺，清乾隆中，即以拌凉螺蛳著名。诗人多咏之。李坤《翠湖柳枝词》："海棠天气醉螺蛳"，形容尽矣。

此稿关于原建于翠湖北岸的"经正书院"历史沿革之考说，亦可补史阙：

清光绪中叶，总督仁和王文韶、巡抚贵阳谭钧培、粮储道陈灿倡建经正书院于（翠）湖北。有讲堂，有书楼。书舍二十四，东以各《经》名斋，西以各"正"名斋。初以巡抚考取三迤举贡生员，为"高才生"，以足所定二十四名之额。厥后额出，以学使岁、科考三迤廪、增、附之尤者补之。李坤、钱用中、袁嘉谷、张学智、熊廷权、陈度其尤也。优给膏火，肄业其中。后多登甲、乙科[①]，以著述名于时。院长初聘贵阳黄孝廉诗聘、监院则调永善县教谕石屏许孝廉印芳。黄一课而辞，以许继其任。许学问渊雅，造士有方。阅三载，选课艺经史论著刊行于世，曰《滇秀集》。许以年迈辞，昆明陈太史荣昌继其任。陈亦经师人师。阅数载，又选其诗古文辞刊行于世，曰《经正课艺》。滇中文风于焉丕振。清季科举停，学堂兴。陈太史任高等学堂总教习。书院更为"校士馆"。未几，更为图书馆。又将馆西龙神祠辟为博物馆。

附录：《〈云南通志·杂志〉存疑辨误》，不署撰人。一册不分卷，稿本，云南省图书馆藏书

立目式专题类笔记。或当为云南通志馆修志专家所著。针对《云南通志》[②]卷二百十八《杂志》五之内容，进行考辨。开卷曰："修《云南通

---

① 甲、乙科，考中进士称"甲科"或"甲榜"；考中举人称"乙科""乙榜"，或"贤书"。
② 其所称通志不明，就其卷目等观之，或为清末岑毓英等纂（光绪）《云南通志》；或为唐炯等修（光绪）《续云南通志稿》，有待确证。

657

志》为总目十三，子目六十九。疑者阙之，误者正之，此载笔之通例也。"于是作者希望创立《分析》一门，用以"辨旧志是非，以为后人修新志参考也"。此稿即为作者所撰部分辨析之文。主要就《南诏野史》《滇考》《元史·地理志》《太平寰宇记》等典籍有关云南史地记载之误，提出考辨，立目条札，长短不一。其中对冯甦《滇考十条》辨之最悉。

如就《滇考》所记诸葛亮"七擒七纵孟获"之事，作者指出："《三国志》《华阳国志》等书皆不载。不知何所本？"又如，辨东汉尹珍、许叔事曰："《滇考》云：'后汉时尹珍、许叔皆入中国受经书'。考尹珍，《华阳国志》（作）'牂牁毋敛人'，毋敛在今广西泗城府，与云南无涉。许叔无其人。《南中志》：'尹珍从汝南许叔重（慎）受五经。'明（云南）《通志》不考，误以汝南为云南，以许叔重为许叔，遂凿空妄增，冯氏因而不改耳。"辨大理国时昆明银汁河岸"素馨花"之得名曰："《滇考》谓（大理国段）素兴时，有一花能遇歌则开、遇舞则动。素兴爱之，因名'素兴花'，后又讹为'素馨'云。此言殊谬！国君岂有以己名名其花者？素馨花广东最多，吴震方《岭南杂记》言之綦详，岂亦因'（段）素兴'而名耶？！"审是。

罗养儒《南窗笔记》四册四卷

稿本，1959年修订稿，云南省图书馆藏书

罗养儒像

近·罗养儒著。罗养儒，著名寓滇学者，昭平县（今属广西贺州市）人。父守诚，清末先后为安平（今属云南马关县）同知、宜良县令。其外祖父咸同年间长期为云贵总督府文吏。光绪二十四年（1898），作者二十岁时曾"就来滇之法使处学法文，既而又入其法语学堂肄业"。光绪二十八年（1902），议修滇越铁路。作者充滇越铁路宜良（段）铁路公司中方译员。民国年间，又曾在某报社工作。解放后，为云南省文史研究馆首届馆员。七十年代，以古稀高龄卒于昆明洪化桥咸阳巷里第。还著有《瘦香馆诗录》《瘦香馆咏史录》等。除《纪我所知集》经整理改名《云南掌故》出版外，其余皆以手稿皮藏于云南省图书馆。

此书与作者另一部笔记《纪我所知集》等著作，大体同时杀青于一九五九年二月至三月。先生当时已八十一岁高龄。两部笔记之区别在于，

《纪我所知集》偏重史实；《南窗随笔》多记传奇。作者自叙《南窗随笔》的编撰宗旨云：

> 余乃将往昔纪于纸上约近千则之奇情异事，严行淘汰，复再四簸扬，去其秕糠，存其米粒。确之，亦留得什之一强焉；计之，亦有一百五十余则。是皆有关人心世道，或启人知道，以及一些能佐人谈笑者。而芝之订之，修之润之，成书四卷，署名《南窗随笔》。为我十年坐于南窗下之成绩。藏于箧中，时以自遣；或启箧而读，博人一笑。

全书涉及面广，记事时间起自清代讫于云南解放初期。内容大致可归纳为以下几方面。

一、记云南及邻省之奇风异俗、民间传说等，如《碧鸡》《大蛇》《连然犬》等条。

二、记云南宗教、迷信活动，如《簸箕神》《筷子神》《放地牪牛等戏术》《放蛊与收蛊》等条。

三、记清末云南名人轶事，如《纪唐继尧郎贷买马事》《记杨耿光之死事》《滇军退出重庆之笑史》《赫米尔之烟瘾》（赫氏为滇越铁路法国职员）等条。

四、记因果报应和迷信怪异，如《志异》四条，《记山龙地脉之奇》四条等。

该书介乎历史和文学笔记之间，其文字亦不免略具渲染、夸张，但正如作者序称，其内容经过"严行淘汰，复再四簸扬"，故对于研究清末至民国年间云南社会历史，尤其是民间习俗、地理物候等，亦颇多史料价值。

例如，早在西汉，云南就有"金马碧鸡"的传说，其中"碧鸡"究竟是什么，从古到今都有不同猜测和解释。有人不加详察，径自将其具象为孔雀。该书《碧鸡》条，根据文献记载和滇人亲见，充分证明了"碧鸡"的确是云南自古以来就一直存在的一种野鸡。作者引证多种地方文献记曰"乾隆三年，碧鸡见于（昆明）五华山巅，其有类于孔雀"，"光绪末叶，碧鸡又见于昆明城之臬署，因建亭于署内，颜之曰：来仪亭。民国四年犹存，民国十年后始行拆卸"。又据民国时期，昆明有人用望远镜看到站在旧臬署古柏上碧鸡的形象是，"身大如鹅，自首至尾，长近三尺，头颈胸腹等部，极充实圆足。其体格形状，可与锦鸡相若。胸腹上毛作漆绿色，颈项、背脊上毛则青翠色，双足高仁，

金马碧鸡坊

则与孔雀相同"，实与金马碧鸡坊上所绘碧鸡和云南出土的某些鸡形饰物完全相同。虽略似孔雀，但又绝非孔雀。我们期待，随着自然环境的变好，也许这种"碧鸡"会像海鸥一样飞回昆明！

又如，旧时遍布云南各州县的外省会馆究竟始于何时，史乏确载。《会馆》条，作者据亲身经历记昆明市新建各省会馆的大致时间说："光绪登极后，各省人士又有会馆之建筑，新修戏台当不下三四十座"。又专记贵州会馆建立时间说："清光绪十年前后，昆明之贵州会馆始行建筑。"但笔者据《浙江会馆志》得知，云南的浙江会馆最早建于清初，而其他外省会馆则大多建于清末不误。这与当时外省商人大量入滇经商、开矿有关。据作者记载，当时昆明的外省会馆先称"××宫"或"××庙"。各自按原籍习惯供奉不同神祇，往往不为外人所知，如"黔人崇奉赫神，亦犹赣人之崇奉许真君；闽人崇奉天后；川人崇奉二郎神；粤人崇奉慧能六祖"。故江西会馆先称"许真君庙"，福建会馆称"天后宫"，川人会馆称"川主庙"，粤人会馆称"南华宫"。审是。

又如《大头宝宝》条。记光绪时云贵总督岑毓英虐杀昆明街头身怀绝技的"大头宝宝"。看来真有此事。笔者小时也常听曾生活在光绪年间的老人们谈及此事，但不得其详。作者的外祖父正是岑氏幕僚，当对此事更为了解，故详细记载了此事，且文字优美动人，甚得笔记小说之体，兹录于下，以飨读者：

光绪中叶，昆明城内有大头宝宝者，佚其姓氏，亦不记其为何许人，

但知其为贫家子也。当是时，大头宝宝约有十余龄，身躯不甚高大，与一般及年童子无大差异，惟头则大于常人一倍有奇。有人以线围之，得一尺九寸长。望之俨如跳狮子时所饰之"笑和尚"，此头真大矣！

大头宝宝日游于市，有时亦作丐向人乞钱，不与，一笑而去。大头宝宝却挟有绝技，捺其鼻，撮其口，张喉而作唢呐声，且能奏《将军令》《大开门》等调，声音清扬，不啻真正之唢呐发响。大头宝宝即长于此，每向铺户乞钱，人必要其作唢呐声，或谱《将军令》，或奏《大开门》以为乐。而大头宝宝谱此两调亦自定有价，《将军令》三文一奏，《大开门》两文一奏。奏讫，即照价索钱。大头宝宝咸乐此不疲，每日亦能得二三十文，以是宝宝常日醉饱于酒食也。

某年，一江西人至滇。见大头宝宝于市，异之，遂引宝宝至其住处，且供食宿。约半月，但向其母商酌，云彼头脑中有异宝，可以用法取之，愿奉百两银为寿，得剖开其头颅，将宝取出。然有法术，不致残害其生命。但在用刀时，须其母踏门坎而高呼曰："我的宝！我的宝！"始足以云得。母不允，此人亦罢其议。

时岑襄勤（毓英）督滇。一日，出府过四牌坊（今昆明正义路中段），见大头宝宝喧闹于市。询其故，众以其得人五文钱而不肯奏两曲，奏一曲欲走，故有此闹。襄勤令其奏调，果如唢呐声！襄勤既以其头为世间所不应有者，且其口鼻复能发此奇声，遂以其为妖魔。宝宝性殊憨顽，直以极其不逊之言抵触襄勤，襄勤怒甚！饬人将大头宝宝拉去活埋于郊外。于是大头宝宝便与世长辞！而一般心存乎道德之人则以襄勤此举不无太过也。（此文亦见《纪我所知集》，但文字不同）

总之，《南窗随笔》虽杂以大量迷信色彩，但与《纪我所知集》一样，皆据作者亲见亲闻而成，采选各异，析为两书，亦足证作者写作态度是严肃的。应当说，两书都不愧为云南近现代最为杰出的史料笔记。一庄一谐，文史辉映，对于全面了解明清以来云南历史和社会生活都具有十分重要的史料价值。

罗养儒《纪我所知集》十八册二十卷

稿本，1959年修订稿，云南省图书馆藏书

近·罗养儒著。立目式综合类笔记，经后人易名为《云南掌故》出版。作者原序虽作于一九五九年二月全稿杀青之日、作者八十一岁时，实则零星起撰于光绪年间作者青少年之时。后来逐渐增益刊订。除不多涉及滇云文献一项外，其内容涵盖广泛，述而不作，如实记下，娓娓道来，具有较高的史料价值和可读性。具体内容大体可分为以下几个方面。

一、记昆明社会风俗和文化景观，为全书重点所在。

计有卷一、卷二记涉昆明古代神话传说、历史故实、城市建筑等，如《纪百余年前昆明之繁盛及回民围城时情况》和《述六七十年前昆明城内之景象》两条，言及咸同以来昆明社会风貌和城市商业等。其中，作者于光绪年间记下的其外祖母关于咸同年间回民义军马复初、马献（如龙）围攻昆明的回忆最为翔实可取。卷三至卷四，记清末民初昆明之风俗习尚，婚丧仪式、饮食文化、衣着打扮、宗教游乐等。卷七至卷八，记昆明寺观及其他名胜古迹。卷九至卷十，记昆明花木蔬果及近郊溶洞。卷十五至卷十六为《昆华事物拾遗》专篇，杂记昆明社会风物，作为上述补遗，内容最为广泛，且

663

大多不为他书所载。如记昆明道光年间城市人口和物价，记马嘉里事件善后内幕，记撒梅石匠李某开凿西山石室之故实，记清代昆明普遍嚼槟榔的习俗，记滇戏名角唐二喜、李小春轶事，记昆明旧时画馆、义学、当铺、烟馆、乞丐、小偷、商人之活动情况等等。由于作者自幼生长在昆明，且观察悉心，博闻强记，故笔触所至，洪纤靡失，如数家珍。随着时间的推移，这些记载不仅成为我们研究昆明社会历史的重要资料，而且可供今天发展地方经济、文化者参考。如《往昔昆明的好吃食》条，记昆明今天某些可能失传的风味小食曰：

从前昆明地方有几种小吃食，真正好极。一是"松花糕"，系取松枝尖上的黄粉末，杂以他种质料而做成。一吃进口，即觉其清香、清甜、清凉极。一种呼为"油炸麻叶"，系用麦做成，而炸得极好。入于口脆极、香极、酥极、甜极。一种是"茯苓烘片"，其香美处不大易于言说，唯有口舌能辨。有"松子糕"，真是用松子瓤和糯米粉及糖捣融而成。更有用麦精做成之"洒其玛"，尤爽口极。此俱属于小吃食上之美味，而且为他省所无此一些材料也。

又如《昔日昆明之火笔画》条，记昆明街头身怀绝技的"火笔"画家曰：

往昔书院街有一画馆，仿佛名"书画馆"。馆主姓名以年月久远而忘去，仅记得名之曰某。某能用火笔在纸上画禽鸟牲畜、花草人物。所谓"火笔"，系以铁制成，柄细而笔头大，笔头亦不甚尖，只如一含苞欲放之木笔花。笔头约长半寸，粗及吾人拇指。看之亦不似一枝笔也。所用画纸是以一双宣纸而托上一层棉纸。候

火笔画

干透，则存而备用。欲落笔而画，则用象牙钎（签）子在纸上划出所欲画之各种物形。复将纸回润，且要带点水湿气。始将铁笔烧至微红，乘纸润时，向勾有勾勒之痕迹上轻轻画去。如是，纸上现出一些火烙痕迹，若人物、花草、禽鸟、牲畜等形，都较白描者显明。只不过笔路上较白描为粗耳。虽然，亦别有风味也。往见其绘一《燕蹴落花图》，燕子五六，花茵满地。不只趣味清雅，而又画得十分活动，亦图写中可宝者也。

二、记清末云南地方政治制度。

计有卷五至卷六，记晚清云南行政组织、地方衙署、科举贡院、钱币赋役、法律刑场等。如卷十七《逸事堪传》和卷十九《杂谈》两卷，记清代和民国年间云南政治轶闻和军政要人林则徐、恒春、伊里布、岑毓英、李经羲、唐继尧、顾品珍、龙云、谢汝翼、陆崇仁等宦滇事迹。由于作者祖、父两代皆为清代地方官吏，故其所记内容也大多真实有据。这些记载不仅可资研究云南地方历史者参考，而且对于考释清代地方政治制度等亦颇多助益。如《往昔官吏之接印封印》条，详记清末地方官上任交接程式曰：

官府到任，上而督、抚，下而州、县，必先拜阙、拜印、拜仪门，然后鸣炮、坐堂、排衙。拜阙，拜地阙也。督、抚、司道衙门内，则各有黄色木亭，以一木牌书"北阙"两字，置于亭中而拜之。过此便作为忌辰亭。若在府、厅、州、县衙门，则无此一制，只能临时设一案，陈"北阙"两字而拜。拜阙旋，则拜印。是将所领之篆（官印），装于匣，而置于案上，三跪九叩而拜之。既而拜仪门，仪门系大堂月台下，置有之一木牌坊门。门额上刻有康熙帝所颁箴言曰"尔俸尔禄，民膏民脂，下民可虐，上天难欺。"此数行字大都刻成赤底金字，诚皇皇言也。此道仪门亦三跪九叩而拜。拜旋，方鸣炮升堂。官坐大堂是正式表示上任接事。据公案而坐。定制：公案上须置一朱砚、一笔架、二签筒，俱锡制者。签筒内各插木制火签若干支。案右置一印架，架上又置有一用黄布包裹之大木印箱，内则空空。架上又置有一用黄布包裹之封诰，内则是一节木棒。此种种都具一形式而已。

665

又如《谈谈清代之衙门形式》条，记坐落在昆明的云贵总督（制台）和云南巡抚（抚台）衙门之规模曰：

明清云南官衙大门

督、抚两署之头、二门，系是中、左、右三道。头门前砌有石级，级尽为平地。阶前列大石狮子一对，是五色斑斓，望之骇人。平坝内有鼓棚二座，吹手寓于其间。门对面为一照壁，高丈余，宽五六丈，上绘一大麒麟，头则向着一轮红日，尾子下绘有五虎六豹，以喻督、抚统属着五个总兵、六个副将。平坝中间，竖有两根大桅杆，各高近三丈，桅上有木斗，斗上悬一长旗。督署则针"云贵总督部堂"六字，抚署针"云南巡抚部院"六字。平坝周围筑有一道签子墙，以别内外。在东、西两面，各有一道大栅门，此亦分作三格。栅门上有横额，督署则标'辕门'两字。抚署是一书"绥恒六诏"四字；一书"威镇百蛮"四字，可认为是两句标语。

三、记云南州县风物、灾祥等。

计有卷十至卷十四《滇南景物志略》，按地区杂记云南各专州名胜、古寺、风物、习俗、物产等。卷十八《谈谈几个民族之风俗习尚》，又专论云南彝族、白族、么些、怒族等少数民族之文化习俗等。卷二十《灾异》条言及云南天文、岁时，近代以来的地震、火灾、星殒、恶疾等内容。就中《道光年间昆明大地震》《民国十三年大理地震》《与客谈近六十年来云南迭有大地震事》等条，搜集清末迄民国年间云南地震资料甚详，可供有关方面参考。如其记道光十三年（1833）七月二十七日黄昏昆明地震云："是次之颠簸，直至十余分钟之久，且无十数秒钟之宁息。人在地面，立者倾、坐者仆，卧于床者坠于地下，倚于内者跌往阶前，小孩多是在地上滚来滚去。所支桌案无不翻横，所搭木板无不塌落，于是城里城外之寺庙一时倒塌者三四十座，民居倾者六七百栋，男女死伤近五百人。"作者认为这是近百年来昆明最厉害的一次地震。但上述内容，尤其是关于各地民族风俗之记述，大多取诸方志旧史，难免人云亦云，参考价值则显然不如前两部分了。

  此外，由于全书并非成于一时，虽经刊削整比，或因不忍割爱而不时出现前后重复和杂乱无序的现象，作者虽然标榜"述而不作"，却由于世界观所致，忆旧之余，又不免流露出诸如美化帝制时代之生活、同情"一贯道"等邪教的落后思想，所论容有未当之处。但瑕不掩瑜，作者为后人搜集留下如此丰厚而珍贵的史料遗产，其用心之良苦、劳作之艰辛则是应当充分肯定的。

罗养儒《咸同间滇乱记》四册四卷

稿本复印件，云南省图书馆藏书

近·罗养儒著。首页右下，钤有"养儒"和"云南文史研究馆图书"两方篆文印，且养儒先生本是云南省文史研究馆首届馆员，故此稿当原藏该馆。

不立目专题类笔记。记清末云南回民起义历史。卷一之书名又别题为《咸同年间云南回汉相残之本末》，卷二以下依次为《续编》《再续》和《三续》，但首尾无序跋文字可考其撰著时间。唯据卷一开篇言该稿"与《回族起义》卷中所载诸家记录，如《野获篇》《滇乱纪略》等有所不同"，其所称《回族起义》，或即白寿彝先生所辑四卷本《回民起义》，一九五三年神州国光社出版。则说明该稿撰于白著出版之后无疑。需要特别说明的是，此稿非但未见录于多种云南史料目录著作，且有关云南回民起义的研究论著也极少称引，足证其流传不广。[1]

---

[1] 检白寿彝先生辑《回民起义》计六十种文献，不包括罗著及其所引笔记等。方国瑜先生《云南史料目录概说》为白著补充多种资料、李小缘先生《云南书目》、荆德新先生《云南回民起义史料》等，亦皆未著录此稿。唯昆明市志编纂委员会《昆明市志长编》卷六、林荃先生《杜文秀起义研究》曾引用该稿数条史料。

养儒先生在此稿中认为，关于咸同年间"滇乱"，官方史书往往因推脱责任"多归咎于回人（民）"，而地方志又率多按官方史书修成，故记载难免失实。为救正此蔽，作者首先交代了撰写该稿的资料来源和研究方法：其一是三种私家笔记——其外祖父蔡菊溪《十年从戎记》、其父亲自咸丰丙辰年后的《日记》和昆阳赵冰怀藏佚名撰《笔记》。三种笔记的作者在"滇乱"期间"或任职官，或历戎幕，或隶军籍"，所以其记录比较可靠。其二是对"家中二三尊长和亲戚中四五高龄者"的访谈，他们也是当时的亲历者。其三是光绪二十年（1894）前后，作者随父亲"游于大理、丽江、蒙化（今巍山）、永昌各郡"，得闻"各地方父老畅述咸丰、丙辰年后迤西一带之乱事，笔记存之"。再将以上笔记和口碑资料，与各种史志互相印证，写成此稿，希望真实地反映这场"滇乱"的历史事实。作者在研究和书写历史时，特别重视那些"事不关己"的私家著述，他说：

夫私人笔记，以事不涉己，有志于此者，又莫不操董狐之笔，据事而直书之。即有差错，亦不过囿于一隅之见闻，讹于远方之传说，致失其真耳。然就其用意，亦绝不是以黑为白、指方为圆，有不足容恕之意味存在焉。以故私人笔记较有价值于官方文件。

此稿大体按时序和地区叙事，较为详尽地记说了云南回民起义的前后经过，间以"别史氏曰"领起评论之语。作者认为，云南回、汉之间，因为习俗文化的不同，虽然早在道光年间就开始有过矛盾和冲突，也因此产生过反对朝廷的"叛乱"，但在当时云贵总督林则徐"但分良莠，不论回汉"的思想指导下，尚能稍稍化解矛盾，平息动乱。到咸同年间，情况就大不相同了，由于奸邪坏人的挑唆和汉族地方官的偏袒，往往一小点矛盾就会不断扩大，酿成大祸，导致难于收拾的社会动乱，而最终受害的当然还是广大各族老百姓。养儒先生则力图以公正的态度分析历史问题。

例如，卷一开篇叙咸丰三年（1853）云南临安白牛厂回、汉矛盾之起因说：这一地区原有许多老板经营的矿厂，汉族倍多于回族，本来就潜伏着经济利益的竞争和矛盾。先是某回族老板开得"旺矿，乃就厂上矿神庙中演戏酬神"。不料演戏那天，有少数汉族商贩来卖猪头、猪蹄等物，自然引起回族矿工的不满和驱逐，汉族矿厂又依仗人多势众，转相报复。于是，双方无休止地争斗，在经济利益和政治阴谋的诱导下，争斗不断升级和蔓延开来。养儒先生在谴责汉族矿厂不该仗势打杀回族矿工的同时，也正确指出，作为只信仰真主、无偶像崇拜的回族老板，本来也不该"演戏酬（矿）神"。又如，对此后云南官吏决策失误、滥杀无辜回民的揭露与批判、对杜文秀起义经过和失败原因的分析等等，均具有重要的史料价值和独到的见解。

罗养儒《红学》
一册不分卷

稿本，云南省图书馆藏书

近·罗养儒著。立目式专题笔记。作者读《红楼梦》之笔札手稿。由诗、文两部分合成。前者依次为《分咏红楼三十人》《再题红楼二十八字》《和红楼葬花词原韵》《题〈红楼梦〉七古一章》《用长恨歌原韵题红楼》等。其诗风颇似白居易，深入"红楼"精髓，而又雅俗共赏。如咏贾宝玉云：

但解欢娱不解愁，翩翩公子太风流。
岂知勘破无情法，顽石公然会点头。

再如，咏林黛玉云：

多愁多病更倾城，薄命闺中第一名。
莫问眼中当时泪，潇湘斑竹是前生。

文章部分，则依次为《红楼续刻诸书勘论》，是作者对《红楼梦续作》《后红楼梦》《红楼续梦》等十七种旧小说的内容提要。这些小说坊间少见，其提要也弥足珍贵。此后为《〈红楼梦〉绪论》《偶以花名分配红楼三十八人》《以司空图〈诗品〉分配红楼梦二十六人》。其文精当简括，隽永耐读。他认为，《红楼梦》大到主题结构、谋篇布局，小到人名细节等，都经过作者的精心打造，"洋洋一百二十回，前后起伏，靡不珠贯。可谓至性至情，绝妙文章，一洗历来说部中才子佳人恶习。风流蕴藉，准情酌理，使人百读而不厌也哉！"于是，作者通过悉心咀嚼，深入发掘，归纳出关于该书的诸多独到之见。

如论香菱其人为该书之"眼目"曰：

十二金钗无不薄命，而香菱尤书中第一薄命之人。盖幼即被拐卖为婢，后又所遭不偶，复为大妇不容，末复死于难产。故书中第一回即从香菱说起，一百二十回仍以香菱作结。言外见得"红楼"诸人无非薄命者也。以是香菱乃一部大书之眼目也。

再如，论袭人、黛玉、宝钗等对宝玉不同的"爱"曰：

袭人爱宝玉，黛玉爱宝玉，宝钗亦爱宝玉。以一人招三人之爱，争矣！然袭人之爱浅而偏；黛玉之爱真而露；宝钗则虽爱之而不欲显著其意，故假以道学掩之，是宝钗之爱宝玉，始终更为难测也。

又如，对《红楼梦》之重要人物个性特征的"一字褒贬"，也独具慧眼：

宝玉是情人，黛玉是恨人，宝钗是机人，湘云是快人，熙凤是险人，宝琴是雅人，探春是达人，妙玉是冷人，惜春是僻人，晴雯是解人，紫鹃是慧人，迎春是懦人，李纨是厚道人，尤三姐是奇人，尤二姐是痴人，平儿是好人，袭人是小人，香菱是苦人，薛姨妈是慈人，刘姥姥是利害人。

由诗文所注干支可知，该稿先后完成于民国三年（1914）、民国十四年（1925）、民国二十三年（1934），也不排除解放后并其他著作一起的最后修订，乃是作者长期研读《红楼梦》的心得体会和学术成就，有着独特的"红学"价值，值得珍视和赏析。

刘尧民《丙寅随笔》一册

手稿本，文物收藏学家陈立言先生藏品

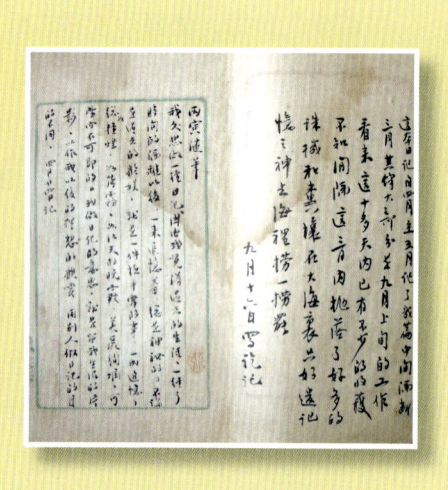

刘尧民像

近·刘尧民著。刘尧民，字百厚，云南会泽钟屏镇人，出身书香门第，家富藏书。少承庭训，主要在其父刘盛堂所办爱国小学堂学习。一九一三年曾在昆明读中学一年。次年回家自学五年，博览群书，潜心学问。一九二〇年至一九三七年，先后在昆明师范学校、昆华中学、昆华女子中学等学校教书，同时一边努力学习，不断发表文章。一九三八年至一九四一年，在会泽中学任教。一九四一年，聘为云南大学教授。一九四六年再返会泽中学等学校任教。解放后，任云南大学中文系主任、教授等。"文革"中横遭迫害，被折磨致死。

此稿本装订为七册，《丙寅随笔》一册；《翠湖读书记》一册；《读史札记》二册；《□□日记》一册；①《与徐梦麟论〈中古文学概论〉》一

---

① □□二字，原稿不清。

册。除后者属专题论稿之外，其余均为学术类笔记。其中，日记为立目式研读日本史随笔。《读史札记》为不立目研读中国古代文献及历史笔记

刘尧民其他著作

（秦汉史和明史各一册）。《翠湖读书记》和《丙寅随笔》大体属于研读中国古代诗词、音乐、中外哲学、美学等方面的笔札。前者也有部分论文初稿或提纲，如《近世哲学之新倾向》《最近世美学研究之概观》等；而后者最具笔记之体。检读近来云南大学和会泽方面有关刘尧民先生之文章均未言及这些手稿，故其文献和学术价值不容低估。兹因篇幅有限，仅就《丙寅随笔》略加拜叙。

《丙寅随笔》一册，作者自题书名，自署时间为"四月至五月"。考"丙寅"为民国五年（1916），据作者行年，当写在其执教于昆华女子中学等学校期间（内容亦有反映），年约二十八岁。用商务印书馆所印绿丝栏空白笔记本书写，毛笔直书，行楷，字迹流畅而娟秀。天头偶有批注添加文字。内容以诗词、乐舞、美学、考据学之研究心得为主，对于深入研究这位自学成才的著名学者颇具实证价值。

随笔反映作者早年受清代文史大家章学诚（实斋）敏于思索的影响，及长，又学贯中西哲学、美学，虽重在研究中国古代诗词、戏曲等，但又不固守于传统"国学"。博闻强记，思路开阔，治学严谨，尤长于以诗证史，诸多言论令人信服，启人心智。如历引先秦、秦汉散文用语，证"秦汉以前，言词和文章相一致，故大量俗词、俗语留在文言文章之中"。历引阮籍诗"晨鸡鸣高树"、李白诗"趋鸡上树颠"、李德裕文"自到崖州。居人得养鸡，往往飞入宫舍"、《唐语林·洛中谣》"勿鸡言，送汝树上去；勿鸭言，送汝水中去"等诗文史料，补证唐代以前的家鸡尚能高飞上树。据《新唐书·沙陀传》"延王至太原，（李）克用留累月，每大张宴，王必

675

以舞属克用"等，证唐朝尚有酒酣请男人跳舞的习惯。又如，据《铙歌十八曲》、李延年《北方有佳人》等诗句构成，证五言诗起于西汉，且首行于民间。据《新唐书·艺文志》著录《离骚谱》等，证"由此见得《离骚》可歌（唱）"。据两《唐书》、陈氏《乐书》等，证"隋唐之乐虽有雅、胡、俗三者之别，实不离胡声也"，即深受西北少数民族音乐影响。据唐朝江陵谚语"琵琶多于饭甑，措大多如鲫鱼"等，证唐朝湖北一带音乐之盛和乐器之多。

作者反对以孤证治学和无限推导，不迷信权威之误导，也不原谅自己的错误。如论"考证"一条曰：

考证一种学术的起源流变，最要精密的审查，还出他的本来面目才对。自从章实斋主张"六经皆史"的说法之后，愈出愈奇，龚自珍就有"诸子皆史"的主张。最近，朱谦之著《周秦诸子学统述》，本着龚氏的立论，变本加厉的（地）以老子是做过周家的史官，就说"九流"都是出于道家。此说法我们不能同他辩论，只好拿一句话来解嘲吧——"一本万殊，万殊一本"。由事实上来考察学术的变流，危险总不至于怎么样。最危险的莫如章太炎的那一派，用双声叠韵由文字来考证（原注："六诗说"即其一例），不有事实的辅佐。考证古代的学术，固然于文字上有关系，但必须有事实的辅佐。不然，即不免前说的"离骚"即"劳商"、"老子"即"李子"的笑话。我从前也犯过这种毛病。我考证辞赋的起源，说是赋出于"六义"的"颂"，引经据典弄了一大篇，很以为得意。到现在看起来真不值一笑！

随笔涉及作者自己学术研究的内容很少，但间或所记，也可洞见尧民先生读书治学的经历和心态。如回忆自己青少年时代如何勤奋研读章学诚著作说：

章实斋的书，我在十余年前十六七岁就爱读他的《文史通义》。尝记得那时一个冬天，我在家里迎晖堂藏书室后的一个小轩里面读书。腊梅花的香味时时从窗外吹入，那种幽静、温馨的感觉，到今日一闻到腊梅花香，就想起旧时的观念来了。我每晚读正课的书而外，就看《文史通义》。直看到灯子里面的火尽化成灰，方才抛书去睡。那时对于这部书真有浓厚的兴趣。

又记其假期如何撰写论文曰：

风掣电卷的暑假又过去了。自问这二十多天有什么成绩，只得两篇论文《音乐与世界》和《现代艺术的音乐化》。这两篇文字原拟为《音乐文学的本质》一书中的两节，到写定后已近二万言，可以独立成篇，与本书宣告脱离关系。两篇论文，（感）觉《现代艺术的音乐化》满意；《音乐的世界》还有不对的地方，还待改正。

杰出的学者同样是普通人，同样有普通人的七情六欲，对于事业的追求也同样会出现犹豫和彷徨。所不同的是，如罗曼·罗兰在《约翰·克里斯朵夫》中所说，杰出人物只不过做了普通人也能想到、做到，但并未坚持去做的事（大意）。对此，尧民先生在随笔中非常坦诚地写道：

《音乐文学的本质》一书，原拟在暑假期间写定，不料只成功两篇。大部分的时间都消耗在闲逛和打牌上。有时间我觉得这种行为甚为之惭愧；有时又毫无惭愧，以为这也是一种生活的条件罢。这两种观念常时在心里厮缠。大概我这个人，所以不致堕落成什么样，是赖着前一种观念的维持；而又不至于成就到什么样，又是因后一种的观念。

初读尧民先生上述笔记手稿就使我们非常敬佩和惊异！敬佩他的才学和成就，更为惊异的是他全靠自学成才的奋斗历程。通过自己的努力，从一个小城中学教师聘为大学教授，留下诸多著述，不愧为老一辈云南学者中的杰出典范。

宋文熙《大理石录》一册二卷

稿本，云南省图书馆藏书

  近·宋文熙著。宋文熙，字禾章，号邕园，云南大理人，白族。民国初毕业于云南师范学校，先后任腾冲道尹公署教育科员、云南民政厅职员等。又经行政人员高等考试录取，任弥渡县县长。一九四九年参加云南起义，入西南革命大学学习，结业后入云南省图书馆工作，任参考部副主任等职，对云南省图书馆古籍整理研究贡献良多。还著有《邕园漫录》《弥渡县志》《苍洱纪事诗抄》等。

  立目式专题类笔记。扉页作者手书"《大理石录》，初辑，增订稿，丁未秋禾章"，下钤"宋文熙"篆文小印一方。次为莫耀宗、马子华、于乃义、欧小牧、李士厚等云南文化名人题写诗词，皆称道此稿。再次为作者撰《编辑简言》，称"本录所辑拟纂《大理石志》之部分资料，因《石志》无法完成，故略加整理，辑为纪事诗文二卷，以便保存。辑时因无书参考，以致著者、时代多有颠倒；字号、籍贯亦付阙如。即偶有所见附入之按语，亦因考证无从确证，不免仓卒写成，辞少润饰，实歉然于怀。均留待有余时再为补之、正之。丁未中秋二日禾章自识于昆明"。按"丁未"当为一九六七年。此后作者又不断补订,最后大约成稿于一九八一年。

该稿辑录历代有关云南大理石的诗文、杂记等。上卷曰《纪载》,分条摘自正史、方志、地理、地质专书、笔记杂录等,起自明朝李贤等《大明一统志》关于"点苍石"的记载,终于明人王士性《五岳游草》《新纂云南通志·地理考》《工业考》等相关记载,记说云南大理石的开采、制作、运输、鉴赏等,希望侧重反映大理石的自然属性。下卷曰《诗文》,依次为《诗录》,起自明人杨升庵《题石屏歌》,终于郭沫若诗《大理石》;《赋录》,起自清人周尚赤《大理石赋》,终于毛瀚丰同题赋作;《铭录》,起自清人王夫之《鑪几》,终于清人李修易《大理石屏铭》;《文录》,包括历代有关云南大理石的奏议、记序、书信等。起自明人蒋宗鲁《奏罢石屏疏》,终于林则徐《谢阮云台制军赠孤山梅石图大理石启》。希望侧重反映有关云南大理石的历史和社会问题等,且以此为主。

作者开卷曰:"大理石为点苍山名产,又称'点苍石'或'楚石',明嘉靖以后,宫廷繁取,权要悉索。致石厂流徙,村寨为虚!稀世名产竟成灾祸之源,封建流毒良可慨也!爰就公私记载,将有关大理石之评骘、纪事,采辑汇录,藉以见其崖略。"据该稿所辑史料反映,因掠夺大理石对云南人民的坑害,以明朝最烈,且主要来自北京上层。如明嘉靖初,云南地方官蒋宗鲁上《奏罢石屏疏》一文记载,嘉靖十八年(1539)左右,皇帝下令云南采贡大理石五十块,规定"见方七尺者五块,六尺者五块,五尺者十块,四尺者十五块,三尺者十五块"。蒋氏上书据实表示根本无法办到。一

大理石画

是"石采几尽",尤其是大块石料更难寻觅;二是开采日益艰难,"产石处所,山洞坍塞,崖壁悬陡",岂可轻易采得!三是运输困难,作者特别强调说:"见方三四尺者设法可获;其五六尺者体质高厚,势难采运。且道路距京万有余里,峻岭陡箐,石磴穿云,盘旋崎岖,百步九折。竖抬则石高而人

679

低；横抬则路窄而石大。虽有良策，委无所施。今大理抵省（城）仅十三程，尚不能运至，何由得达于京师？！是以官民忧慌，计无所出。议将采获三尺、四尺者先行运进；五尺者一面设法采取；六七尺者获准停免，以苏民艰"。

总之，该稿是关于云南大理石内容最为翔实、丰富的史料笔记。我们注意到，迄一九八一年五月，作者还最后对书稿增补了有关诗作三十一首、赋文一篇。此时作者已步入晚年。稿末，作者自题诗曰："已是衰残贫病侵，不耕陇亩难为吟。闲情且寄点苍石，用表怀乡一片心！"作为云南大理籍著名文献学家，宋老以此稿寄托思乡爱乡的拳拳之心，令人感佩！作为汇纪云南历史悠久的名特产品大理石的专稿，今天如能整理出版，也无疑是很有价值的。

后　记

　　常忆上世纪八十年代初，谬承云南文献研究专家李孝友先生、何志雄先生慨允，使本书的部分内容得以最早连载于《云南省图书馆季刊》，也曾断续刊于《云南师范大学学报》《云南文史丛刊》等杂志，此后因忙于他事而一度中断。本世纪初，又蒙云南史志专家马颖生先生之荐，得以重启并连载于《史与志》（今《昆明史志》）。该刊曾秋月老师、字应军老师、李峰老师先后担任拙稿的责编。感谢他们一直鼓励连载，每期都为之纠谬订误，多历年所。这次插图、校勘又蒙云南省文联段润秀，云南师范大学杨亚东，西南联大博物馆李松、廖骏等同志鼎力相助而成。

　　感谢云南省图书馆、省档案馆、云南陆军讲武堂历史博物馆、西南联大博物馆和云南师范大学、云南大学、云南民族大学、云南省社科院图书馆，以及其他众多中外大学图书馆和公共图书馆、文物藏馆以及藏家朋友陈立言、王健、宋辞、詹霖等先生，曾热心为本书提供有关文献和书影。如果没有他们的无私援助，本书就不可能获得丰厚的资料。

特别感谢云南人民出版社。在人称"学术淡泊，收拾不住"的今天，他们不计经济效益，决定出版此书，才使笔者三十多年访读云南史料笔记的零缣断楮，有幸结集面世。该社冯琰老师认真指导拙稿的修订；校对、美编、发行部的老师们为之付出了智慧和辛劳。特此一并敬致谢忱！

最后还需说明，由于本书之条目先后访读、撰写于漫长的时段，并非一气呵成，此前也未经统一整理，所以，我深知其中诸多论述未免过时或不当。但这次结集，除必须努力修正的"硬伤"之外，权且"修旧如旧"，希望以此作为自己读书历程的一次苦乐兼备的回忆与纪念。其中还有不当之处，则再次期盼广大读者多加谅解和教正。

朱端强谨识于悔不孝斋

2023 年 6 月